한계를 넘어서

묘엄 스님 생애와 한국 비구니 승단

한계를 넘어서

묘엄 스님 생애와 한국 비구니 승단

정인영(석담) 지음
석담·이향순 옮김

동국대학교출판부

한국어판 서문

이 책은 미국 버지니아대학 종교학과에서 저자가 쓴 박사학위 논문(Inyoung Chung, "Crossing over the Gender Boundary in a Gray Robe: The Life of Myoŏm, a Korean Buddhist Nun." Ph. D. Dissertation. University of Virginia, 2008)을 번역한 것이다. 저자는 1975년에 제1회로 봉녕사승가대학을 졸업했으며, 저자의 스승인 묘엄 명사 스님에 대한 인터뷰(2003년 여름, 2004년 여름, 2005년 여름)를 토대로 이 책을 완성하였다.

저자는 팔리어와 산스크리트 원전을 공부하기 위해 미국에 온 이후, 원전공부에 집중하는 한편 율장에 대한 연구에도 힘을 기울였다. 그래서 비구니 율장에 있어서 여성에 대한 이슈를 주제로 쓴 석사학위 논문, "A Buddhist View of Women: A Comparative Study of the Rules for *Bhikṣuṇīs* and *Bhikṣus* Based on the Chinese *Prātimokṣa*"를 *Journal of Buddhist Ethics*, 6 (1999)에 출판했다.

석사학위 이후, 저자는 비구니 율장에 대해 더 연구하고자 미국에서 그 분야에 가장 권위자인 폴 그로너Paul Groner 교수가 있는 버지니아대학University of Virginia의 종교학과에 입학했다. 박사과정 지도교수였던 폴 그로너 교수는 영어권에서 한국 비구니에 대한 연구가 전무하니 한국 비구니에 대한 글을 쓰라고 종종 권했다. 그러나 아무리 지도교수가 권했어도 당시에는 한국 비구니에 대한 연구에 전혀 관심이 없었다.

박사코스를 마치고 전공종합시험을 볼 때 저자의 박사학위 논문 주제가 비구니 율장인 만큼, 여성에 관한 이슈에 초점을 두고 시험을 치르고 있었다. 역사학 과목에서 한국학 분야의 시험을 위해 저자가 연구한 주제는 「조선시대 여성의 교육」이었다.

버지니아대학 도서관을 뒤지며 조선시대 여성의 교육에 대한 영문 자료를 수집하다 우연히 1960년대에 쓰인 어느 한국 사학과 교수의 글을 읽게 되었다. 그 글은 조선시대 여성교육에 대한 것으로 영어로 두 페이지도 안 되는 짧은 글이었다. 그런데 그 글 속에서 각주도 달지 않은 영어 한 문장, "불교가 국교였던 고려시대에는 비구니가 여성의 교육을 담당했다."가 눈에 들어왔다. 출처도 밝히지 않은 그 문장은 그것을 증빙할 관련 기록도 없기 때문에 학문적인 글에 인용할 수 없어 안타깝기 짝이 없었다. 오늘날에도 역시 마찬가지로 한국 비구니 승단에 대한 기록의 부재와 비구니 승단에 대한 연구를 외면하는 악습이 되풀이되고 있다는 사실이 뼈아프게 다가왔다.

고려시대의 사회적인 관습으로 미루어 보아, 비구들보다는 비구니들이 각 가정 안채의 부녀자들과 자주 왕래하면서 국교인 불교의 교리나 영험담을 들려주며 여성들을 교육했을 가능성이 있다. 그렇다면 고려시대 여성교육을 담당했던 비구니들 중에는 높은 수행력과 학문을 겸비한 비구니들이 다수 있었으리라 짐작할 수 있다. 그러나 그들에 대한 기록은 우리 역사에서 찾아볼 수가 없다. 만약에 고려시대 여성의 교육을 담당했던 비구니들 중 단 한 명의 비구니 행장기라도 우리에게 전해졌다면, 그 자료는 오늘날 우리나라뿐 아니라 세계 여성사에 있어 한 획을 긋는 더할 나위 없는 값진 자료가 되었을 것이다. "고려시대에는 비구니가 여성의 교육을 담당했다."는 문구는 이후로 내 머릿속을 떠나지 않고 맴돌았다. 박사학위 논문 주제를 정해야 하는 시점에서 지도교수와의 많은 토론 끝에, 한국 비구니 승단에 평생을 몸담아 온 저자 자신마저 한국 비구니들에 대한 연구를 외면해 한 시대의 부끄러운 방관자로 남아서는 안 된다는 결론에 이르렀고, 논문의 주제를 한국 비구니에 대한 연구로 결정했다.

　이 책은 서양 불교학계에서는 이미 오래전부터 새로운 연구 방법으로 정착해서 유행하고 있는 응용불교학의 방법론을 도입했다. 다시 말하자면, 문헌기록이 부재한 한국 비구니 승단의 현실을 극복하기 위해 역사의 주역이나 관찰자의 증언 또는 회고와 같은 구술을 바탕으로 진실을 밝히는 방법을 적용한 것이다. 이를 위해 한국 비구니 승단의 가장 영향력 있는 지도자 중 한 분인 묘엄 명사를 인터뷰하며 그의 진면목과 참 정신을 파악하였다. 지난 반세기 동안 한국 역사의 격동기 속을 헤쳐 오신 스님 개인의 생애와 더불어 스님께서 살아 오신 현대 비구니 승단의 발달사를 면밀히 연구 고찰했다. 응용불교학의 방법론으로 '불교를 신봉하는 사람들은 실생활에서 무엇을 어떻게 하며 살고 있는가?'의 실천적 측면에 초점을 맞추어 연구한 것이다. 이 책이 앞으로 한국 비구니 승단 연구 방향의 이정표 역할을 할 수 있길 바란다.

끝으로, 묘엄 명사 스님의 상좌인 정원 스님이 이 책의 출판을 위해 초벌번역 원고를 읽고, 묘엄 명사 스님의 사진 정선 작업을 도와준 점 진심으로 감사드린다. 또한 이 책의 번역자로 동참해 주신 미국 조지아대학University of Georgia의 이향순 교수님께 큰 감사의 말씀을 드린다. 그리고 올 여름 휴가를 맞아 미국에 다니러 왔던 동생(정명영)과 조카(김보미)가 휴가를 반납한 채 성심성의껏 번역 일을 도와준 것에 깊이 감사한다.

또한 이 책의 출판을 처음 의뢰했을 때 흔쾌히 승낙해 주신 동국대학교출판부 김윤길 부장님과 이 번역본이 나오기까지 꼼꼼하게 편집과 교정을 봐 주신 편집부에도 진심어린 감사의 마음을 전한다.

이 책을 옮기면서 나름대로 최선의 노력을 다했으나 혹시 오류가 있을 경우 책임은 전적으로 저자의 몫이다.

2011년 12월 말
캘리포니아에서
석담(정인영)

역자의 말

이 책의 저자인 석담 스님과 역자의 인연은 한국 비구니에 대한 공동의 관심사로부터 시작되었다. 한반도에 면면히 이어온 비구니 승가의 역사와 역량, 역동성에 대해 한 사람은 승가의 내부에서, 또 한 사람은 그 외부에서 애정과 열기로 접근해 가고 있을 때였다. 그것이 벌써 10여 년 전의 일이다. 우리는 한국 비구니에 대한 자료 발굴의 필요성과 연구방법론에 대해 함께 고민했으며 역사에 드러나지 않은 여성 출가 수행자들의 삶을 밝혀내야만 한다는 사명의식으로 뭉쳐 있었다. 비구니와 관련된 정보라면 지나가는 바람소리조차도 예사로이 흘려보내지 않았다.

이 책은 석담 스님의 학문적 열정과 탐구의 결과물이다. 역자는 이 책의 원문인 저자의 박사학위 논문이 어떤 문제의식으로부터 출발했는지 잘 알고 있다. 그리고 몇 년간의 논문 작성과정을 지켜보면서 저자가 한국 비구니 승가에 대한 문헌기록의 절대적 부족과 인류학적 연구에 대한 전통 불교학자들의 편견을 극복하기 위해 얼마나 철저히 각종 자료의 교차검증에 공을 들였는지도 알고 있다. 저자의 기억력은 놀라울 정도로 뛰어나다. 거기에 자료의 세밀한 부분을 정교하게 대조해 주어진 정보의 숨은 의미를 파악하는 능력

또한 탁월하다.

　이 책은 한국 비구니에 대해 영어로 쓰인 최초의 본격적인 연구서로서 문헌기록보다 구술과 구전에 의존할 수밖에 없는 비구니 연구자들에게 자료의 수집으로부터 분석의 방법이나 해석에 이르기까지 하나의 전범을 제공하리라 본다. 저자는 한 개인이 내리는 실존적 선택과 결정이 어떤 다중적인 의미를 지니는지 시대의 흐름 안에서 파악하고자 애썼다. 그 과정을 통해 개인과 그 개인을 둘러싼 가족이라는 울타리, 그리고 수행자로서 속한 승가공동체와 국가라는 거대한 집단의 역사가 어떻게 유기적으로 맞물려 있는지 잘 그려내고 있다. 나아가 식민수탈과 전쟁으로 가난하고 혼돈스러웠던 시기에 어떻게 한국 비구니 승가가 다른 어느 나라 불교 전통의 비구니들보다도 강력한 교육체제를 수립하면서 자신들의 정체성을 확립하고 전통을 재정비할 수 있었는지 설득력 있게 재구성하였다. 무엇보다도, 행장기 특유의 진부한 미사여구를 피하고 한 비구니의 삶이 색채 잃은 신화나 전설로 증류되어 버리기 전에 생명력이 넘치는 사바세계의 역사로 남게 되었으니 다행이라 하겠다. 폴 리쾨르Paul Ricoeur의 말을 빌리지 않더라도 삶은 서사 자체이고, 따라서 서사로 구현되지 않은 삶은 실재하지 않는 것이므로.

　이 책의 번역은 가능한 한 원문을 정확하게 옮기는 데 초점을 두었다. 원문은 한국 불교나 비구니에 대한 지식이 없는 영어권 독자들을 염두에 둔 것이므로 한국 독자들에게는 필요치 않은 각주가 더러 포함되어 있다. 글의 논리와 모양새를 흩트리지 않기 위해 그런 주도 빠뜨리지 않고 모두 옮겼다. 불교용어는 특별한 경우를 제외하고는 국내 학계에서 사용되는 표현들을 따랐다. 참고문헌 가운데 이미 우리말로 번역된 로버트 버스웰Robert Buswell Jr. 교수의 저서, *The Zen Monastic Experience: Buddhist Practice in Contemporary Korea* (Princeton: Princeton University Press, 1992)의 경우, 논문에서는 영어 원서를 참고했으나, 이 책에서는 한국 독자들을 위해 직접인용문에 한해 김종명 역, 『파란눈 스님의 한국 선 수행기』(예문서원, 1999)의 번역을 차용했다. 마지막으로, 스님에 대한 존칭은 연구자에게 필요한 객관적 거리두기를 고려해 대체로 생략했다. 본문에서 존칭이 없이 삼인칭으로써 스님을 가리키는 경우에도 불경한 의도는 전혀 없었음을 밝혀 둔다.

　이 책은 묘엄 스님의 입적 전에 번역이 시작되었다. 작년 여름 스님을 찾아뵈었을 때 많이 편찮으신 중에도 온화한 미소로 번역작업을 격려해 주시던 모습이 마지막이 될 줄 몰랐다. 그 온화한 미소는 비구니 이부승구족계를 부활시키고 불교사 최초의 비구니 율원을 세울 수 있는 비전과 용기, 여성교육에 대한 확신과 의지, 청빈으로 비바람을 이겨낸 선각자의 향기를 담고 있었다. 오래도록 그 미소를 잊지 못할 것이다. 혹여 스님의 기대에 부응치 못한 번역이 되었다 할지라도 맑은 웃음으로 이 미력한 중생의 등을 두드려 주실 것 같다.

　마지막으로 이 책의 번역에 재정적 지원을 아끼지 않은 봉녕사 스님들께 깊은 감사의 뜻을 전한다.

2012년 1월, 유난히 따사로운 조지아의 겨울날 아침
역자 이향순

개요

이 책은 현대 우리나라 불교계 명사이자 승려 교육자인 묘엄(1932~2011)의 생애를 연구한 것이다. 연구의 주된 목적은, 지난 수십 년간 우리나라 비구니들이 비구니 승단을 재건하기 위해 어떤 노력을 해 왔는지, 또한 현재 이들이 능동적으로 변모하며 새로운 역할을 창조하는 데 있어서 가장 결정적인 역할을 한 요소는 무엇이었는지를 고찰하려는 데 있다.

이 책은 크게 네 부분으로 나뉜다.

첫째 부분에서는 묘엄의 부친인 청담 대종사(1902~1971)의 생애 초반부를 다루게 되는데, 이는 묘엄의 가족적 배경을 명확하게 그려내기 위함이다.

둘째 부분에서는 비구로 출가하는 남성들로 인해 세속에 남겨진 여성 가족들의 삶을 살펴본다. 한 예로, 묘엄의 어머니는 어린 딸이 일본군 종군위안부로 끌려가는 것을 막기 위해 출가한 청담에게 보내 절에 머물게 했다. 이 결정을 내린 순간, 어머니는 묘엄에게 비구니로서의 위대한 삶을 시작하게 하는 기회를 마련해 주게 된 것이다.

셋째 부분에서는 1945년 출가 이후 묘엄이 지녔던 학구열과 출가 수행자로서의 여정을 세밀하게 분석 연구한다. 그 여정의 고찰을 통해 묘엄이 살아온 우리나라 불교 풍토에 대한 일반적인 면모뿐 아니라, 한 사람의 한국 여성으로서 묘엄이 겪은 불교 제도에 관한 가치 있는 자료들을 살펴볼 수 있을 것이다. 이를 위해 묘엄의 사미니계 및 식차마나계 수계와 그녀가 받은 승가교육의 모든 측면을 심층 분석한다.

이 책의 마지막 부분은 현대 우리나라 비구니 승단에 기여한 묘엄의 중요한 공로에 초점을 맞추고 있다. 묘엄이 비구니 승단의 재건을 위해 이룩한 업적과 불교계에서 양성평등을 이루기 위해 보여준 리더십 등을 살펴볼 것이다. 이를 통해 지난 수십 년간에 걸친 우리나라 비구니 승단의 재건 과정에 있어 가장 핵심적인 요소가 무엇이었는지를 파악할 수 있을 것이다. 1982년 비구니 이부승구족계 수계식이 부활될 당시 묘엄은 비구니의 계율교육에서 중심 역할을 했다. 여성 출가자 및 여성 교육 전반에 걸쳐 양성평등을 이루고자 발휘한 리더십은 묘엄이 비구니 승단에 기여한 가장 위대한 공헌 가운데 하나이다.

헌사

　이 논문은 묘엄 스님의 헌신적인 지원이 없었다면 불가능했을 것이다. 스님께서는 이 논문을 쓸 수 있도록 영감을 주셨으며 스님의 생애와 가족, 생각, 비전에 대한 필자의 끝없는 질문에 인내심을 갖고 답해 주셨다. 건강이 좋지 않으셨음에도 불구하고 긴 시간 동안 진행된 인터뷰에 앉은 자세로 응해 주셨을 뿐만 아니라, 수없이 거듭된 필자의 국제전화 인터뷰에도 늘 자상하게 답해 주셨다. 이 논문을 완성하는 데 걸린 수년 동안 필자의 곁에서 변함없이 지원해 주신 배려에 감사함을 잊지 못할 것이다.

　또한, 한국 비구니에 대한 연구가 시급하다는 점을 강조하셨던 폴 그로너 교수를 지도교수로 모실 수 있었던 것은 필자에게 큰 행운이었다. 불교에 대한 그의 해박한 지식은 경외심을 느낄 정도였으며 언제나 필자를 지도 조언한 원천이기도 했다. 필자의 대학원 시절 내내 통찰력 있는 지도 조언을 해 주시면서 논문을 쓸 수 있도록 격려하고 도와주셨다. 교수님의 그러한 지도 조언이 있었기에 이 책이 완성될 수 있었다. 그로너 교수님의 학자로서의 엄격한 자세와 학문에 대한 높은 기준은 앞으로도 필자가 학자로서 살아가는 데 훌륭한 안내자 역할을 할 것이다. 교수님께 이런 감사의 마음을 표할 수 있어 매우 기쁘다.

 논문 지도위원회를 구성했던 다른 교수님들께도 감사의 마음을 전한다. 이분들은 각자의 전문지식과 통찰력으로 시간을 아끼지 않고 논문에 대해 논평하고 비판하며 수정을 권고하거나 제의하여 논문이 완성되도록 도와주셨다. 캐런 랭Karen C. Lang 교수님께서는 유익한 대화를 통해 고찰하신 것들을 평해 주시고 논문 작성에 구체적인 도움을 주셨다. 씬시아 휄러-훼턴Cynthia H. Hoehler-Fatton 교수님은 논문을 꼼꼼하게 비판적으로 살펴보시고 아낌없는 조언과 논평을 해 주셨다. 로널드 딤버거Ronaled Dimburger 교수님께도 마음의 빚을 졌다. 교수님의 한국에 대한 정확한 지식과 소중한 직관력 그리고 날카로운 질문들 덕분에 논문의 수준이 더욱 향상되었다. 귀한 시간을 들여 애써 주신 세 교수님께 감사드린다.

 필자의 가까운 친구이자 논문 심사위원인 이향순 교수님께도 특별한 고마움을 느낀다. 이 교수님은 일부러 시간을 내어 최종 구두 심사에 참석해 주시고 논문의 전 과정을 열정을 갖고 지켜보셨으며, 필자가 한국 비구니의 역사에 대한 자료 부족으로 고민하고 좌절할 때마다 용기를 잃지 않도록 도와주셨다. 필자가 조언이나 통찰력을 구하고자 장거리전화를 할 때면 언제나 수많은 질문에 답해 주셨고, 좌절의 순간을 함께 나누었으며, 유익한 조언을 주셨다. 또한 필자의 한국어 로마자 표기에서 실수한 부분을 수정해 주셨다. 교수님의 수고에도 불구하고 한글 로마자 표기에 잘못된 부분이 있다면 그것은 필자의 서툰 타이핑 때문이다. 필자가 이 교수님께 갖는 감사의 마음은 어떤 표현으로도 충분하지 못하다.

필자의 친구인 앨리슨 조이스 멜니크Allison Joyce Melnick에게도 특별히 감사를 보낸다. 앨리슨은 논문 원고를 자세히 읽고 부정확한 영어 표현들을 바로잡아 주었다. 그리고 수잔 베신저Suzanne Bessenger에게 받은 도움도 밝히고 싶다. 수잔은 이 논문의 초반 원고를 꼼꼼하게 검토했다. 이 친구들이 베푼 친절과 큰 도움을 늘 고맙게 간직할 것이다.

또한 이 논문을 준비하는 동안 인터뷰에 응해 주시고 전자메일에 답을 해 주신 한국의 비구니 스님들께도 감사함을 전한다. 『봉녕』의 편집을 맡았던 도혜 스님과 적연 스님이 바로 그분들이다. 스님들의 격려와 함께 바쁜 시간을 내주신 것에 대해 진심으로 감사한다.

마지막으로, 많은 분들에게 도움을 받았음에도 불구하고 이 책에 나타난 모든 오류는 전적으로 필자의 책임임을 밝혀 둔다.

차 례

한국어판 서문 _ 5
역자의 말 _ 9
개요 _ 12
헌사 _ 15

머리글 ——————————————— 23

연구의 중요성 · 23
한국 비구니에 대한 선행연구 · 26
자료의 출처 · 29
연구 방법 · 32
각 장의 개요 · 33

제1장: 청담의 젊은 시절 ——————————— 45

청소년기 · 48
출가를 위한 노력 · 62
출가 초기의 수행 · 68
파계 · 73

제2장: 일제강점기 묘엄의 어린 시절 ——— 83

사랑스런 딸 • 85
청담과의 두 번의 만남 • 92
종군위안부 차출을 피하여 • 101

제3장: 묘엄의 사미니 교육 ——— 111

출가 동기 • 113
사미니계 수계 • 125
비구니 스승들에게서 받은 사미니 교육 • 131
비구 스승들에게서 받은 사미니 교육 • 153

제4장: 비구 스승들에게서 받은 식차마나 교육 ——— 179

식차마나계 수계 • 182
참회 수행 • 185
탁발 수행 • 188
봉암사 결사 • 193
생사의 기로에서도 지킨 계율 • 210

제5장: 비구 스승들에게서 받은 승가교육 ——— 215

피난 생활	• 218
계율 공부	• 222
경전 공부	• 225
비구니 강사	• 251

제6장: 비구니 교육자로서의 묘엄 ——— 265

운문사 강원에서의 강의	• 268
봉녕사 강원 설립	• 277
한국비구니대학 학장	• 288
봉녕사승가대학으로 재건축	• 291
재가불자들의 스승	• 298
비구니 교육자의 배출	• 306

제7장: 현대 한국 불교 최초의 비구니 율사 ——— 313

비구니 이부승구족계 수계제도의 부활	• 316

금강율원 설립　　　　　　　　　　• 351
　　비구니 율사의 배출　　　　　　　• 352
　　학인을 위한 가르침　　　　　　　• 354

결론 ──────────────────────── 359
　　한국 비구니 연구를 위한 제안　　• 364

사진

　　1. 1943년 만공 선사와 비구니 제자들 _ 178
　　2. 고암·제응과 비구니 주지 수인 _ 178

참고문헌 ────────────────────── 371

찾아보기 ────────────────────── 393

머리글

연구의 중요성

한국의 비구니[1] 승단은 1,500여 년 전에 설립된 이후 한국 불교에 여러 가지 중요한 공헌을 해왔다. 오늘날 비구니들의 살아가는 모습과 수행 전통에는 한국 불교의 가치관이 구현되어 있다. 하지만 고대 한국 비구니들에 대한 역사적 기록은 거의 없다. 이들에 대한 기록이 부족하게 된 가장 큰 원인은 한국 불교의 초점이 늘 비구[2]들에게 맞추어져 있었기 때문이다. 한국 불교사에서 은둔의 소수집단이었던 비구니들은 대다수 역사가들에게 소외된 존재였다. 비구니들

---

[1] 산스크리트어인 '빅슈니bhikṣuṇī'는 구족계를 받은 불교의 여승을 의미한다. 비구니의 자세한 의미는 이 책 제7장에서 논한다.

[2] 산스크리트어인 '빅슈bhikṣu'는 구족계를 받은 불교의 남자 승려를 뜻한다. 비구의 자세한 의미는 이 책의 제7장에서 논한다.

의 삶과 수행에 대한 기록은 오늘날까지도 한국 불교사에 빈자리로 남아 있다. 그 결과 한국 불교사에 대한 해석은 주로 남성 위주의 편향된 시각에서 이루어졌고, 따라서 그 역사는 온전하지 못하다고 말할 수 있다.

예를 들면, 한국의 비구니들은 1950년대 후반 진행된 불교정화운동 기간 동안 독신수행 전통을 회복하는 데 매우 중요한 역할을 했다.[3] 그러나 한국 불교사가들의 저서를 보면 정화운동의 성공에 기여한 비구니들의 막대한 공헌에 대해 침묵할 뿐이다. 오늘날 젊은 세대의 비구니들 중에는 출가여성공동체의 지도자나 재가불자들의 지도자로 떠오르는 비구니들이 적지 않다. 이들은 재가불자들의 스승이자 고아와 노인들의 보호자, 또는 전통사찰의 중창불사 책임자로 활동하고 있다. 2005년 현재 한국 불교의 최대 종단인 대한불교조계종[4] 소속 승려들은 모두 12,500명인데 그 가운데 4,683명이 비구니이다.[5] 비구니들은 포교를 통해 그들의 의무를 수행하는 한편, 급변하는 현대 한국 사회의 요구에 부응하기 위해 그들의 전통적인

---

[3] 1950년대 후반에 일어난 불교정화운동에 대한 비구니들의 공로는 이 책 제5장에서 다룬다.

[4] 한국 불교신도의 80퍼센트가 대한불교조계종 소속이다. 한국 불교사와 조계종에 대해서는 Robert E. Buswell, Jr., *The Zen Monastic Experience: Buddhist Practice in Contemporary Korea* (Princeton: Princeton University Press, 1992), pp. 21-36; 교육원 불학연구소 편찬, 『曹溪宗史: 근현대편』(대한불교조계종 교육원, 2001) 참조.

[5] 남배현, 「재적승 65세 이상 8.3% '승가고령화': 조계종 승려 12,500명…비구니 4,683명」, 『法寶新聞』, 2005. 3. 30(http://www.beopbo.com/article/view.php?Hid=40698&Hcate1=1&Hcate2=7&Hcmode=view). 2005년 4월 2일 웹사이트 방문. 『法寶新聞』은 주간으로 발행되는 불교계 신문이다.

역할에 끊임없이 변화를 시도한다. 최근 비구와 비구니들에게 제공되는 승려교육에 있어 평등한 기회가 증대된 것도 현대 한국 사회에서 비구니 승단이 번창하는 결정적인 요인 가운데 하나이다.

현대의 비구니 교육자들은 한국 사회에서 비구니 승단의 부흥에 중대한 역할을 했다. 이 논문은 바로 그러한 비구니 교육자 중의 한 인물인 묘엄의 생애를 조명한 것이다. 묘엄은 현대 한국 비구니계의 탁월한 교육자로서 한국 불교사에서 비구니 교육과정을 성장 발전시키는 데 있어 커다란 영향력을 발휘한 인물 중 한 사람이다. 그녀는 현재 70대 중반의 나이임에도 불구하고 비구니 승단의 발전을 위해 활발하게 활동하고 있다. 그러므로 현대 한국 비구니들이 새로운 이미지와 역할을 창조하는 데 있어 결정적인 요소가 무엇인지 탐구하기 위해 묘엄의 생애를 주의 깊게 살펴볼 필요가 있다.

묘엄의 일대기는 한국의 전통 승가체제에서 이루어지는 여성의 종교적 수련과 교육에 대한 값진 정보를 제공한다. 묘엄은 일제강점기(1910~1945)에 태어났다. 따라서 일본의 식민통치와 해방(1945년 8월), 한국전쟁(1950~1953) 같은 현대 한국사에 있어 최대의 격동기를 살아왔다. 또한, 비구니 교육에 이바지한 공으로 1960년대 중반에 이미 비구니 승단 내에서 가장 영향력 있는 인물 가운데 한 사람으로 우뚝 선다. 그녀는 비구니 교육체제를 수립하는 데 주도적인 역할을 했으며 비구니 계율교육에 있어서 가장 큰 영감을 불러일으킨 모델이다.

묘엄의 일대기를 통해 우리는 현대 한국 사회에서 여성을 위한 종교공동체를 형성하고 발전시켜 온 고무적이고 성공적인 사례를 찾을 수 있다. 본 연구는 현대 한국 불교사에서 지난 수십 년간 비구니 승단을 재건하는 데 기여한 주요 요소들을 새롭게 조명한다. 이 연구를 통해 지난 수십 년간 전반적으로 한국 불교를 어떻게 재건하게 되었는지에 대한 독자의 이해도도 깊어질 것이다. 이 책의 영문판은 한국 비구니 연구에 새로운 지평을 열 수 있는 자료를 제공할 뿐만 아니라, 앞으로 한국 여성 불자들에 대한 영어권 연구의 초석이 될 것이다. 또한 변화하는 한국의 문화적·사회적 여건 속에서 비구니들의 삶과 수행에 관한 새로운 정보를 제공함으로써 한국 불교에 대한 연구와 다른 나라의 불교 전통에 대한 연구 사이에 존재하는 커다란 간극을 메우는 데에도 기여할 것이다.

한국 비구니에 대한 선행연구

한국 비구니를 연구하는 학자라면 누구나 관련 문헌자료의 부족에 부딪히기 마련인데, 이로 인한 좌절감은 다른 불교 전통의 비구니 연구 전반에도 광범위하게 퍼져 있는 문제이다. 하지만 최근 여성불교학에 대한 한국 학자들의 태도에 변화의 움직임이 일고 있다. 비록 소수에 불과하긴 하나 한국 불교사에서 처음으로 비구니들의 역사에 관심을 기울이기 시작한 것이다. 1999년 11월 본각이 김포의 중앙승가대학교 안에 한국비구니연구소를 설립했다. 이후 본각과 학인들은 국내에 흩어져 있는 출·재가 불자여성에 대한 자료들을 수집해 왔다. 그리고 2003년 8월 한국비구니연구소는 『(신문기사로 본) 한국 근현대 비구니 자료집』 6권과 『(학술논문자료집) 비구니와 여성 불교』 6권 등 총 12권을 출간했다.[6]

그 후 한국비구니연구소는 2007년 『한국 비구니 명감韓國比丘尼名鑑』,[7] 『한국 비구니 수행담록韓國比丘尼修行談錄』[8] 3권, 『한국 고중세 불교 여성 비구니 자료집: 정사류편』,[9] 『(신문기사로 본) 한국 근현대 비구니 자료집』 2권 등 7권을 더 발행했다.

또한 최근 미국과 한국에서 한국 비구니에 대한 학술대회가 두 번 개최됐다. 2002년 4월 불교여성학 학자인 이향순 교수가 미국 워싱턴에서 열린 아시아학회 연례 학술대회에서 역사상 처음으로 한국 비구니에 대한 패널을 조직했는데, 거기에 폴라 아라이Paula Arai · 강혜원 · 강희정이 참여했다.

2004년 5월 한마음선원은 '동아시아 불교전통에서 본 한국의 비구니'라는 주제로 국제학술대회를 조직하고 후원했다. 이 학술대회에서 논문을 발표한 학자들로는 김영태 · 최병헌 · 김영미 · 토니노

---

[6] 『(학술논문자료집) 비구니와 여성 불교』 1~6의 여섯 권에는 두 명의 영양사가 1982년과 1997년에 한국 비구니들에 대해 쓴 박사논문 두 편이 실려 있다. 이들은 채식을 하는 승가대학 학인들의 지방성 단백질과 영양 상태를 연구했다.
[7] 『韓國比丘尼名鑑』은 근대 한국 불교사에서 뽑은 570명의 비구니들의 짧은 행장기를 담고 있다. 이 책은 이들 비구니들에 대해 백과사전 형태의 정보를 제공하고 있다.
[8] 『韓國比丘尼修行談錄』은 上, 中, 下 3권으로, 9세기부터 현재에 이르기까지 327명의 한국 비구니들의 삶과 수행을 다루고 있다.
[9] 『한국 고중세 불교 여성 비구니 자료집: 정사류편』을 살펴보면, 중세의 공식문헌에 나온 비구니에 대한 대부분의 정보가 조선의 척불적인 사회정치적 분위기 속에서 비구니들에 대해 지녔던 부정적인 관점들을 드러내고 있음을 알 수 있다.

푸지오니Tonino Puggioni · 존 요겐슨John Jorgensen 등과 혜선 · 혜원 · 청고 · 박보리 · 박진영 · 이향순 · 박종래 · 헨릭 소렌센 Henrik Sorensen 및 마아씨 미들브룩스Marcie Middlebrooks 등이다. 이 학회에서 발표된 논문 가운데 일부는 현재 출판 준비 중에 있다.

2006년 6월 전국비구니회에서는 '한국 비구니 수행전통에 대한 포럼'을 개최했다. 그리고 이 포럼에서 발표된 논문들이 『한국 비구니의 수행과 삶』[10]이라는 책으로 2007년에 출간되었다. 기고자는 수경 · 혜원 · 해주 · 석담(정인영)[11] · 효탄 · 경완 · 수정 · 혜등 · 진광 · 본각 · 혜천 · 김일진 · 김영미 · 이향순이다.

2005년 혜선(이균희)은 동국대학교에서 「한마음 사상과 선 수행 체계 연구」라는 주제로 박사논문을 썼다.[12] 이 논문은 비구니 선사인 대행大行(1927~)의 생애와 가르침에 초점을 맞춘 것이다.

2006년에는 마틴 배철러Martine Batchelor가 한국 비구니들의 삶과 수행에 대해 쓴 책이 영어로 출판되었다.[13] 이 책의 3분의 2는 배철러의 개인 경험에 관한 기록으로서 그녀가 1975년부터 10년간 프랑스 출신의 비구니로서 한국에서 겪은 선[14] 수행담을 직접 저술한

---

[10] 전국비구니회 엮음, 『한국 비구니의 수행과 삶』(예문서원, 2007).
[11] 필자의 법명은 석담, 속명은 정인영이다. 한국의 승려들은 승가에서는 늘 법명을 사용한다. 속명은 정부문서나 기타 공식문서에만 사용된다.
[12] 이균희(혜선), 「한마음 사상과 선 수행 체계 연구」(동국대학교 철학박사 학위논문, 2005).
[13] Martine Batchelor and Son'gyong Sunim, *Women in Korean Zen: Lives and Practices* (New York: Syracuse University Press, 2006).
[14] 버스웰은 자신의 책 *Tracing Back the Radiance: Chinul's Korean Way of Zen*에

특별한 내용을 담고 있다. 이 책의 끝부분에 실린 그녀의 에세이 「한국 비구니 선사의 생애: 마틴 배철러에게 들려준 선경의 자서전」은 원래 *Korean Culture*라는 영어 잡지에 실렸던 글을 옮긴 것이다.[15] 이 책에는 그녀가 직접 영어로 번역한 선경의 선시 열한 수도 포함되어 있다.

자료의 출처

묘엄의 생애에 대한 연구는 대부분 필자가 직접 현장에서 녹취하거나 수집한 구술 증언 및 문헌자료에 근거했으며, 그 자료에는 묘엄과 나눈 전화 인터뷰와 『봉녕』 편집장이나 묘엄의 제자와 주고받은 전자메일 등이 포함되어 있다. 필자는 묘엄과 인터뷰하기 위해 2003년 6월, 2004년 7월 그리고 2005년 6월 세 번에 걸쳐 한국에 다녀왔다. 봉녕사승가대학에서 수집한 인터뷰 자료는 오디오테이프 및 비디오테이프로 제작됐다. 3년간의 자료 조사 기간 동안 필자

서 '선禪'은 'samādhi'와 동의어인 산스크리트어 'dhyāna'의 중국식 음역을 한국식으로 발음한 것이라고 설명한다. 한국어의 '선'에 대해서는 Robert E. Buswell, Jr., *Tracing Back the Radiance: Chinul's Korean Way of Zen* (Honolulu: University of Hawaii Press, 1991), p. 64 참조. 한국어의 '선'은 일본어로 'Zen'이고 중국어로는 'Ch'an'이다.

[15] Martine Batchelor, "The Life of a Korean Zen Nun: The Autobiography of Son'gyong Sunim as Told to Martin Batchelor," *Korean Culture*, vol. 13, no. 1 (Spring 1992), pp. 26-37.

가 봉녕사를 방문할 때에는 묘엄의 일상을 면밀하게 관찰하기 위해 그녀의 처소인 향하당에 마련된 객실에 머물렀다. 이곳에서 자료 수집을 하는 동안 묘엄은 대부분의 일상적인 활동에 필자를 대동해 주었다.

문헌자료의 출처 또한 중요한 의미를 갖는다. 윤청광이 엮은 『회색 고무신』[16]은 묘엄이 인정한 그녀의 자전적 소설이다. 그녀의 속가 조카인 부산대학교 김용환 교수는 『회색 고무신』의 부록에서 이 자전소설의 기반이 된 자료에 대해 밝히고 있다. 그에 따르면, 먼저 묘엄의 생애를 연대기로 만든 뒤 그녀가 겪은 각 사건들에 대해 질문하고, 그 다음 그녀가 살아온 이야기를 기록했다. 그녀의 생애를 녹취하는 데에는 일주일이 걸렸다. 처음에 김용환 교수는 녹취된 자료들을 약간의 편집을 거쳐 자서전으로 출판할 수 있을 것이라고 생각했다. 하지만 묘엄의 전기가 일반인들에게는 이해하기 어려울 것이라고 판단하고, 묘엄과 의논하여 불교계 전문작가인 윤청광에게 의뢰해 묘엄의 구술 자서전을 쓰기로 결정했다고 한다.

윤청광은 모든 사람들이 쉽게 묘엄의 일대기를 읽을 수 있도록 그녀의 증언을 토대로 자전적 소설을 쓰게 되었다. 2004년 7월 필자는 김용환 교수의 원고를 입수했는데, 거기에는 묘엄이 김용환 교수와 나눈 대화들이 고스란히 담겨 있다.[17] 필자는 또한 2005년

---

[16] 윤청광 엮음, 『회색 고무신』(시공사, 2002).
[17] 김용환 교수의 원고는 2008년 5월 단행본으로 출판되었다. 김용환 엮음, 『香聲: 妙嚴스님 出家遊行錄』(奉寧寺僧伽大學, 2008).

윤청광을 인터뷰하면서 『회색 고무신』의 내용이 김용환 교수의 원고에 얼마나 충실했는가에 대해 질문했다. 윤청광은 이 소설을 집필할 때 김용환 교수의 원고 내용을 최대한 따랐다고 했다. 또한 그는 이틀간 봉녕사에 머물면서 묘엄과 인터뷰도 했다고 했다. 묘엄의 일대기에서 '사실'만을 추출하기 위해 2005년 6월 필자는 묘엄과 마주 앉아 『회색 고무신』의 어느 부분이 윤청광의 각색이고 어느 부분이 그녀 자신의 이야기인지를 가려냈다. 이런 방식으로 묘엄과 함께 그 책 전체를 훑어나갔다. 『회색 고무신』에서 이 책에 인용된 부분은 해당 내용을 묘엄에게 재확인한 다음 필자가 영어로 번역했다. 그녀의 생애를 논하는 데 일차적인 문헌자료로 삼은 것은 『회색 고무신』이지만, 그 외에도 김용환 교수의 원고와 필자가 직접 묘엄과 나눈 인터뷰 내용 등을 적절하다고 판단되는 곳에 일차자료로 사용했다.

이 밖의 자료로는 2003년에서 2005년에 걸쳐 필자가 봉녕사에 머물며 작성했던 묘엄에 대한 관찰 기록과 메모, 한국의 여러 비구니들과 나눈 인터뷰 및 전자메일, 묘엄에 대한 신문기사, 『봉녕』, 봉녕사승가대학의 공식 홈페이지에 나와 있는 자료들, 봉녕사승가대학에 관한 기록, 현재 한국에서 발간되는 불교계 신문기사, 필자가 수년 전 받았던 한국의 전통 승가교육과 비구니로서의 수행교육, 국내에서 출판된 불전과 불교관계 서적, 그리고 많지는 않으나 한국 불교에 대한 영어 자료 등이다.

연구 방법

이 책에서 묘엄의 생애를 연구하기 위해 사용한 방법은 문헌연구와 현장연구이다. 그 가운데 가장 일차적인 것은 내부관찰자로서 '참여·관찰'하는 현장연구였다. 대부분의 한국 비구니들은 외부인이나 외국인들이 그들의 생활을 연구하는 것을 꺼린다. 필자는 1975년 가을 봉녕사승가대학을 졸업한 한국 비구니로서 그들의 생활을 가까이서 자유롭게 관찰할 수 있었다. 묘엄은 본 연구를 위해 자신의 일상생활의 모든 면에 필자가 자유롭게 접근할 수 있도록 허락해 주었다. 한국 비구니들의 역사, 생활방식, 가르침, 수행, 나아가 자아인식을 살피는 작업의 상당 부분은 필자가 어떤 관점으로 그들을 인식하는가에 달려 있다. 또한 비구니들의 삶과 수행에 대한 필자의 논평이나 해석 및 분석 내용을 제시하는 것이 적절하다고 판단될 때에는 필자 자신이 예전 한국 전통강원에서 받았던 교육과 수련을 최대한 활용했다.

필자는 승가의 내부자로서 참여·관찰법을 적용하기에 유리한 위치에 있긴 했지만, 다른 한편으로는 스승인 묘엄으로부터 이성적으로나 감성적으로 일정한 거리를 유지하는 것이 어렵다는 사실을 충분히 인식하고 있었다. 이런 어려움에도 불구하고 본 연구를 진행하는 동안 필자는 스승에 대한 객관적 성찰과 냉철한 관점을 지키기 위해 충분한 거리를 효과적으로 잘 유지했다.

그렇게 하기 위해 필자가 한국에 체류할 때에는 연구자로서의 자세를 유지했고, 봉녕사승가대학을 방문할 때에는 일정 기간 동안의 현장연구를 위한 목적임을 분명히 밝혔다. 필자는 그곳에 도착하는 즉시 승가대학 일원으로서의 위치로 돌아갔고, 그곳의 전통이 구현되어 있는 일상생활을 직접 체험하고 그로부터 얻은 지식을 활용할 수 있었다. 현장연구가 끝나면 미국으로 돌아와 신체적으로나 정신적인 면에서 스승과 거리를 둠으로써 학자로서의 관점을 유지했고, 묘엄의 생애를 좀 더 객관적으로 파악하려고 노력했다. 한국에 머무르는 동안 필자는 그녀의 삶이나 수행과 관련이 있는 여러 명의 비구니들을 인터뷰했다. 인터뷰한 자료는 묘엄과 가까운 지인들의 저술이나 증언과 대조하며 꼼꼼하게 교차 점검했다.

이 책에서 한국어 로마자 표기는 수정본 라이샤워-맥퀸Reischauer-MaCune 방식을 따랐다. 논문에 등장하는 한국 인명은 한국식으로 성을 먼저 쓰고 그 뒤에 이름을 썼다. 한국인 이름의 표기에는 의미가 담긴 상징적 문자가 사용된다. 라이샤워-맥퀸 방식은 이름을 구성하는 두 글자를 하이픈(-)으로 연결한다. 그러나 이것은 한국에서 쓰는 인명표기법이 아니다. 따라서 이 책에서는 '묘엄', '청담', '청광'과 같은 인명에 하이픈을 삽입하지 않았다. 마지막으로, 이 책에 사용된 모든 한국어 자료는 필자가 직접 영역했다.

각 장의 개요

이 책은 전부 일곱 장으로 나뉘며 서론(머리글)과 결론을 다룬 두 개의 장이 따로 있다.

제1장 「청담의 젊은 시절」은 묘엄의 가족적 배경을 명확하게 보여 주기 위해 아버지인 청담의 청소년 시절과 출가 초기의 삶을 중점 연구한다. 묘엄의 출생은 청담이 승가의 가장 중대한 계율 가운데 하나인 독신청정의 계율을 파계한 결과였으며, 이 계율을 파계한 승려는 승가로부터 영원히 축출되는 벌을 받게 되어 있다.

청담은 묘엄의 양육에 전혀 관여하지 않았다. 묘엄과 청담의 삶이 이어지기 시작하는 것은 그녀가 출가한 열네 살 이후부터이다. 이 장에서는 이런 특별한 상황에서 시작된 일련의 이슈들을 살펴본다. 청담이 청소년기였던 일제강점기의 한국 사회는 여전히 유교적 질서가 지배하고 있었다. 그런 사회에서 독자인 아들이 출가를 하려면 어떤 고난을 겪어야만 했는지, 또한 일본 불교의 영향 아래 있던 한국 불교계가 청담의 파계에 어떤 반응을 보였는지, 그리고 청담이 파계로 인한 죄의식에 시달리며 그것을 극복하기 위해 얼마나 치열하게 수행에 전념했는지를 다룬다. 이 장의 마지막 부분에서는 오늘날 한국의 불교계가 성문제와 관련된 파계에 대해 비구와 비구니에게 보여 주는 차별적인 태도를 논한다. 파계한 비구니에게는 비구보다 심한 벌을 내린다. 묘엄의 출생이 지닌 특별한 상황을 논하는 것으로 이 장을 마무리한다. 여기서 특별한 상황이란 묘엄의 출생을 곧 청담의 파계의 결과로 인식하는 태도를 말한다.

제2장 「일제강점기 묘엄의 어린 시절」에서는 어머니, 할머니, 언니 등 여성들로만 구성된 가족과 묘엄의 성장기에 초점을 맞춘다. 청담이 출가를 하자 여성 가족들은 정체성을 잃게 되는데, 그것은

유교적인 한국 사회에서 여자들에게 정체성과 소속감을 부여해 주는 일차적인 기반인 호주가 사라진 때문이었다. 필자는 이 장에서 비구들에게 '버림받은'[18] 부모나 부인 혹은 자녀들에 관해 조명해 보고자 한다. 남편이 출가할 때 속세에 남겨진 여성 가족들은 모두 제각각 다른 사연을 지니고 있지만 그 사연들은 대부분 기록으로 남겨지지 않았다. 그런 면에서 볼 때 비구니 묘엄의 일대기는 청담이 속세에 남긴 채 떠난 세 명의 여성들이 어떤 삶을 살았는지 살펴볼 수 있는 보기 드문 기회를 제공한다.

이 장에서는 비구의 여성 식구들이 겪는 삶에 대해 면밀히 살펴본다. 예를 들어 청담의 종교적 열망에 대해 아내는 어떤 태도를 취했는가? 그가 출가한 후 세상에서 살아가기 위해 이들이 어떤 고생을 했는가? 그리고 일제강점기라는 최악의 시기에 이들이 청담의 뒤를 따라 출가하게 된 동기는 무엇이었는지 등에 대해 집중 연구한다. 덧붙여, 어린 묘엄이 사적인 감정을 드러내지 않는 수행승인 아버지에 대해 어떤 감정을 가졌는지도 세밀히 살펴본다. 이 장의 끝부분에서는 어린 묘엄이 일본군 종군위안부로 끌려갈 운명에서 벗어나게 된 독특한 체험을 다룬다. 더 정확히 표현하자면, 묘엄이 그 운명에서 빠져나옴으로써 그녀에게는 위대한 출가의 기회가 주어진 것을 말한다.

---

[18] Beata Grant, "Female Holder of the Lineage: Linji Chan Master Zhiyuan Xinggang (1597-1654)," *Late Imperial China*, vol. 17, no. 2 (December 1996), p. 57.

제3장 「묘엄의 사미니 교육」에서는 묘엄의 출가 동기와 학구열, 비구니 및 비구 스승에게서 받은 사미니 교육에 대해 면밀히 고찰한다. 수계 및 한국 승가의 전통적인 승려교육을 살펴보는 것으로 시작해서 사미니 묘엄의 삶의 모든 면을 꼼꼼히 검토한다. 이 책에서 가장 긴 이 장의 주된 연구 목적은 크게 두 가지이다. 묘엄이 받은 사미니 교육의 제반 사항을 논함으로써 묘엄이 살았던 시대의 불교 풍토에 대한 전반적인 정보를 제공하고, 한 사람의 한국 여성이 겪은 당시의 불교 제도에 관한 소중한 자료들을 살펴볼 수 있을 것이다. 또한 이 장은 승려가 된 아버지 및 그의 도반들 아래에서 사미니 교육을 받은, 여성 출가자 묘엄이 겪은 불교 제도에 관한 특별한 체험을 담고 있다. 한국 불교 전통에서는 사미니가 비구 스승으로부터 교육받지 못하게 되어 있다. 하지만 비구의 딸이었던 묘엄은 비구 스승들로부터 교육을 받는 특권을 누렸던 것이다.

제4장 「비구 스승들에게서 받은 식차마나 교육」은 묘엄이 봉암사에서 받은 식차마나로서의 교육과정에 대한 것이다. 종교적 열정에 넘쳤던 묘엄은 봉암사 결사의 일원이 되고자 은사와 청담에게 거짓말을 한 적이 있었다. 묘엄은 계율을 어겼고 청담은 그녀에게 천 배를 하게 함으로써 참회토록 했다.

하지만 묘엄은 결국 다른 네 명의 비구니와 더불어 봉암사 결사의 구성원이 되었다. 이로써 그녀의 철저한 참선 수행이 시작되었다. 이 장에서의 연구 초점은 선불교의 전통적인 가르침인 '모든 중생이 붓다가 될 수 있다는 가능성'의 교리가 선사찰의 비구와 비구니에게 일상적인 생활에서도 동등하게 적용되는가를 살펴본다. 불성론佛性論은 성의 이분법을 뛰어넘는 것으로서 여성에게도 남성과 동등한 구원의 가능성을 인정한다. 묘엄의 스승이었던 비구 선사들은 임제선의 가르침에 충실했던 사람들로서 비구와 비구니 제자들을 차별하지 않고 동등하게 해탈의 길로 이끌기 위해 각별한 노력을 기울였다. 따라서 묘엄은 '근대 한국 불교의 중흥'이라 일컬어지는 봉암사 결사운동의 일원으로서 비구들과 동등한 대우를 받았다. 그녀의 비구 스승들은 묘엄을 비롯한 비구니들에게 그 당시 가부장적인 유교사회에서는 결코 찾아볼 수 없었던 자유를 향유할 수 있게 해 주었던 것이다.

제5장 「비구 스승들에게서 받은 승가교육」에서는 비구 스승들이 비구니들 교육에 쏟았던 각별한 헌신에 관한 것뿐 아니라 묘엄이 불전 공부에 몰두했던 불굴의 노력을 다룬다. 그녀가 비구 스승 아래 경전 공부를 시작한 것은 한국이 6·25전쟁으로 인한 참담한 파괴와 고통의 한가운데 놓였던 피난민 시절이었다. 이 장에서는 세 가지의 핵심적인 질문이 제기된다. 첫째, 공식적인 불교교육 체제에서 비구니들을 배제하던 사회적 장벽을 깨고, 묘엄이 어떻게 한국 불교의 전통적인 승가교육을 정식으로 완수하였는가? 둘째, 묘엄을 가르쳤던 비구 스승들이 비구니 교육에 대해 어떤 시각을 지니고 있었는가? 셋째, 비구 스승들은 비구와 비구니 학승들에게 동등한 경전교육을 시켰는가? 하는 것이다.

이 장에서 필자는 묘엄의 비구 스승들이 경전교육에 있어 비구와 비구니들을 차별하지 않았음을 밝힌다. 1950년대에 비구 스승들이 비구니 교육에 헌신적이었다는 것은 특별한 경우이다. 그들은 비구니들이 교육을 받아야 승단의 미래가 밝을 것이라 믿었다. 나아가 한국 불교의 재건에 비구 승가와 비구니 승가 둘 다 극히 중요한 역할을 할 것이라 예측했던 통찰력도 있었다. 학구적 열망을 지녔던 묘엄은 비구 스승들의 적극적인 지원에 힘입어 해방 후 비로소 비구 스승들이 공식적으로 인정한 최초의 비구니 교육자가 되었다.

제6장 「비구니 교육자로서의 묘엄」에서는 비구니 교육자가 된 이후 현대 한국 비구니들의 교육에 묘엄이 어떤 기여를 했는지 살펴본다. 이 책에서 지금까지의 연구 초점은 묘엄 개인의 수행 역정에 맞추어져 있었으나, 6장에서는 지난 수십 년간 교육개혁을 통해 비구니 승단 재건을 위해 노력한 묘엄의 역할에 초점이 맞추어진다. 필자는 현대 한국 불교계에서 비구니 승단의 재건과 역할 변화가 일어나게 된 핵심 요소들을 파악하기 위해 묘엄이 어떻게 조계종 5대 비구니 승가대학[19] 가운데 하나인 봉녕사승가대학을 설립하게 되었는지 조사한다. 또한 그녀의 종교적 열망과 교육자로서의 행장에 초점을 맞추면서 몇 가지 중요한 여성 문제를 논하고자 한다. 예를 들면, 비구니 권속의 단합, 비구니와 재가불자들을 위한 여성 수행자의 리더십, 남성 중심의 한국 승가공동체에서 비구니 승

---

[19] 대한불교조계종 소속의 5대 비구니 승가대학에 대해서는 이 책 제6장에서 논한다.

가의 자율성 확보를 위한 노력 등이 포함된다.

비구니 교육기관을 세우기 위한 묘엄의 끊임없는 노력을 분석해 보면, 비구니 승단의 정체성 재확립, 상존하는 성차별적 역할의 개선, 남성 지배적인 한국 승단 내에서의 성차별에 대한 도전 등 이 시기의 한국 비구니들이 겪었던 여러 가지 고충들이 잘 드러난다. 비록 우리나라 승가가 비구에 의해 지배되고 있긴 하지만, 한국의 비구니들은 스스로 자신들의 삶의 환경을 조성해 나가면서 제도권이 허락하는 한계 내에서 자율성과 평등한 권리를 최대한 증대시켜 왔다. 또한 비구니 자신들만의 공간을 창조해 내고 일반인들의 요구에 효과적으로 부응할 수 있는 방법을 끊임없이 모색해 왔다. 재가불자들과 비구니들의 친밀한 관계 형성으로 인해 비구니를 향한 일반인들의 시각도 변화해 왔다. 비구만이 아니라 비구니에게도 지계持戒는 출가공동체 생활을 존속하는 데 매우 중요하다. 대부분의 한국 비구니들은 엄격히 계율을 지킨다. 어찌 보면 비구들보다 더 계율을 잘 지킨다. 한국 재가불자들은 비구들을 존중하고 존경하듯 비구니의 성직을 존중하고 존경한다. 비구와 마찬가지로 비구니들도 재가불자들의 경제적 후원과 보시에 의존하고 있다. 재가불자와 승려들의 이런 상징적 교환을 통해 공덕을 짓는 제도가 지속되며 이 경제적 구조가 비구니 승단의 안정과 번영을 제공한다. 이렇듯 비구니 위상이 높아진 것은 묘엄의 비구니 승가교육에 대한 노력과 헌신의 결과라고 할 수 있다.

제7장「현대 한국 불교 최초의 비구니 율사」[20]에서는 현대 한국

의 승가에서 일어나는 성차별과 함께 세계 불교계에서 가장 큰 논란거리인 여성 수행자의 비구니 이부승구족계 수계 이슈와 같은 몇 가지의 논쟁적인 문제를 집중적으로 살펴본다. 묘엄이 남성 중심의 한국 불교 전통 안에 비구니들의 공간을 확보하기 위해 어떤 노력을 했는가? 그녀 자신이 몸담고 있는 제도 안에서 능동적으로 대처했는가, 아니면 수동적으로 대처했는가? 끊임없이 고군분투하는 노력가였던 묘엄은 어떻게 스스로의 수행을 통해 깨달음의 세계를 추구하며 한국 승단에 양성평등을 이루고자 했는가? 등과 같이 그녀가 비구니들의 권리에 대한 열정적인 주창자로서 자신의 영성 계발과 함께 양성평등을 이루기 위해 노력한 점들을 연구 고찰한다.

묘엄은 비구 율사 스승의 전적인 지원을 받으며 한국 비구니 승단에 비구니 이부승구족계 수계제도를 부활시키는 데 핵심적인 역할을 했다. 비구니 이부승구족계의 부활은 역동적인 현대 한국 비구니 승가의 탄생에 초석을 놓는 일이었다. 이 제도의 부활을 통해 비구니들은 남성 중심의 수행공동체 내에서 자신들만의 공간을 창조해 낼 수 있었다. 이 장에서 필자는 한국의 비구니 이부승구족계 수계제도 부활을 예로 삼아 국제적으로 가장 큰 논란거리인 여성 출가자들의 비구니구족계에 대한 소견을 밝히고자 한다. 묘엄이 현대 한국 불교사 최초의 비구니 율원을 설립함으로써 비구니들은

---

[20] 율사는 영어로 'vinaya master'라고 한다. vinaya는 불교의 율장을 말한다. 율장은 비구와 비구니들의 행동규범에 대한 승가의 계율을 담고 있다. '율장'에 대해서는 이 책 제7장에서 자세히 논한다.

율장 공부에 있어 비구와 동등하게 폭넓은 기회를 누리게 된다. 묘엄은 비구니 율맥의 공식적인 전승이라는 새로운 전통을 세움으로써 한국 비구니 법맥의 정통성을 확립시켰다. 그녀가 비구니 지도자로서 보여 준 리더십은 현대 한국 사회에서 여성이 어떻게 자신이 속한 단체의 정체성을 재확립하고 그들 자신의 삶의 터전을 마련하며 전통적으로 영속되어 온 성역할을 변화시킬 수 있는지 잘 보여 준다.

이 장의 마지막 부분에서는 한국의 비구와 비구니들에게는 커다란 도전이 될 사항들을 탐색해 보는데, 그것은 묘엄이 학인들에게 강조하는 핵심적인 가르침 속에 모두 담겨 있다. 즉, 계율 엄수와 참선 수행이다. 오늘날 대한불교조계종 소속 비구니의 숫자는 비구의 숫자와 거의 맞먹는다.[21] 그러나 한국 승가에서 청정 비구승의 전통은 큰 위기에 처해 있다.[22] 비구들 가운데는 독신승제도로부터 탈선해 그 제도를 기만하는 심각한 물의를 일으킨 경우가 여럿 있었다.[23] 이에 비해 비구니 승가는 비구 승가보다 상대적으로 훨씬 청정한 편이다. 대다수의 비구니들은 비구보다 계율을 더 철저히 지킨다. 이런 현상의 원인들 가운데 상당 부분은 묘엄으로 인한 것

---

[21] 현재 한국 승려 인구의 통계에 대해서는 심정섭, 「조계종 사찰 2,444개: 승려 13,576명」, 『法寶新聞』, 2008. 4. 16(http://www.beopbo.com/article/view.php?Hid=56029&Hcate1=1&Hcate2=7&Hcmode=view) 참조. 2008년 5월 12일 웹사이트 방문.

[22] 청정 독신승 전통이 처한 위기에 대해서는 이 책 제1장에서 논한다.

[23] 한국 비구들의 청정 전통의 위기에 대해서는 이재형, 「'PD수첩, '조계종…' 방영 충격 확산」, 『法寶新聞』, 2007. 10. 17(http://www.beopbo.com/article/view.php?Hid=53477&Hcate1=1&Hcate2=7&Hcmode=view) 참조. 2008년 5월 12일 웹사이트 방문.

임을 부인할 수 없다. 그녀가 비구니 승가의 지계수련과 비구니 교육의 질을 향상시키기 위해 부단히 노력해 온 덕분인 것이다.

하지만 한국의 비구니들도 다른 나라의 비구니들과 마찬가지로 커다란 도전에 직면해 있다. 그것은 과도한 물질만능의 산업화된 사회 속에서 사회가 요구하는 분주한 세속적 활동에 참여하면서 동시에 참선 수행에 전념하고자 하는 개인적인 욕구를 어떤 방식으로 충족시킬 수 있는가 하는 과제이다. 승려들 대부분이 재가불자들의 요구에 부응해야 한다는 압박감으로 인해 혼자 참선할 시간을 찾기 어려운 형편이다. 묘엄은 학인들에게 깨달음을 성취하려면 제일 먼저 승가의 계율을 엄수하라고 강조한다. 그녀는 비구나 비구니들이 그들의 본분사를 간과하거나 망각하는 것을 대단히 우려하는데, 본분사란 삼학三學인 지계, 선정, 지혜를 닦으라는 불교의 핵심적인 가르침을 가리킨다.

이 책의 일차적인 목적은 한국의 여성들이 어떻게 그들의 역사적·사회적·문화적·경제적·정치적·종교적 풍토에서 자신들의 영성 계발을 위해 능동적인 주체로 활동해 왔는지 보여 주려는 데 있다. 큰 관점에서 볼 때 이 책에서 중점적으로 다루고 있는 이슈들은 다음과 같이 요약될 수 있다. 한 사람의 동양 여성이 남성 중심의 종교공동체 안에서 얼마나 성공적으로 자신의 학문적·종교적 열망을 성취할 수 있었는가, 거의 단절되다시피 했던 자신들의 법맥을 어떻게 한국의 비구니 승단이 몇 십 년 안에 복원할 수 있었는가.[24] 이러한 과정을 거쳐 온 한국 비구니들의 수행 경험이 법맥을 복원하기 위해 고투하는 다른 나라 불교 전통의 비구니들에게도 적용될 수 있는가 하는 이슈들이다.

---

24 1950년대 중반 한국의 비구니는 총 401명이었다. 1950년대 중반 한국의 비구니 숫자에 대해서는 「해방 후 한국 불교 얼마나 달라졌나?」, 『法寶新聞』 306호, 1995. 1 · 2 · 6면 참조.

제1장
청담의 젊은 시절

청담 스님이 평소 즐겨 쓰시던 '佛' 자를 새겨 넣은 바위(사진 제공: 봉녕사)

제1장

청담의 젊은 시절

묘엄妙嚴[1]의 부친은 20세기 한국 불교사에서 가장 중요한 인물 가운데 한 사람인 승려 청담靑潭[2]으로서 묘엄의 생애에 결정적인

---

[1] 묘엄의 속명은 인순仁順, 법명은 묘엄이다. 이 책에서는 혼동을 피하기 위해 법명을 사용한다. 필자가 2003년 6월 묘엄을 인터뷰할 때 1932년 생이라고 말했다. 한국인들은 전통적으로 나이를 계산할 때 태아기를 가산한다. 묘엄의 출생증명서는 6·25전쟁(1950~1953) 중에 고향인 경남 진주에서 불에 타 없어졌다. 전쟁 후 형부가 묘엄의 출생연도를 1931년이라고 신고했기 때문에 공식적인 출생증명서에는 출생연도가 1931년으로 되어 있다. 『회색 고무신』에는 1931년에 태어난 것으로 기록되어 있다(2003년 6월 묘엄과의 인터뷰).

[2] 청담의 연대기에 따르면, 부친의 성명은 이화식李化植, 어머니의 성명은 고부용高芙容이다. 청담의 속명은 이찬호李讚浩이다. 출가 후 순호淳浩라는 법명을 받았지만 1954년 조계종 정화운동에 지도자로 부상하면서 청담으로 법호를 지었다. 청담의 연대기에 대해서는 청담기념사업회 편저, 『청담대종사와 현대 한국불교의 전개』(청담문화재단, 2002), 551-557쪽 참조. 청담은 대한불교조계종 초대 총무원장이자 1950년대 중반부터 1960년대 중반까지 지속된 한국불교정화운동의 지도자였다. 청담과 한국불교정화운동에 대해서는 Buswell, Jr., *The Zen Monastic Experience: Buddhist Practice in Contemporary Korea*, pp. 30-36; 청담문도회 편찬, 『青潭大宗師全書』 1-11 (삼각산 도선사, 1999~2002); 청담기념사업회, 『청담대종

역할을 한 사람이다. 청담은 자신의 딸이 '파계의 씨'[3]였다고 통탄하곤 했다. 묘엄은 자신이 태어난 것은 "부친에게 독신청정수행승이라는 흰 종이 위의 검은 점"이었다고 말한다.[4] 묘엄의 인생에서 청담과의 부녀관계는 후일 사제관계로 바뀐다. 출가 이전의 묘엄의 생애를 명확하게 그려내기 위해 이 장에서는 먼저 그녀의 가족적 배경을 소개한다. 아버지인 청담의 청소년기, 출가를 위한 노력, 출가 초기의 수행 그리고 파계에 초점을 맞춘다.

청소년기

청담은 1902년 음력 10월 20일 경남 진주에서 태어났다. 네 남매 중 장남이자 외동아들이었다.[5] 부친은 많은 농지를 갖고 있었고 진

사와 현대 한국불교의 전개』; 金龍煥 편, 『靑潭筆影』(봉녕사승가대학, 청담문화재단, 2004); 김광식 지음, 『아! 청담, 36인의 생생한 증언으로 엮어낸 국내 최초 대담집』(화남, 2004); 혜자 스님 · 이상균 지음, 『빈 연못에 바람이 울고 있다: 靑潭 대종사 탄신 100주년 기념 평전』(생각의나무, 2002); 윤청광 지음, 『고승열전 24, 청담큰스님 마음에 타는 불 무엇으로 끄려는고』(우리출판사, 2002); 교육원 불학연구소 편찬, 『曹溪宗史: 근현대편』, 105, 132, 175-177, 180, 185, 198, 203-205, 220, 227-229, 235-236, 240, 246, 252, 296-297쪽; 웹사이트(http://www.dosunsa.or.kr) 참조. 2004년 12월 6일 웹사이트 방문.
[3] 청담문도회, 『靑潭大宗師全書 1: 마음』, 103쪽.
[4] 김용환의 원고. 2003년 6월 및 2004년 7월에 필자가 묘엄을 인터뷰한 내용이다.
[5] 「입산 오십년을 돌아보며」에서 청담은 유아 때 사망한 동생을 언급하는데 남아인지 여아인지는 밝히지 않고 있다. 이에 대한 필자의 질문에 묘엄은 그 아이가 남아였다고 답했다(2004년 7월 묘엄과의 인터뷰).

주의 큰 포목상을 소유하고 있었다. 따라서 청담의 가족은 진주에서는 상류층에 속했다.[6]

『청담대종사전서 1: 마음』[7]에 들어 있는 「입산 오십년을 돌아보며」라는 짧은 자서전적 글에는 칠순의 나이가 된 청담이, 동네 서당에 쌓아둔 볏단 옆의 나무 밑에서 명상을 하며 보냈던 자신의 소년기를 회고한 글이 있다.[8] 그는 한문으로 된 유교 경전을 공부하거나 수업을 받기 위해 서당에 앉아 있는 것을 싫어했다고 한다. 즉, 그는 모범생은 아니었다. 커다란 눈으로 무언가를 뚫어지게 쳐다보는

---

[6] 윤청광, 『회색 고무신』, 13쪽. 『靑潭大宗師全書 4: 잡언록』에서 청담은 조부가 진주 지역의 시장을 장악하고 있었다고 밝히고 있다. 청담문도회, 『靑潭大宗師全書 4: 잡언록』, 24쪽.

[7] 청담의 저술은 1971년 이전에 쓰인 것으로 짐작한다. 청담은 1971년 11월 15일 열반했다. 「입산 오십년을 돌아보며」는 원래 『잃어버린 나를 찾아』(휘문출판사, 1971)에 「나의 입산 오십년」이라는 제목으로 출판되었던 글이다. 청담의 소년기에 대해서는 『靑潭大宗師全書 1: 마음』에 나오는 「입산 오십년을 돌아보며」와 『靑潭大宗師全書 4: 잡언록』의 제1장 등 몇 가지 자전적인 자료들이 있다. 「입산 오십년을 돌아보며」가 비교적 신빙성이 있으며, 그의 청년기에 대해서도 일관성 있는 배경을 제공한다. 필자는 이 글이 쓰인 시기를 그가 조계종 총무원장직에서 물러난 1969년과 1970년 사이일 것으로 추정한다. 그는 「입산 오십년을 돌아보며」에서 자신이 일흔 살의 노승으로 서울 도선사(道詵寺)에 주석하고 있었다고 진술했다. 도선사에 대해서는 웹사이트(http://www.dosunsa.or.kr) 참조. 2004년 12월 10일 웹사이트 방문. 필자는 청담의 청년기를 개괄하기 위해 「입산 오십년을 돌아보며」를 일차적인 자료로 사용하면서, 교차 점검할 필요가 있다고 판단되면, 『靑潭大宗師全書 4: 잡언록』을 자료로 사용했다.

[8] 조선시대(1392~1910)에 유교의 이상인 과거에 급제하려면 남자 아이들은 전통 서당에 다니면서 교육을 받아야 했다. 남자 아이들이 정식으로 서당에서 유교의 한문 경전을 공부한 반면, 여자 아이들은 어머니나 여성 친척들의 지도 아래 비공식적으로 가정 안에서만 교육을 받았다. 청담의 청년시절 한국의 교육제도는 전환기를 거치고 있었다고 볼 수 있는데, 전통적인 유교식 교육제도가 일본의 통치하에 점차 서양식 교육제도로 대체되던 중이었다고 할 수 있다.

것을 좋아했던 소년 청담을, 급우들은 자주 '부엉이'라고 부르며 놀리고 그를 괴롭히기도 했다. 그러면서도 종종 청담이 착한 마음을 지닌 선한 아이라고 칭찬도 했다. 그는 급우들이 자기를 '부엉이'라고 놀리는 것을 즐거워하도록 내버려 두었으며 그런 별명에 괘념치 않았다.[9]

청담은 삼강오륜三綱五倫[10]의 유교적 규범이 지배하는 사회에서 소년기를 보냈다. 어린 청담은 유교적 가족윤리에 부합하는 행동을 해야 한다는 압력을 받고 있었다. 전통적인 한국의 유교사회에서 자식은 부모의 말을 거역하지 못하게 되어 있었다. 자식이 부모의 뜻을 거역할 경우 마을 전체로부터 '불효자'라는 낙인이 찍혔다. 청담은 원치 않았지만 부모의 뜻에 따라 열여섯 살까지 마을의 서당에서 공부했는데 불효자라는 소리를 듣지 않기 위해서였다. 서당에서의 생활은 즐겁지 않았으므로 그는 수업을 피하고 싶어 했고 그 결과 학업은 늘 뒤떨어졌다. 그는 부모님을 기쁘게 해 드리려고 서당에 다닌 것이지 학업을 즐긴 것은 아니었다고 했다.[11]

---

[9] 청담문도회,『靑潭大宗師全書 1: 마음』, 62-65쪽.
[10] '삼강'이란 군신·부자·부부 관계를 말한다. '오륜'이란 군신유의君臣有義, 부자유친父子有親, 부부유별夫婦有別, 장유유서長幼有序, 붕우유신朋友有信을 가리킨다. '삼강오륜'에 대해서는 Martina Deuchler, *The Confucian Transformation of Korea: A Study of Society and Ideology* (Cambridge: Harvard University Press, 1992), pp. 108-111; Wei-Ming Tu, "Probing the 'Three Bonds' and 'Five Relationships' in Confucian Humanism," in Walter H. Slote and George A. DeVos, eds., *Confucianism and the Family* (New York: State University of New York Press, 1998), pp. 122-136 참조.
[11] 청담문도회,『靑潭大宗師全書 1: 마음』, 69-70쪽.

청담은 조선조(1392~1910) 말기에 유년기를 보내고 일제강점기에 10대의 소년이 되었다. 『청담대종사전서 4: 잡언록』에 들어 있는 「사숙과 보통학교 시절」이라는 청담이 쓴 또 다른 자서전적인 글에 의하면, 그가 소년기였을 때 한국에는 초등학교가 거의 없었으며 대부분의 부모들이 서양식 학교에 아이들을 보내려는 분위기도 조성되어 있지 않았다고 했다.[12]

어느 날 마당 한구석에 놓인 볏단에 기대어 하늘의 구름을 올려다보며 청담은 깊은 생각에 잠겼다. 이때 급우 한 명이 "부엉이! 부엉이!"라고 소리치며 청담의 왼팔을 잡아당겨 땅바닥에 넘어뜨렸다. 청담은 몸을 털고 일어나자마자 분노에 휩싸여 급우를 때렸다. 그는 돌이든 막대기든 삽이든 손에 잡히는 대로 그 소년에게 집어던졌다. 두 소년의 싸움이 끝났을 때 마당은 전쟁터와 같았다.[13] 말할 것도 없이 훈장은 청담에게 진노하여 서당을 떠나라고 명했다. 시비를 건 쪽이 급우이긴 했지만 훈장은 청담이 그 소년을 심하게 때린 것에 대해 꾸짖었다. 청담은 책을 챙겨 서당을 떠나 몹시 화를 내며 집으로 돌아왔다. 그의 부모님은 서당으로 돌아가 학업을 계속하라고 설득했으나 그는 서당으로 돌아가지 않겠다는 결심을 굳혔다고 한다.[14]

「사숙과 보통학교 시절」이라는 글에는 이 사건이 약간 다르게 묘

---

[12] 청담문도회, 『靑潭大宗師全書 4: 잡언록』, 14쪽.
[13] 청담문도회, 『靑潭大宗師全書 1: 마음』, 64-65쪽.
[14] 위의 책.

사되고 있다. 청담은 이 글에서 자기를 놀린 급우와 싸운 뒤 퇴학당한 일을 부모님께 밝히지 않고 비밀로 지니고 있었다고 했다. 그리고 부모님에게 여쭤보지도 않은 채 진주제일초등학교로 전학했다고 했다.[15] 초등학교 입학에 대한 청담의 회고에서 모순점을 발견할 수 있다. 「입산 오십년을 돌아보며」라는 글에 나오는 그의 증언이 전체적으로 훨씬 신빙성이 있으며, 그의 다른 글과 비교해도 일관성이 있다. 오늘날에도 아이들의 학교를 선택하는 일은 부모에게나 자녀에게나 중요한 결정이다. 청담이 부모와 상의하지 않고 초등학교에서 학업을 시작했다는 것은 믿기 어렵다. 청담 자신도 어릴 때에는 부모님의 말씀을 거역하지 못하는 선하고 순종적인 아들이었다고 밝히고 있기 때문이다.[16]

청담이 급우와 다툰 사건은 그가 한문 유교 경전 공부를 지겨워했다는 것을 암시한다. 그의 회고에 따르면, 훈장은 소년 청담이 수업을 소홀히 할 때마다 긴 담뱃대로 머리를 때렸다고 했다. 청담은 특히 훈장이 피운 담배 냄새로 찌든 방안에 앉아 공부하는 것을 아주 싫어했다.[17] 이 책의 뒤에서 자세히 다루겠지만, 전통 서당교육

---

[15] 청담문도회, 『靑潭大宗師全書 4: 잡언록』, 14-15쪽.
[16] 청담문도회, 『靑潭大宗師全書 1: 마음』, 69-70쪽. 청담의 속가 손자이자 묘엄의 조카인 김용환 교수는 『청담대종사와 현대 한국불교의 전개』에서 청담의 초기 저술에서 심각하게 모순되는 내용이 더러 있음을 지적하고 있다. 김 교수는, 청담이 쓴 글의 초기 편집자들이 편집자 자신의 말을 그의 글 속에 삽입했음을 지적한다. 따라서 김 교수는, 학자들이 청담의 저술을 다룰 때에는 조심스럽게 자료들을 검증해야 한다고 강조한다(청담기념사업회, 『청담대종사와 현대 한국불교의 전개』, 558-559쪽).
[17] 청담문도회, 『靑潭大宗師全書 1: 마음』, 62-63쪽.

을 그만두겠다는 청담의 단호한 결심은 그의 성격의 단면을 볼 수 있는 좋은 예이기도 하다.

결국 청담의 부모는 그가 열일곱 살 때 진주제일초등학교에서 공부할 수 있도록 허락해 주었다.[18] 이 학교로 옮긴 뒤 청담의 학업에 대한 태도는 완전히 바뀌었다. 그는 서양식 교육을 아주 재미있어 했다. 공부를 열심히 한 결과 몇 달 만에 그는 반에서 일등을 했다. 체육뿐만 아니라 미술에도 두각을 나타냈으며 일본인 담임교사가 총애하는 학생이 되었다. 그는 새로운 교수법을 도입하고 학생들에게 친절하게 주의를 기울여서 가르쳐 주는 젊은 일본인 교사를 좋아했다. 청담은 늘 그의 수업 내용에 관심을 보였고 급우들과 같이 교사의 말과 행동을 모방하기를 즐겼다.[19]

청담의 자전적 글을 보면, 청담이 일제에 반대하는 비폭력항거인 3·1운동(1919년 3월 1일)에 참여하기 이전에 한국인에 대한 일본의 잔혹한 억압에 대해 인지하고 있었다는 기록은 찾을 수 없다.[20] 그가 진주제일초등학교에 다니던 시절은 한국인의 정치·문화 활동에

---

[18] 청담기념사업회, 『청담대종사와 현대 한국불교의 전개』, 551쪽.
[19] 청담문도회, 『青潭大宗師全書 1: 마음』, 64-66쪽.
[20] 3·1운동에 대해서는 Carter J. Eckert, Ki-baik Lee, Young Ick Lew, Michael Robinson, and Edward W. Wagner, eds., *Korea Old and New: A History* (Cambridge: Harvard University Press, 1990), pp. 254-304; Dae-yeol Ku, *Korea under Colonialism: The March First Movement and Anglo-Japanese Relations* (Seoul: Published for the Royal Asiatic Society, 1985); Michael Edson Roinson, *Cultural Nationalism in Colonial Korea, 1920-1925* (Seattle and London: University of Washington Press, 1988); Hildi Kang, *Under the Black Umbrella: Voices from Colonial Korea, 1910-1945* (Ithaca: Cornell University Press, 2001), pp. 17-23 참조.

대한 일본의 포괄적인 통제와 억압이 진행되어 가던 시기였다.[21] 소년 청담이 1919년 3·1독립운동에 참여할 때의 나이는 자료마다 조금씩 다르게 기술되어 있는데 그 자신은 열일곱이었다고 한다.[22] 「내가 체험한 삼일운동」에 보면 우연히 3·1운동에 가담하게 된 일로 인해 그의 인생은 완전히 바뀌었다고 말하고 있다. 1919년 3월 1일 이른 아침 청담의 급우 한 명이 "만세를 부르자. 진주법원 청사 앞에 모여라."라는 글귀가 담긴 쪽지를 그에게 건넸다. 진주의 법원 청사 앞으로 간 청담은 난생 처음 태극기를 보았다. 법원 앞에는 사람들이 운집해 있었다. 그들은 거기에 모인 일이 일제강점 기간 중 가장 피비린내 나는 항거가 되리라는 것을 알지 못한 채 그냥 서서 떠들고 있었다고 한다. 그때 그들 중 한 사람이 청담에게 말하길 모인 사람들 중에 키가 제일 크니 태극기를 들고 있으라고 했다고 한다. 태극기를 든 청담은 점점 군중에 밀려 제일 앞줄에 서게 되었다.[23]

청담은 시위의 주동자처럼 보였다. 청담을 앞세운 큰 군중이 공터로 행진해 가자 말을 타고 총과 곤봉으로 무장한 일본 경찰과 맞닥뜨리게 되었다. 일본 경찰은 군중을 향해 잔인하게 무기를 휘두

---

[21] 한국에 대한 일본의 식민지배에 대해서는 Eckert, Lee, Lew, Robinson, and Wagner, eds., *Korea Old and New: A History*, pp. 254-304 참조.
[22] 청담문도회, 『青潭大宗師全書 1: 마음』, 73쪽. 청담의 연대기에 따르면, 1919년 그는 열여덟 살이었다. 청담기념사업회, 『청담대종사와 현대 한국불교의 전개』, 551쪽.
[23] 청담문도회, 『青潭大宗師全書 1: 마음』, 73-75쪽.

르고 말발굽으로 시위대를 짓밟았다. 그들은 비폭력 시위에 참가한 한국인들을 무자비하게 곤봉으로 내리치고 칼로 찔렀다. 눈 깜짝할 사이 시위대는 피로 뒤범벅이 됐다. 고함과 신음소리가 공터를 메웠고 군중들 대부분이 피바다에 뒹굴었다. 청담은 일본 경찰의 잔인하고 무자비한 진압을 적나라하게 그대로 목격했다.[24]

청담은 시위의 주동자로 간주돼 가장 먼저 체포되고 투옥됐다. 그는 무참히 몰매를 맞고 거듭 고문을 당한 뒤 감옥 바닥에 내동댕이쳐졌다. 청담은 고통으로 인해 여러 번 의식을 잃었으며 경찰이 찬물을 끼얹으면 실신 상태에서 깨어나곤 했다. 일주일 후 그는 석방되었다. 석방이 된 청담은 졸지에 유명해졌고 학교에서는 영웅이 되어 있었다. 시위군중 속에서 발휘된 그의 영웅적인 행동이 학생들 사이에서 화제가 되었다. 그가 태극기를 들고 "대한 독립 만세!"라는 구호를 선창한 것, 시위 가담으로 인해 일주일간 투옥되었던 것, 감옥에서 모진 구타와 고문을 견뎌낸 것 등에 대해서 수군거렸다.[25]

청담의 진술에 따르면 그의 옥살이가 짧았던 것은 당시 청담을 좋아했던, 부친의 친구 황의치黃義治가 경남 경찰국의 고위직에 있었던 덕분이었다고 한다. 청담과 황의치의 딸은 서로 좋아하는 사이였다. 황의치는 청담의 석방을 위해 열심히 로비활동을 했다.[26] 이것이 청담과 일본 경찰과의 첫 충돌이었는데, 그들은 후일

---

[24] 앞의 책, 71-75쪽.
[25] 위의 책, 75-76쪽.

1943년 청담을 항일조직의 지도자로 간주하고 다시 모진 고문을 하게 된다.[27]

학생들이 청담의 3·1운동 영웅담을 자랑스럽게 화제로 삼고 있을 때, 일본인 교사가 청담에게 왜 그 시위에 가담했는지 일어서서 설명해 보라고 했다. 청담은 이제 한국이 독립을 선언할 때가 되었으며 또한 한국인들은 일본의 지배를 원치 않기 때문이라고 답했다. 일본인 교사는 몹시 화를 내며 청담뿐 아니라 학급 전체를 향해 소리를 질렀다. 서양의 제국주의자들이 중국, 일본, 한국 등 동양 3국을 식민지화하려고 전쟁을 하는 중이며 중국은 이미 영국과 프랑스의 통치하에 들어갔노라고 주장했다. 게다가 프랑스와 러시아는 한국에 대한 헤게모니를 차지하려고 싸우는 중이라고 했다. 그는 계속해서, 한국에 있는 일본인들은 한국을 보호하기 위해 일본에 가족을 남겨둔 채 한국으로 건너와 희생하는데, 청담을 포함한 한국인들은 그런 일본인들에게 감사할 줄 모른다고 열변을 토했다. 그리고 자신에게 배우는 한국 학생들이 진정으로 조국의 독립을 원한다면 오로지 학업에만 힘쓸 것을 권고했다. 청담은 일본인 교사의 말이 옳다고 생각했고, 공부에 전념하면서 학급 일들을 도맡아 처리했다. 청담은 또다시 일본인 교사가 총애하는 학생이 되었다.[28]

---

[26] 앞의 책, 75쪽; 청담문도회, 『青潭大宗師全書 4: 잡언록』, 18쪽.
[27] 1943년 일제의 청담 고문사건에 대해서는 김광식, 『아! 청담, 36인의 생생한 증언으로 엮어낸 국내 최초 대담집』, 34-39, 308-316쪽.
[28] 청담문도회, 『青潭大宗師全書 1: 마음』, 76-77쪽. 한국을 식민지화하려는 서구열강의 시도와 헤게모니 쟁탈전에 대해서는 Eckert, Lee, Lew, Robinson, and Wagner, eds., *Korea Old and New: A History*, pp. 231-304 참조.

청담은 열아홉 살에 결혼했다. 그것은 부모의 중매를 통해 이루어진 전통적인 결혼이었다.[29] 신부의 이름은 차점이車.点伊(1905~1988)였다.[30] 결혼 후 장남이자 독자였기에 일본으로 유학 가려던 계획을 포기해야 했으며, 그 일에 대한 실망감을 다음과 같이 회고한다.

한 집안의 장남이며 외아들이라는 사슬이, 한결같이 평범하고 일상사의 잡다함으로 가득 찬 생활 속으로 깊게 나를 구속하고 있었던 것이다.
한국적 가족제도와 사회제도는 장남에게 얼마나 많은 제약과 억압을 주는 것인지를 지금의 젊은이들은 알지 못할 것이다. 그러나 그때를 살았던 사람들은 뼈아프게 느껴야 하는 사실이었다. 그들은 일본으로도 서울로도 가서는 안 되었다. 공부에 열중할 수도 없었다. 그것보다 부모 곁에서 조상을 받들고 살아가야 했다. 내가 일본 유학을 포기하고 진주농업학교(진주공립농업학교)를 지망하였던 것도 벗어날 수 없는 이런 사회적 배경이 깔려 있었다.[31]

청담은 다른 글에서도 장남이자 독자라는 사실이 얼마나 자신에게 부담이었는지를 표현했다. 그의 부모님은 항상 그에게 극진한 효행을 기대했다.[32]

---

[29] 청담문도회, 『靑潭大宗師全書 1: 마음』, 69-70쪽.
[30] 윤청광, 『회색 고무신』, 14쪽.
[31] 청담문도회, 『靑潭大宗師全書 1: 마음』, 70쪽.
[32] 청담문도회, 『靑潭大宗師全書 4: 잡언록』, 20쪽.

청담이 진주공립농업학교에 지원하자 일본인 담임교사는 뛰어난 학생이 농업학교에 진학하는 것에 몹시 실망하면서 청담이 일본에 가서 공부하기를 바란다는 희망을 피력했다.[33] 그러나 청담은 뜻하지 않게 고등학교 입학시험에 낙방했다. 처음에 청담과 그의 교사는 의아해 했으나, 나중에서야 청담은 그 낙방이 실력 때문이 아니라 3·1운동에 가담한 전과 때문이었음을 알게 되었다. 그는 여러 날에 걸쳐 진주공립농업학교의 일본인 교장을 찾아가 3·1운동 가담을 근거로 입학을 거부한 것은 부당한 처사임을 강력히 항의했다. 그런 항의가 닷새째 계속되던 날 교장은 느닷없이 그에게 다음 날부터 출석하라고 말했다.[34]

합격이 당연했음에도 불구하고, 독립운동에 가담한 일로 인해 진주공립농업학교 입학시험에 낙방한 뒤 입학 투쟁을 벌여야 했던 사건은 그의 반일감정에 하나의 전환점을 제공했다.[35] 그는 자신의 인생에 있어 전환점이었던 시기를 다음과 같이 자세히 설명했다.

작은 불씨가 들녘을 태우듯이 하찮은 사건이 한 사람의 생을 다르

---

[33] 청담에게 귀의한 재가불자 김기원에 따르면 진주공립농업학교는 일제강점기 한국에서 가장 우수한 고등학교 중 하나였다고 한다. 경상도에서는 가장 좋은 학교였다. 이 학교의 졸업생들은 졸업하자마자 쉽게 국가공무원으로 취직할 수 있었고, 공무원은 당시 한국인들이 가장 성공했다고 간주하던 직업이었다. 청담의 진주공립농업학교 시절에 대한 김기원의 증언에 대해서는 김광식,『아! 청담, 36인의 생생한 증언으로 엮어낸 국내 최초 대담집』, 201-208쪽 참조.
[34] 청담문도회,『青潭大宗師全書 1: 마음』, 77-78쪽.
[35] 위의 책, 78쪽.

게 방향지어 놓는 경우는 너무나도 허다하다. 그 무렵 나에게 그러한 변화가 이중으로 찾아오고 있었다. 진주농업학교(진주공립농업학교)를 일인日人 교장의 덕택으로 다닐 수 있었다는 사실은 일본인들과 친숙감을 맺어 주기보다 오히려 배일사상排日思想과 독립의 의지를 길러 주었고, 그것은 다시 불문佛門에 발을 딛게까지 했다.[36]

2005년 6월 묘엄을 인터뷰할 당시 필자는, 청담이 3·1만세운동 참가 이후 독립운동에 가담하지 않고 출가를 택한 이유에 대해 언급한 적이 있느냐고 질문했다. 묘엄에 따르면, 청담은 불교의 가르침을 통해 깨달음을 얻은 뒤, 더 많은 중생을 고통으로부터 벗어나게 하고 싶어 했다고 한다.[37] 또한 3·1운동 때 "대한 독립 만세! 대한제국에 독립을!"이라고 외친 이후로는 조국의 자유와 독립에 대해 깊이 생각하게 되었다고 말한 적이 있다고 했다. 청담은 불교를 공부한 뒤 끝없는 윤회로부터 고통받는 모든 중생을 해탈시켜야 한다고 결심했으며, 거기에는 물론 일본의 지배하에 무자비한 억압과 굴욕의 고통을 당하고 있는 한국인도 포함되어 있었다. 그는 한국이 일본의 억압으로부터 해방되는 것은 잠정적인 것이지만 중생이 끝없는 윤회로부터 벗어나는 것은 궁극적인 것이며 또한 영원한 것이라고 믿고 있었다.[38]

---

[36] 앞의 책.
[37] 2005년 6월 묘엄과의 인터뷰.
[38] 청담문도회, 『青潭大宗師全書 4: 잡언록』, 23쪽.

청담의 증언에 따르면, 그가 종교적 삶을 추구하게 된 계기는 일본인 교장에 의해 불공정한 대우를 받았던 경험이었다. 영민한 소년이 일본의 억압 아래 한국인들이 겪는 견디기 힘든 고통과 불의를 목격한 뒤 영성의 길을 추구함으로써 그 고통에 대한 답을 찾으려 했다는 것은 이해가 되는 일이다. 2004년 7월 필자는 생존하는 비구니 선사 혜해慧海(1920~)[39]를 인터뷰했다. 혜해는 자신이 승려로서의 삶을 택하게 된 가장 큰 동기는 바로 젊은 시절 일본의 식민지배하에 받았던 억압이었다고 설명했다. 혜해는 불교의 가르침을 통해 깨달음을 얻은 뒤 일본인에 의해 고통받는 한국인들을 구제하리라 결심했다고 했다.[40] 당시 한국의 많은 비구와 비구니들[41]은 청담과 같이 중생을 구제하기 위해 출가했다. 그는 일본의 식민지배에 저항하며 고통받는 중생을 구하고자 출가했고 그런 그의 역정을 살피는 작업은 매우 고무적이라 하겠다.

청담이 고등학생이었던 시절에 학생들은 학교 규율을 잘 지키지 않아 학교 전체가 무질서 상태에 있었다. 식민 통치하의 한국에서는 먹을 것이 어느 때보다도 귀했고 그 사정은 농사를 짓는 시골이 더욱 심했다. 학생들 사이에 먹을 것을 사려고 돈을 훔치는 일이 빈번했고 고학년들은 저학년들을 괴롭히기도 했다. 통학하는 학

---

[39] 혜해에 대해서는 수해, 「천경림에 선문을 열고: 경주 흥륜사 혜해慧海노스님을 찾아서」, 『雲門』 57호, 1996. 7, 38-39쪽 참조.
[40] 2004년 7월 혜해와의 인터뷰.
[41] 한국의 비구니 고승들에 대해서는 하춘생 지음, 『깨달음의 꽃 1』(여래, 1998); 하춘생 지음, 『깨달음의 꽃 2』(여래, 2001) 참조.

생들과 기숙사에 사는 학생들 사이에 싸움이 벌어지는 일은 다반사였다. 어느 날 청담은 대구고등학교에서 갓 전학 온 2학년생 김욱주金旭柱와 이런 상황에 대해 이야기를 나누고 있었다. 청담은 김욱주에게 이 문제를 개선해 보자고 제의했고 둘은 의기투합했다. 두 사람은 각 반을 돌면서 도둑질이나 친구를 괴롭히고 때리는 행위를 비판하는 연설을 했다. 일주일 후 고학년들이 운동장에 모여서 청담과 김욱주에 반대하는 모임을 소집했다. 이들이 청담과 김욱주와 언쟁을 하던 와중에 청담은 자신에게 발언할 기회를 달라고 요구했다.[42]

단상에 오른 청담은 학생집단의 고질화된 무질서는 일본인들로 하여금 그들의 지도 없이는 한국인들은 스스로 올바른 질서를 지키지 못한다고 믿게 만들 것이며, 따라서 그들의 한반도 강점을 영구화할 거라고 열정적으로 연설했다. 학생들은 일본인들에게 한국인은 단합을 잘하며 일본의 지배로부터 스스로를 해방시킬 수 있는 능력이 있음을 보여 줘야 한다고 열변했다. 이 날은 마침 진주에 5일장이 서는 날이었다. 자연히 주변 지역의 장꾼들이 학교 운동장에 몰려들었고 이들은 장차 한국을 이끌어 갈 학생들의 연설에 귀를 기울였다. 그들은 청담의 연설에 박수갈채를 보냈다.[43] 그가 연단에서 내려오자 다른 학생들이 청담의 발언을 주제로 삼아 토론을

---

[42] 청담문도회, 『青潭大宗師全書 1: 마음』, 78-80쪽.
[43] 청담은 학생들 모임에서의 자신의 연설이 즉흥적인 것이었다고 회고했다. 그의 열정적인 연설은 동료 학생들과 장을 보러 나온 마을 사람들에게 깊은 인상을 주었다(청담문도회, 『青潭大宗師全書 1: 마음』, 81쪽).

계속했다. 결국 청담과 김욱주에 반대하는 모임을 소집했던 학생들도 그 두 사람의 발언에 동조했다. 이들은 마침내 학생회를 조직하자는 결정을 내렸고 청담에게 초대 회장이 되어 줄 것을 요청했다. 청담은 자신이 신입생이라는 이유로 그들의 제의를 거절했다. 그러나 학생들이 그를 리더 자리에 추대하기로 결정하자 청담도 결국은 그 제의를 받아들였다. 이리하여 청담은 학생부 책임자가 되었다.[44]

진주제일초등학교와 진주공립농업학교에서의 경험은 청담에게 리더십을 계발할 중요한 기회를 제공했다고 볼 수 있으며, 이는 먼 훗날 그의 출가생활에 중대한 역할을 하게 된다. 후일, 비구 청담은 연이어 한국 승단의 지도자로 추대되었으며 나중에는 현대 한국 불교사에서 가장 영향력 있는 인물로 선출되게 된다.

출가를 위한 노력

청담은 고등학생이던 어느 해 가을에 독서를 하려고 진주 호국사護國寺[45] 근처에 있는 서장대西將臺[46]에 간 적이 있었다. 서장대에 도착한 얼마 후 갈증이 난 그는 물을 마시려고 호국사에 있는 우물

---

[44] 청담문도회, 『青潭大宗師全書 1: 마음』, 78-81쪽.
[45] 호국사에 대해서는 웹사이트(http://www.knto.or.kr/Korean/tour/sight_detail.jsp?i_seqno=2078&i_type=20&i_areacode=36) 참조. 2005년 1월 20일 웹사이트 방문.
[46] 사진을 포함한 서장대에 대해서는 웹사이트(http://kr.blog.yahoo.com/oonam715/1360932.html) 참조. 2005년 1월 20일 웹사이트 방문.

로 갔다. 그가 우물에 다다르자 금강산金剛山[47]에서 주석했던 노선승인 포명圃明(생몰연대 미상)이 그의 곁에 다가왔다. 포명은 청담에게 왜 물을 마시느냐고 물었다. 청담은 당황해서 질문에 답을 하지 못하고 묵묵히 서 있었다. 노승은 청담의 마음이 물을 마시고 싶어 하는 거라고 설명했다. 그리고 덥고 추운 것을 구분하는 것은 오로지 마음에 의한 지각작용이라고 덧붙였다. 덥고 추운 것을 포함한 모든 지각 작용도 결국 마음이 통제하는 것임을 인지한다면 우리의 행동에 영원한 것은 아무것도 없다는 것을 알 수 있으며, 또한 끝없는 생사의 윤회에서 해방될 수 있다고 말했다. 부처가 된다는 것은 마음을 닦아 오욕五欲[48]으로부터 해탈함으로써 오는 결과라는 것이었다.[49]

청담은 포명의 짧은 법문을 듣자마자 불교에서 말하는 마음이라는 주제에 매료되었다. 그 후 몇 달간 매주 토요일마다 마음에 대한 포명의 법문을 들으러 호국사에 다녔고, 이는 결국 청담을 출가의 길로 이끌었다.[50] 후일 청담이 한국 불교계의 출중한 선사가 되었을

---

[47] 남북한 분단 시기 이전에는 참선 수행을 하는 한국 승려들이 금강산을 불교의 성산이라 여겨 이 산에 있는 사찰과 암자에 주석하기를 즐겼다. 그들은 금강산이 한국에서 참선 수행을 하기에 가장 좋은 곳 중의 하나라고 믿었다. 금강산에 대해서는 웹사이트(http://kr.encycl.yahoo.com/final.html?id=26963) 참조. 2005년 1월 20일 웹사이트 방문.
[48] 오욕은 안이비설신眼耳鼻舌身의 다섯 장기에서 일어나는 다섯 가지(색, 소리, 향기, 맛, 감촉)의 감각적 욕망을 의미한다.
[49] 청담문도회, 『青潭大宗師全書 1: 마음』, 81-82쪽.
[50] 위의 책, 82-83쪽.

때, 그가 가장 좋아한 법문의 소재가 바로 마음이었다.[51]

1922년 청담이 스물한 살이던[52] 어느 가을날 그는 출가하려고 경남 해인사[53]로 떠났다. 거기서 어느 스님에게 삭발을 요청했으나 거절당했다. 청담은 이틀 동안 먹지도 못하고 걸어서 돌아오다가 마차에 실린 자전거를 빌려 타고 마침내 귀가할 수 있었다.[54] 1920년대에는 대부분의 사람들이 걸어서 다녔다. 그렇게 그가 집으로 되돌아왔을 때 그의 종교적 열망에 대한 식구들의 반응은 냉담했다.

집을 비운 사이에 집에서는 소동이 났던 모양이었다. 유교사상에 깊이 물들어 있었던 부모님들로서는 그의 아들이 거렁뱅이나 다름없는 중이 되겠다는 일을 용납할 수 없었을 뿐만 아니라, 독자인 내가 대代를 이을 생각을 않고 인연을 끊겠다니, 놀라지 않을 수 없었을 것이다.[55]

---

[51] 청담은 유심론唯心論의 강력한 옹호자였다. 청담의 유심론에 대해서는 앞의 책, 114-178쪽; 청담문도회,『靑潭大宗師全書 5: 마음의 노래』; 김광식,『아! 청담, 36인의 생생한 증언으로 엮어낸 국내 최초 대담집』, 49-51쪽; 오형근,「청담 선사의 유심사상에 대한 유식학적 연구」, 청담기념사업회,『청담대종사와 현대 한국불교의 전개』, 115-138쪽 참조.

[52] 청담기념사업회,『청담대종사와 현대 한국불교의 전개』, 551쪽.

[53] 해인사에 대해서는 Buswell, Jr., *The Zen Monastic Experience: Buddhist Practice in Contemporary Korea*, p. 51; 웹사이트(http://www.haeinsa.org/haein.php3) 참조. 2004년 12월 20일 웹사이트 방문.

[54] 청담문도회,『靑潭大宗師全書 1: 마음』, 83쪽.

[55] 위의 책, 83쪽.

출가를 하려던 첫 시도가 실패한 뒤 청담은 또 다른 기회를 노리고 있었다. 깨달음을 얻기 위해서는 부모와의 연을 끊지 않으면 안 된다고 결론지었다. 당시에 청담은, 자신이 절대로 출가를 포기하지 않으리라는 것과 머지않아 출가하리라는 것을 부인에게는 알리는 것이 의무라고 생각했다. 그의 가장 큰 고뇌는 젊은 아내와 어린 딸을 두고 떠나는 것이었다. 그렇다고 출가 시기를 미루게 되면 불안해 하는 아내가 정서적 파탄에 이르지 않을까 걱정스러웠다. 정숙한 젊은 부인은 재혼을 하지 않고 일평생 그에게 정절을 지킬 것이며, 첫 딸인 인자仁慈(1924~)를 키우며 살 것이라고 생각했다.[56]

이듬해 겨울, 청담은 다시 한번 출가를 시도했다. 그는 용성龍城(1864~1940)[57] 문하에서 삭발하고자 전남 백양사白羊寺[58] 부근의 운문암雲門庵을 찾아갔다. 청담은 운문암 스님에게 닷새를 걸어서 운문암까지 왔다며 출가하게 해 달라고 사정했다. 그러나 마침 그때 용성은 자신이 없는 동안 어느 누구의 출가도 받아 주지 말라는 지시를 내려놓고 서울로 출타를 한 상황이었다.[59]

---

[56] 앞의 책, 83-84쪽.
[57] 용성에 대해서는 교육원 불학연구소 편찬,『曹溪宗史: 근현대편』, 34, 58-70, 76-77, 97-108, 146-147, 193쪽; 윤청광 지음,『고승열전 12, 용성큰스님 작은 솔씨가 푸른 소나무 되네』(우리출판사, 2002); Buswell, Jr., *The Zen Monastic Experience: Buddhist Practice in Contemporary Korea*, pp. 164-166 참조.
[58] 백양사에 대해서는 웹사이트(http://www.baekyangsa.org/baekyangsa/info/index.html) 참조. 2004년 12월 21일 웹사이트 방문.
[59] 청담문도회,『青潭大宗師全書 1: 마음』, 84-86쪽; 윤청광 지음,『고승열전 24, 청

청담은 몹시 낙담하여 집으로 돌아왔다. 그가 다시 출가하려 했다는 사실을 알게 된 부친은 격노했다. 집으로 돌아온 그날 밤에는 부친에게 어떤 말도 할 수 없었다. 다음 날 아침 문안을 드리려고 부친의 방에 들었다. 부친은 아들을 보자마자 하나뿐인 아들의 불효와 비정함으로 인해 모욕을 당했다며 통곡했다. 청담의 불효로 부친은 앓아눕게 되었다. 유교적 가치관과 가족의 요구로 인해 겪었던 갈등이 얼마나 심했는지 그는 다음과 같이 묘사하고 있다.

아버지가 별세하기 전날, 한 마을에 살고 계시던 할아버지와 백부님이 오셔서 가족회의를 열었다. 그분들은 어떻게 하든지 나로부터 중이 되지 않겠다는 말을 들으려고 하였지만 끝내 실패하였다. 할아버지는 간청하였다.

"네 아비가 편히 눈을 감을 수 있도록 입에 발린 말이라도 않겠다고 하여라."

"어떻게 거짓말을 하겠습니까."

나는 거절하였다. 그때 병중에서도 휙 몸을 돌리시고 쏘아보시던 아버지의 눈길을 지금도 나는 기억하고 있다. 너무나 무서운 원망과 저주에 가득 찬 눈이었다. 그와 동시에 할아버지와 백부님께서도 노여움에 찬 어조로 배은망덕한 놈이라고 몇 번이고 내뱉으시면서 문을 차고 나가셨고, 나는 그분들의 뒤에서 어찌할 바를 몰라 엉거주춤 서 있

『담큰스님 마음에 타는 불 무엇으로 끄려는고』, 23-36쪽.

어야 했다.⁶⁰

부친은 아들의 불효 때문에 생긴 화병으로 세상을 떠났다. 갓난 아기였던 청담의 남동생마저도 뒤이어 죽었다.⁶¹ 사회적 규범들, 가족에 대한 의무 같은 것들과 종교적 열망을 이루고자 하는 자신의 욕구 사이에서 청담은 극심한 갈등을 겪었다. 캐터린 앤 짜이 Kathryn Ann Tsai는 다음과 같이 묘사했다.

> 중국 전통 유교사회에서 좋은 아들이란 결혼을 해 가문을 이어갈 남아를 생산할 의무가 있었다. 불교의 독신수행승의 삭발은 사찰 규범에 의무인 반면, 인간의 모발은 부모로부터 받은 것으로서 절대로 모발을 깎아서는 안 된다는 유교의 가르침과 상반한다. 장례절차에서도 갈등이 심했다. 의도적으로 몸을 태우는 (불교의) 화장은 신체를 부모로부터 받은 것으로 여기는 중국인들에게는 혐오스러운 것이었다.⁶²

중국인들의 삶을 지배하던 중국 전통사회의 유교적 규범에 대한 짜이의 묘사는 청담이 청년기를 보낸 우리나라 전통적인 유교사회에서도 마찬가지였다. 청담이 출가하여 승려가 되려는 열망은 당시 우리 사회를 지배하던 '효'의 개념에 대한 직접적인 도전이었다.⁶³

---

⁶⁰ 청담문도회, 『靑潭大宗師全書 1: 마음』, 87-88쪽.
⁶¹ 위의 책, 88쪽; 윤청광, 『회색 고무신』, 14-15쪽; 김용환의 원고.
⁶² Kathryn Ann Tsai, trans., *Lives of the Nuns: Biographies of Chinese Buddhist Nuns from the Fourth to Sixth Centuries* (Honolulu: University of Hawaii Press, 1994), p. 4.

청담의 출가는 이런 이유 외에도 여러 가지 다른 이유로 번번이 거절당했다. 해인사에서는 그가 고등학생이라는 이유로 출가를 받아주지 않았고, 운문암에서는 주지였던 용성이 출타 중이어서 받아들여지지 않았다. 아마도 유교적 사회여서 특히 더 그랬겠지만, 전통적 유교사회에서 불교 수행승이 되려는 사람들이 모두 겪듯이 청담 역시 가장 어려운 장애를 뛰어넘어야 했다. 그것은 바로 불교적 가치관과 유교적 가치관 사이의 심한 갈등이었다. 청담의 부친은 그 갈등으로 인한 격노로 병을 얻어 죽음에 이르기까지 되었다. 그러나 청담은 출가를 하기 위해 겪었던 많은 어려움에도 불구하고 자신의 결심은 변함이 없었다고 밝힌다.[64]

출가 초기의 수행

두 번에 걸친 출가 시도가 실패하자, 청담은 이듬해인 1923년 겨울에 일본으로 건너가 승려가 되고자 했다.[65] 그는 효고현兵庫縣 송운사松雲寺의 아키모토 준지秋元淳稚라는 승려 밑에서 사미 교육을 받기 시작했는데, 닷새 만에 『반야심경』을 다 암기해 버렸다. 그리

---

[63] 한국 승려들의 효에 대한 의무에 대해서는 Buswell, Jr., *The Zen Monastic Experience: Buddhist Practice in Contemporary Korea*, pp. 91-92 참조.
[64] 청담문도회, 『青潭大宗師全書 1: 마음』, 88쪽.
[65] 청담문도회, 『青潭大宗師全書 4: 잡언록』, 30-31쪽; 청담기념사업회, 『청담대종사와 현대 한국불교의 전개』, 551쪽.

고 공양간 일, 정원 일, 빨래, 타종, 마당 쓸기 등 사찰의 소소한 궂은일들을 다 맡아 했다. 그는 아침부터 저녁까지 부지런히 일했고 가정주부처럼 육체적 노동에 헌신했다.66 하지만 아키모토 준지 아래서 2년 7개월 동안 승려교육을 받은 후, 의식 중심의 일본 불교에 깊은 실망을 느껴 결국 고향으로 돌아오게 된다.67

혹자는 청담이 일제강점기에 그토록 강한 반일감정을 갖고 있었으면서 어떻게 일본에서 출가하려고 했었는지 의문을 제기할 것이다. 그의 설명에 따르면, 두 번이나 출가하려다 실패한 뒤 승려가 되겠다는 열망을 잠시 접고 대신 학업에 몰두하려 했었다고 한다. 그러나 그는 고등학교 졸업을 한 달 앞두고 가장으로서 재가자의 삶을 살아야 할 자신의 미래에 대해 고민한 끝에, 졸업을 하고 나면 그의 열망인 승려가 되기는 더 어려울 것이라는 결론에 다다랐다. 그는 졸업을 한 달 앞둔 상태에서 학교를 자퇴하게 된다.68 청담에 대한 자료에는 그가 일본에서 출가하려 결심했던 일에 대해 자세한 언급이 없다. 청담에게 귀의한 재가불자 김기원은 이 일에 대해 다음과 같이 설명하고 있다. 청담이 김기원에게 말한 바로는, 당시 진주공립농업학교를 졸업하려면 12월에 일본으로 가서 천황에 대한 충성을 서약하는 의식에 참여해야만 했다. 청담은 천황에게 충성서약을 하기 싫어서 11월에 학교를 자퇴해 버렸다는 것이다.69 천황에

---

66 청담문도회, 『青潭大宗師全書 1: 마음』, 88-89쪽.
67 청담문도회, 『青潭大宗師全書 4: 잡언록』, 30-31쪽.
68 위의 책, 30쪽.
69 김광식, 『아! 청담, 36인의 생생한 증언으로 엮어낸 국내 최초 대담집』, 205-206쪽.

게 충성서약을 하면 그는 승려가 될 수 없다는 것을 깨달았다. 그는 결국 일본 군대의 징집을 피하기 위해 친구의 도움을 받아 미술학도로 가장해 일본으로 건너갔다. 사실 일본 정부는 1910년대 초기부터 천황의 군대에 소속시키기 위해 한국 청년들을 징집해 군사훈련을 시키기 시작했다.[70]

청담은 마침내 스물다섯 살이던 1926년에 경남 옥천사玉泉寺[71]에서 규영圭榮(생몰연대 미상)을 은사로 출가했다. 그가 은사로부터 받은 법명은 순호淳浩였다.[72] 청담은 몇 달간 옥천사에서 한국 불교 전통 승려교육을 받은 뒤 한문 경전을 공부하기 위해 서울의 개운사開雲寺 강원으로 옮겼다. 그리고 1927년 겨울방학 기간 동안 부인과의 이혼수속을 밟기 위해 진주의 속가에 들렀다. 그의 부인은 청담이 원하는 대로 하겠다며 이혼에 동의했다. 청담은 부인에게 이혼 후 재가할 것을 권했다.[73]

청담은 강원에서 한문 경전을 공부하는 동안 전국학인대회[74]를 조직하는 책임을 맡았다. 그는 남북한 각 도에 흩어져 있는 강원들

---

[70] Eckert, Lew, Robinson, and Wagner, eds., *Korea Old and New: A History*, pp. 322-323.
[71] 청담문도회, 『青潭大宗師全書 1: 마음』, 90쪽. 옥천사에 대해서는 웹사이트 (http://www.korea108.com/ok1004/info_default.htm) 참조. 2004년 12월 28일 웹사이트 방문.
[72] 청담기념사업회, 『청담대종사와 현대 한국불교의 전개』, 551-552쪽.
[73] 청담문도회, 『青潭大宗師全書 1: 마음』, 91-95쪽; 청담기념사업회, 『청담대종사와 현대 한국불교의 전개』, 552쪽.
[74] 전국학인대회의 조직에 대해서는 교육원 불학연구소 편찬, 『曹溪宗史: 근현대편』, 105-108쪽; 청담문도회, 『青潭大宗師全書 1: 마음』, 97-98쪽 참조.

을 걸어서 돌아다니며 전국학인대회 조직의 중요성에 대해 연설을 했다.[75] 총독부는 전국학인대회를 일본 침략에 반대하는 불교 저항 단체의 모임으로 규정하고 곧 그 활동을 중지할 것을 명령했다.[76]

개운사 강원을 졸업한 청담은 당대의 뛰어난 선사였던 만공滿空 (1871~1946)[77] 선사의 지도 아래 참선 수행에 몰두하고자 충남 정혜사定慧寺로 갔다. 1년간 정혜사 종무소 운영을 책임진 후, 수행정진에 대한 일념으로 정혜사 선방에 입방했다. 화두話頭[78] 삼매에 들어 수면을 취하거나 허기를 느끼거나 시간이 흐르는 것조차 느낄 수 없었다. 결의에 찬 용맹정진으로 수많은 낮과 밤을 지새우던 그는 어느 날 초견성을 하게 된다. 스승인 만공 선사도 청담의 초견성을 확인하고 인가해 주었다. 청담은 오도송을 지었다.[79] 그러나 초견성

---

[75] 청담문도회, 『青潭大宗師全書 1: 마음』, 97쪽. 청담은 당시에는 걷는 것이 한국의 승려들에게 하나의 수행이었다고 말한다(청담문도회, 『青潭大宗師全書 1: 마음』, 97-98쪽).

[76] 위의 책, 98-99쪽.

[77] 만공 선사에 대해서는 윤청광 지음, 『고승열전 14, 만공큰스님 사랑하는 사람 못 만나 괴롭네』(우리출판사, 2002); 교육원 불학연구소 편찬, 『曹溪宗史: 근현대편』, 34, 97-100, 129-133, 295쪽 참조.

[78] 한국의 화두수행에 대해서는 Buswell, Jr., *The Zen Monastic Experience: Buddhist Practice in Contemporary Korea*, pp. 149-202; Robert E. Buswell Jr., "Chinul's Systemization of Chinese Meditative Techniques in Korean Sŏn Buddhism," in Peter N. Gregory, ed., *Traditions of Meditation in Chinese Buddhism*, Studies in East Asian Buddhism, no. 4 (Honolulu: University of Hawaii Press, 1986), pp. 199-242 참조. 화두수행에 대해서는 이 책의 제4장에서 자세히 논한다.

[79] 청담문도회, 『青潭大宗師全書 1: 마음』, 98-101쪽. 청담의 오도송은 다음과 같다. 上來佛祖鈍痴漢 安得了知衒邊事 若人問我何所能 路傍古塔傾西方(옛부터 모든 불조 佛祖는 어리석기 그지없으니 어찌 현학의 이치를 제대로 깨우치겠는가 만약 나에게 능한

에도 불구하고 청담은 자신의 깨달음에 대해 의문을 지니고 있었다. 그는 강원도 오대산 적멸보궁寂滅寶宮에서 백일기도를 하면서 일념으로 참선 수행에 전념하여 대오각성할 결의를 다졌다.[80]

적멸보궁에서 수행정진에 몰두하는 동안 청담은 고향인 진주 재가불자단체에서 보내온 편지를 한 통 받는다. 그 편지의 내용은 진주 연화사蓮華寺[81]에서 법문을 해 달라는 초청장이었다. 법문 초청을 받은 그가 가야 할지 말아야 할지 주저하고 있는 동안[82] 스승인

것이 무엇이냐고 묻는다면 길가 고탑古塔이 서쪽으로 기울어졌다 하리). 청담의 오도송에 대한 자세한 내용은 청담기념사업회, 『청담대종사와 현대 한국불교의 전개』, 22쪽 참조. 능혜能慧는 청담의 정직성을 증언하고 있다. 능혜는 1969년 송광사 총림 설립 및 설립모금 책임자였을 때 청담을 만났다. 청담은 능혜에게 비록 자신이 만공 선사로부터 인가를 받기는 했으나 본인은 한소식을 했다고 믿지 않았다는 말을 만공 선사에게 했다고 했다. 그렇기 때문에 청담은 철저히 참선 수행에 더 매진하기 위해 오대산 적멸보궁으로 떠났다. 능혜에게 말하길, 자신이 정말 한소식을 했다면 후일 헤어진 부인과 잠자리를 같이하지 않았을 것이라는 개인적인 소신을 얘기했다고 했다(김광식, 『아! 청담, 36인의 생생한 증언으로 엮어낸 국내 최초 대담집』, 30-31쪽). 청담은 또한 능혜에게 정혜사의 한 참선객이 자신의 오도송을 몹시 갖고 싶어 했다고 말했다. 그는 그 선객을 위해 마지못해 오도송을 지었다. 사실대로 말하면 그 오도송은 오탁으로부터의 해방에 대한 청담 자신의 체험을 반영한 것은 아니라는 얘기도 했다고 했다(청담문도회, 『青潭大宗師全書 1: 마음』, 100-101쪽). 송광사에 대해서는 Buswell, Jr., *The Zen Monastic Experience: Buddhist Practice in Contemporary Korea* 참조.

[80] 청담문도회, 『青潭大宗師全書 1: 마음』, 99-101쪽.
[81] 연화사에 대해서는 웹사이트(http://www.korea108.com/yw/frame1.htm) 참조. 2004년 12월 28일 웹사이트 방문.
[82] 청담은 만공 선사의 인가에도 불구하고 자신의 초견성에 대해 많은 의구심을 지니고 있었고, 그는 어떤 방해도 받지 않고 백일기도를 하며 참선 수행에 몰입하고 싶었기 때문에, 법문을 하러 진주까지 내려가는 것을 망설였다고 한다(청담문도회, 『青潭大宗師全書 1: 마음』, 100-102쪽).

만공 선사는 가서 법문을 하라고 명했다.[83] 청담은 마지못해 만공의 명을 따르기로 하고 연화사를 향해 길을 떠났다.[84]

음력 사월초파일 부처님 오신 날 청담은 연화사에서 법문을 했다.[85] 그의 법문을 듣고자 신심 깊은 진주 지역 불자들이 많이 모였다. 그들이 떠드는 소리로 인해 청담은 겨우 자기 목소리를 들을 수 있을 정도였다. 일제강점기에 사찰에서 열리는 큰 법회는 한국인들에게는 의미 깊은 행사였다. 법문이 끝나고 청담이 연화사를 떠나려고 할 때 사찰 입구에서 그를 기다리고 있던 연로한 어머니가 눈물을 글썽이며 그의 승복 자락을 잡았다. 어머니는 눈물을 글썽이며 잠시만이라도 집에 들렀다 가면 어떻겠냐고 했다.[86]

파계

청담은 파계가 임박한 순간을 다음과 같이 진지하게 묘사하고 있다.

특히 나로서 잊을 수 없는 것은 그 법회가 끝난 뒤에 나를 찾아와 내 장삼자락을 잡고 눈물을 흘리시던 어머님의 모습이었다.

---

[83] 진주의 재가불자단체는 연화사 준공을 기념하기 위한 법문을 해줄 선사를 찾고 있었다(윤청광, 『회색 고무신』, 17쪽).
[84] 청담문도회, 『靑潭大宗師全書 1: 마음』, 101쪽.
[85] 윤청광, 『회색 고무신』, 17쪽.
[86] 청담문도회, 『靑潭大宗師全書 1: 마음』, 102쪽.

(중략)

우는 어머니를 보는 아들의 심사란 결코 편안한 것이 아니었다. 아무리 속가俗家를 떠났다고 할지라도 내가 그의 아들임에는 분명한 사실이고, 그것을 강조하면서 어머니로서의 자기를 나타내려고 버둥거리는 모습은 애처로울 지경이었다.

그런 복잡한 심정의 움직임에 아마도 나는 나가떨어졌던 듯하다. 비록 인연을 끊었다고 할지라도 그 옛집에 하루쯤 쉬어 가는 것이 도리가 아니겠느냐고 하는 어머님의 말에 나는 설복당했고, 그리하여 어머님의 뒤를 따라 그 옛집을 찾아갔고 거기서 하룻밤을 자게 되었다. 그리고 어머님의 간곡한 부탁을 받아들여야 했다.

"네가 중이 된 것도 좋지만 집안의 혈통만은 이어야 되지 않느냐."

이혼한 뒤에도 집에 남아 어머니를 봉양하는 아내와 그들이 처해 있는 험한 생활이 나로서는 도저히 거절할 수 없는 강압이 되었다. 나는 '무간지옥無間地獄[87]에 떨어지는 한이 있더라도 그들의 요구를 거절할 수 없다'는 비장한 각오를 하고 아내의 방으로 들어갔다.

(중략)

그때 태어난 그 파계의 씨는 스무 살의 젊은 나이[88]로 삭발을 하고 나의 길을 좇아와 수도정진修道精進한 결과, 지금은 전국 비구니 강원에서 법설을 가르치고 있는 강사가 되었다.[89]

---

[87] 불교에서는 무간지옥을 가장 무서운 지옥의 하나로 여기는데 거기에서는 형벌, 고문, 생사의 고통이 끊임없이 지속되고 있다고 한다.
[88] 엄밀히 따지면 묘엄이 승려가 된 것은 열네 살 때이지만, 여기서 청담은 그녀가 출가했을 당시의 나이를 대강 추정하고 있다.

청담이 파계한 후 환속을 고려했다는 자료는 찾을 수 없다. 그는 즉시 암자로 돌아와 철저한 참선 수행과 혹독한 참회정진에 몰두했다.[90] 아이러니하게도, 청담은 승가로부터의 영원한 축출이라는 결과를 가져올 수 있는 가장 중대한 파계 행위를 범했지만[91] 실제로 다른 한국 비구들로부터 승가를 떠나라는 압력을 받았다는 자료도 찾을 수 없다. 하지만 그의 파계는 묘엄이 태어난 후 한국 불교계에 큰 파문을 일으켰다.[92]

필자와 마찬가지로 독자들은 청담이 율장의 중대한 계율[93]을 어긴

---

[89] 청담문도회, 『靑潭大宗師全書 1: 마음』, 102-103쪽.
[90] 위의 책, 103쪽. 청담의 연대기에 따르면, 그는 1954년 6월까지 참선 수행에 전념하고 있었는데, 그때 조계종 종정이었던 효봉曉峰(1888~1966) 선사가 청담을 불러 조계종이 추진하는 정화운동의 증진 위원직을 맡겼다(청담기념사업회, 『청담대종사와 현대 한국불교의 전개』, 554쪽). 효봉 선사는 조계종 최초의 종정이었다(1962~1966). 효봉 선사에 대해서는 Buswell, Jr., *The Zen Monastic Experience: Buddhist Practice in Contemporary Korea*, pp. 63-68; 윤청광 지음, 『고승열전 17, 효봉큰스님 그대 어디서 왔다가 어디로 가는가』(우리판사, 2002); 교육원 불학연구소 편찬, 『曹溪宗史: 근현대편』, 132-133, 141-142, 175-176, 203-204, 212-213, 294-296쪽 참조.
[91] 율장에 나타난 비구와 비구니들의 계율에 대한 자세한 논의는 Charles S. Prebish, trans., *Buddhist Monastic Discipline: The Sanskrit Prātimokṣa Sūtras of the Mahāsāṃghikas and Mūlasarvāstivādins* (Delhi: Motilal Banarsidass Publishers, 1996); In Young Chung, "A Buddhist View of Women: A Comparative Study of the Rules for *Bhikṣuṇīs* and *Bhikṣus* Based on the Chinese *Prātimokṣa*," *Journal of Buddhist Ethics*, vol. 6 (1999) (http://jbe.la.psu.edu/6/chung991.htm); Karma Lekshe Tsomo, trans., *Sisters in Solitude: Two Traditions of Buddhist Monastic Ethics for Women* (Albany: State University of New York Press, 1996) 참조.
[92] 김용환의 원고.
[93] 중국, 한국, 베트남의 비구와 비구니들은 한문 율장 『사분율四分律』을 준수한다. 한문 율장 『사분율』에 대해서는 高楠順次郎・渡辺海旭 編纂, 『大正新修大藏經』 22권(大正一切經刊行會, 1924~1935), 567a-1014b 참조. 율장 학자들은 『사분율』

파계행위에 대해 의문을 제기할 것이다. 청담은 어떻게 승가로부터 영구축출을 당하는 심각한 파계를 하고서도 계속 비구로 남아 있을 수 있었는가? 그가 비구로 남아 있고자 결심한 부분에 대한 독자들의 이해를 돕기 위해 필자는 다음과 같은 의견을 제시하고자 한다.

청담이 독신수행 비구로 살기로 결심을 하게 된 데에는 세 가지의 중요한 요소가 작용했던 것으로 추측된다. 첫째, 혹독하게 금욕적인 참회정진을 통해 진정으로 파계를 속죄할 수 있다고 본인이 믿었고, 또한 철저한 참선 수행을 통해 깨달음을 얻을 수 있다는 개인적인 확신을 갖고 있었다.[94] 둘째, 청담을 둘러싸고 있었던 일제강점기의 한국 불교계는 일본 대처승제도가 보편화되어 있었다. 셋째, 당시 남성 중심의 우리나라 불교계에서는 성문제로 파계한 비구를 처벌하는 경우가 같은 문제로 비구니를 처벌하는 경우에 비해 드물었는데 그 만연된 경향을 청담도 경험했다는 것이다.

비록 청담의 자전적 글에서 참회의 금욕적 수행에 대해 구체적으로 언급한 글을 찾기 어렵지만, 청담 자신은 파계로 인한 죄의식에 시달렸음을 알 수 있다.[95] 묘엄에 따르면, 파계 이후 청담은 철저

이 계율의 순서뿐만 아니라 내용에 있어서 팔리어 율장과 거의 같다는 데 동의한다. 팔리어 율장은 상좌부 불교 전통으로 전해져 내려와 현재 상좌부 불교의 승려들이 수지하고 있다. 팔리어 율장의 영역본에 대해서는 I. B. Honer, trans., *Sacred Books of the Buddhists*, vols. X, XI, XII, XIV, XX, XXV (*The Book of the Discipline*, Parts I-VI) (London: P. T. S., 1940-1966); Ven. Ñaṇamoli Thera, trans., *The Pāṭimokkha: 227 Fundamental Rules of a Bhikkhu* (Bangkok: The Social Science Association Press of Thailand, 1966) 참조.

[94] 청담문도회,『青潭大宗師全書 1: 마음』, 103쪽.
[95] 위의 책.

히 참선 수행에만 전념했으며 오랜 기간 동안 혹독한 금욕적 참회 정진을 이어 갔다. 그의 참회는 겨울날 극심하게 추운 날씨에도 맨발로 걸어 다닌다거나[96] 얇고 낡아 해진 승복을 걸친 채[97] 부처님 앞에서 끝없이 참회의 절을 하는 수행[98] 등이 포함되어 있었다. 극심한 추위로 육체적인 고통을 주는 참회정진을 하며 청담은 일평생 파계에 대한 참회의식을 지니고 살았다.[99] 1947년 중반 해인사에서 있었던 일화는 청담의 참회하는 자세를 잘 보여 준다. 일본으로부터 해방이 된 이후였던 당시에 한국의 중진 비구들은 선원, 강원, 율원을 아우르는 가야총림을 설립하기 위해 해인사에 모였다. 청담역시 효봉曉峰(1888~1966)[100] 선사로부터 중진으로서 그 모임에 참여하라는 호출을 받았다.[101] 묘엄이 들은 바에 따르면, 해인사 큰방에서 열린 대중회의에서 청담은 독신수행승이 파계했으므로 갓 출가한 행자들의 자리인 가장 아래쪽에 그들과 같이 앉겠다고 고집했다고 한다.[102] 하지만 거기에 모인 비구들은 오히려 그를 선방의 지

---

[96] 혜자 스님 · 이상균, 『빈 연못에 바람이 울고 있다: 青潭 대종사 탄신 100주년 기념 평전』, 267-269쪽; 청담문도회, 『青潭大宗師全書 4: 잡언록』, 35쪽.
[97] 윤청광, 『회색 고무신』, 28쪽.
[98] 김광식, 『아! 청담, 36인의 생생한 증언으로 엮어낸 국내 최초 대담집』, 47-49쪽; 혜자 스님 · 이상균, 『빈 연못에 바람이 울고 있다: 青潭 대종사 탄신 100주년 기념 평전』, 272-273, 277-278쪽.
[99] 윤청광, 『회색 고무신』, 28, 37쪽; 혜자 스님 · 이상균, 『빈 연못에 바람이 울고 있다: 青潭 대종사 탄신 100주년 기념 평전』, 267-268쪽; 김용환의 원고.
[100] 효봉 선사에 대해서는 앞의 각주 90번 참조.
[101] 1947년 후반 해인사 가야총림 설립안에 대해서는 교육원 불학연구소 편찬, 『曹溪宗史: 근현대편』, 174-177쪽 참조.
[102] 김용환의 원고.

도자인 입승으로 선출했다.103 해인사 가야총림 설립 건은 1950년 6·25전쟁이 발발함으로써 무산되었다.104 그 이후 청담은 몇 년간 전국 각지의 선방이나 외딴 암자에서 홀로 지내면서 1954년 6월 불교계 정화운동에 참여할 때까지 수행정진에 전념했다.105 그는 한국 불교에서 인욕과 하심과 관련하여 최고의 수행자로 꼽혔다. 이로 인해 '인욕보살'이라 불렸다.106

청담의 파계 사건이 있었던 1930년대 초반 한국의 승려들 사이에는 일본 대처승들의 생활방식이 널리 퍼져 있었다. 승가에서 한국 불교의 전통적인 참선 수행을 하는 비구의 수는 급격히 줄어들고 있었다. 1934년 만공 선사는 한국의 7천여 승려 가운데 독신비구승의 숫자는 3백 명 정도에 불과하다고 지적했다.107 대부분의 한국 승려들은 율장을 공부하지도 않았고 계율을 아랑곳하지도 않았다. 총독부는 한국 불교의 일본 식민지화를 위한 노력의 일환으로 한국 대처승들을 전격적으로 지원하고 있었다. 그들은 한국의 비구들이 아내를 맞이하고 술을 마시며 육식을 하고 음행을 범하도록 부추겼다.108

---

103 입승에 대해서는 Buswell, Jr., *The Zen Monastic Experience: Buddhist Practice in Contemporary Korea*, pp. 212-216 참조.
104 교육원 불학연구소 편찬, 『曹溪宗史: 근현대편』, 174-177쪽.
105 청담기념사업회, 『청담대종사와 현대 한국불교의 전개』, 552-554쪽.
106 청담문도회, 『青潭大宗師全書 4: 잡언록』, 240-242쪽; 김광식, 『아! 청담, 36인의 생생한 증언으로 엮어낸 국내 최초 대담집』, 48-49쪽; 혜자 스님·이상균, 『빈 연못에 바람이 울고 있다: 青潭 대종사 탄신 100주년 기념 평전』, 273-275쪽.
107 교육원 불학연구소 편찬, 『曹溪宗史: 근현대편』, 192쪽.
108 위의 책, 191-194쪽; Buswell, Jr., *The Zen Monastic Experience: Buddhist*

청담의 파계를 한국 불교사의 맥락에서 본다면 다음과 같은 해석도 가능하다. 일제의 식민통치 아래 대부분의 한국 승려들이 대처승의 생활방식을 따랐던 상황이 청담으로 하여금 비구승으로 남아 있어야겠다는 생각을 갖게 했을 가능성이다. 파계를 할 당시 청담 개인이 일본이나 한국 대처승들의 생활방식에서 영향을 받았다는 증거는 없다. 역설적으로, 청담이 파계를 하고 난 뒤에도 비구승가 내에서 중진으로서의 지위를 잃은 적도 결코 없었다. 한국 불교계에서 그는 언제나 비구승으로 알려졌다. 그리고 일제강점기 동안에도 불교정화운동을 주도하는 수좌들과 최일선에 나서게 되었다. 1954년 9월 청담은 마침내 비구 승단의 지도자로 선출되어 대처승을 축출하는 불교정화운동을 벌이게 된다.[109]

남성 중심의 한국 불교계가 청담의 파계를 받아들인 것은, 한국 불교계가 음행에 대해 비구니보다 비구에게 얼마나 더 관대한가를 보여 주는 좋은 예이다. 물론, 비구니의 파계를 비밀로 부치는 경우도 드물기는 하나 없지는 않다. 그러나 오늘날 우리나라 승려들 가운데 이성과 은밀한 관계를 맺는 경우는 비구니에 비해 비구가 훨씬 더 많다. 비구들에 의한 음행은 공공연하게 의심받고 있으며, 비구들의 성추문은 우리나라 불자들 사이에 악명이 높다. 그러나 우리나라 불자들이 파계를 한 비구를 면전에서 비판하는 일은 거의 드물다. 파계를 한 승려들 중에는 독신수행승인 체하면서 비밀리에

Practice in Contemporary Korea, pp. 24-36.
[109] 청담기념사업회,『청담대종사와 현대 한국불교의 전개』, 554쪽.

처자를 거느리고 사는 경우도 많다. 그들은 대부분 환속하지 않고 독신비구승인 양 행세하며 여전히 구족계를 지니는 것처럼 승복을 입고 산다. 우리나라의 한 원로 비구인 능혜能慧에 따르면, 오늘날 조계종에 소속된 적지 않은 수의 비구들이 비밀리에 부인이 있다고 한다. 그는 지금이라도 조계종단이 비구들의 음행에 대해 적극적인 정화운동을 벌이지 않는다면 조만간 조계종 내부에 파멸의 위기가 닥칠 것이라고 주장한다.[110]

우리나라의 비구니들 중에도 파계를 하는 경우가 있다. 그러나 이 경우 비구니들은 비구보다 훨씬 더 강력한 처벌을 받는다. 1980년대에 필자와 함께 대학을 다녔던 두 명의 비구니에게서 그런 예를 찾을 수 있다. 둘 다 잘 알려진 비구니 문중 출신이었다. 그중 한 사람은 꽤 잘 알려진 어떤 중진급 비구와 연애중이라는 비난을 받고 있었는데, 그 비구니는 결국 문중 본사에 소환되어 대중공사에 부쳐졌다. 그리고 문중에서 추방되었다고 한다. 이와는 대조적으로, 그 비구니가 만났던 비구가 다른 비구들로부터 파계에 대한 비판과 조사를 받았다는 이야기를 들은 적이 없으며 그가 개인적으로 참회 정진 수행을 했다는 이야기도 들어 보지 못했다. 이 비구는 조계종단에서 가장 강력한 지도자 중의 한 비구로 부상했다.

두 명 중 또 다른 비구니는 파계를 했다는 증거가 나오면서 파계에 대한 심문을 받았다. 그녀 역시 문중의 대중공사에서 추방이라는 벌을 받았다. 결국 그녀는 승복을 벗고 환속했다. 비구니들은 가

---

[110] 김광식, 『아! 청담, 36인의 생생한 증언으로 엮어낸 국내 최초 대담집』, 32쪽.

시적인 임신의 징조가 있거나 음행에 대한 증인이 있을 경우 대부분 비구니 승가에서 추방당하거나 스스로 물러난다.

비구니들이 승단의 추방이라는 엄한 벌을 받는 것과는 달리 남성 중심의 우리나라 불교계가 음행을 범한 비구들에게는 관대하게 대하는 경향으로 인해 청담 역시 파계 후에 비구로 남는 것이 가능했을지도 모른다. 파계 사건이 일어나고 일 년 뒤, 청담은 헤어진 부인으로부터 온 편지를 통해 그의 둘째 딸 묘엄이 태어났다는 소식을 듣게 되었다.[111] 1932년 음력 정월 17일 묘엄은 이와 같은 우여곡절의 사연으로 이 세상에 태어났다.[112] 그러나 그녀의 탄생은 집안의 대를 이을 아들을 희망했던 가족 모두에게는 커다란 실망만 안겨 주었을 뿐이었다.[113]

---

[111] 묘엄은 김용환의 원고에서, 어머니가 청담에게 자신의 출생을 알리기 위해 편지를 썼다고 밝히고 있다. 필자에게도 그렇게 말했다.
[112] 2005년 6월 필자가 묘엄에게 자신의 출생에 얽힌 사연을 알게 된 것이 언제였는지 질문했을 때, 열일곱 살 아니면 열여덟 살 때 알게 되었다고 했다.
[113] 윤청광, 『회색 고무신』, 19쪽.

일제강점기 묘엄의 어린 시절

묘엄 스님과 인터뷰하는 필자(2005년 6월)

제2장
일제강점기 묘엄의 어린 시절

사랑스런 딸

묘엄은 언니인 인자가 태어난 지 8년 뒤 청담의 둘째 딸로 태어났다.[1] 그리고 할머니, 어머니, 언니, 막내 고모 등 네 명의 여성들 속에서 어린 시절을 보냈다. 식구들은 인자에 이어 또다시 여자아이가 태어난 데에 몹시 실망하긴 했지만, 묘엄은 할머니를 비롯한 온 가족의 사랑을 듬뿍 받으며 자라났다.

하지만 묘엄의 할머니는 며느리를 심하게 구박했다. 아들을 낳지 못해 가문의 대가 끊어지게 된 것과 아들이 출가한 것도 며느리의 탓으로 돌렸다. 며느리가 청담과의 이혼에 순순히 동의한 것은 그녀가 진정으로 남편을 사랑하지 않았기 때문이라고 생각했

---

[1] 김용환의 원고.

다.² 며느리가 이혼을 적극적으로 반대하면서 출가하겠다는 청담의 마음을 돌리고자 온갖 노력을 다했더라면 청담이 승려가 되지 못했을 거라고 생각했다. 묘엄의 어머니는 시어머니 시집살이에 시달렸다. 어느 날, 어머니는 여덟 살 난 인자에게 묘엄을 입양 보내면 어떻겠냐고 물었다. 이 소리를 들은 인자는 엉엉 울며 절대로 어린 여동생을 입양 보내서는 안 된다며, 어떻게든 어머니가 여동생을 키울 수 있도록 돕겠다고 말했다. 결국 어머니도 큰딸에게 묘엄을 자기 손으로 키우겠다는 약속을 했다.³

며느리에 대한 시어머니의 원망 중 하나는 며느리가 남편의 이혼 요구를 전혀 거부하지 않았다는 것이었고 그것은 사실이었다. 청담은 출가의 길을 모색하는 중에 아내에게 불교를 가르쳤다. 그가 출가하려는 이유를 아내에게 납득시키는 것이 급선무라고 생각했다. 그리고 자신의 출가 의지는 누구도 꺾을 수 없다고 단언해 왔다. 부인은 남편의 출가 의지를 존중했으며, 그가 깨달음을 얻으면 자신도 불교수행의 길로 안내해 달라고 부탁했다.⁴ 그녀는 남편이 원하는 것이면 무엇이든 순종적으로 뜻을 따르고 성공하도록 내조를 해야 한다고 생각하는 전통적인 유교적 가치관에 충실한 아내였다.⁵

---

² 윤청광, 『회색 고무신』, 26-27쪽.
³ 위의 책, 20-22쪽.
⁴ 청담문도회, 『靑潭大宗師全書 1: 마음』, 94-95쪽; 청담문도회, 『靑潭大宗師全書 4: 잡언록』, 26쪽.
⁵ 2004년 7월 묘엄과의 인터뷰. 유교적 가치관의 이상을 따르는 아내의 역할과 의무에 대해서는 Deuchler, *The Confucian Transformation of Korea: A Study of Society and Ideology* 참조.

묘엄의 할머니는 며느리를 미워하고 아들의 출가를 전적으로 며느리 탓으로 돌리면서도 손녀인 묘엄은 무척 사랑했다. 손녀가 태어난 것은 가문의 축복이라고 묘엄에게 얘기하며 집안의 귀한 꽃이라고 말하곤 했다. 묘엄은 어린 시절에 할머니가 이야기책을 읽어 주던 것을 지금도 생생하게 기억하고 있다. 따뜻한 온돌방[6]에서 할머니 무릎을 베고 누워 할머니가 읽어 주는 『삼국지三國志』[7]를 듣곤 했다. 그런데 묘엄은 『삼국지』에 자주 등장하는 '능지처참陵遲處斬'이라는 단어의 뜻을 알 수가 없었다. 그래서 할머니에게 그 뜻을 물어보자 전쟁터에서 적의 사지를 토막 쳐서 죽이는 것이라고 설명해 주었다. 설명을 들은 묘엄은 능지처참이라는 죽이는 방식에 새파랗게 질렸다. 후일 그녀가 사미니계를 받을 때에 '능지能持(반드시 계를 지키다)'[8]라는 단어를 듣는 순간 어린 시절의 기억이 머릿속에 떠올랐다. 수계식 때 '능지처참'의 첫 두 글자와 똑같은 '능지'라는 말의 뜻을 오해해서, 공포에 질려 대답한 그녀의 말에 수계

---

[6] '구들'이라고도 불리는 온돌은 한국의 전통가옥에서 볼 수 있다. 온돌방은 나무를 땐 열기가 직접 두꺼운 석재바닥 아래로 전이되는 방식을 이용한 난방체계이다. 전통적인 온돌방의 구조에서 중요한 요소는 아궁이로서 방 옆에 딸린 부엌에 위치한다. 한국인들은 방바닥을 따뜻하게 하기 위해 아궁이에 불을 지피며 아궁이 위에 걸쳐놓은 무쇠 솥에서 조리를 한다. 온돌방에 대해서는 Pearl S. Buck, *The Living Reed: A Novel* (New York: The John Day Company, 1963), p. 52; Buswell Jr., *The Zen Monastic Experience: Buddhist Practice in Contemporary Korea*, pp. 52-53 참조.
[7] 『삼국지』의 영역본은 Moss Roberts, trans., *Three Kingdoms: A Historical Novel*, 4 vols., attributed to Luo Guanzhong (Berkeley: University of California Press, 1999) 참조.
[8] 승려들의 수계식에서 쓰이는 '능지'라는 표현은 '목숨이 다하도록 계율을 준수할 것을 맹세합니다'라는 의미이다.

식에 참가했던 모든 사람들이 웃음을 터뜨렸다.⁹

묘엄의 어머니는 시어머니의 심한 구박에도 불구하고 순종과 인내로 시어머니를 극진히 모셨다. 어머니는 동네의 제사 공장에서 일하며¹⁰ 틈틈이 삯바느질로 생계를 이어 갔다. 청담의 여동생, 즉 묘엄의 고모 중 한 사람이 가끔 할머니의 생계를 도왔다. 외삼촌들은 언니 인자가 진주의 지방병원에서 간호사로 돈을 벌 때까지 어머니를 경제적으로 도와주었다.¹¹

하지만 시어머니의 시집살이는 점점 심해졌고 이들은 더 이상 한 지붕 밑에서 살 수가 없게 되었다. 인자는 어머니에게 이사를 가자고 했다.¹² 남편이 출가한 후 13년간, 게다가 이혼을 하고도 10년 동안 정성껏 시어머니를 모셨다는 것은 흔한 예가 아니다. 어머니는 그런 며느리였지만 묘엄이 일곱 살 되던 해에 따로 살림을 차리게 된 것이다. 할머니는 막내 고모와 함께, 어머니는 근처의 작은 초가집에서 두 딸과 함께 살게 되었다. 이사를 하긴 했지만, 묘엄은 초등학교에 입학할 때까지 거의 매일 할머니 집에서 보냈다.¹³

---

⁹ 2004년 7월 묘엄과의 인터뷰. 수계식에 모인 이들이 웃음을 터뜨렸던 사건에 대해서는 다음 장에서 더 자세히 논한다.
¹⁰ 일제강점기 한국인 공장노동자들에 대해서는 Eckert, Lee, Lew, Robinson, and Wagner, eds., *Korea Old and New: A History*, pp. 306-312; Andrew C. Nahm, *Introduction to Korean History and Culture* (Seoul: Hollym Corp. International, 1993), pp. 189-190 참조.
¹¹ 윤청광,『회색 고무신』, 39쪽.
¹² 위의 책, 26-28쪽.
¹³ 김용환의 원고.

묘엄의 어머니는 자식들을 키우기 위해 쉬지 않고 일하면서 시어머니에게 맛있는 음식도 해 드리고 용돈도 드렸다.[14] 묘엄은 어린 시절에 대한 회고에서 일제강점기의 한국인들이 처했던 어려운 환경 속에서도 어머니는 두 딸을 배불리 먹이고 남부럽지 않게 입혔다고 기억하고 있다.[15] 1941년 일본의 진주만 공격 후 총독부는 모자라는 군량미를 확보하기 위해 쌀은 물론이고 잡곡까지 닥치는 대로 수탈해 가기 시작했다.[16] 묘엄의 어머니는 감시의 눈을 피해 쌀과 보리를 두 개의 큰 독에 나누어 붓고 마당 한쪽 관목더미 아래에 숨겨 놓았다. 그리고는 밥을 짓기 위해 필요하면 한밤중에만 쌀과 보리를 꺼내 왔다.[17] 묘엄이 다니는 초등학교에서 대부분의 급우들은 콩 찌꺼기에 드문드문 잡곡을 섞은 도시락을 먹었다. 그 이유는 일본인들이 기계로 콩에서 콩기름을 말끔히 추출한 뒤 남은 찌꺼기를 한국인들에게 주었기 때문이다. 그것은 보통 말에게 사료로 먹이던 것이었다. 묘엄의 급우들은 그런 점심을 '콩깻묵밥'[18]이라고 불렀다. 하지만 일본인 교사는 학생들에게 그것을 '콩쌀밥'이라고

---

[14] 윤청광, 『회색 고무신』, 27, 39-40쪽.
[15] 2004년 7월 묘엄과의 인터뷰.
[16] 일제강점 말기 한국인들이 처했던 곤경에 대해서는 Kibaik Lee, *A New History of Korea*, trans. Edward W. Wagner and Edward J. Shultz (Cambridge: Harvard University Press, 1984), pp. 350-352, 358-359; Eckert, Lee, Lew, Robinson, and Wagner, eds., *Korea Old and New: A History*, pp. 305-326 참조.
[17] 2004년 7월 묘엄과의 인터뷰; 윤청광, 『회색 고무신』, 41-42쪽.
[18] 2004년 7월 필자는 봉녕사에서 묘엄의 속가 언니(인자)를 인터뷰하면서 '콩깻묵밥'에 대해 질문했었다. 자신은 '콩깻묵밥'을 먹어 본 적이 없지만 견디기 힘든 그 고약한 냄새는 지금도 생생히 기억한다고 답했다.

부르라고 호통을 쳤다. 이처럼 어려운 시절이었음에도 묘엄의 어머니는 두 딸에게 그런 초라한 음식을 한 번도 먹이지 않았다. 묘엄은 어머니가 생계를 잘 꾸렸던 것으로 회상한다.[19]

1930년대 묘엄의 유년기에 대한 회고에 의하면, 높은 교육을 받아 한글[20]을 잘 읽고 쓸 줄 아는 할머니와 어머니 아래에서 성장했다는 것을 알 수 있다. 할머니와 어머니가 살았던 조선 말기 대부분의 여성들은 일곱 살 때부터 '남녀칠세부동석男女七歲不同席'이라는 유교적 규범에 따라 남자들과 함께 자리에 앉거나 노는 것이 금지되어 있었다. 일곱 살이 된 여아들은 여자들을 위해 지어진 안채에서 지냈다.[21] 거기서 그들은 외부세계와 단절된 채 유년기를 보냈다. 조선시대 여성들은 그들이 속한 사회계층과 상관없이, 여자들에게 교육이란 무의미하다는 통념 때문에 거의 문맹으로 지냈다고 할 수 있다.[22] 묘엄의 할머니와 어머니가 받은 가정에서의 비공식적

---

[19] 김용환의 원고.
[20] 한글은 1443년(서양력의 계산에 따라서는 1444년이 되기도 함) 세종대왕(1397~1450)이 창제했다. 한글은 조선을 지배했던 성리학자들에게는 '언문諺文'이라 불렸다. 또한 한글을 '여자들의 글'로 비하해 '암글'이라는 별명으로 부르기도 했다. 한글에 대해서는 Eckert, Lee, Lew, Robinson, and Wagner, eds., *Korea Old and New: A History*, pp. 124-128, 168-174, 225-252 참조.
[21] Hae-joang Cho, "Korean Women and Their Experiences in the Traditional World," in Hea-sook Ro, ed., *Korean Women and Culture* (Seoul: Research Institute of Asian Women at Sookmyung Women's University, 1998), p. 29.
[22] 조선시대 여성의 교육에 대해서는 Boudewijin Walraven, "Popular Religion in a Confucianized Society," in JaHyun Kim Haboush and Martina Deuchler, eds., *Culture and the State in Late Chosŏn Korea* (Cambridge: Harvard University Press, 1999), p. 271; Yung-chung Kim, *Women of Korea: A History from Ancient Times to 1945* (Seoul: Ewha Womans University Press, 1976), p. 154; Dong-uk Kim,

인 교육은 어머니나 여자 친척들에 의한 것으로서 유교적인 현모양처로서의 소양을 기르기 위한 것이었다.

조선시대 5백 년간 한글이나 한문으로 글을 쓴 여성 문인은 겨우 40여 명 정도밖에 알려져 있지 않다.[23] 김영숙이 지적한 바에 따르면, 혜경궁 홍씨(1735~1815)[24]는 『한중록閑中錄』 또는 『한중만록閑中漫錄』[25]으로 알려진 자서전에서 그녀 나이 여덟 살에 고모에게서 한글을 배웠다고 하였다. 혜경궁 홍씨는 사도세자思悼世子(1735~1762)[26] 빈으로 간택된 뒤 『소학小學』을 익히기 시작했다.[27] 그녀는 조정의 높은 벼슬을 지낸 예조판서 홍현보洪鉉輔(1688~1740)의 손녀였다.[28]

"Women's Literary Achievements," *Korea Journal*, vol. 3, no. 11 (November 1, 1963), p. 33 참조.

[23] 김영숙, 「조선조 여인의 삶과 생각」(http://apwin.sookmyung.ac.kr/culture/arts/literature/literature1.html), 1-5쪽. 2005년 2월 5일 웹사이트 방문.

[24] 혜경궁 홍씨는 1744년 사도세자와 결혼했으나 1762년 사도세자가 9일간 쌀뒤주에 갇혀 죽은 뒤 과부가 되었다. 혜경궁 홍씨에 대해서는 JaHyun Kim Haboush, trans., *The Memoirs of Lady Hyegyŏng: The Autobiographical Writings of a Crown Princess of Eighteenth-Century Korea* (Berkeley: University of California Press, 1996) 참조.

[25] Ibid.

[26] 사도세자에 대해서는 JaHyun Kim Haboush, *The Confucian Kingship in Korea: Yŏngjo and the Politics of Dynasty* (New York: Columbia University Press, 2001); Haboush, trans., *The Memoirs of Lady Hyegyŏng: The Autobiographical Writings of a Crown Princess of Eighteenth-Century Korea* 참조.

[27] 김영숙, 「조선조 여인의 삶과 생각」, 2쪽. 『소학』에 대해서는 Wm. Theodore de Bary, *Neo-Confucian Orthodoxy and the Learning of the Mind-and Heart* (New York: Columbia University Press, 1981) 참조.

[28] Haboush, trans., *The Memoirs of Lady Hyegyŏng: The Autobiographical Writings of a Crown Princess of Eighteenth-Century Korea*, p. 39.

예조판서의 손녀임에도 불구하고 혜경궁 홍씨가 유년기에 받은 교육이란 겨우 한글을 깨친 수준이었다. 혜경궁 홍씨의 증언은 높은 지배계층에서조차 여성의 교육수준이 낮았음을 의미한다. 이를 볼 때, 조선시대 평민계층 여인들은 글을 읽고 쓸 수 있는 능력이 대체로 낮았음을 짐작할 수 있다. 노은영의 글에 따르면, 19세기 말에 조선을 여행한 영국인 이사벨라 비숍Isabella Bishop이 기록하길, 대부분의 남자들이 글을 읽을 줄 아는 반면 여자들은 천 명에 두 명 정도밖에는 글을 읽을 줄 모른다고 했다고 한다.[29] 조선시대 여성들의 이러한 문맹률을 고려할 때, 높은 교육 수준을 가진 여성 가족들이 형성한 분위기는 묘엄의 유년기뿐만 아니라 생애 전반에 걸쳐 그녀의 학구적 태도를 형성하는 데 크게 영향을 끼쳤음이 분명하다.

청담과의 두 번의 만남

어린 시절 묘엄은 승려가 된 아버지 청담을 두 번 만났다. 한 번은 여섯 살 때였고 또 한 번은 아홉 살 때였다. 묘엄이 여섯 살 때 청담은 법문을 하기 위해 진주의 연화사를 방문했다.[30] 묘엄은 청담

---

[29] Eunyoung Noh, "Modern Transformation of Korean Women: The Yi Dynasty-the Colonial Period," M. A. Thesis. Southern Oregon State College, 1981, p. 19.
[30] 윤청광, 『회색 고무신』, 23쪽. 묘엄이 여섯 살 때 할머니가 묘엄에게 말하길 "아버지한테 인사하러 가자."라고 해서 할머니와 함께 청담을 만나러 연화사로 갔

이 승복을 입고 검고 둥근 모자를 쓴 채 주장자를 들고 있는 사진을 자주 보았다.³¹ 그녀가 처음으로 아버지를 직접 본 것은 그가 법문이 끝난 뒤 연화사의 한 방에서 다른 승려³²와 앉아 있을 때였다. 묘엄은 법회에 참석했던 신도들과 함께 그 방 앞에 있었다. 신도 한 사람이 방안에 앉아 있는 두 사람 중 누가 아버지인지 알아보겠냐

다. 할머니보다 앞장서서 논두렁 위를 펄쩍펄쩍 뛰면서 갔다고 했다. 아버지 청담을 만난다는 기쁨보다는 할머니와 함께 나들이 가는 것이 신이 나서 연화사로 갔다고 했다(2004년 7월 묘엄과의 인터뷰).

31 주장자를 든 청담의 사진에 대해서는 윤청광, 『회색 고무신』, 16쪽 참조.

32 윤청광은 『회색 고무신』에서 당시 그 방에서 청담 옆에 앉아 있던 승려가 누구인지 밝히지 않고 있다. 묘엄에 따르면 그 승려의 법명은 희천(생몰연대 미상)이며 윤보선尹潽善(1897~1990)의 아버지가 둘째 부인에게서 낳은 아들이라고 들었다고 했다. 윤보선은 해방 후 대한민국의 네 번째 대통령(1960~1962)이었다. 윤보선에 대해서는 Eckert, Lee, Lew, Robinson, and Wagner, eds., *Korea Old and New: A History*, pp. 352-359 참조. 윤희천의 속명은 윤보산尹潽山이다. 즉, 희천은 윤 대통령의 이복형제였다. 희천은 일제강점기에 일본의 유명한 대학에서 공부를 하고 학위를 받았다. 그는 첩실의 아들이라는 열등한 사회적 지위로 인해 아버지를 늘 '대감마님'이라고 불러야 했다. 그리고 아버지가 죽자, 그의 이복형제들, 즉 정실부인의 아들이나 딸과 함께 돌아가신 부친을 기리며 곡하는 것을 금지당했다. 희천은 아버지 집의 마당에서 곡을 할 수 있었으나 시신이 모셔져 있는 방에 들어가 관 가까이 가는 것은 금지되었다. 희천은 첩의 자식들에 대한 차별대우에 절망하고 분노하며 사회적 불의에 대한 답을 구하고자 전국 방방곡곡을 돌아다니다가 충청남도 수덕사修德寺에서 청담을 만났다. 청담은 희천에게 모든 중생은 모두 불성을 지니고 있으며 부처가 되고자 노력을 하면 누구나 부처가 될 수 있다는 불교의 교리를 설해 주었다. 모든 중생은 내면에 잠재된 불성을 지니고 있음을 인정할 때, 불교 교리의 관점에서 보면 모든 중생은 평등하다. 희천은 바로 그 자리에서 불성, 즉 잠재적 불성의 만민평등에 대한 불교의 가르침에 매료되었다. 희천은 출가해 수년간 청담의 가까운 도반으로 지냈다(2004년 7월 묘엄과의 인터뷰). 한국의 전통 유교사회에서의 첩과 첩에서 난 서자들에 대해서는 Deuchler, *The Confucian Transformation of Korea: A Study of Society and Ideology*, pp. 267-273 참조.

고 물었다. 그녀는 왼손 검지를 입에 물고 오른손 검지로 청담을 가리켰다. 거기 섰던 사람들은 묘엄이 청담을 만난 적이 없는데도 첫 대면에 그를 알아보자 놀라서 모두 웃음을 터뜨렸다. 부녀는 한마디도 주고받지 않았다. 청담은 묘엄에게 안부를 묻거나 안아 주거나 혹은 방으로 들어와 옆에 앉으라는 손짓도 하지 않았다. 그는 방 안에 앉아 묘엄을 향해 빙그레 미소를 지을 뿐이었다.[33]

사람들이 웃음을 터뜨리자 당황한 묘엄은 부끄러워서 말없이 방으로 들어갔는데 방 안에서는 언니 인자가 울고 있었다. 당시 언니는 열네 살이었는데 아버지가 혼자서만 극락세계로 가기 위해 가족을 버렸다며 아버지를 원망하는 마음을 품고 있었다.[34] 『회색 고무신』의 저자 윤청광은 연화사에서 있었던 인자와 청담의 만남은 인자에게는 아버지가 출가한 후 두 번째의 만남이었다고 기록하고 있다.[35] 그러나 필자의 견해로는 그 만남이 인자에게는 세 번째의 만남이었던 것으로 보인다. 그녀는 네 살 때 청담을 만난 적이 있지만 그때엔 너무 어려서 기억을 못한 것 같다. 인자는 어머니가 이혼서류에 도장을 찍기 위해 진주 법원에 갔을 때 네 살이었고, 그때 어머니의 등에 업혀 있었다. 이혼 당시 묘엄의 어머니는 청담이 택한 출가 수행의 길에 두 모녀가 장애물이 돼서는 안 된다고 말했다고 한다.[36]

인자가 두 번째로 청담을 보게 된 것은, 청담이 어머니와 하룻밤

---

[33] 윤청광, 『회색 고무신』, 23-25쪽.
[34] 위의 책, 25-26쪽.
[35] 위의 책, 26쪽.
[36] 위의 책, 15쪽; 청담문도회, 『青潭大宗師全書 1: 마음』, 92-93쪽.

을 보냄으로써 파계를 하던 날이다.[37] 연화사에서 그를 다시 만났을 때, 딸의 손도 잡아 주지 않고 안아 주지도 않으며 말도 건네지 않고 심지어 옆에 앉으라고 손짓도 하지 않은 것이 서운해서 울고 있었다. 더군다나 청담을 '아버지'라고 부를 수가 없었다. 청담은 그때 다 해진 누더기를 걸치고 있었는데, 불교의 가르침을 모르는 인자로서는 그가 거지라고 생각할 수밖에 없었다.[38] 청담은 연화사에서 몇 시간 머무른 뒤 한 신도의 집으로 가서 점심 공양을 받았다. 그리고 어머니 집에 잠시 들러 문안을 드린 뒤 같은 날 바로 진주를 떠났다.[39]

청담을 처음 만났을 때 묘엄 역시 그를 아버지라고 부를 수 없었다. 첫 만남에 대해 묘엄이 기억하는 것은, 방 밖에서 손가락으로 그를 가리켰던 것과 그것을 보고 신도들이 웃음을 터뜨려서 당황했던 일뿐이다. 2004년 7월 필자는 묘엄과의 인터뷰에서, 청담의 냉정한 태도에 화가 나거나 마음이 상했었느냐고 질문했다. 그녀는 답하기를, 세상에 태어난 이후 여자들하고만 살았고, 아버지란 어떻게 행동해야 하는지, 또 아버지의 역할이 어떤 것인지 전혀 몰랐다고 답했다. 청담을 처음 만났을 때 그의 냉정한 태도는 승려인 아버지와 딸 사이엔 그런 것이구나 생각했을 뿐이지, 그 만남이 자신의 어

---

[37] 인자는 일곱 살 때에 청담을 만났는데, 청담이 파계를 하기 직전이었다. 그녀는 누더기를 걸친 아버지의 모습에 실망해 그를 거지라고 불렀다(윤청광, 『회색 고무신』, 25-26쪽).
[38] 윤청광, 『회색 고무신』, 25-26쪽.
[39] 위의 책.

린 시절에 깊은 영향을 끼치지는 않았다고 회상했다.[40]

묘엄이 청담을 처음 만난 것은 할머니와 살고 있을 때였고 할머니는 묘엄을 청담에게 보여 주려고 연화사로 데려간 것이었다. 묘엄이 태어난 이후 청담이 처음으로 속가를 방문한 뒤, 며느리에 대한 할머니의 냉대와 구박은 더욱 심해졌고 그로 인해 며느리는 두 딸을 데리고 시댁을 나올 수밖에 없었다. 묘엄은 일곱 살 때 할머니 집에서 치러졌던 막내 고모의 결혼식을 기억했다.[41] 1938년 청담은 모친이 혼자 살고 있다는 소식을 듣고 출가를 권유하러 찾아왔다.[42] 그리고 김천 직지사直指寺[43] 근처에 있는 서전암西殿庵으로 모시고 갔다.[44] 할머니는 묘엄이 여덟 살 때 출가해 성인聖仁이라는 법명을 받았다.[45] 묘엄의 증언에 따르면 할머니는 막내 고모가 결혼한 뒤 삭발 출가한 것으로 보인다. 묘엄은 후일 출가한 할머니를 만나러 서전암을 방문했었다.[46]

---

[40] 2004년 7월 묘엄과의 인터뷰.
[41] 김용환의 원고.
[42] 필자는 1938년 청담이 속가 어머니를 방문했을 때 묘엄과 만난 것에 대해 질문을 했다. 묘엄은 당시 어머니와 살고 있던 집의 마당에서 친구들과 놀던 중이었다고 했다. 그녀는 지나치는 청담을 그냥 힐끗 쳐다보기만 했다. 묘엄은 그것을 청담과의 만남으로 여기지 않았다. 묘엄이 태어난 후 청담은 한 번도 묘엄과 어머니가 사는 집에 발을 들여놓은 적이 없었다(2005년 6월 묘엄과의 인터뷰).
[43] 직지사에 대해서는 웹사이트(http://www.korea108.com/yw/frame1.htm) 참조. 2005년 5월 5일 웹사이트 방문.
[44] 인도불교에서 가족을 동행한 채 출가승이 되었던 승려들에 대해서는 Shayne Neil Clarke, "Family Matters in Indian Monastic Buddhism." Ph. D. Dissertation. University of California at Los Angeles, 2006 참조.
[45] 청담기념사업회, 『청담대종사와 현대 한국불교의 전개』, 553쪽.
[46] 김용환의 원고.

묘엄이 두 번째로 청담을 만난 것은 아홉 살 때로서, 할머니를 만나러 서전암에 갔을 때였다. 청담은 직지사 천불선원에서 참선 수행 중이었다.[47] 추석 하루 전날 묘엄의 어머니는 차례 음식을 마련하여 인자와 묘엄에게 서전암의 할머니께 전해 드리고 오라고 시켰다. 묘엄은 언니와 함께 진주에서 밤열차를 탔고 이튿날 새벽 김천에서 내려 직지사를 향해 몇 시간을 걸었다.[48]

추석날 아침 그들이 직지사에 당도했을 때, 묘엄은 절 마당 한 귀퉁이에서 여러 명의 비구들이 삭도削刀[49]로 서로 머리를 깎아 주는 모습을 보았다.[50] 그녀는 금방 청담을 알아보고 오른손을 들어 검지로 그를 가리키며, "언니야, 저 중[51] 저기 있다!"[52]라고 소리쳤다. 인

---

[47] 윤청광, 『회색 고무신』, 30-33쪽.
[48] 위의 책, 29-30쪽.
[49] 오늘날 한국의 승려들은 보통 면도칼로 삭발을 한다. 청담이 젊었던 시절에는 면도칼이 없었다. 1969년 필자는 삭도로 머리를 깎아야 했다.
[50] 한국 승려들의 목욕일에 대해서는 Buswell, Jr., *The Zen Monastic Experience: Buddhist Practice in Contemporary Korea*, pp. 178-180 참조.
[51] 버스웰에 따르면, 한국어의 '중衆'이라는 단어는 '집합'이라는 뜻을 지닌 한자에서 온 것으로, 제유법으로 '비구와 비구니'를 가리킨다(Buswell, Jr. *The Zen Monastic Experience: Buddhist Practice in Contemporary Korea*, p. 69). 한국의 승려들은 자신들을 가리킬 때 종종 '중'이라는 표현을 쓴다. 그러나 재가 신도나 일반인들이 이 표현을 쓸 때에는 승려를 폄훼하거나 모욕하는 의미가 있다. 현대 한국인들이 승려를 가리킬 때에는 '스님'이라는 표현을 쓰는데 이것은 존경의 의미가 담긴 '승僧'이라는 단어에 한국어의 존칭어미인 '님'이 결합된 것이다. 1930년대 한국 승려들의 사회적 위상은 낮았고 일반인들, 특히 비불교도들은 승려들을 가리킬 때에 '중'이라는 표현을 썼다. 1930년대 한국 승려들의 사회적 지위에 대해서는 Vladimir Tikhonov, "The Japanese Missionaries and their Impact on Korean Buddhist Development (1876-1910)," *International Journal of Buddhist Thought & Culture*, vol. 4 (February, 2004), pp. 7-48 참조. 묘엄은 어릴 때에 불교를 전혀 몰랐고 사람들이 종종 승려를 '중'이라고 부르는 것을 들은 적이 있다

자는 묘엄의 팔을 탁 치며 조용히 하라고 눈짓을 했다. 둘 다 3년 전 연화사에서 청담을 만난 적이 있었다. 그들은 짐을 손에 들고 절 마당 한복판에서 묵묵히 고개를 떨군 채 청담이 삭발을 마치기를 기다렸다. 청담은 삭발을 마친 뒤 두 딸을 쳐다보지도 않고 말도 건네지 않고 성큼성큼 큰 걸음으로 절 마당 가까이에 있는 실개천 쪽으로 내려갔다. 묘엄과 언니는 머뭇거리며 조용히 거리를 유지한 채 그를 따라 내려가 청담이 머리와 얼굴을 다 씻을 때까지 기다렸다. 멀리 서 있던 인자가 청담을 부르며 할머니를 뵈러 왔다고 말했다. 그러자 청담은 그들 쪽으로 고개를 돌리더니, 그들이 도착한 후 처음으로 인사말을 건넸다. 그리고는 다시 아무 말도 없이 앞장서서 걸어가 할머니에게로 안내했다. 청담은 서전암에 딸들을 데려다 주자마자 바로 돌아갔다. 할머니를 보는 순간 묘엄과 인자는 반가워서 할머니에게 안겨 울었다. 두 자매는 이틀간 할머니와 함께 암자에서 즐거운 시간을 보내고 집으로 돌아왔다.[53]

할머니는 출가 후 일 년 뒤 병으로 몸져 눕게 되었다. 그리고 입적할 때까지 몇 개월간 묘엄의 어머니는 암자에서 할머니의 병간호를 했다. 운명하기 전 생전에 심하게 구박한 것에 대해 며느리에게 진심으로 용서를 구했다. 묘엄의 어머니 역시 아내로서 며느리로서 모자랐던 점을 용서해 달라고 했다. 묘엄의 어머니는 자신이 완벽

고 회고했다. '중'이라는 표현에 대해서는 편무영 지음, 『한국불교민속론』(민속원, 1998), 188-211쪽 참조.
[52] 윤청광, 『회색 고무신』, 30쪽.
[53] 위의 책, 30-33쪽.

한 아내였더라면 남편이 출가하지 않았을 거라고 용서해 달라고 했고, 둘은 울면서 서로에게 용서를 빌었다. 할머니는 어머니의 손을 잡은 채 평화롭게 세상을 떠났다.[54]

묘엄이 직지사에서 두 번째로 청담을 만났을 때에도 아버지와 한마디의 대화도 나누지 못했다. 그리고 이것이 어린 시절 묘엄과 아버지와의 마지막 만남이 되었다. 2003년 6월, 필자는 묘엄에게 왜 청담을 '아버지'라 부르지 않고 '저 중'이라고 불렀느냐고 질문했다. 묘엄은 청담을 '아버지'라고 부르는 데 전혀 익숙해 있지 않아서 '아버지'라는 말이 나오지 않았다고 답했다. 특히 인자와 묘엄이 불교를 알게 되기 전까지 둘 사이에 청담은 늘 '그 중'으로 지칭되었으며, 어린 시절에는 청담이 자신의 아버지라는 느낌이 전혀 없었다고 회고했다. 묘엄은 나중에 출가한 뒤 그를 '큰스님', '청담스님' 혹은 그냥 '스님'이라 불렀다.[55]

혹자는 딸에 대한 청담의 냉정한 태도에 의문을 제기할 수도 있다. 청담의 글에는 딸들을 만났을 때 그들에 대해 어떤 감정을 가졌었는지 전혀 언급이 없기 때문이다. 하지만 한국의 비구나 비구니의 관점에서 볼 때, 청담이 출가 수행승은 속가 식구들에 대해 얽매이지 말아야 한다는 한국 불교 전통에 따라 행동하고 있었음을 알 수 있다. 전통적으로 한국 불교에서 출가 수행승이 된다는 것은 속가를 떠나 승가에 입문한 뒤 가족과의 인연을 끊는 것을 의미한다.

---

[54] 김용환의 원고; 윤청광, 『회색 고무신』, 33-36쪽; 2003년 6월 묘엄과의 인터뷰.
[55] 2003년 6월 묘엄과의 인터뷰.

그렇기 때문에 비구·비구니들은 혼신의 힘을 다해 자신들의 수행에만 전념해야 한다. 달리 말하면 출가 수행승은 가족사에 전혀 관여하지 말아야 하며, 수행에 방해가 될 수 있는 가족과의 인연을 모두 끊어야 한다.56

청담의 증언에 따르면 그가 출가할 결심에 차 있을 동안, 혹독한 두타행을 통해 깨달음을 얻으려면 부처님이 왕의 지위와 가족을 버렸듯이 자신도 속가와의 인연을 끊고 깨달음을 위해 금욕적 참선 수행에만 전념해야 한다고 깊게 믿고 있었다.57 비록 속가와의 교류를 끊는 것이 잔인한 일일지라도 그의 관점에서 볼 때에는 마음을 굳게 먹고 가족에 대한 감정을 완전히 끊지 않으면 안 되었다. 그러지 않으면 다시 가족사에 휘말려 들어갈 수 있기 때문이었다. 오로지 금욕적 참선에 전념함으로써만 깨달음이 가능할 것이고 또한 고통받는 중생을 제도할 수 있으리라는 내면의 소리를 들을 수 있었다.58 일반적으로 대부분의 한국 승려들은 가족에 대한 애착이 끝없

---

56 한국 승려들의 가족과의 관계에 대해서는 Buswell, Jr., *The Zen Monastic Experience: Buddhist Practice in Contemporary Korea*, pp. 91-92 참조.

57 부처님의 생애에 대해서는 Walpola Rahula, *What the Buddha Taught* (New York: Grove Press, 1959), pp. xv-xvi; Nārada, *The Buddha and His Teachings* (Singapore: Singapore Buddhist Meditation Center, 1980), pp. 1-32 참조.

58 청담문도회, 『靑潭大宗師全書 1: 마음』, 82-83쪽. 묘엄은 청담이 가족에 대한 애착을 끊기 위해 했던 출가 전 수행담을 진술했다. 그가 진주공립농업학교 학생이었을 때 천황의 생일을 기념해 학교의 일본인 교사들로부터 귤 세 개를 받은 적이 있었다. 그 당시 한국인들에게 귤은 참으로 귀한 과일이었다. 청담은 그 귤 세 개를 세 여동생에게 주려고 아껴두었다. 하교길에 그는 거지들을 만났다. 하교길 내내 주머니에 귤 세 개를 넣고 오는 동안 그는 여동생들에 대한 사랑과 가족에 대한 애착을 끊어야 한다는 갈등으로 번민했다. 그의 내면에서는 그 귤 세

이 생사윤회를 하게 하는 가장 주된 요인이라고 믿고 있다.

종군위안부 차출을 피하여

묘엄이 초등학생일 무렵은 일제의 식민통치가 막바지에 이르렀을 때였다.[59] 어린 나이였던 이 기간 동안 묘엄이 겪었던 개인적인 체험을 그녀의 회고를 통해 살펴볼 수 있다. 1940년대 초반 일본은 한국을 일본화하기 위해 광적인 노력을 기울였고, 묘엄과 같은 초등학생들은 일본인 교사들로부터 오로지 일본어, 일본사, 일본 문화만을 배웠다.[60] 학교에서는 한국 아이들과 일본 아이들이 함께 공부를 했다. 묘엄의 학교 성적은 보통 수준이었다.[61] 초등학교의 교장 및 교사들은 모두 일본인이었다.[62] 묘엄은 집에서 한국말을 할 수

개를 거지들에게 주라는 소리가 들렸다. 왜냐하면 훌륭한 불자는 타인을 자신의 가족과 같이 여겨야 하기 때문이었다. 그가 집에 도착하자마자 그는 그 귤을 거지들에게 주어야 한다고 생각하고 돌아서서 길로 나가 거지들에게 그 과일을 주고 왔다. 그때 청담은 가족에 연연하는 약한 면을 극복하고 모든 사람들에 대해 평등한 자비심을 일으킨 것에 대해 자기 자신을 뿌듯해 했다(김용환의 원고).

[59] 일제강점 말기에 대해서는 Eckert, Lee, Lew, Robinson, and Wagner, eds., *Korea Old and New: A History*, pp. 320-326 참조.

[60] 1938년 일제는 한국의 모든 학교에서 한국어 수업을 폐지시켰다. 일본 식민통치 아래 한국어 수업의 폐지에 대해서는 Nahm, *Introduction to Korean History and Culture*, pp. 182-192 참조.

[61] 윤청광, 『회색 고무신』, 41쪽. 일제 식민통치하의 한국인에 대한 일본의 교육정책에 대해서는 Eckert, Lee, Lew, Robinson, and Wagner, eds., *Korea Old and New: A History*, pp. 314-315, 317-320; Nahm, *Introduction to Korean History and Culture*, pp. 189-190; Lee, *A New History of Korea*, pp. 367-369 참조.

있었지만 읽거나 쓸 줄은 몰랐다. 1940년부터는 일제에 의해 한글 이름을 빼앗겨 한글 이름도 사용할 수 없었다.[63] 묘엄은 총독부가 한국인들에게 강제로 창씨개명을 시킬 당시 그녀가 강제로 한글 이름을 빼앗겼던 출생증명서에 얽힌 상황을 증언하고 있다.

순호(청담) 스님의 속가에도 이 무서운 창씨개명의 태풍이 몰아쳤다. 그동안 다행히 큰딸 인자도 둘째 딸 인순이(묘엄)도 성산 이씨로 호적에 올라 있었는데, 창씨개명을 하자니 엉뚱한 문제가 불거져 나왔다. 어머니 차점이가 아버지 성산 이씨 순호 스님과 이혼수속을 마치는 바람에 어머니의 호적이 다시 친정인 차씨 집안으로 되돌려져 있었던 것이다.[64]

어머니와 외삼촌이 백방으로 알아보고 교섭한 끝에 인순이는 결국 기이한 호적을 갖는 수밖에 없었다.

성산 이씨는 마쓰야마松山로 창씨개명을 했으니 언니는 마쓰야마를 성으로 쓰게 되었고, 외삼촌 호적 밑에 올라 있던 어머니와 둘째 인순이는 차씨들의 창씨개명에 따라 스기야마杉山를 쓰게 되었으니, 언니는 마쓰야마 상, 동생 인순이는 스기야마 상이 되었다.[65]

---

[62] 2005년 6월 묘엄과의 인터뷰.
[63] 윤청광, 『회색 고무신』, 40-41쪽.
[64] 당시 한국에서는 여자가 이혼을 하게 되면 호적은 친정으로 옮겨졌다. 여자들은 공식적인 호주가 될 수 없었고 오직 남자만 호주가 될 수 있었다. 그러나 2005년 가족법이 개정되어 이제는 여자들도 공식적인 호주가 될 수 있다.
[65] 윤청광, 『회색 고무신』, 40-41쪽.

1944년 묘엄이 열세 살이었을 때 묘엄이 다니던 초등학교에서는 여자아이들에게 '정신대挺身隊(또는 종군위안부)'[66] 지원서를 나누어 주기 시작했다. 지원서 양식을 보면 종군위안부는 열두 살에서 마흔 살 사이의 미혼녀들이 '자원'하게 되어 있었는데, 자원자들은 해외여행과 함께 군수공장과 같은 고수익 직장에 취직시켜 준다는 내용이었다. 묘엄이 다니던 초등학교의 일본인 교사들은 어린 소녀들에게 많은 월급을 받는 이 일자리에 '자원'할 것을 종용하면서 그들이 자원하면 군병원에서 보조간호사로 일하거나 군수공장의 여공으로 일할 거라고 설득했다. 그들은 또한 어린 소녀들이 군병원

---

[66] 조지 힉스George Hicks에 따르면 2차대전 중 일본 군대의 성노예로 일한 한국 여성들을 지칭하는 데 사용되는 표현은 열두어 가지가 된다고 한다. 20여만 명의 여성들이 강제로 최전선에서 근무하는 군인들의 성노예가 되었다. 영어로 일본군의 성노예들을 가리키는 일반적인 용어는 'comfort women'이다. 1932년과 1945년 사이에 일본제국 군대가 점령한 아시아태평양 지역에 위치한 일본군 성노예 막사에서 일할 여성들을 대대적으로 차출하는 제도를 도입했다. 종군위안부는 일본, 한국, 타이완, 중국, 필리핀, 인도네시아, 베트남, 버마, 네덜란드령 동인도 등지에서 차출됐다. 종군위안부 관련 표현들에 대해서는 George Hicks, *The Comfort Women: Japan's Brutal Regime of Enforced Prostitution in the Second World War* (New York: W. W. Norton & Company, 1995), pp. 11, 27, 65; Yuki Tanaka, *Japan's Comfort Women: Sexual Slavery and Prostitution during World War II and the US Occupation* (London and New York: Routledge, 2002); Yoshimi Yoshiaki, *Comfort Women: Sexual Slavery in the Japanese Military During World War II*, trans. Suzanne O'Brien (New York: Columbia University Press, 2000); Sangmie Choi Schellstede, ed, *Comfort Women Speak: Testimony by Sex Slaves of the Japanese Military* (New York: Holmes & Meier Publishers, 2000); Margaret Stetz and Bonnie B. C. Oh, eds., *Legacies of the Comfort Women of World War II* (New York: M. E. Sharpe, 2001); Alice Yun Chai, "Asian-Pacific Feminist Coalition Politics: The Comfort Women Movement," *Korean Studies*, vol. 17 (Honolulu: University of Hawaii Press, 1993), pp. 67-91 참조.

이나 군수공장에서 일 년만 일하면 돈을 많이 벌어 귀향할 수 있을 거라고 했다.[67] 교사들은 이런 말과 함께 군병원에서 일하는 한국인 간호보조사들과 군수공장에서 일하는 여공들의 사진을 보여 주기도 했다.[68] 그런 말을 들은 빈농 가정 출신의 여러 여학생들이 부모와 의논도 하지 않은 채 가난한 부모를 돕기 위해 종군위안부가 되겠다고 지원했다.[69] 그때 묘엄은 진주의 일신여학교로 진학하기 위해 초등학교 졸업 전에 실시된 입학시험을 치르고 결과 발표를 기다리는 중이었다.[70]

결과가 발표되기 며칠 전 일신여학교 2학년생이던 묘엄의 막내이모가[71] 묘엄의 집으로 황급히 뛰어 들어와 묘엄의 어머니에게 묘엄이 불합격되었다는 소식을 알려 주었다. 묘엄의 이모는 친분이 있는 일본인 교사로부터 묘엄의 불합격 얘기를 들었다고 했다. 학교의 입학사정위원회에서 묘엄의 출생증명서를 조사한 결과 부모의 이혼 이후에 묘엄이 태어났으므로 사생아라는 결론을 내린 것이었다. 일본인 교사들은 묘엄의 학업 성적과 상관없이 사생아라는 이유로 입학을 불허했다는 것이다. 어머니와 이모의 대화를 엿들은 묘엄은 '이혼'과 '사생아'라는 단어의 뜻을 이해할 수 없었다. 출생증명서 때문에 입학이 거부되었다는 것에 묘엄은 몹시 화가 났다.[72]

---

[67] 윤청광, 『회색 고무신』, 42쪽.
[68] 김용환의 원고.
[69] 윤청광, 『회색 고무신』, 40-42쪽.
[70] 위의 책, 42-43쪽.
[71] 묘엄의 막내 이모는 묘엄보다 네 살 위였다(2003년 6월 묘엄과의 인터뷰).
[72] 윤청광, 『회색 고무신』, 43-44쪽.

어머니는 늘 자신을 보살펴주던 묘엄의 큰외삼촌에게 도와달라고 했다. 이틀쯤 뒤 외삼촌은 묘엄의 장래 교육문제에 대해 의논하기 위해 방문했다. 외삼촌은 묘엄의 어머니와 오랜 시간 의논을 하던 중 일본인들이 종군위안부를 시키려고 젊은 한국 여자들을 징집한다는 소문이 있다고 알려 주었다. 특히 학교에 다니지 않는 여자아이들이 강제로 종군위안부로 끌려가고 있다는 것이었다. 묘엄의 어머니는 젊은 여자들이 군대위안소로 끌려가 일본군의 성노예가 된다는 얘기를 듣자 경악했다. 외삼촌은 조카딸이 위급한 상황에 처했음을 파악하고 진주 법원에 가서 묘엄이 청담의 합법적인 딸이라고 출생증명서를 정정한 후 다음 해에 다시 일신여학교 입학시험에 응시하게 하라고 제의했다.[73] 그렇게 하려면 일 년 동안 딸을 어딘가에 숨겨서 종군위안부로 징집당하지 않도록 해야만 했다.[74]

외삼촌은 묘엄의 어머니에게 청담이 있는 깊은 산중으로 딸을 보내면 어떻겠냐고 제의했다. 그러나 그 당시 묘엄의 어머니는 청담이 어느 산중에 있는지 몰랐다. 게다가 그녀는 독신 참선수행승인 청담이 일 년간이나 묘엄을 맡아 줄지도 알 수 없었다. 하지만 외삼촌은 묘엄의 어머니에게 불교계의 유명인사인 청담의 거처를 찾는 것은 그다지 어렵지 않을 것이라고 했다.[75] 또한 청담이 자신

---

[73] 묘엄의 큰외삼촌은 청담이 출가한 후 늘 묘엄의 어머니를 물심양면으로 도와주었다(윤청광, 『회색 고무신』, 40쪽).
[74] 윤청광, 『회색 고무신』, 44쪽.
[75] 1930년대와 1940년대 청담의 수행과 활동에 대해서는 청담기념사업회, 『청담대종사와 현대 한국불교의 전개』, 552-553쪽에 실린 청담의 연대기 참조.

의 딸을 일 년간 돌보는 것을 거부하지는 않을 것이라고 했다. 어머니는 외삼촌의 말에 따라 당시 깊은 산중의 사찰에 머물던 청담에게 딸을 보내기로 했다.[76]

『회색 고무신』에는 한국의 젊은 여자들이 종군위안부로 끌려가고 있다는 것을 묘엄의 외삼촌이 어떻게 알게 되었는지에 대한 설명이 나와 있지 않다. 필자가 묘엄에게서 들은 바에 의하면 외삼촌은 진주의 지방관청 고위직에 있던 청담의 동창으로부터 이런 정보를 얻었다고 한다.[77] 묘엄의 어머니가 딸을 청담에게 보내기로 결심한 것은 1944년 말경인데, 그때 묘엄은 열세 살이었고 초등학교를 졸업하기 전이었다. 묘엄이 1945년 3월에 초등학교를 졸업했을 때엔 이미 열네 살이었다.[78]

진주 일신여학교 일본인 교사들은 일본군의 종군위안부 징집 요구에 응하고자 지방의 한국 여학생들을 공급하려고 음모를 꾸몄을 가능성이 높다.[79] 힉스Hicks에 의하면 한국인 종군위안부들의 평균 연령은 열네 살에서 열여덟 살이었다고 한다.[80] 바니 오Bonnie B. C. Oh 역시 힉스의 견해에 동의하며 한국인 종군위안부들의 평균 연령은 10대 초반에서 20대 초반에 걸쳐 있었다고 본다.[81] 학교의 일

---

[76] 윤청광, 『회색 고무신』, 44-47쪽.
[77] 2003년 6월 묘엄과의 인터뷰.
[78] 윤청광, 『회색 고무신』, 47쪽.
[79] 초등학교에서 일본인 교사들이 종군위안부 차출에 협력한 것에 대해서는 Hicks, *The Comfort Women: Japan's Brutal Regime of Enforced Prostitution in the Second World War*, pp. 52-56 참조.
[80] Ibid., p. 17.

본인 관리자들이 학업성적이 아닌 사생아라는 사회적 신분에 근거해 묘엄을 부당하게 불합격시킨 것은 그 지역의 한국 소녀들을 공출하기 위해 음모를 꾸민 직접적인 증거라고 볼 수 있다. 이들은 묘엄을 불합격시킴으로써 종군위안부로 공출할 한국 여학생 수를 늘릴 수 있었을 것이다. 힉스는 어린 여학생들이라고 해서 종군위안부 징집에서 제외되지 않았으며 오히려 학교 교육을 담당하고 있던 자들이 종군위안부제도의 말단 역할을 하고 있었다고 밝힌 바 있다.[82]

앨리스 윤 채Alice Yun Chai에 따르면, 태평양전쟁(1941~1945)[83] 초기에 일본은 경상도와 전라도 지역 농촌의 하층민들이나 가난한 농부의 딸들을 종군위안부로 차출했다. 그러나 2차대전이 동남아시아와 남태평양으로 확산되자, 한반도 전역에서 종군위안부들을 차출하기 시작했다.[84] 1943년 9월에 종군위안부를 동원하기 위해 전국에 '여성자원근로대'가 조직되었다. 조선 총독은 열두 살에서 마흔 살 사이의 한국의 모든 미혼 여성들이 강제로 12개월간 전쟁

---

[81] Stetz and Oh, eds., *Legacies of the Comfort Women of World War II*, p. 12.
[82] Hicks, *The Comfort Women: Japan's Brutal Regime of Enforced Prostitution in the Second World War*, p. 53.
[83] 태평양전쟁에 대해서는 Donald L. Miller, *D-days in the Pacific* (New York: Simon & Schuster Paperbacks, 2005); Mark D. Roehrs, *World War II in the Pacific* (New York: M. E. Sharpe, 2004); Alan Schom, *The Eagle and the Rising Sun: The Japanese-American War, 1941-1943, Pearl Harbor through Guadalcanal* (New York: W. W. Norton & Company, 2004) 참조.
[84] Alice Yun Chai, "Asian-Pacific Feminist Coalition Politics: the Comfort Women Movement," p. 70.

관련 노동에 참여하도록 독려했다.[85] 순사와 마을의 하급관리들 그리고 일용직 앞잡이들은 종군위안부 공급을 위해 집과 학교, 길거리에서 폭력과 협박, 납치 등 방법을 가리지 않고 한국 여인들을 끌고 갔다.[86]

2차대전 기간 종군위안부의 절대 다수는 한국 여성이었다. 일본 군대가 모집한 종군위안부의 총 인원 가운데 80퍼센트가 한국 여성으로 추정된다.[87] 일본군이 성노예로 가장 높게 선호한 여자들은 창녀로 일한 경험이 없는 지방 출신 일본 여성들이었다.[88] 일본 출신과 오키나와 출신 여성 다음으로 한국 여성들을 선호했고, 중국 여성이 네 번째, 피부색이 검은 동남아인들이 선호도의 마지막 순서였다.[89] 더욱 충격적인 것은 군인들이 처녀를 강간하면 더욱 강해져 전장에서 살아남을 수 있다는 미신을 갖고 있었다는 점이다.[90]

한국 여성들이 종군위안부로 차출된 형태를 생각해 볼 때, 당시에 묘엄이 어머니 곁에 머물렀더라면 틀림없이 차출 대상자였을 것

---

[85] Tanaka, *Japan's Comfort Women: Sexual Slavery and Prostitution during World War II and the US Occupation*, p. 40.
[86] Stetz and Oh, eds., *Legacies of the Comfort Women of World War II*, p. 11.
[87] C. Sarh Soh, "Human Rights and Humanity: The Case of the 'Comfort Women'" (http://www.icasinc.org/1998/1998l/1998lcss.html), 2005년 3월 5일 웹사이트 방문.
[88] Yoshiaki, *Comfort Women: Sexual Slavery in the Japanese Military during World War II*, p. 96.
[89] Hicks, *The Comfort Women: Japan's Brutal Regime of Enforced Prostitution in the Second World War*, pp. 48-49.
[90] Iris Chang, "The Rape of Nanking," in Anne Llewellyn Barstow, ed., *War's Dirty Secret: Rape, Prostitution, and Other Crimes against Women* (Cleveland: Pilgrim Press, 2000), p. 47.

이다. 가난한 농부들이 대부분이었던 경상남도에 살고 있었고, 사생아 신분인데다 열네 살의 어린 소녀였으며, 일본말까지 잘하였기 때문이다.

딸이 종군위안부로 끌려가지 않도록 하기 위해 어머니는 묘엄이 초등학교를 졸업한 지 얼마 지나지 않은 1945년 4월에 청담이 주석하던 절로 보냈다.[91] 묘엄에게는 큰 위험을 피하기 위해 깊은 산중에서 아버지와 함께 지내야 한다는 이유만 말했을 뿐이었다. 아버지와 일 년을 지내는 동안 진주의 법원에 가서 묘엄의 출생증명서를 정정하겠다는 약속을 했다. 아울러, 다음 해에 일신여학교 입학시험을 다시 치르게 해 주겠다는 약속도 했다. 한편, 절에서는 청담을 절대로 '아버지'라 부르지 말고 '스님'이라 부르라고 단단히 일렀다. 어머니는 청담에게 보내는 편지를 써서 묘엄에게 그 편지를 아버지에게 전하라고 했다. 묘엄은 당시에 자신이 일본군의 성노예가 될 위험으로부터 도피하는 것임을 전혀 모르고 있었지만,[92] 그때의 도피가 묘엄의 일생에 중요한 전환점을 마련해 준 것이다.

『회색 고무신』에는 '방'[93]씨 성을 가진 신도가 청담에게 그 편지를 가져간 것으로 되어 있지만,[94] 묘엄이 필자에게 회고한 바에 의하면 방씨와 함께 어머니의 편지를 갖고 청담에게 가서 묘엄 자신

---

[91] 윤청광, 『회색 고무신』, 47쪽.
[92] 위의 책, 47-49쪽.
[93] 2003년 6월 필자는 묘엄에게 '방'씨라는 신도가 누구인지 질문했다. 묘엄은 그가 가족과 절친한 사람이며 청담에게 귀의한 재가불자라고 대답했다.
[94] 윤청광, 『회색 고무신』, 51쪽.

이 그 편지를 전해 주었다고 한다. 진주를 떠나던 날 묘엄은 아버지를 다시 만난다는 것보다도 기차를 탄다는 사실에 더 설레었다. 당시 그녀는 청담에게 보내는 어머니의 편지가 어떤 내용인지 전혀 모르고 있었다.[95]

---

[95] 2003년 6월 묘엄과의 인터뷰.

묘엄의 사미니 교육

묘엄 스님이 출가한 윤필암 전경(사진 제공: 봉녕사)

제3장
묘엄의 사미니 교육

출가 동기

1945년 음력 4월 20일 묘엄은 종군위안부 차출을 피하기 위해 청담이 수행 중이던 대승사大乘寺[1]의 쌍련선원雙蓮禪院으로 보내졌다.[2] 묘엄은 일신여학교로 진학해 학업을 계속하지 못하게 된 데에 몹시 실망했고, 자신의 출생증명서가 정정되기를 기다리는 동안 깊은 산중에서 청담과 함께 일 년을 보내야 된다고만 믿고 있었다.[3] 그러나 종군위안부 차출을 피해 산으로 숨었던 일은 궁극적으로 묘엄에게 출가의 기회를 가져다 준 셈이다.

묘엄의 어머니가 청담에게 쓴 편지 내용은, 어떻게 하든지 묘엄

---

[1] 대승사는 경상북도에 위치해 있다.
[2] 윤청광, 『회색 고무신』, 50쪽.
[3] 위의 책, 53, 61-62쪽.

을 설득하여 출가시켜서 훌륭한 비구니로 교육시켜 줄 것을 간곡히 부탁하는 것이었다.[4] 묘엄의 진술에 따르면, 묘엄이 대승사에 가기 전까지 그녀가 처한 위급한 상황을 청담은 알지 못했던 것 같다. 묘엄의 어머니는 자신의 친오빠이자 또한 청담이 출가한 뒤에는 묘엄의 가장 중요한 보호자 노릇을 했던 외삼촌에게조차도 묘엄을 출가시키겠다는 결심에 대해 의논을 한 적이 없었다.[5] 2003년 6월 필자는 묘엄에게 왜 어머니가 딸이 비구니가 되기를 원했느냐고 질문했다. 아마도 어머니는 동시대 한국의 결혼한 여자들의 삶을 보고 딸이 비구니로서 사는 것이 더 나은 삶을 살 거라고 여겼던 것 같다고 대답했다. 나아가 어머니는 자신보다도 청담이 딸에게 더 나은 미래를 제공해 줄 것이라 믿은 것 같다고 했다.[6] 1940년대 초반 일본인들은 해를 거듭할수록 더욱 한국인들을 박해했다. 일본의 식민통치는 모든 한국인들의 삶을 송두리째 흔들어 놓았다. 당시 묘엄의 어머니가 딸이 비구니가 되어 사는 것이 더 나을 거라는 믿음을 가지고 일본의 강압적인 식민통치에 대해 도전했다는 것은 매우 의미 있는 일이다.

묘엄의 회고에 의하면, 청담은 묘엄 어머니의 편지를 가장 가까운 도반이며 대승사 쌍련선원에서 함께 참선을 하고 있던 성철性徹(1912~1993)[7]에게 보여 준 것으로 추측한다.[8] 물론 성철은 묘엄의

---

[4] 앞의 책, 53쪽.
[5] 2003년 6월 묘엄과의 인터뷰.
[6] 위의 인터뷰.
[7] 성철은 1980년부터 그가 입적한 1993년까지 조계종의 존경받는 종정이었다. 성철

출생에 얽힌 이야기들을 잘 알고 있었다. 청담과 성철은 묘엄에게 출가하도록 격려한 뒤 불교 지도자로 교육시키자는 데 합의했을 거라고 짐작한다.[9]

묘엄이 쌍련선원으로 갔을 때에는 열네 살의 소녀였다. 묘엄이 필자에게 한 진술에 의하면, 당시 열네 살이었지만 언제 목욕을 하고, 어느 때 옷을 갈아입어야 하는지도 몰랐다. 어머니가 옷을 갈아입으라고 할 때까지 마냥 같은 옷을 입고 있을 정도였다. 집에서는 어머니가 옷을 벗겨서 목욕을 시키고 새 옷을 입혔다. 가족들에게 묘엄은 어린 아기와 같았다.[10] 그런 묘엄이었으니 삭발은 물론이고 비구니가 되겠다는 생각은 꿈에도 해 본 적이 없었다.[11] 그렇다면

에 대해서는 Jae-ryong Shim, *Korean Buddhism: Tradition and Transformation* (Seoul: Jimoondang, 1999), pp. 211-233; Buswell, Jr., *The Zen Monastic Experience: Buddhist Practice in Contemporary Korea*, pp. 100-101, 194-203; 교육원 불학연구소 편찬, 『曹溪宗史: 근현대편』, 34, 176-177, 180, 212-215, 240-247, 263, 275-298쪽; 圓澤 지음, 『성철스님 시봉이야기』 1·2(김영사, 2001); 李淸 지음, 『(우리 옆에 왔던 부처) 성철 큰스님 전기 소설』(북앤피플, 2002); 성철, 『해탈의 길: 수도자에게 주는 글』(장경각, 2004); 성철, 『자기를 바로 봅시다』(장경각, 2003); 성철, 『영원한 자유의 길』(장경각, 1993); 성철, 『禪門正路評釋』(장경각, 1993); 성철, 『百日法門 上』(장경각, 1992); 성철, 『百日法門 下』(장경각, 1992); 성철, 『영원한 자유』(장경각, 1988); 성철, 『敦煌本檀經』(장경각, 1988); 성철, 『禪門正路』(장경각, 1987); 성철, 『무엇이 너의 본래면목이냐 1: 本地風光說話』(장경각, 2007); 성철, 『무엇이 너의 본래면목이냐 2: 本地風光說話』(장경각, 2009); 성철, 『韓國佛敎의 法脈』(장경각, 1976); 웹사이트 (http://www.songchol.net/main/main.asp) 참조. 2006년 1월 4일 웹사이트 방문.
[8] 윤청광, 『회색 고무신』, 51-53쪽. 청담과 성철은 1940년 가까운 도반이 되었다(청담기념사업회, 『청담대종사와 현대 한국불교의 전개』, 553쪽).
[9] 윤청광, 『회색 고무신』, 53쪽.
[10] 2003년 6월 묘엄과의 인터뷰.
[11] 윤청광, 『회색 고무신』, 53쪽. 묘엄에 따르면 청담은 대승사 쌍련선원에서 성철,

청담과 성철은 어떻게 이런 소녀가 스스로 출가하겠다고 할 수 있도록 영감을 불어넣을 수 있었을까?

쌍련선원에 도착하던 날 밤 묘엄은 청담, 성철과 함께 원주실院主室[12]의 호롱불 아래 앉아 있었다. 성철과는 잠시 동안 몇 마디 대화를 어색하게 주고받았다. 청담은 성철 옆에서 한마디 말도 하지 않은 채 눈을 지그시 감고 미동도 없이 앉아 있었다. 성철이 묘엄에게 부처를 아느냐고 물었다. 묘엄은 잘 모른다고 답했다. 성철은 부처님의 생애에 대해 이야기하기 시작했다. 묘엄은 조용히 그 얘기를 듣고 있었다. 밤 아홉 시가 가까울 무렵, 성철과 청담은 묘엄에게 잘 자라고 하고 선방으로 건너갔다.[13]

성철과 청담은 매일 방선 시간이 되면 곧바로 묘엄의 방으로 왔다.[14] 성철은 동서고금의 위인, 성인, 장군, 왕들에 대한 이야기를 들려주었다. 한편, 청담은 묵묵히 성철 옆에 앉아 있다가 때때로 묘엄을 보고 미소를 짓고는 했다.[15] 점차 시간이 지남에 따라 묘엄은 위

청안靑眼, 성수性壽, 자운慈雲, 홍경弘經, 우봉愚峰, 청영, 법운 등 스무 명의 비구승들과 함께 참선 수행 중이었다. 청담, 성철, 자운은 해방 후 조계종의 지도자가 되었다. 대승사에서 수행했던 다른 비구들도 한국 불교계에 영향력 있는 인물들이 되었다(2003년 6월 묘엄과의 인터뷰).

[12] '원주'란 글자 그대로 '전각의 주인'을 의미한다. 원주에 대해서는 Buswell, Jr., *The Zen Monastic Experience: Buddhist Practice in Contemporary Korea*, pp. 78, 117-118 참조.

[13] 윤청광, 『회색 고무신』, 53-55쪽. 한국 선찰의 비구와 비구니들은 전통적으로 밤 아홉 시에 취침하고 새벽 세 시에 기상한다.

[14] 묘엄이 필자에게 밝힌 바에 의하면, 그녀는 약 열흘간 쌍련선원에 머물렀다(2003년 6월 묘엄과의 인터뷰).

[15] 윤청광, 『회색 고무신』, 57쪽.

인이나 세계사에 대한 성철의 해박한 지식에 깊은 인상을 받게 되었다. 윤청광은 이때 묘엄이 생각한 성철에 대한 인상을 다음과 같이 기술하고 있다.[16]

> 인순이(묘엄)는 차츰 놀라기 시작했다. 그동안 학교에 다니면서도 들어보지 못했고 배운 적이 없는 여러 이야기를 듣고 있자니, 학교 선생님들보다도 이 스님들이 아는 것이 더 많고 유식하구나 하는 생각이 들었다. 더더구나 놀라운 것은 성철 스님이 책 한 권도 펴 놓지 않은 채 그 많은 온갖 이야기를 줄줄 청산유수처럼 들려주었으니, 일일이 책을 봐 가며 가르쳐 주던 학교 선생님들보다 열 배, 백 배, 아니 천 배, 만 배 공부를 더 많이 했겠구나 하는 생각도 들었다.
> 목탁이나 치고 나무아미타불만 외우는 사람이 중인 줄로만 알고 있던 인순에게 박학다식한 성철 스님의 이야기는 참으로 큰 충격을 안겨 준 셈이었다.[17]

이청에 의하면 성철은 천재였다고 한다. 그는 출가하기 전에 독서광이었을 뿐만 아니라 읽은 책에 대한 기억력도 탁월했다.[18] 그는 출가하기 전에 읽어서 기억하고 있던 책의 내용들을 바탕으로 묘엄에게 끝없이 많은 얘기를 해 주었다. 묘엄을 비구니로 만들기 위해

---

[16] 앞의 책, 57-59쪽.
[17] 위의 책, 57-58쪽.
[18] 李淸 지음, 『(우리 옆에 왔던 부처) 성철 큰스님 전기 소설』, 21-31쪽.

성철이 들려준 이야기들은 주로 이 세상 모든 것이 무상하다는 불교의 교리를 강조하는 내용이었다.[19] 어느 날 성철은 묘엄에게 스님이 되면 어떻겠냐고 물었다. 하지만 묘엄은 스님은 절대로 되지 않겠다고 딱 잘라 대답했다.[20]

성철은 이에 개의치 않고 어떻게 하든 묘엄을 설득하여 출가의 길로 이끌리라 결심한 듯했다. 성철이 묘엄에게 출가할 마음이 일어나도록 격려하고, 또한 스승으로서 그녀를 훈련시키겠다고 한 약속은 묘엄의 출가에 아주 중요한 요소로 작용한다. 성철과 묘엄 사이에 오고간 중요한 대화를 직접 인용한다.

"인순(묘엄)이 니, 중이 되면 어떻겠나?"

"중은 안 될랍니다!"

(중략)

"와 중 되는 게 싫노?"

"여자 중[21]은 설법도 할 줄 모르고 또……"

"그라고 또?"

"남자 중은 빨간 보자기[22] 두르는데, 여자 중은 빨간 보자기도 못 두

---

[19] 오병상, 「산은 산 물은 물」, 『중앙일보』, 2001. 9. 25, 26.
[20] 윤청광, 『회색 고무신』, 59-60쪽.
[21] 여기서 묘엄이 '여자 중'이라는 비하하는 표현을 사용한 것은 비구니에 대한 멸시와 함께 그녀의 불교에 대한 무지를 보여 준다. '중'이라는 표현에 대해서는, 편무영, 『한국불교민속론』, 188-211쪽 참조.
[22] 묘엄은 필자에게, 그 당시 가사袈裟라 부르는 것을 몰랐다고 했다(2003년 6월 묘엄과의 인터뷰). 일제강점기에 한국 승려들은 빨강색의 비단가사를 수했다.

르고 그라고 또……."

"그라고 또 모가 있노?"

"진주 살 적에 여자 중 절에 가보면, 어른 여자 중이 어린 여자 중한테 '이년아 저년아' 욕질도 하고, 부작대기로 두들겨 패기도 하고 그랬습니더. 그래서 나는 여자 중은 안 될랍니더."[23]

"그건 말이다 인순아, 요 다음에 인순이 니가 잘 배워서, 공부 많이 해서 훌륭한 여승이 되어 가지고, 여승계에 혁명을 일으키는 큰 중이 되면 그런 거 다 곤칠 수 있는기라. 그라고 여자 중도 공부만 많이 하고 잘 배우면 설법도 하고 법사도 될 수 있는기다. 암만, 될 수 있고말고!"

"그래도 나는 여자 중 안 될랍니더."

(중략)[24]

다음 날도, 그 다음 날도 성철 스님은 지치지도 않고 인순이에게 동서고금의 재미있는 이야기를 끝없이 들려주었다. 인순이는 점점 넋을 잃고 성철 스님의 끝없는 이야기에 귀를 기울였다. 성철 스님의 머릿속에는 이야기 창고, 지식 창고가 여러 개 있어서 요술을 부리듯 술술 나오는 것만 같았다.[25]

'아, 정말 나도 저렇게 많이 배울 수만 있다면 얼마나 좋을까!'

---

[23] 묘엄은 어릴 때 어머니나 할머니와 함께 가끔 진주 근처에 있는 작은 비구니 암자에 갔었다고 했다. 그때 그 암자의 노스님이 어린 여승을 학대하는 것을 보았고, 모든 여승들이 나쁘다는 인상을 깊게 받았다(2003년 6월 묘엄과의 인터뷰).
[24] 윤청광, 『회색 고무신』, 60쪽.
[25] 위의 책, 61쪽.

인순이는 다시 한번 그렇게 생각하면서 성철 스님 앞으로 한 걸음 다가앉았다.

"스님요!"

"와?"

"스님이 알고 있는 것, 다 내한테 가르쳐 줄 수 있겠습니꺼?"

"가르쳐 주지, 암만! 다 가르쳐 주고말고!"

"참말이지예?"

"암만! 참말이고말고! 내 아는 것, 인순이 니한테 죄다 가르쳐 줄기다!"

"참말입니꺼?"

"참말이라카이!"

"그라모 나, 중 될랍니더."

"뭐, 뭣이라고?"

"중 되겠다 이 말입니더."

이 말을 들은 성철 스님은 자기도 모르게 손뼉부터 쳤다.

"인자 됐다! 인순이가 중노릇 한단다!"

성철 스님은 박장대소하면서 몹시도 기뻐하였다.

(중략)

"내는 밥이나 짓고 빨래나 하고 욕질이나 하는 그런 여승은 안 될랍니더. 그러니 나를 꼭 훌륭한 법사승法師僧[26]으로 만들어 주시이소."

---

[26] 묘엄은 당시 성철에게 '법사승'을 언급했지만, '법사승'이 무슨 뜻인지 정확하게 몰랐다고 했다(2003년 6월 묘엄과의 인터뷰).

"그래, 그래. 내 기어이 인순이 니를 법사중으로 만들어 줄기다."[27]

위 인용문에서 묘엄과 성철 사이에 논의되고 있는 한국 불교의 두 가지 쟁점에 주목할 필요가 있다. 하나는 1940년대 한국에서 비구와 비구니 사이에 존재하던 불평등한 사회적 위상에 대한 묘엄의 관찰이고, 또 하나는 여성과 남성의 능력이 동등하다고 믿는 성철의 견해이다. 월운月雲(1928~)[28]이 지적한 바에 따르면, 한국 불교계에서 1940년대에는 비구니들이 법문을 하거나 대규모의 의식을 집전하는 것은 제도적으로 허락되지 않았다. 대부분의 비구니들은 승가교육을 받지도 못했다. '비록 백 세의 비구니라 할지라도 연소한 수계 비구를 보면 마땅히 일어나 친절히 영접하고 절을 해야 한다'는 팔경계법八敬戒法[29]을 지켜야 한다는 의식이 한국의 불교계에 팽배해 있었다. 불교의례에 있어 전문가였던 비구니들에게 주어진 가장 높은 역할이 고작 소규모의 불교의식에서 비구들을 보조하는 역할이었다.[30]

당시 불교계에 팽배하던 비구니들의 낮은 위상에 대한 관념과는

---

[27] 윤청광, 『회색 고무신』, 59-62쪽.
[28] 월운에 대해서는 이 책 제5장에서 다시 언급한다.
[29] 팔경계법에 대해서는 뒤에 자세히 논한다. 율장에 나오는 팔경계법에 대한 필자의 견해에 대해서는 In Young Chung, "A Buddhist View of Women: A Comparative Study of the Rules for *Bhikṣuṇīs* and *Bhikṣus* Based on the Chinese *Prātimokṣa*," pp. 38-41 참조.
[30] 월운, 「耘虛老師의 片影」, 明星스님華甲紀念佛敎學論文集刊行委員會 編纂, 『明星스님華甲紀念 佛敎學論文集』(雲門僧伽大學出版部, 2000), 550쪽.

달리 성철은 여성과 남성의 능력이 궁극적으로 동등하다고 믿고 있었음을 위의 인용문에서 알 수 있다. 성철의 이러한 견해는, 한국 불교가 임제臨濟(?~866) 선사의 불성사상佛性思想을 철저히 신봉하는 데서 기인한 것이다. 임제 선사의 불성사상은 중생은 갖가지 겉모양을 떠나 모두 불성을 지녔으며, 수행에 전념하면 언젠가는 모두 다 성불할 수 있다고 믿는 만민 평등사상이다.[31] 다시 말해, 성 구별은 깨달음의 길에서는 버려야 할 환상으로서 상대적 진리에 불과하다는 견해이다. 이런 임제선臨濟禪의 가르침 때문에 전통적으로 한국의 비구 선사들은 다른 불교 전통에 견주어 볼 때 비구니들을 돕는 일에 더 관용적이었다. 이 임제선의 교리로 인해 한국의 비구니들은 자유와 함께 사고의 유연성을 확보했지만, 다른 몇몇 불교 전통의 비구니들은 비구들의 헤게모니를 전혀 극복하지 못했다.

좋은 예로서, 1940년대와 1960년대 한국의 비구와 비구니들이 함께 찍은 두 장의 사진을 보면 비구와 비구니의 위상을 쉽게 엿볼 수 있다. 1943년에 찍은 사진에는 만공 선사가 여섯 명의 비구니들에게 둘러싸여 있다. 비구니 선사 본공本空(1907~1965)[32]이 만공 선사 옆에 앉아 있는데 같은 위치에서 본공은 위엄을 갖추고 당당한 자세

---

[31] 한국 불교계의 임제선 전통에 대해서는 Buswell, Jr., *The Zen Monastic Experience: Buddhist Practice in Contemporary Korea*, pp. 149-160 참조. 임제선의 가르침에 대해서는 Burton Watson, trans., *The Zen Teachings of Master Lin-chi* (New York: Columbia University Press, 1999) 참조.

[32] 본공의 사진은 이 장 말미의 첨부 사진 1번을 참고. 또한 진광,「본공당 계명 선사의 삶과 수행」, 전국비구니회 엮음,『한국 비구니의 수행과 삶』, 295-316쪽 참조.

를 취하고 있다. 또 다른 사진에는 두 명의 비구[33]와 여섯 명의 비구니들이 운문사雲門寺[34]의 한 전각 앞에서 포즈를 취하고 있다. 여기에서도 그 당시 운문사의 주지 수인守仁(1899~1997)[35]은 당당한 모습으로 두 비구와 동일한 위치에 앉아 있음을 볼 수 있다. 사진 속의 두 비구는 1967년에서 1974년까지 조계종 종정을 지낸 고암古庵(1899~1988)[36] 선사와 1955년에서 1966년까지 운문사 강원에서 비구니 학인을 가르쳤던 제응濟應(생몰연대 미상)이다.[37] 이 책의 뒷장에서 자세히 논하겠지만, 1950년대 한국의 비구 선사들은 비구니가 열등하다는 관습적 통념에도 불구하고 비구니 교육에 커다란 공헌을 했다. 오늘날 한국 비구니들이 자신들의 사회적 위상을 높이기 위해 끊임없이 노력하는 핵심 요인 가운데 하나는 바로 이러한 한국 임제선 불교의 만민평등 사상의 가르침을 따르는 신념에서 온 것이라고 본다.

현대 한국 불교계의 가장 영향력 있는 비구 선사 중 한 사람이었던 성철은 묘엄이 출가하도록 격려하는 중에도 남자와 여자가 동등한 능력을 가지고 있다고 믿고 있었음을 보여 준다. 묘엄의 출가를

---

[33] 필자는 영어의 'monk' 혹은 'monk master'라는 용어보다 'bhikṣu' 또는 'bhikṣu master'라는 표현을 선호한다.
[34] 운문사에 대해서는 이 책 제6장에서 자세히 논한다.
[35] 수인의 사진은 이 장 말미의 첨부 사진 2번을 참고. 수인에 대해서는 이 책 제6장에서 다시 언급한다.
[36] 고암에 대해서는 교육원 불학연구소 편찬, 『曹溪宗史: 근현대편』, 34, 141, 194, 229-233쪽 참조.
[37] 하춘생, 『깨달음의 꽃 2』, 78쪽.

설득하던 성철과 청담의 계획은 잘 진행되고 있었다. 놀랍게도 성철이 묘엄에게 출가하도록 격려하기 시작한 지 열흘 정도 되었을 때 묘엄은 출가를 결심했다. 성철의 설득이 묘엄이 출가를 결심하는 데 중요한 역할을 한 것은 두말할 나위가 없다. 공부를 하고 싶다는 욕구가 동기가 되어 묘엄은 열네 살에 출가할 결심을 한 것이다. 그녀를 절로 보낸 사람은 어머니였지만 궁극적으로 출가에 대한 결정을 내린 사람은 묘엄 자신이었다. 성철의 지성에 강하게 끌린 묘엄은 비구니가 되면 성철 아래서 공부를 하면서 청담과 함께 대승사에 살 수 있을 것이라고 믿었다. 하지만 비구니가 되겠다는 결정을 내린 순간, 묘엄은 사미니로서의 수련 과정을 거치기 위해 대승사 근처의 비구니 처소인 윤필암潤筆庵[38]으로 거처를 옮기라는

---

[38] 묘엄이 윤필암에 갔을 때에는 스무 명 남짓의 비구니가 암자에 주석하고 있었다. 『회색 고무신』에는 묘엄이 윤필암으로 옮긴 정확한 날짜를 기록하지 않았지만, 아마도 음력으로 1945년 4월 말에서 5월 초 사이였을 것으로 짐작된다. 그녀가 윤필암에 도착했을 때, 그곳의 비구니들은 칠일기도七日祈禱 중이어서 하안거 기간이 조금 늦추어졌다(윤청광, 『회색 고무신』, 64-68쪽). 한국 선 사찰에서의 하안거는 전통적으로 음력 4월 15일에 시작한다. 묘엄의 회고는 그녀가 대승사에 머문 기간이 약 열흘간이었음을 시사한다.
　필자는 묘엄에게 윤필암의 뜻에 대해 질문했다. 묘엄은 '윤필'이라는 거사가 암자를 지어 그의 이름을 따게 된 것이라고 답했다. 월혜의 은사이자 묘엄의 노스님이 1931년에 윤필암에 비구니 선방을 열었다고 했다. '은사'의 의미에 대해 곧이어 논한다. 윤필암 비구니 선방의 건립에 대해서는 대한불교조계종 교육원 불학연구소 편, 『한국 근현대 불교사 연표』(대한불교조계종 교육원, 2000), 240쪽 참조. 윤필암은 1940년대에 비구니 선객들에게 가장 인기가 있던 세 암자 중 하나였다. 다른 두 암자는 만공 선사의 지도 아래 있던 덕숭산 견성암見性庵과 한암漢岩(1876~1951) 선사 지도 아래 있던 오대산 지장암地藏庵이다. 견성암에는 1916년 만공 선사가 비구니 선방을 열었는데, 비구니 선객들에게 인기가 높았다. 지장암에는 1937년 비구니 선사 본공이 참선 수행에 몰두하고자 하는 비구

명을 받게 되었다. 율장에 비구와 비구니가 한 곳에 사는 것은 금지되어 있었기 때문이다.[39]

사미니계 수계

묘엄은 월혜月慧(1895~1956)[40]를 은사恩師[41]로 삼고 삭발을 했다.[42] 1945년 음력 5월 4일 윤필암의 최고 어른이자 철저한 참선 수

니들을 위해 선방을 열었다. 견성암과 지장암의 건립에 대해서는 대한불교조계종 교육원 불학연구소 편, 『한국 근현대 불교사 연표』, 227, 247쪽; Batchelor, "The Life of a Korean Zen Nun: The Autobiography of Son'gyong Sunim as Told to Martine Batchelor," p. 33 참조.

[39] 윤청광, 『회색 고무신』, 63-64쪽.
[40] 월혜에 대해서는 하춘생, 『깨달음의 꽃 1』, 105-118쪽; 윤청광, 『회색 고무신』, 66-71, 111-165, 259-267쪽 참조.
[41] '은사'라는 단어는 문자 그대로 '은혜를 베푸는 선생님'이라는 뜻이다. 그러나 한국 불교의 맥락에서 볼 때 필자는 '은사'를 '스승'으로 번역한다. 일반적으로 출가한 지 10년이 넘은 비구니들은 은사가 될 수 있다. 조계종에서는 사미니나 식차마나는 반드시 비구니 은사 아래서 교육을 받도록 규정되어 있다. 비구는 비구니의 은사가 될 수 없다.

행자는 자기 은사를 스스로 정할 수 있다. 어른 스님이 행자의 은사를 정해 주기도 한다. 은사는 상좌가 사미니계 수계, 식차마나계 수계, 비구니계 수계 때까지 일차적인 교육을 담당하는 책임을 진다. 은사와 상좌의 관계는 평생 지속되며 모녀관계에 비유된다. 은사는 상좌를 자기 딸과 같이 돌보아야 하고 상좌는 은사를 자기 어머니처럼 대해야 한다. 상좌는 은사에게 고분고분하고 순종적이어야 한다. 일반적으로 은사와 상좌의 끈끈한 유사 가족관계는 새로 들어온 상좌에게 믿음과 함께 승가라는 새로운 가족 개념으로 소속감을 제공한다. 일반적으로 한국의 비구니들은 비구니구족계를 받으면 독립할 수 있다.
[42] 묘엄이 윤필암에 갔을 때 은사는 선방의 지도자인 입승 소임을 맡고 있었다. 묘엄은 처음에 은사의 법명이 '입승'인 줄 알았다. 대승사에 주석하고 있던 청담

행승이었던 법희法喜(1887~1975)⁴³가 제일 먼저 묘엄의 정수리 부분을 깎아 주었다.⁴⁴ 그리고 이어서 덕수德秀(1922~)⁴⁵가 남은 머리를 삭발해 주었다. 그러고 나서 바로 헌 승복 한 벌이 묘엄에게 주어졌다. 다음 날 묘엄은 윤필암에서 사미니沙彌尼(Skt. śrāmaṇerikā)계를 받기로 되어 있었다.⁴⁶ 묘엄의 사미니계 수계식을 지켜보기 위

과 성철은 묘엄에게 어떻게 은사를 택하는지 이야기해 준 적이 없기 때문이다. 윤필암에서 만난 어떤 비구니가 앞으로 승려로 고생하고 살지 않으려면 땅과 돈이 많이 있는 은사를 정하라고 귀띔해 주었다. 월혜는 땅도 돈도 없는 선객이었다. 묘엄은 은사가 늙고 가난하면 동냥을 해서라도 은사를 돌볼 거라고 윤필암 비구니들에게 얘기했다. 묘엄이 월혜를 은사로 정하자 윤필암 비구니들뿐만 아니라 그녀의 비구 스승들도 칭찬했다(윤청광,『회색 고무신』, 66-71쪽).

⁴³ 법희에 대해서는 효탄,「비구니 선풍의 중흥자, 묘리 법희 선사」, 전국비구니회 엮음,『한국 비구니의 수행과 삶』, 119-219쪽; 하춘생,『깨달음의 꽃 1』, 25-39쪽; 조영숙 엮음,『법의 기쁨 사바세계에 가득: 법희 선사, 그의 생애와 禪』(민족사, 1998) 참조.

⁴⁴ 한국의 비구니 절에서는 행자가 훌륭한 어른 스님의 발자국을 따르기를 바라는 마음으로 그 절에서 가장 존경받는 어른 스님이 행자를 삭발시키는 관습이 있다. 묘엄의 삭발을 위해 공식적인 의식을 치르지는 않았다고 했다(2003년 6월 묘엄과의 인터뷰).

⁴⁵ 필자가 1970대 초반 운문사에 학인으로 있을 때 덕수는 운문사의 일상을 총체적으로 관리하는 중요한 소임인 총무직을 맡고 있었다. 필자는 1973년 석 달간 덕수의 시봉 소임을 살았다. 운문사에 대한 자세한 논의는 이 책 제6장에 나온다. 필자가 듣기로 덕수는 어린 소녀 시절 언니와 함께 출가했다. 덕수에 대해서는 이경순,「한국 불교 정화 관련 인사 증언 채록 (3): 수덕사 견성암의 덕수 스님, 보인 스님, 정화 스님」,『선우도량』 13호(1998년 8월), 195-214쪽 참조.

⁴⁶『회색 고무신』에서 묘엄은 출가 날짜를 1945년 3월 25일로 제시하고 있다(윤청광,『회색 고무신』, 279쪽). 필자가 2003년 2월 3일 방문한 봉녕사승가대학 공식 웹사이트에 실린 묘엄의 짧은 행장기(http://www.bongnyongsa.or.kr/univ/02.htm, p. 1)에는 묘엄이 1945년 3월 25일 삭발하고 4월 15일에 사미니계를 받은 것으로 나와 있다. 이렇게 날짜가 일치하지 않는 것은 아마도 기록자가 양력과 음력을 혼동했을 가능성이 있다. 묘엄이 필자에게 진술한 바로는 1945년 음력 5월 4일 삭발을 하고 다음 날 사미니계를 받았다고 했다(2003년 6월 묘엄과의 인터뷰).

해 어머니가 왔다.⁴⁷ 묘엄은 수계식 전에 윤필암의 한 비구니로부터 사미니 수계식 절차에 대해 아주 간단한 지도를 받았다. 그 스님은 묘엄에게 '능지(반드시 계를 지키다)'의 자세한 뜻을 설명하지 않은 채, 수계식 중에 계사가 묘엄에게 계를 지킬 것인가라고 물으면 무조건 '능지'라고 대답해야 한다고 지시했다. 묘엄은 '능지'의 뜻을 오해한 나머지 만약 승가의 계율을 어길 경우 『삼국지』에 나오는 끔찍한 죽음인 '능지처참'과 같이 사지가 찢겨져 죽임을 당한다고 생각했다. 그녀는 오로지 일본어로만 초등학교 교육을 받았으므로 '능지'라는 한자가 한국어로 무슨 뜻인지를 몰랐던 것이다.⁴⁸

1945년 음력 5월 5일, 윤필암의 큰방에는 묘엄의 사미니 수계식을 집전할 수계사가 앉을 높은 연단이 설치되었다. 청담과 윤필암에 주석하는 비구니들이 수계식에 초대되었다. 묘엄의 수계식은 성철이 단독으로 주재했고 그날 묘엄 외에 다른 수계자는 없었다. 묘엄의 어머니도 참석이 허락되었다.⁴⁹ 성철이 큰소리로 불살생, 불투도, 불음행, 불망어의 네 가지 계율⁵⁰을 하나하나 설한 뒤 묘엄에게 "이

---

⁴⁷ 윤청광, 『회색 고무신』, 71-76쪽. 청담은 묘엄의 어머니에게 묘엄의 수계에 대해 알렸고 그 소식을 듣고 어머니는 새 승복을 마련해 왔다. 1940년대 한국의 승려들은 자연섬유로 만든 승복을 입었다. 겨울에는 광목으로 만든 승복이었고 여름에는 삼베로 된 승복이었다(윤청광, 『회색 고무신』, 71-73쪽). 한국 비구와 비구니의 승복은 똑같다. 한국의 승복에 대해서는 Buswell, Jr., *The Zen Monastic Experience: Buddhist Practice in Contemporary Korea*, pp. 105-106 참조.
⁴⁸ 김용환의 원고.
⁴⁹ 필자는 한국에서 사미니계 수계식에 속가 부모가 참석했다는 이야기를 들어본 적이 없다. 묘엄이 부모님이 참석한 가운데 사미니계를 받았다는 것은 매우 보기 드문 경우이다.
⁵⁰ 사미니계의 처음 네 가지 계율에 대해서는 『大正新修大藏經』 22권, 924a 참조.

계를 평생 지키겠다고 맹세하겠느냐?"라고 물었다.⁵¹ 묘엄은 '능지'라는 대답을 해서 이 계율들을 평생 지키겠노라고 맹세했다.⁵²

성철은 불음주의 다섯째 계율을 설한 뒤 이 계율도 평생 지킬 것을 맹세하겠느냐고 묘엄에게 물었다. 묘엄은 이 계율에 대해 맹세하기를 머뭇거리며 잠시 생각에 빠졌다. 그 이유는, 윤필암의 공양간에서 일하는 비구니들이 절 일꾼들⁵³에게 주려고 일종의 발효주인 농주農酒를 만들어서 맛을 보기 위해 한 모금씩 마시는 것을 본 적이 있기 때문이었다.⁵⁴ 묘엄 역시 그 농주의 맛을 보았었다. 그 순간 어릴 때 할머니가 읽어 주셨던『삼국지』에 나온 '능지처참'의 잔인한 죽임에 대한 생각이 번개같이 머릿속을 스쳤다. 묘엄은 농주 한 모금 마셨다고 사지가 찢겨 죽임을 당하는 것은 부당하다는 생각이 순간적으로 들었다. 그래서 대뜸 "해 봐야 알겠습니더."라고 답했다.⁵⁵ 묘엄의 대답을 듣자 성철과 청담을 비롯한 모든 참석자들이 폭소를 터뜨렸다.⁵⁶ 성철은 나머지 다섯 가지의 계율인 불착향화

---

⁵¹ 태국의 승려들은 남방불교의 전통에 따라 환속한 뒤 후일 재출가할 수 있지만, 한국 승려들의 경우 환속하면 재출가할 수 없다고 인식되어 있다. 계율을 일평생 동안 지켜야 하는 것으로 믿는다.
⁵² 윤청광,『회색 고무신』, 73-74쪽.
⁵³ 일꾼들은 윤필암의 땔감을 장만하기 위해 고용했다고 묘엄이 필자에게 밝혔다.
⁵⁴ 윤청광,『회색 고무신』, 73-75쪽.
⁵⁵ 위의 책, 75쪽. 성철이 여섯 번째 계율을 설하기 전에 사미니 다섯 번째 계율에 대해 묘엄은 '능지'라고 대답해야 한다. 나중에 묘엄은 '능지'라고 고쳐 대답했을 것이다. 그렇지 않으면 묘엄은 수계를 받을 수가 없었을 것이다. 한국 불교의 수계식에서는 승려 후보자들이 '능지'라고 맹세함으로써 지계에 대한 서약을 하도록 철저히 규정되어 있다.
⁵⁶ 윤청광,『회색 고무신』, 73-75쪽.

만 불향도신, 불가무창기 불왕관청, 불좌고광대상, 불비시식, 불착지생상 금은보계를 설했고[57] 묘엄은 이 계율들을 평생 지킬 것을 맹세했다.[58]

묘엄의 사미니 수계식이 끝나자 청담이 묘엄의 어머니에게 이제 사미니가 된 딸에게 존경의 표시로 절을 한 번 하라고 말했다. 묘엄의 어머니가 기쁜 마음으로 묘엄을 향해 절을 하자 묘엄의 눈에는 눈물이 고였다.[59] 수계식에 참석했던 비구니들도 눈물을 글썽였다. 묘엄은 이때 성철로부터 법명을 받았다.[60] 청담의 가족 중에서 할머니에 이어 묘엄이 두 번째로 청담이 택한 출가의 길을 따른 것이다. 사미니 수계식 후 성철은 묘엄의 어머니에게, 묘엄의 마음이 동요되지 않도록 사미니 교육을 받는 동안 절대 딸을 보러 와서는 안 된다고 했다. 그리고 자신과 청담이 묘엄을 잘 돌볼 거라고 안심시켰다. 어린 묘엄은 어머니의 수계식 참석은 기뻤지만 어머니와의 이별이 아쉬웠다.[61]

사미니 수계식이 끝났을 때 묘엄의 어머니가 딸을 향해 절을 한

---

[57] 사미니 십계에 대해서는 『大正新修大藏經』 22권, 924a 참조. 사미니 십계에 대한 자세한 해석과 설명은 釋—陀 編, 釋哲牛 註·解說, 『沙彌尼律儀』(대한불교조계종 교육원, 1992) 참조. 일타에 의하면(釋—陀 編, 釋哲牛 註·解說, 『沙彌尼律儀』, 16-22쪽), 한문본 『沙彌尼律儀』는 청나라(1644~1912) 때의 율사였던 독체讀體(1600~1679)가 편찬한 것이다. 독체에 대해서는 Chün-fang Yü, *Kuan-yin: The Chinese Transformation of Avalokiteśvara* (New York: Colombia University Press, 2001), p. 532 참조.
[58] 윤청광, 『회색 고무신』, 74-75쪽.
[59] 묘엄이 눈물을 흘렸던 것은 어머니가 자신에게 절을 해서 그냥 눈물이 나왔다고 했다(2003년 6월 묘엄과의 인터뷰).
[60] 윤청광, 『회색 고무신』, 75쪽.
[61] 위의 책, 75-76쪽.

것은 모녀관계를 단절한다는 의미와 함께 묘엄은 이제 비구니 승가라는 공동체 안에서 새로운 삶을 시작하고 새로운 정체성을 얻었다는 의미를 지닌다고 볼 수 있다. 묘엄이 사미니계를 받았다는 것은 한 어머니의 딸이 아니라 월혜의 상좌가 되어 완전히 비구니 승가에 소속된다는 뜻으로 풀이된다. 즉 그녀의 삶은 세속적 영역을 떠나 종교적 영역 내에 머물 것이라는 의미인 것이다. 또한 성철이 묘엄의 어머니에게 딸을 보러 오지 말라고 한 것은, 묘엄이 가족에 대한 애착을 끊게 함과 동시에 그녀가 사미니 교육을 받는 동안 방해가 되는 요소를 최소화하려는 의도가 담겨 있다고 볼 수 있다.

    출가를 위해 오랫동안 노력했던 청담과 달리, 묘엄은 집을 떠난 지 불과 보름 만에 사미니가 되었다. 출가자가 필수적으로 받아야 하는 교육을 완전히 끝내지 않은 상황임에도 불구하고 묘엄은 사미니가 된 것이다. 한국의 승가 전통에서 출가자는 사미니계를 받기 전에 일정 기간 동안 행자行者[62] 생활을 거치게 되어 있다. 행자 기간 동안 은사는 행자가 사미나 사미니로 수계를 받을 준비가 되어 있는지 그렇지 않은지 평가할 수 있다. 이 행자 기간 동안 비구니 사찰의 어른 스님들 또한 행자를 관찰하여 행자가 비구니 대중의 일원으로 받아들여질 수 있는지를 가늠한다.[63] 그런데 묘엄의 경우, 그녀가 사미니계를 받기 전 윤필암에서 지낸 기간은 겨우 대엿새밖

---

[62] 한국 불교에서 '행자'란 예비승려가 되기 위한 초보자를 가리킨다.
[63] 한국 승가를 연구한 버스웰의 초점은 비구 승가이지만, 한국의 비구니 승가 역시 비구 승가를 모델로 한 것이다. 이것은 고대 인도에서 불타가 비구 승가를 모델로 하여 비구니 승가를 세운 것과 마찬가지이다.

에 되지 않는다.⁶⁴

당시 조계종 승단에는 사미와 사미니 수계에 관한 규정이 제도화되어 있지 않았기 때문에, 1940년대의 원로 비구들은 마음대로 사미계와 사미니계를 설해 주었다.⁶⁵ 1981년 조계종이 단일계단 설치를 연례적인 의식으로 제도화하기 전에는 수계식에 관한 규정이 없었다. 1982년 10월 조계종은 비구니들이 식차마나式叉摩那(Skt. śikṣamāṇā)⁶⁶ 수계 계단을 설치할 수 있도록 허가했으며, 이 새로운 규정에 따라 비구니계 수계를 위한 이부승구족계 수계제도가 확립되었다.⁶⁷

비구니 스승들에게서 받은 사미니 교육

필자는 위에서 묘엄이 사미니계를 받기 전에 초보적인 승가교육을 거의 받지 않았음을 지적했지만 사미니 수계식 후 비구니 스승들로부터 집중적인 교육을 받기 시작한다.⁶⁸ 윤필암에서 받은 사미

---

⁶⁴ 김용환의 원고.
⁶⁵ 2003년 6월 묘엄과의 인터뷰.
⁶⁶ 묘엄의 식차마나계 수계에 대해서는 다음 장에서 자세히 논한다.
⁶⁷ 단일계단에 대한 자세한 설명은 대한불교조계종 계단위원회, 『單一戒壇二十年』(土房, 2001); 一眞, 「比丘尼 具足戒는 比丘尼傳戒師로부터」, 『雲門』, 1982. 11. 1982년 10월에 부활된 비구니 이부승구족계 수계식에 대해서는 이 책 제7장에서 자세히 논한다.
⁶⁸ 묘엄은 윤필암에서 연장자 비구니들로부터 사미니 교육을 받는 동시에 쌍련선

니 교육의 주된 내용은 사찰 내의 일상적인 일, 염불, 불공의식 익히기, 소임 사는 법, 대중운력, 은사의 엄격한 가르침 따르기 등이다.

묘엄이 사미니계를 받자마자 은사인 월혜는 매사에 조심하라고 가르쳤다. 월혜는 식습관, 걷는 모습, 앉아 있는 자세, 담소하는 법, 대중과 어울리는 법 등 모든 행동거지에 대해 가르쳤다. 묘엄은 윤필암의 모든 비구니들과 같이 새벽 세 시에 기상하여 엄격한 대중생활 규칙을 지키기 위해 온 힘을 기울였다. 암자에서 그녀의 생활은 누구보다 바빴다. 묘엄은 하루 종일 공양간 소임자들을 위해 쉴 새 없이 심부름을 했다. 밤 아홉 시가 되면 지쳐서 잠에 떨어졌다.[69] 단 한 번도 그토록 고단한 삶을 살아 본 경험이 없긴 했지만 속가를 그리워하지는 않았다. 오히려 묘엄은 전생에 한 번 살아 본 적이 있는 곳으로 되돌아온 느낌이었고, 암자에서 생활하면서 마침내 자신의 집을 찾은 것 같다고 생각되었다.[70] 『회색 고무신』에는 윤필암에서 묘엄에게 주어진 첫 번째 소임이 무엇이었는지 언급되어 있지 않은데, 아마도 공양간 소임자들을 돕는 역할이었을 것이라고 추측한다. 한국의 모든 승려들이 승가생활 초기에 다 겪듯, 묘엄의 진술에 의하면 자신이 매일 같은 일과를 반복함으로써 대중생활의 엄한 일상에 적응하기 위해 노력했음을 보여 준다. 공양 준비를 돕고, 설거지를 하고, 공양간 소임자들을 위해 심부름을 하는 일 같은 것이다.

원에서 비구 스승들로부터 사미니 교육도 받았다. 비구 스승들에게서 묘엄이 받은 사미니 교육에 대해서는 곧이어 면밀히 고찰한다.
[69] 윤청광, 『회색 고무신』, 77-81쪽.
[70] 김용환의 원고.

예를 들면, 묘엄은 정신적으로나 신체적으로나 승가생활에 적응하기 위해 우선 공양간 소임자들을 위한 심부름을 하기 시작했다. 묘엄이 공양간 소임자인 도감都監[71]의 심부름을 잘못 이해했던 일화를 일례로 들 수 있다. 어느 날 도감은 묘엄에게 절굿대를 가져오라고 시켰다. 그러나 묘엄은 절굿대가 무엇인지 몰라서 암자 전체를 샅샅이 뒤졌는데 나중에서야 절굿대가 도굿대[72]의 다른 말이라는 것을 알았다.

엄격한 대중살이의 일과에 적응해 가면서, 공양간 소임자들 옆에서 여러 가지 보조자 역할을 하는 동안 묘엄은 입측오주入廁五呪(화장실 들어갈 때 암송하는 다섯 가지 진언)[73]를 외우라는 과제를 받았다. 묘엄은 다른 비구니들이 입측오주 진언을 외우는 것을 듣고서 따라

---

[71] 일반적으로 한국 큰 사찰의 도감의 임무와 작은 비구니 암자의 도감의 임무는 약간 차이가 있다. 비구니 암자에서 도감은 공양 준비 전반을 총괄하고 공양간의 식재료 공급을 책임진다. 윤필암의 도감은 공양간에 필요한 각자의 소임과 그 소임자들의 활동을 전체적으로 조율하는 책임자인 듯하다. 한국 사찰의 도감에 대해서는 Buswell, Jr., *The Zen Monastic Experience: Buddhist Practice in Contemporary Korea*, pp. 115-118 참조.

[72] 윤청광, 『회색 고무신』, 78-80쪽. 묘엄의 고향인 진주에서는 '절굿대'를 경상도 사투리로 '도굿대'라고 부른다(윤청광, 『회색 고무신』, 80-81쪽).

[73] 한국의 승려들은 전통적으로 해우소에 갈 때 입측오주의 각 진언을 세 번씩 암송한다. 윤청광은 입측오주를 다음과 같이 풀이한다.
첫째, 입측진언入廁眞言(해우소 들어갈 때 외우는 진언) '옴 하로다야 사바하'
둘째, 세정진언洗淨眞言(왼손으로 뒷물을 하면서 외우는 진언) '옴 하나마리제 사바하'
셋째, 세수진언洗手眞言(손을 씻으며 외우는 진언) '옴 주가라야 사바하'
넷째, 거예진언去穢眞言(더러움을 다 버리고 나서 외우는 진언) '옴 시리예바혜 사바하'
다섯째, 정신진언淨身眞言(몸을 깨끗이 씻고 나서 외우는 진언) '옴 바아라 뇌가닥 사바하'(윤청광, 『회색 고무신』, 78쪽.)

윌 수밖에 없었다. 그 이유는 초등학교에서 한국어를 배우지 않았으므로 한글로 된 입측오주를 읽을 수 없었기 때문이다. 따라서 묘엄은 진언의 뜻은 모른 채 무조건 암기해야만 했다.[74]

윤청광의 『회색 고무신』이나 김용환의 원고에는 묘엄이 받은 첫 번째 암기 과제가 왜 입측진언이었는지에 대해 설명되어 있지 않다. 그러나 묘엄의 증언은, 한국 선수행 도량의 전통에 따라 윤필암의 비구니들이 승가생활 전반에서 늘 정신을 들고 살아야 한다는 것을 묘엄에게 가르치고자 했음을 시사한다. 밥을 먹고 잠을 자고 화장실에 가는 가장 기본적인 행위에서조차도 항상 마음을 들고 살아야 한다는 수행법을 가르치고자 했던 것이다. 입측오주를 외우는 가장 큰 목적은 오염된 모든 것을 버리고 깨달음을 얻겠다는 맹세를 하는 것이라고 윤청광은 설명한다.[75] 이 책의 뒷부분에서 논하겠지만 묘엄 역시 한국 승가의 전통에 따라 식사를 하는 동안이나 밤에 잠을 잘 때에도 늘 마음을 들고 수행자의 자세로 살아야 한다고 윗스님들로부터 배운 것이다.

입측오주를 다 암기한 묘엄은 『천수경千手經』[76]을 외우기 시작했다. 그녀는 한글을 몰랐기 때문에 긴 『천수경』을 암기하느라 또다시 좌절감에 빠졌다. 초등학교에서 한자를 일본식으로 읽는 법만

---

[74] 윤청광, 『회색 고무신』, 78쪽.
[75] 위의 책.
[76] 『천수경』은 한국 사찰 불공의식에서 기본적으로 사용하는 경전이다. 『천수경』에 대해서는 Buswell, Jr., *The Zen Monastic Experience: Buddhist Practice in Contemporary Korea*, pp. 229-242; 正覺 著, 『천수경연구』(운주사, 2001) 참조.

배웠기 때문에[77] 한국어로는 어떻게 읽는지 전혀 몰랐다.[78] 묘엄은 다른 비구니들이 염불하는 것을 듣는 것만으로는 긴 『천수경』을 외울 수 없다는 것을 깨달았다. 그래서 그녀는 한글을 배우며 온 정신을 집중해서 『천수경』을 암기했다.[79] 덕수가 묘엄에게 한글 개인 교습을 해 주겠다고 자원했다. 덕수는 묘엄에게 한글을 가르치는 일에 정성을 쏟았고, 묘엄도 일념으로 한글을 배웠다. 하지만 덕수는 묘엄에게 한글의 자음, 모음의 원리부터 체계적으로 가르친 것은 아니었다.[80] 묘엄은 글자 전체 모양을 한 글자 한 글자 눈에 익혀 나가야만 했다.[81]

묘엄이 『천수경』을 3분의 2 정도 외울 수 있게 되었을 때 어머니에게 한글로 짧은 편지를 쓸 수 있었다. 묘엄은 어머니에게 보낸 편지에서 어머니와 언니, 할머니와 고모, 삼촌들의 안부를 물었다. 그리고 예전에 함께 놀던 소꿉동무인 종순이가 보고 싶고, 어머니에게 최근에 찍은 가족사진을 한 장 보내 달라고 했다.[82] 또 자신은 윤

---

[77] 성철로부터 한국사를 배울 당시만 해도 묘엄은 '평양平壤'을 한국어로 읽지 못하고 일본식 발음인 '헤이조'로 읽었다(윤청광, 『회색 고무신』, 135쪽).
[78] 윤청광, 『회색 고무신』, 82쪽.
[79] 위의 책, 81-82쪽.
[80] 한글은 14개의 자음과 10개의 모음으로 구성되어 있다. 한글에 대해서는 Ho-Min Sohn, *The Korean Language* (Cambridge: Cambridge University Press, 1999) 참조.
[81] 윤청광, 『회색 고무신』, 81쪽. 묘엄의 회고를 통해 볼 때 덕수는 한글을 읽고 쓸 줄은 알았지만 학교에서 정식으로 배운 것은 아닌 듯하다. 필시 덕수도 묘엄과 마찬가지로 가정에서 사적으로 한글을 배운 것이 아닌가 한다. 덕수는 일제강점기인 1942년 고등학교를 졸업했다. 덕수에 대해서는 이경순, 「한국 불교 정화 관련 인사 증언 채록 (3): 수덕사 견성암의 덕수 스님, 보인 스님, 정화 스님」, 196쪽 참조.
[82] 묘엄의 외삼촌이 사진관을 하고 있었는데, 그 외삼촌은 가족사진 찍는 것을 좋

필암에서 잘 지내고 있으니 걱정하지 말라고 썼다. 편지 끝에 묘엄은 일본어로 한 문장을 썼다. 그 이유는 그 문장의 복잡한 내용을 한국어로는 쓸 수가 없었기 때문이었다. 마지막 문장의 내용은 '누더기 한 벌을 입을지라도 중노릇을 잘하면 되니까 내 옷일랑 해 오지 마시라'는 것이었다. 덕수는 묘엄이 쓴 한글을 점검하려고 편지를 보여 달라고 했다. 비록 묘엄의 한국어 문장은 문법과 철자법은 서툴렀지만 덕수는 묘엄의 글을 이해할 수 있었다. 묘엄이 일본어로 쓴 마지막 문장을 읽고 덕수는 눈물을 흘렸다. 덕수는 묘엄의 편지를 윗스님들에게 보여 주며, 청빈한 수행자의 삶을 살겠다는 그녀의 의지를 극찬했다.[83]

묘엄은 『천수경』을 암기한 후 계속해서 덕수에게서 산신각山神閣,[84] 칠성각七星閣,[85] 독성각獨聖閣의 각단염불을 배웠다. 묘엄은 암자의 잡다한 일들을 해야 했기 때문에[86] 일을 하거나 잠시 휴식을 취하는 시간에도 부지런히 염불을 외워야 했다.[87]

묘엄은 각단의 염불을 모두 암기한 후, 윤필암 대중의 한 비구니였던 영선永善(생몰연대 미상)[88]으로부터 불공의식佛供儀式을 비롯한

아했다고 한다(2005년 6월 묘엄과의 인터뷰). 1940년대 말기 묘엄의 가족사진은 윤청광, 『회색 고무신』, 84쪽 참조.
[83] 윤청광, 『회색 고무신』, 83쪽.
[84] 산신각에 대해서는 Buswell, Jr., *The Zen Monastic Experience: Buddhist Practice in Contemporary Korea*, p. 56 참조.
[85] Ibid.
[86] 2003년 6월 묘엄과의 인터뷰.
[87] 김용환의 원고.
[88] 영선은 열여섯 살에 출가했다. 묘엄의 회고에 의하면 영선의 나이는 묘엄보다

중요한 의식들[89]을 배우기 시작했다. 영선은 윤필암에 주석하던 비구니들 가운데 염불 소리가 가장 아름다웠으며 묘엄에게 온 정성을 쏟아 불공의식을 가르쳐 주었다. 영선은 염불을 할 때 어느 대목에서 목탁을 치고 또 소리의 높낮이를 달리 하는지 그리고 어느 대목에서 소리를 길게 뽑아야 하는지를 가르쳐 주었다.[90] 묘엄은 불공의식의 전문가가 될 생각이 없었으므로 중요한 기본 의식만을 익혔다.[91]

묘엄이 점차 대중생활에 적응해 가자 공양간에서 채소 반찬 만드는 것을 책임지는 채공菜供 소임을 맡게 되었다. 하지만 묘엄은 어떻게 반찬을 만드는지 전혀 몰랐다.[92] 윤청광은 묘엄이 시금치를 지나치게 오래 삶아서 곤죽을 만들어 놓았던 일화를 다음과 같이 묘사하고 있다.

묘엄은 윗스님이 시키는 대로 시금치를 삶아야겠는데 과연 시금치는 어떻게 삶아야 하는지 알 수가 없었다. 누구한테 어떻게 삶아야 하는지 물어 볼 수도 없는 노릇이라 우선 큰 솥에 찬물을 가득 부어놓고 그 안에 시금치를 몽땅 다 집어넣었다. 그리고 아궁이에 장작불을 지펴 놓고 밭으로 상추를 뜯으러 갔다.

약 스무 살 더 많은 것으로 보인다(김용환의 원고).
[89] 한국 불교의 기본 불공염불에 대해서는 Buswell, Jr., *The Zen Monastic Experience: Buddhist Practice in Contemporary Korea*, pp. 229-242 참조.
[90] 윤청광,『회색 고무신』, 81-87쪽.
[91] 김용환의 원고.
[92] 윤청광,『회색 고무신』, 88-89쪽. 한국 승가에서 출가자는 전통적으로 출가 초기의 교육 기간 내내 사찰 안팎의 여러 가지 잡다한 일을 한다.

한 잎 두 잎 상추를 뜯다 보니 꽤 많은 시간이 걸렸다 싶었는데, 공양간으로 부랴부랴 달려와 보니 시금치를 넣어 놓은 큰 솥에서 피익피익 소리가 나며 뜨거운 김이 치솟고 있었다. 솥뚜껑을 열고 주걱으로 시금치를 건져내 보니 시금치는 이미 곤죽이 되어 있었다. 시금치를 너무 오랫동안 삶은 탓에 엉망진창이 되었던 것이다.[93]

묘엄은 곤죽이 된 시금치에서 물을 뺀 다음 당황한 나머지 공양간 한구석에 우두커니 서 있었다. 시금치를 망친 일로 도감이 소동을 일으키고 있는 것을 보고, 윤필암의 자비로운 노비구니 인정仁貞(생몰연대 미상)[94]이 묘엄에게 시금치나물 만드는 법을 가르쳐 주겠다고 했다. 묘엄은 인정에게서 시금치나물 만드는 법을 차근차근 배웠다. 출가 수행자로서 묘엄이 윗스님들로부터 받은 사미니 교육은 혹독했지만, 인정처럼 친절하게 가르침을 주는 윗스님들이 있었기에 언제나 용기를 얻을 수 있었다.[95]

---

[93] 윤청광, 『회색 고무신』, 88-89쪽. 사찰에서 시금치나물을 만들 때에는 먼저 시금치를 깨끗하게 씻어서 끓는 물에 살짝 데친 다음 찬물에 헹구어 물기를 뺀 뒤 소금, 참깨, 참기름에 버무려 무친다.
[94] 인정은 출가 전 어느 부잣집의 맏며느리였다. 하지만 자식을 낳지 못했다. 그래서 남편이 재혼하도록 출가해 비구니가 되었다. 묘엄이 윤필암에 있을 때 인정은 유방암을 앓고 있었다(윤청광, 『회색 고무신』, 91쪽).
[95] 윤청광, 『회색 고무신』, 90-92쪽. 당시 윤필암에는 스무 명의 비구니들이 참선수행하고 있었고 따라서 묘엄의 사미니 교육은 여러 비구니 어른 스님들의 지도 아래 이루어졌다. 이와 대조적으로 필자가 1969년에 출가한 암자는 단지 두 명의 비구니가 살고 있던 작은 암자였다. 따라서 필자의 사미니 교육을 책임진 사람은 은사와 사형 두 비구니뿐이었다. 지금도 한국 불교에서는 규모가 작은 비구니절로 출가하는 여성들의 기본적인 사미니 교육은 한두 명의 비구니가 맡는다.

윤필암에서 채공 소임을 사는 동안 묘엄은 잿물 내리는 법, 숯가루를 이용해 광목을 회색으로 물들이는 법, 황토 부뚜막을 깨끗하게 유지하는 법도 배웠다. 1945년 한국의 비구니 암자에는 비누가 없었기 때문에 윤필암의 대중들은 빨래를 하기 위해 잿물을 내려서 나누어 써야 했다. 잿물 내릴 때는 다음과 같이 했다.

　아궁이에서 재를 삽으로 떠다가 구시통[96]에 넣고 돌로 고인 다음, 구시통 구멍에 솔가지를 거꾸로 쑤셔 박은 뒤 뜨거운 물을 위에서 부으면 솔잎 틈새를 타고 누런 잿물이 흘러 밑에 받쳐 놓은 통에 잿물이 고였다.[97] 그리고 그 잿물로 빨래를 하면 신통하게도 때가 쏙쏙 잘 빠져 깨끗이 빨래할 수 있었다.[98]

　묘엄은 숯가루로 광목에 회색 물을 들이는 법도 배웠다.

　아궁이에서 이글거리는 숯불을 꺼내어 땅 속에 묻어 둔 독에 다 집어넣고 못 쓰는 솥뚜껑으로 닫아 버리면 불은 금세 꺼지고 새카만 숯덩이가 되었다. 그 숯덩이를 물에 담가 잿물을 빼낸 뒤 곱게 빻아 숯가루를 만든다.[99] 그리고 그 숯가루를 광목 주머니에 넣어 입을 묶은 다

---

[96] '구시통'은 넓고 긴 통나무의 내부를 파낸 다음 통나무 바닥에 손목 정도 크기의 구멍을 뚫어서 만든 것이다(2003년 6월 묘엄과의 인터뷰).
[97] 솔잎을 엉성하게 넣어 간격이 너무 넓으면 재가 솔잎 사이로 빠지기 때문에 구시통에 솔잎을 가능한 한 빽빽하게 채워 넣어야 한다(김용환의 원고).
[98] 윤청광, 『회색 고무신』, 109쪽.
[99] 숯은 완전히 말라야 한다(2003년 6월 묘엄과의 인터뷰).

음, 대야에 물을 붓고 숯가루 주머니를 대야 물에 담그면 숯물이 우러 나오고, 그 숯물에 옷감을 넣으면 진한 회색 물이 들었다. 특히 물푸레 나무를 태워 만든 숯가루로 옷에 물을 들이면 그 옷에서는 푸르스름한 빛깔이 나서 정말 멋이 있었다.[100]

묘엄은 노르스름한 황토 부뚜막을 항상 정갈하게 유지하는 방법 도 배웠다.

이때만 해도 일반 가정집이나 절에서 시멘트를 쓰는 일이 없었다. 황토를 빚어서 부뚜막[101]을 만들고 그 부뚜막이 굳으면, 이번에는 마른 황토를 곱게 빻아 고운 채로 거른 다음 물을 부어 묽은 반죽을 만들었 다. 그리고 그 고운 반죽으로 부뚜막 갈라진 틈새도 메우고 부뚜막 전 체를 분 바르듯 조심조심 바른 뒤[102] 헌 행주에 적당히 물을 적셔 곱게 곱게 마지막 마무리 손질을 했다.[103]

윤필암에서 사미니 교육을 받는 동안 묘엄은 대중들과 함께 여 러 가지 대중운력大衆運力[104]을 했다. 산나물운력, 요목운력要木運

---

[100] 윤청광, 『회색 고무신』, 109-110쪽.
[101] 부엌의 황토 부뚜막이 마르면 표면에 금이 간다(2003년 6월 묘엄과의 인터뷰).
[102] 묘엄이 황토 부뚜막을 진흙으로 메울 때에는 진흙으로 된 부뚜막 위를 걸어 다 니다가 부뚜막 표면을 깰까 봐 보드라운 짚신을 신어야만 했다. 묘엄은 윤필암 에서 짚신 만드는 법도 배웠다(김용환의 원고).
[103] 윤청광, 『회색 고무신』, 110쪽.
[104] 대중운력에 대해서는 Buswell, Jr., *The Zen Monastic Experience: Buddhist*

力(해우소에서 쓸 나뭇잎을 모으는 일),[105] 쌀과 콩을 골라내는 일, 도토리묵을 만드는 일 등이었다. 암자에 거주하는 모든 비구니들은 나이에 상관없이 초봄이 되면 산에 가서 산나물을 뜯고, 도토리나무의 부드러운 새순을 모으는 대중운력에 참가해야 했다. 이러한 운력은 극도의 노동집약적인 일로서 며칠간 계속해야 했다. 대중들은 산나물과 도토리나무의 보드라운 새순을 찾아 산 속을 샅샅이 뒤지고 다녀야만 했다. 운력을 하는 동안 묘엄은 윗스님들로부터 어떻게 나물과 잡초를 구별하는지 또 어떻게 나물을 뜯는지를 배웠다. 산에서 뜯은 나물은 말린 다음 겨울철 반찬을 위해 저장되었다.[106]

도토리나무의 연한 새순은 일 년 내내 해우소에서 사용되었다. 1945년경에 대부분의 한국인들은 화장실용 휴지라는 게 없었다. 윤필암의 대중들은 초봄에 새로 자라난 도토리나무 가지들을 모아서 해우소 한구석에 쌓아 두고 일 년 내내 그 이파리를 따서 휴지 대신 사용했는데 나뭇잎이 마르는 것을 방지하기 위해 간간이 물을 뿌려주었다. 대중 중에 몇몇 비구니들은 누런 포대 종이를 화장지로 쓰기도 했지만 대부분의 윤필암 대중은 도토리나무 잎을 사용했다. 당시 농가에서는 화장지로 부드러운 지푸라기나 새끼줄을 토막 내

Practice in Contemporary Korea, pp. 126-128 참조.
[105] 2005년 6월 필자는 묘엄에게 윤필암 대중들이 초봄에 새로 자란 도토리나무 가지를 모았었느냐고 질문했다. 묘엄은 초봄에 새로 자란 도토리나무 가지를 모았다고 답했다.
[106] 윤청광, 『회색 고무신』, 93-95쪽.

어 썼고, 부유층들은 포대 종이나 중고 책의 낱장을 뜯어서 썼다.[107] 가을이면 윤필암 대중들은 도토리를 모아서 도토리묵을 만들었다. 도토리묵을 만드는 일은 여러 날이 소요되는 작업이었으므로 도토리 추수 기간 동안에는 운력 날이 많았다.[108]

음력 매월 보름날과 그믐날에는 윤필암의 대중들이 정규 참선 수행 일과를 접고 삭발과 목욕을 하고 빨래도 했다. 여름에는 밤에 암자 근처의 시내로 내려가 언제든지 목욕을 할 수 있었지만 겨울에는 한 달에 두 번씩 암자의 좁은 목욕탕에서 온수로 목욕을 했다.[109] 법랍에 따라 네 명이 한 조가 되어 더운 물이 담긴 커다란 무쇠 가마솥이 있는 목욕탕에서 목욕을 했다.[110] 정통의 소임을 맡은 비구니는 새벽에 큰 가마솥에 물을 붓고 불을 지펴 물을 데웠다.[111] 목욕을 끝낸 후 대중들은 큰방에 모여 쌀과 콩을 골라내는 택미운력擇米運力을 했다. 쌀을 밥상 위에 깔아 놓고 그 밥상 둘레에 몇 명씩 무리지어 둘러 앉아 돌이나 뉘, 싸라기 등을 골라냈다. 콩을 고르는 작업이란 양질의 콩나물을 기르기 위해 좋은 콩을 골라내는

---

[107] 앞의 책, 95-96쪽. 묘엄의 회고에 따르면 윤필암 비구니들은 해우소에서 먼저 연한 도토리나무 잎으로 뒤를 닦은 다음 각자 들고 다니던 작은 물병의 물로 한 번 더 엉덩이를 씻었다. 그리고 해우소에서 나오자마자 목욕탕으로 가서 다시 한 번 더 손과 엉덩이를 깨끗이 씻었다고 했다.

[108] 2003년 6월 묘엄과의 인터뷰. 한국의 사찰에서 도토리묵을 만드는 방법에 대해서는 Buswell, Jr., *The Zen Monastic Experience: Buddhist Practice in Contemporary Korea*, pp. 121-122 참조.

[109] 겨울에 윤필암에서는 공양간의 공양주가 밥솥을 깨끗이 씻은 다음, 물을 부어 놓으면 따뜻한 물을 떠다가 각자 얼굴과 발을 씻었다(김용환의 원고).

[110] 윤청광, 『회색 고무신』, 166-167쪽.

[111] 김용환의 원고.

일이었다. 쌀과 콩을 고르는 주목적은 바쁜 공양간 소임자들을 돕기도 하지만, 한 알의 곡물이라도 낭비하는 것을 막으려는 것이었다. 목욕하는 날 운력 시간의 점심공양은 별식인 손칼국수였다.[112]

사미니 시절에 대한 묘엄의 증언에는 일제강점기와 해방 직후의 몹시 가난했던 비구니 선수행자들의 청빈한 삶의 모습이 고스란히 담겨 있다. 비구니들은 끼니 때마다 발우공양鉢盂供養[113]을 했다. 윤청광은 『회색 고무신』에서, 사미니들을 위한 계율과 규율이 담긴 『사미니율의沙彌尼律儀』에 대해 자세히 설명하고 있는데, 그의 설명에는, 묘엄이 한문 『사미니율의』의 내용을 읽었으며 윤필암 대중이 『사미니율의』 규율에 따라 발우공양을 행한 것처럼 묘사한다.[114] 그러나 필자가 생각하기에, 묘엄이 『사미니율의』를 읽은 것처럼 묘사된 부분은 『회색 고무신』의 저자가 임의로 삽입한 내용이 아닌가 한다. 이것은 윤청광이 해방 후부터 최근까지 조계종 승가교육의 발전과정을 연구해 보지 않고 단순히 『사미니율의』가 1945년 이전에 한국어로 번역되었다고 추정하고 있음을 시사한다. 묘엄의 증언에 의하면 사미니 시절에는 한문을 몰랐기 때문에 자신은 한문 『사미니율의』를 읽을 수 없었다고 했다.[115]

---

[112] 앞의 글.
[113] 발우공양이란 한국의 승려들이 네 개의 그릇으로 구성된 발우를 사용하는 사찰의 정식 공양을 가리킨다. 한국 승가에서의 발우공양에 대해서는 Buswell, Jr., *The Zen Monastic Experience: Buddhist Practice in Contemporary Korea*, pp. 120-125 참조.
[114] 윤청광, 『회색 고무신』, 122-124쪽.
[115] 2003년 6월 묘엄과의 인터뷰.

그렇지만 묘엄은 윗스님에게서 정식 발우공양에 관한 기본적인 규율과 정신적 자세에 대해 배웠다. 공양 중에도 자신의 수행을 돌아보는 것, 시주자들에 대한 감사의 마음 갖기, 목발우와 수저들을 다루는 법 등을 배웠다. 윗스님은 묘엄에게 발우공양을 하는 동안 공양을 올린 시주자들의 노고에 대해 생각하고 자신이 그 음식을 받을 만한 덕이 있는지를 성찰해야 한다고 가르쳤다. 공양을 받는 주된 목적은 우리의 몸이 허약해지는 것을 막아서 수행에 몰두하기 위함이며, 탐·진·치 삼독을 끊고 깨달음을 얻겠다는 스스로의 서원을 관철하기 위한 것이라고 했다.[116] 윤필암에서의 모든 공양은 철저히 채식이었으며 비구니 대중의 모든 활동의 중심인 큰방에서 이루어졌다. 큰방은 공양간이자 참선방이었으며 침실이자 운력의 장소였고 또한 의식을 집전하는 법당으로도 쓰였다. 점심과 저녁으로는 매일 보리가 많이 섞인 밥을 먹었다.[117] 채소 반찬 외에는 간장, 된장, 고추장, 김치, 산나물, 암자 텃밭에서 기른 야채들이었다.[118]

윤필암에서의 공양은 청빈했다. 비구니들이 식용유나 양념, 차 등을 사러 시장에 가는 일도 없었다. 비구니들의 기본 식단은 암자에서 기른 야채와 산에서 채취한 나물에 의존하고 있었다. 아주 가끔 비구니들은 대중공양大衆供養을 받기도 했다. 김, 국수, 과일, 떡

---

[116] 앞의 인터뷰.
[117] 1970년대까지만 해도 부자는 흰 쌀밥을 먹고 가난한 사람들은 보리밥을 먹는다는 인식이 한국인들 사이에 널리 퍼져 있었다.
[118] 윤청광, 『회색 고무신』, 107-108쪽.

같은 것들이었다. 예컨대 윤필암 대중의 어느 비구니가 돌아가신 자기 은사나 속가 부모의 기일이 되면 대중에게 김을 공양하기도 했다. 김 한 묶음을 풀면 비구니 한 사람당 한 장씩 받았다.[119] 묘엄의 어머니가 암자를 방문하면 전체 대중을 위해 국수를 공양하기도 했다. 추석이나 불교 축제일에 윤필암 대중들은 대승사의 대처승들로부터 사과 몇 개와 떡을 받았는데[120] 그렇게 받은 사과와 떡을 비구니들 모두가 똑같이 쪽을 내어 나누어 먹었다. 무쇠 솥에 밥을 지으면 누룽지[121]가 생겼는데, 누룽지는 대중의 한 끼 아침 공양으로 쓰기 위해 잘 모아 두었다. 아주 적은 양일지라도 그 누룽지를 간식으로 먹는 비구니는 아무도 없었다.[122]

윤필암에는 사찰 전답이나 신도가 없었다. 당시에는 비구니들이

---

[119] 앞의 책, 107쪽.
[120] 일제강점기에 대승사에서는 비구승과 대처승들이 사이좋게 함께 살았다. 비구승들은 이판승理判僧(원리를 캔다는 의미로 불경 공부와 참선에만 전념하는 승려)으로 대처승들은 사판승事判僧(현상을 캔다는 의미로 사찰의 경리, 사무 등을 맡아 보는 승려)으로 불렸다. 사판승들은 강원에서 경학을 했고 이판승들은 참선 수행에 전념했다. 사판승들은 대승사의 운영을 맡고 사찰 재정을 도맡아 했으며 절의 모든 공식적인 소임을 관장했으므로 세속사에 철저히 관여했다. 대승사의 독신비구승들은 극도로 청빈한 생활을 했다. 시간이 지나면서 대처승 주지들은 환속해서 시장이나 국회의원으로 출마하기 위한 기금을 조성하기 위해 사찰 전답을 팔았다. 그 결과 해방 후 대승사의 대처승 수는 점점 감소했다(2003년 6월 묘엄과의 인터뷰). 조선시대에 생겨난 이판과 사판승의 역사와 그들이 맡은 역할에 대해서는 金煐泰 著, 『韓國佛敎史槪說』(經書院, 1990), 220-222쪽 참조.
[121] 서양과자가 들어오기 전에 누룽지는 한국인들에게는 전통적인 특별한 간식거리였고, 승려들에게도 가장 인기 있는 간식거리였다.
[122] 윤청광, 『회색 고무신』, 107-108쪽.

선방에서 안거를 나려면 한 달에 쌀 한 말씩 석 달간의 안거에 필요한 서 말의 쌀을 내야 했다. 하지만 힘든 공양간 소임을 맡을 경우 안거 기간 동안 쌀을 내놓지 않아도 되었다. 윤필암에서는 가끔 안거 기간이 끝날 무렵이 되면 쌀이 떨어지는 경우가 있었다. 그럴 때 비구니 대중은 큰 절인 대승사의 사판승에게 비상식량으로 쌀을 좀 달라고 했고, 사판승은 쌀을 보내 주곤 했다. 이런 도움이 있긴 했지만 쌀이 부족할 것을 대비하여 윤필암 비구니들은 보통 하안거나 동안거 전에 쌀을 모으기 위해 탁발을 했다.[123]

윤필암에서의 생활에 대한 묘엄의 증언을 통해 우리는 1940년대 한국 비구니 암자의 소박하고 청빈한 선수행자 비구니들의 생활상을 엿볼 수 있다. 윤필암 비구니들의 생활상은 많은 부분에서 20세기 초반 석탄 채굴산업이 상업화되거나 철도가 건설되기 이전의 미국 중부 애팔래치아 지역의 산사람들 생활상과 유사하다고 볼 수 있다. 윤필암 비구니들은 장을 보기 위해 가져갈 현금이 없었다. 윤필암에서 제일 가까운 마을인 점촌은 60리쯤 떨어진 곳에 있었고, 비구니들이 장에 가려면 60리나 되는 험한 산길을 걸어야만 했다. 그들의 삶은 전적으로 자신들의 독립심과 건강, 자급자족의 능력에 달려 있었다.[124] 많은 면에서, 그들의 소박하고 자급자족적인 생활

---

[123] 김용환의 원고. 필자는 묘엄에게 당시 비구니 선객들이 어떻게 쌀을 구했는지 질문했다. 비구니들은 일반적으로 탁발을 했다고 묘엄은 답했다. 큰 비구 사찰의 비구 선객들은 안거 때에 개인적으로 쌀을 내어놓지 않아도 되었는데 비구 사찰들은 사찰 소유 전답이 많았기 때문이었다(2003년 6월 묘엄과의 인터뷰).
[124] 2004년 7월 묘엄과의 인터뷰.

은 천연자원을 생활필수품으로 바꿀 수 있는 능력에 의지한 일종의 '자연회귀'적 삶이었다고 할 수 있다. 여러 가지 과제를 통해 이루어진 사미니 교육의 일차적인 목적은, 묘엄이 장래의 자급자족적인 삶을 살아갈 수 있도록 준비하는 과정이었다. 묘엄은, 윤필암에서 보낸 사미니 시절의 교육이 평생의 수행자로서의 삶에 자신감을 심어 주었고 어려운 상황에 처했을 때 헤쳐 나갈 수 있는 용기를 키워 주었다고 말했다.[125]

사미니 교육 기간 동안 묘엄의 은사는 상좌가 받는 승가교육의 모든 면을 지켜봤다. 또한 각 분야의 전문가인 비구니들이 묘엄을 가르치겠다고 자청했다. 묘엄의 은사[126]는 윤필암에서 가장 중요한 소임인 선방의 입승을 살았다. 입승은 윤필암에서 선수행을 하고 있는 비구니들이 선방 규율을 잘 지키는지를 감시했다. 참선 기간 중에 선객들이 선방을 나가지 않는 일, 참선 중에 졸지 않는 일, 안거 중에 절 문밖을 나가지 않는 일 등에 관한 규칙을 총괄하는 소임이다.[127]

묘엄의 은사는 냉정하지만 정이 많은 분으로 상좌에게 일상생활의 소소한 측면들을 가르쳤다. 예를 들면, 옷을 갈아입는 법, 빨래하

---

[125] 김용환의 원고.
[126] 묘엄의 은사는 선방에서 가장 힘든 입승 소임을 맡아서 항상 바빴다. 윤필암 선방의 입승으로서 월혜는 모든 비구니들에게 평등하게 대해야만 했다(2003년 6월 묘엄과의 인터뷰).
[127] 한국 선사찰의 청규에 대해서는 Buswell, Jr., *The Zen Monastic Experience: Buddhist Practice in Contemporary Korea*, pp. 161-177 참조.

는 법, 마음을 들고 잠자는 법, 속이 쓰릴 때 치료법 등에 대해 가르쳐 주었다. 묘엄이 출가하려고 윤필암에 처음 갔을 때 그녀는 한 달 동안 같은 옷을 한 번도 빨지 않고 계속 입고 있었다. 그러던 어느 날 어떤 비구니가 묘엄이 냄새나는 옷을 입고 다닌다고 말했다. 그 비구니는 묘엄의 은사에게 빨래하는 법과 옷 갈아 입는 법을 가르쳐 주라고 했다. 월혜는 항상 깨끗한 옷을 입어야 하는 것을 비롯하여 성인으로서 살아가는 데 가장 기초적인 것들을 가르쳐 주었다.[128]

한번은 묘엄이 시냇가에서 인조견으로 된 은사의 여름옷을 빨게 되었는데, 빨래방망이로 옷을 두들겨서 옷을 못 입게 만든 적이 있었다. 그런 일이 있자 은사는 인조견 옷을 살살 빠는 법을 가르쳐 주었다. 또한 묘엄은 잠잘 때 온돌방을 뒹굴러 다니면서 옆 사람의 배에 다리를 올려놓는 잠버릇이 있었다. 출가 전 그녀는 할머니, 어머니와 한 방에서 같이 잤다. 그때 어디든 공간이 있으면 뒹굴러 다니다가 할머니나 어머니 배 위에 발을 올려놓고 자곤 했었다.[129]

윤필암에서의 고단한 하루를 보내고 밤이 되면 묘엄은 곯아떨어졌다. 온돌로 된 큰 선방에선 스무 명 남짓의 대중들이 한 방에서 잤다. 각자 솜요와 방석 및 베개를 갖고 있었다. 그들은 참선도 하고 공양도 하는 큰방에서 방의 중심을 향해 머리를 두고 나란히 누운 다음 발은 다른 사람의 머리 쪽으로 뻗지 않기 위해 방문 쪽을

---

[128] 2003년 6월 묘엄과의 인터뷰.
[129] 위의 인터뷰.

향해 뻗은 채 잠을 잤다. 어떤 비구니들은 밤에도 잠을 자지 않고 계속 좌선을 했다. 어느 날 밤 묘엄은 방바닥을 뒹굴러 다니며 잠을 자다가 은사의 배 위에 다리를 걸쳐 놓았다. 한밤중에 잠에서 깨어 자신의 다리가 은사의 배 위에 걸쳐진 것을 알아차린 묘엄은 당황해서 어찌할 바를 몰랐다. 하지만 은사는 묘엄을 나무라지 않고 낮은 소리로 다리를 내려놓으라고 했다.[130]

이런 당황스런 일을 겪은 묘엄은 덕수에게 어떻게 하면 자는 동안에도 마음을 들고 있을 수 있는지 질문했다. 덕수는 밤에 천으로 다리를 묶고 자라고 했다. 덕수가 가르쳐 준 대로 두 다리를 천으로 묶고 눕자 과연 밤에 방안을 굴러다니며 다른 비구니들 배 위에 다리를 올려놓는 일이 일어나지 않았다.[131] 윤필암에서는 아침공양으로 멀건 흰죽을 먹었는데 흰죽을 먹고 나면 생목이 올라와 고생을 했다. 월혜는 솔잎가루를 주면서 소량을 죽에 섞어서 된장국을 부어 먹으라고 했다. 솔잎가루를 섞은 흰죽을 먹자 과연 생목이 올라오지 않았다.[132]

이런 자상한 이면에 월혜는 묘엄에게 매우 엄격한 은사였다. 항상 시주물을 아끼고 시주자에게 감사한 마음을 갖도록 가르쳤다. 묘엄이 다른 비구니들에게 거만한 행동을 할까 봐 주의를 주었고, 특히 모든 것을 대중들과 똑같이 나누어 가져야 한다는 점을 강조했다. 지독하게 추웠던 어느 겨울날, 묘엄은 얼음이 언 수각가에서

---

[130] 윤청광, 『회색 고무신』, 121-122쪽.
[131] 위의 책.
[132] 위의 책, 87-88쪽.

공양미를 씻다가 미끄러져서 쌀을 쏟게 되었다.[133] 은사는 시주물로 받은 쌀을 씻으면서 정신을 차리지 않은 묘엄에게 진노해서 얼어붙은 돌 틈 사이에 떨어진 쌀알을 한 톨도 남김없이 주우라고 명했다. 은사는 쌀 한 톨, 채소 한 잎이라도 낭비하지 않도록 철저하게 묘엄을 교육시켰다.[134]

월혜는, 묘엄이 청담이나 성철과 같은 종단 내 영향력 있는 두 큰스님의 배경을 믿고 교만한 비구니로 성장할까 봐 몹시 염려했다. 상좌가 거만한 행동을 하지 못하도록 월혜는 고의로 묘엄에게 억울한 누명을 씌워 호되게 꾸짖었다. 윤필암의 다른 비구니들이 저지른 잘못에 대해서조차도 억울하게 묘엄이 했다고 다그쳤다. 묘엄은 억울한 누명조차도 인욕과 하심을 키우는 사미니 교육의 일부로 여기고 은사의 꾸중을 묵묵히 받아들였다.[135] 대표적인 예를 들면 다음과 같은 일이 있었다. 하루는 은사가 묘엄이 생리대를 빨지 않고 장작더미 속에 감추어 두었다고 근거 없이 꾸중을 하며 몰아세웠다.

아침나절 은사 스님은 또 한 번 묘엄을 뒤꼍에 불러 세웠다.
"묘엄이 너 참말로 우째 이라노! 와 이 더러운 것을 나뭇짐 틈에다

---

[133] 김용환의 원고에는, 그 추운 겨울날 묘엄은 고무신이 없었기 때문에 나막신을 신었다고 한다. 나막신은 손으로 만들었고 나막신 안쪽에서 바깥쪽으로 못을 박아 만들어서 언 땅에서는 쉽게 미끄러졌다.
[134] 김용환의 원고.
[135] 윤청광, 『회색 고무신』, 112-114, 119-120쪽.

쑤셔 박아 놨노 말이다!"

은사 스님이 묘엄의 코앞에 들이댄 것은 뜻밖에도 여자들이 한 달에 한 번 쓰는 수건이었다. 기가 막혔다. 그때까지 묘엄은 아직 월경을 시작하지도 않았는데, 은사 스님은 또 "묻지 마라, 묘엄이다!" 하고 무조건 묘엄을 범인으로 몰고 있는 게 아닌가!

"저, 스님요."

"듣기 싫다! 이런 철딱서니 없는 짓, 묘엄이 니 아니면 누가 했겠노! 퍼뜩 잿물 받아서 빨아 놓거라!"[136]

묘엄은 생리혈로 물든 천을 잿물에 빨아 빨랫줄에 널어놓았다. 그런데 그날 저녁나절 즈음 그녀는 깨끗하게 빨아서 널어놓아 말린 생리대가 빨랫줄에서 사라진 것을 발견했다. 그러나 은사에게 누군가가 그 생리대를 걷어갔다는 말을 하지 않았다. 아무리 억울한 누명을 쓰더라도 그녀는 늘 인욕과 하심을 길러야 한다던 청담의 가르침을 가슴에 새겼다.[137] 은사가 억울하게 누명을 씌워 혹독하게 꾸짖어도 한마디 변명을 하지 않고 묵묵히 은사의 꾸지람을 받아들여야 인욕과 하심의 마음가짐을 기를 수 있다고 믿었으므로 묘엄은 은사의 근거 없는 꾸지람에 한 번도 인내심을 잃은 적이 없었다.[138]

---

[136] 앞의 책, 114쪽. 묘엄의 은사가 혈이 묻은 생리대 건으로 묘엄을 꾸중할 때, 윤필암의 어떤 비구니도 그 혈이 묻은 생리대가 자신의 것이라고 나서지 않았다 (윤청광, 『회색 고무신』, 113쪽).
[137] 묘엄에게 인욕과 하심을 기르라고 한 청담의 가르침에 대해서는 곧 논한다.
[138] 윤청광, 『회색 고무신』, 114-115쪽.

한편, 묘엄의 어머니는 일 년에 서너 번 윤필암에 다니러 오곤 했는데 그때마다 딸을 위해 국수,[139] 승복, 속옷, 양말, 고무신[140] 등 무거운 짐을 고개가 아프도록 머리에 이고 왕복 60리가 넘는 험한 산길을 걸었다.[141] 어머니가 윤필암에서 하룻밤을 묵고 암자를 떠나자마자 은사는 묘엄에게 어머니가 가져온 모든 물건을 다 가져오라고 한 다음 큰방에서 그 물건들을 비구니 대중 모두에게 똑같이 나누어 주라고 했다. 은사는 절대로 묘엄이 승복이나 속옷 또는 고무신을 대중 비구니들보다 하나라도 더 가지지 못하게 했다. 묘엄에게 최소한의 필수적인 물건만을 소유하라고 가르쳤다.[142]

윤필암에서 묘엄이 받은 승가교육의 초점은 사찰 일상생활에 필요한 실용적인 지식을 습득해 비구니 승단의 생산적인 일원이 될 수 있도록 하는 것이었다. 묘엄은 암자에서 소소한 잡일들을 익히는 동시에 대중의 규칙생활을 익혔다. 한국 승가의 전통은 행자들로 하여금 지속적이고 단순한 육체노동에 전념하게 하면서 염불을 외우기 위해 정신적으로 집중하도록 한다. 육체적 노동과 정신적 노동의 조화는 행자들이 마음을 고요히 가라앉히고 승가공동체생활에 빠르게 적응할 수 있게 만드는 효율적인 방법이라고 믿는다.

---

[139] 묘엄의 어머니는 윤필암 비구니들에게 대중공양을 올리기 위해 기계국수를 머리에 이고 왔다(윤청광, 『회색 고무신』, 106쪽).
[140] 당시에 고무신은 한국인들에게 널리 보급되지 않았다(2003년 6월 묘엄과의 인터뷰).
[141] 김용환의 원고. 딸을 방문하지 말라는 성철의 명이 있었으나 묘엄의 어머니는 딸이 보고 싶어 일 년에 서너 번씩 윤필암에 오곤 했다(2003년 6월 묘엄과의 인터뷰).
[142] 윤청광, 『회색 고무신』, 104-107쪽.

즉, 묘엄의 사미니 교육은 마음의 수련을 쌓고 엄격한 대중생활을 견뎌낼 수 있는 신체적인 단련을 통해 깨달음의 길로 나갈 수 있는 결연한 의지를 굳히는 데 있었다.

비구 스승들에게서 받은 사미니 교육

윤필암의 윗스님들에게서 교육을 받는 동안 묘엄은 대승사 쌍련선원에 주석하던 청담, 성철, 홍경弘經(생몰연대 미상) 등 비구 스승들에게서도 사미니 교육을 받는 특권을 누렸다.[143] 또한 묘엄은 비구 스승들이 법문하는 것을 보고 흉내 내는 일을 좋아했다. 필자는 묘엄이 비구 스승들의 법문 내용이나 몸짓을 흉내 내기 좋아한 것도 사미니 교육의 일부에 포함된다고 본다. 묘엄의 진술에 따르면, 비구 스승들의 법문을 흉내 낸 것은 다른 비구니들에게 보여 주기 위한 것이었지만, 언젠가 자신이 법문을 하게 되면 어떻게 해야 할까 해서 비구 스승들이 법문을 할 때 한마디도 놓치지 않으려고 일심으로 귀를 기울였다고 했다.[144] 법문 흉내 내기 일화는 그녀가 얼마나 법문하는 방법을 배우고 싶어 했는지를 보여 주는 것으로서 주목할 만하다. 비구 스승 아래에서 받은 묘엄의 사미니 교육은 성

---

[143] 조계종의 사미니 교육은 전통적으로 반드시 어른 비구니의 지도 아래 이루어진다. 비구는 비구니를 상좌로 둘 수 없다.
[144] 김용환의 원고.

철이 손으로 직접 쓴 『영산정로靈山正路』의 기록대로 음력 6월 초쯤에 시작되었음을 알 수 있다. 성철은 1945년 음력 6월 10일에 『영산정로』를 집필했다.145

묘엄이 매일 쌍련선원에 가서 비구 스승의 개인교습을 받는 것은 불가능했지만, 일주일에 두세 번 정도 윤필암에 대중운력이 없을 때에 쌍련선원으로 갔다.146 다른 사미니들이라면 비구니 암자와 비구 절을 자유롭게 왕래한다는 것은 상상도 할 수 없는 일이었다. 그러나 묘엄은 청담의 딸이었으므로 비구 스승들로부터 개인적인 교육을 받는 특권을 누릴 수 있었다.147 윤필암의 비구니 대중도 묘엄이 윤필암과 대승사를 자유로이 왕래하는 것을 막을 수 없다는 점을 받아들였다. 은사는 묘엄에게 주어진 이 특권 때문에 자기 의지대로 상좌를 교육시키지 못하는 것이 때때로 못마땅했다. 은사는 상좌교육과 관련된 제반 사항을 성철이나 청담과 논의해야만 했다.148

묘엄이 개인학습을 위해 쌍련선원에 갈 때마다 청담은 언제나

---

145 윤청광, 『회색 고무신』, 103쪽. 묘엄이 필자에게 밝힌 바에 의하면 성철의 『영산정로』는 오로지 묘엄을 위해 집필된 것이라고 했다. 『영산정로』의 내용은 곧이어 자세히 논한다.
146 『회색 고무신』이나 김용환의 원고에서도 묘엄이 비구 스승들로부터 개인교습을 받기 시작한 시기와 대승사 쌍련선원에서 사미니 교육을 받은 기간을 정확히 기억하지 못하고 있다. 하지만 필자가 계산해 보건대, 비구 스승들로부터 지도를 받은 기간은 약 일 년간인 것 같다. 청담의 연대표에 따르면 그는 하안거가 끝난 1946년 음력 7월 말에 대승사를 떠났다(청담기념사업회, 『청담대종사와 현대 한국불교의 전개』, 553쪽).
147 윤청광, 『회색 고무신』, 96-97쪽. 청담의 도반들은 묘엄을 마치 자기 딸이나 손녀처럼 대해 주었다(2003년 6월 묘엄과의 인터뷰).
148 윤청광, 『회색 고무신』, 96-97쪽.

묘엄에게 항상 참다운 수행자로 살라고 가르쳤다.[149] 청담은 묘엄을 위해 아홉 가지의 '명심銘心' 사항을 적어 주었다.

명심銘心

첫째, 파안破顔하여 웃음을 남에게 보이지 말 것.[150]

둘째, 평등하고 자비한 마음으로 모든 사람을 고르게 거둘 것.

셋째, 증애심憎愛心을 버려서 파당派黨에 참여하지 말고 평화에 힘쓸 것.

넷째, 인욕忍辱을 수행하여 자중하고 경동輕動하지 말 것.[151]

다섯째, 난경難境을 당할 때에는 용감하게 나설 것.

여섯째, 인천人天의 도사導師임을 명심하고 모든 일에 솔선하여 남의 모범이 될 것.

일곱째, 꼭 해야 할 말이면 분명하고도 기운차게 할 것.

여덟째, 자력으로 살고 남에게 의뢰하지 말 것.

---

[149] 앞의 책.
[150] 필자가 1975년 봉녕사 강원에서 묘엄의 지도 아래 『화엄경』을 공부할 때, 강원 도반들과 함께 툭하면 조심성 없이 폭소를 터뜨렸다. 2003년 6월 필자는 묘엄에게 우리가 폭소를 터뜨렸던 것에 대해 어떻게 생각했느냐고 질문했다. 묘엄은 비구니들끼리 웃는 것은 괜찮다고 답했다. 필자는 묘엄이 큰소리로 웃는 것을 본 적이 없다. 강원 도반들과 필자는 묘엄에 대해 마치 소처럼 빙긋이 미소만 지을 뿐이라고 농담을 하고는 했었다. 1975년 필자가 봉녕사에서 묘엄의 지도 아래 경전 공부를 한 것에 대해서는 이 책 제6장에서 자세히 논한다.
[151] 청담은 인욕과 하심의 수행에 있어서 한국 불교계 최고의 인욕보살로 간주되었다. 필자는 아마도 청담이 자신의 수행 지침인 인욕과 하심의 수행을 묘엄에게 가르치려 했었던 것이 아닌가 한다.

아홉째, 정법正法에 서원誓願을 높고 깊고 너르게 세워서 마침내 물러서지 말 것.[152]

청담은 묘엄에게 출가 수행자로서 한평생 이 아홉 가지의 명심 사항을 가슴속에 새기고 살라고 가르쳤다. 묘엄은 항상 청담의 가르침을 따랐고, 자신에게 맡겨진 소임을 다하기 위해 노력했으며 윤필암에서의 대중생활에 빨리 적응해 나갔다. 청담은 나아가 묘엄이 진정한 독립적인 수행자로 살아야 한다고 반복해서 강조했다.[153] 청담의 아홉 가지 명심 사항은 중국 선사들이 비구니들에게 가르쳤던 내용과 같다고 볼 수 있는데, 그들의 가르침은 비구니들도 대장부의 기상을 기르도록 강조하는 내용이다.[154] 청담이 묘엄에게 준 아홉 가지의 명심 사항 가운데 5번과 6번은 분명히 묘엄으로 하여금 지도자의 자질을 함양하라고 격려하는 내용이다. 한국의 비구니 승단에서는 비구니 권속들 사이의 호칭을 비구 승단에서 비구들끼리 부르는 용어와 똑같이 사용한다. 동일한 비구 은사 아래 법형제

---

[152] 윤청광, 『회색 고무신』, 98-99쪽.
[153] 2003년 6월 묘엄과의 인터뷰.
[154] 중국의 선사들이 비구니들에게 대장부의 기상을 기르도록 가르친 내용에 대해서는 Ding-hwa E. Hsieh, "Images of Women in Ch'an Buddhist Literature of the Sung Period," in Peter N. Gregory and Daniel A. Getz, Jr., ed., *Buddhism in the Sung*, Studies in East Asian Buddhism, no. 13 (Honolulu: University of Hawai'i Press, 1999), pp. 148-187; Miriam. L. Levering, "Lin-chi (Rinzai) Ch'an and Gender: The Rhetoric of Equality and the Rhetoric of Heroism," in José Ignacio Cabezón, ed., *Buddhism, Sexuality, and Gender* (Albany: State University of New York Press, 1992), pp. 137-156 참조.

가 된 승려들끼리 서로를 부를 때 사용하는 사형師兄이나 사제師弟라는 표현이 좋은 예이다. 그리고 은사의 법형제들을 사숙師叔이라 부른다. 이런 소소한 일상생활에서조차도 비구니들로 하여금 항상 남성처럼 사고하고 행동하도록 환기시킨다. 게다가 한국의 비구니들은 전통적으로 남자 속옷을 착용해 왔다. 이것은 좀 더 남성적인 정체성을 체화하는 방법이라고 믿기 때문이다.

청담의 아홉 가지 명심 사항의 요지는 일반적으로 남성적 덕목으로 간주되는 강한 힘, 결단력, 용기이다. 이 세 가지 남성적 덕목은, 유교의 여성적 덕목인 유순함, 복종적, 순종적인 것에 반하는 것으로 전통 선사상에 있어서 남성의 이상형을 대표한다. 청담은 항상 묘엄에게 독립적으로 자립해서 살 수 있어야 한다고 가르쳤다. 묘엄은 쌍련선원의 비구 스승들이 자유 시간에 자신들의 이불을 직접 꿰맨다든가 헝겊 조각을 여러 겹 덧대어서 누더기 승복을 누덕누덕 꿰매어 입으면서 독립적으로 사는 모습을 지켜보았다.[155]

청담과 성철은 현대 한국 불교사에서 처음으로 『사분율』의 계율에 따라 가사를 수해야 한다고 주장했다.[156] 승려는 청색, 검은색, 짙은 갈색[157]을 섞어서 삼종괴색으로 면에 물을 들인 가사를 수해야

---

[155] 윤청광, 『회색 고무신』, 99-100쪽. 1940년대에는 맞춤 승복도 없었고 신도가 승려들을 위해 승복을 지어 오는 일도 없었다. 승려들은 손으로 직접 자신들의 승복을 만들었다(김용환의 원고).
[156] 『사분율』에 삼종괴색으로 가사를 짓는 것에 대해서는 『大正新修大藏經』, 22권, 676c 참조. 묘엄에 따르면 일제강점기 한국의 승려들은 일본식으로 된 검은 색의 승복을 입고, 붉은 비단으로 된 가사를 수했다(김용환의 원고).
[157] 한국 승가의 가사 전문가인 한미혜는 '목란색木蘭色'이라는 한자를 '짙은 갈

한다고 주장했다. 비구와 비구니들은 생명을 죽여서 만든 비단으로 된 가사를 수해서는 안 된다고 했다. 비단을 생산하는 과정에서 살생을 하기 때문이다. 두 스님은 가사를 디자인하고 쌍련선원의 비구인 청안靑眼(생몰연대 미상)으로 하여금 가사불사를 하는 모든 책임을 맡도록 했다. 청안은 가사를 바느질할 수 있도록 준비하는 전 과정을 책임졌는데, 광목을 구입해 빨고 염색을 한 다음 풀을 먹이고 두드려서 광목천을 편 뒤 다림질을 해 두는 일이었다. 이것은 오랜 시간이 걸렸고, 당시 청안은 주어진 시간에 맞춰 바느질할 광목천을 준비하기에는 시간이 부족하다는 것을 깨달았다. 그래서 청안은 밤중에 일꾼을 불러 광목천을 지게에 지운 다음 윤필암의 비구니 대중에게 도움을 청하러 갔다. 뻣뻣하게 풀을 먹인 광목을 온 윤필암 대중이 매달려 바로 접어서 납작하게 만든 다음 늘이고 두드려서 다림질을 해야 했다. 그날 밤 내내 비구니 대중은 청안이 바느질을 시작할 수 있게 준비하는 일을 도왔다.[158]

성철은 가사를 만들 광목천을 윤필암 비구니들의 도움을 받아 준비했다는 이야기를 듣자마자 몹시 화를 내며 비구니들이 잡아당기고 밟고 두드리고 다림질한 천으로 지은 가사는 수하지 않겠노라[159]

색'으로 해석하는 데 반대한다. 한미혜는 이 한자가 '붉은색'으로 번역되어야 한다고 주장한다(2006년 5월 한미혜와 나눈 전자우편).

[158] 김용환의 원고. 뻣뻣하게 풀을 먹인 광목은 하루 안에 적절히 물을 뿌리고, 접고 개어서 당기고 밟아 다림질을 해야 한다. 그러지 않으면 풀 먹인 광목은 쓰지 못하게 된다.

[159] 『사분율』에 나타난 비구의 니살기바일제법에 따르면, 비구는 친척이 아닌 비구니를 시켜 자기 승복을 빨게 하거나 염색을 하게 하는 것이 금지되어 있다. 비구

고 선언하고 대승사를 나갔다. 며칠 뒤, 청안이 성철을 대승사로 모셔왔다. 결국 이웃 마을의 여성 신도 여러 명이 재봉틀로 바느질을 해서 가사를 모두 완성하게 되었다.[160]

성철이 화를 낸 이유가 청안이 광목 손질을 위해 비구의 니살기바일제법의 계율을 어겼기 때문인지 아닌지에 대해 김용환 교수의 원고에는 밝혀져 있지 않다. 그러나 명백한 것은, 성철은 비구의 승복을 짓는 일에 비구니가 시간을 들이는 것을 허락하지 않았으며 또한 비구가 비구니에게 일을 시키도록 하지 않았다는 점이다. 앞에서 짧게 언급했듯이, 청담과 성철의 생활상을 지켜본 묘엄의 증언을 통해 자급자족하는 청빈한 수행자의 삶을 살려 했던 두 스님의 강한 의지를 잘 엿볼 수 있다.[161] 묘엄의 증언에 의하면, 청담은 1920년대에 충남 수덕사修德寺에서 수행을 할 때 어떤 비구니가 그

의 니살기바일제법 중 비구가 자신의 승복을 위해 비구니의 도움을 받는 것을 금지하는 계율 조항은: 4. 바꾸는 것이 아니면 친척이 아닌 비구니로부터 옷을 받지 말라. 5. 친척이 아닌 비구니에게 옷을 빨게 하거나 물들이거나 두드리게 하지 말라. 17. 친척이 아닌 비구니에게 염소 털을 빨게 하거나 물들이게 하거나 주무르게 하지 말라. 율장에 의하면 비구는 친척이 아닌 비구니로부터 승복을 빨거나, 물들이거나 하는 시봉을 받는 것이 금지되어 있다. 또한 친척이 아닌 비구니로부터 승복을 받지 못하게 되어 있다. 더 자세한 『사분율』의 니살기바일제법(4조, 5조, 17조)에 대해서는 『大正新修大藏經』, 22권, 605c-608a, 618a-c 참조. 위와 같은 계율에 대한 자세한 논의에 대해서는 필자의 석사논문 In Young Chung, "A Buddhist View of Women: A Comparative Study of the Rules for *Bhikṣuṇīs* and *Bhikṣus* Based on the Chinese *Prātimokṣa*," pp. 14-15 참조.

[160] 김용환의 원고. 묘엄은 평생 처음 쌍련선원에서 여성들이 재봉틀을 사용해 바느질 하는 것을 보았다(김용환의 원고).
[161] 청담과 성철의 청빈한 삶에 대해서는 이 책 제4장에서 자세히 논한다.

의 겉승복에 생긴 작은 구멍을 꿰매어 놓은 것을 보자마자 진노하여 그녀 앞에서 꿰맨 헝겊조각을 뜯어 내며 비구니가 꿰매 놓은 옷을 입고 싶지 않다고 말했다.[162] 필자가 3년에 걸쳐 묘엄을 인터뷰하는 동안 여러 차례 회고하기를, 진정한 출가 수행자라면 반드시 자립적으로 살아야 한다고 청담과 성철은 귀에 못이 박이도록 강조했다고 한다. 묘엄의 생각에, 어쩌면 어린 묘엄이 두 비구 스승에게 지나치게 의지해서 살까 봐 염려되어 그렇게 가르쳤을지도 모르겠다고 말했다.[163] 묘엄이 청담과 성철의 가르침 중에 가장 소중하게 간직하는 것은, 참선 수행을 통해 기필코 깨달음을 얻겠다는 철통같은 결의와 진정한 수행자로서 청빈하게 자립적으로 살아가는 삶이었다.[164]

청담도 묘엄의 은사와 마찬가지로 묘엄이 두 비구 스승들의 배경을 믿고 교만해질까 걱정했다.[165] 그래서 묘엄에게 인욕과 하심을 가르치기 위해 억울한 누명을 써도 절대 변명하지 말라고 가르쳤다. 윤청광은 청담이 인욕과 하심을 가르쳤던 예를 보여 주고 있다.

다음날 묘엄은 큰절 대승사 쌍련선원에 갔다. 방 안에는 순호(청담) 스님, 성철 스님, 홍경 스님,[166] 자운慈雲(1911~1992) 스님[167]이 앉아

---

[162] 2004년 7월 묘엄과의 인터뷰. 청담은 일평생 양철로 된 작은 바느질 통을 갖고 다녔다. 바느질 통의 사진은 金龍煥 편,『靑潭筆影』, 2쪽 참조.
[163] 2003년 6월, 2004년 7월, 2005년 6월 묘엄과의 인터뷰.
[164] 2004년 7월 묘엄과의 인터뷰.
[165] 윤청광,『회색 고무신』, 99쪽.
[166] 홍경은 한의사이고 대처승이었다. 홍경은 청담과 동고동락하는 독신 비구승들

계셨다.[168]

"아가,[169] 윤필암이 어떻더냐, 지낼 만하더냐?"

홍경 스님이 묘엄에게 물었다.

"윤필암요? 억울한 일을 너무 당해서 못 살겠습니다."

"무엇이? 억울한 일을 당하다니?"

"무슨 일이든 잘못한 일만 있으면 무조건 '묘엄이 짓이다' 하고 누명을 뒤집어씌운다 아닙니까?"

묘엄은 그동안 가슴속에 쌓아두고 살았던 억울한 일들을 몇 가지 털어놓고 말았다. 한두 번도 아니고 억울한 일을 계속 당했으니 어린 마음에 상처가 깊었던 때문이었다.

"원 저런! 세상에 그런 못된 일이 있었단 말이가!"

그때였다. 아버지 순호 스님이 갑자기 다가앉으며 묘엄의 뺨을 연

과 함께 수행했다. 홍경의 염불소리는 참으로 아름다웠으며 그는 청담의 도반 중에 가장 연장자였다(윤청광, 『회색 고무신』, 103쪽; 김용환의 원고).

[167] 묘엄은 6·25동란 기간 중에 자운으로부터 계율을 공부했다. 자운에 대해서는 이 책 제4장, 5장, 7장에서 자세히 논한다. 자운에 대해서는 Buswell, Jr., The Zen Monastic Experience: Buddhist Practice in Contemporary Korea, p. 90; 교육원 불학연구소 편찬, 『曹溪宗史: 근현대편』, 177, 198, 214, 236, 240, 278쪽; 慈雲門徒會, 『慈雲大律師』(伽山佛敎文化硏究院出版部, 2000); 「감로사와 자운 대율사」, 『佛敎新聞』, 2003. 4. 4(http://www.buddhistnews.net/news/1152/20030423 1051120379.asp) 참조. 2006년 3월 7일 웹사이트 방문. 『佛敎新聞』은 한국 불교계 주간신문들 중 하나이다.

[168] 청담, 성철, 자운은 광복 후 한국 승가를 재정립한 영향력 있는 인물들이었다.

[169] 여기서 '아가'는 '사랑스러운 아이' 혹은 '나의 아이'라는 의미이다. 홍경이 묘엄을 '아가'라고 부른 것은 친손녀에게 쏟을 법한 자비심과 사랑을 보여 주는 좋은 예이다. 묘엄에 따르면, 홍경은 그 방에 앉아 있었던 네 비구 가운데 가장 연장자였다(김용환의 원고).

거푸 내리쳤다.[170]

"너 이놈! 비구니 집안에서 일어난 일을 감히 어찌 비구들한테 와서 고자질을 하는 게냐?"

하도 창졸간에 당한 일이라 묘엄은 두 손으로 얼굴을 감싼 채 울지도 못하고 앉아 있었다. 한동안 방 안에 어색하고 답답한 침묵이 흘렀다.[171]

청담은 방 안의 불편한 분위기가 조금 누그러지자 묘엄에게 비록 억울한 소리를 들어도 절대로 변명하지 말고 안 했다고도 하지 말고 또 그런 상황에서 잘못한 사람이 누군지를 밝혀 내려고 해서도 안 된다고 가르쳤다. 애먼 소리를 한다는 생각조차 없이 누명을 덮어쓰고 인욕과 하심이 제2의 성품이 될 때까지 수행하라고 가르쳤다.[172] 청담이 묘엄에게 개인적으로 가르친 내용의 핵심은 그녀가 수행자로서 부딪치게 될 고난을 극복해 나갈 수 있는 정신적 능력을 키워 주려는 것이었다.

진정한 수행자가 되기 위한 묘엄의 정신적인 자질을 키우는 것이 청담의 주된 교육이었다면 성철의 가르침은 팔경계법八敬戒法,[173]

---

[170] 청담이 묘엄의 뺨을 때렸다는 것은 당시 한국 문화에서는 자식의 훈육을 위한 체벌이 무리 없이 받아들여지고 있었음을 말한다.
[171] 윤청광,『회색 고무신』, 115쪽.
[172] 위의 책, 114-120쪽. 후일 묘엄의 은사는 상좌의 근거없는 비난에도 화를 내지 않고 잘 수용한 인욕행을 칭찬했다(윤청광,『회색 고무신』, 120쪽). 이 책 제4장에서 청담이 묘엄에게 아상을 버리고 하심행을 닦으라고 가르친 것에 대해 자세히 논한다.
[173] 영어권 불교학자들은 팔경계법을 다음과 같이 다양하게 번역한다: Eight Weighty Rules, Eight Revered Rules, Eight Rules, Eight Special Rules, Eight Extra

팔바라이법八波羅夷法(Skt. Pārājika dharmas)과 같은 계율과 능엄주 楞嚴呪[174] 염불에 대한 불교 기초교육에 초점이 맞추어져 있었음을 볼 수 있다. 이외에 성철은 묘엄에게 한국사도 가르쳤다.[175]

성철이 묘엄을 위해 자필로 쓴 『영산정로』에는 비구니들을 위한 팔경계법 및 팔바라이법과 함께 사미니 십계와 계를 철저히 지키겠다는 서원[176]의 게송이 담겨 있다. 성철은 묘엄에게 제일 먼저 비구니가 꼭 지켜야 할 팔경계법을 가르쳤다. 윤청광은 『영산정로』에서 성철이 설명한 팔경계법을 다음과 같이 요약했다.

첫째는 비구니의 나이가 백 살이라 하더라도 처음 계를 받은 어린 비구의 발밑에 절해야 한다.

Rules, Eight Important Conditions, Eight Great Rules, Eight Special Regulations, Eight Chief Rules. 필자는 팔중법(Eight Weighty Rules)을 선호한다. 팔경계법에 대한 자세한 논의는 Ute Hüsken, "The Eight Garudhammas." Paper delivered at the First International Congress on Buddhist Women's Roles in the Sangha Bhikshuni Vinaya and Ordination Lineages with H. H. the Dalai Lama at the University of Hamburg, July 18-20, 2007; In Young Chung, "A Buddhist View of Women: A Comparative Study of the Rules for *Bhikṣuṇīs* and *Bhikṣus* Based on the Chinese *Prātimokṣa*," pp. 38-42; 全海住, 「比丘尼 敎團의 成立에 대한 考察」, 『韓國佛敎學』 11호, 1986, 311-340쪽 참조.

[174] 능엄주는 『능엄경』 제7장에 나온다. 『大正新修大藏經』 19권, pp. 133c-136c, 139a-141b. 능엄주에 대해서는 전수태 지음, 『楞嚴呪 解義』(운주사, 2003) 참조.
[175] 성철이 손으로 쓴 한국사 자료는 현재 묘엄이 보관하고 있다.
[176] 『영산정로』에 나오는, 계율을 철저히 지키겠다는 서원의 게송은 다음과 같다. 自從今身至佛身 堅持禁戒不毁犯 唯願諸佛作證明 寧捨身命終不退(이 몸으로부터 불신에 이르도록 굳게 금계를 지녀서 훼범치 아니하리니, 오직 원컨대 제불께서 증명을 지으소서. 차라리 몸과 목숨을 버릴지언정 결코 물러서지 아니하리다.) 이 서원에 대해서는 윤청광, 『회색 고무신』, 103쪽 참조.

둘째는 비구를 욕하거나 꾸짖거나 비방하지 못한다.

셋째는 비구의 허물을 들추어 말하지 말라.

넷째는 비구에게 오백계五百戒를 받아라.

다섯째는 허물을 지었거든 비구에게 참회하여라.

여섯째는 보름에 한 번씩 비구의 가르침을 받아라.

일곱째는 비구가 있는 근처에서 해마다 석 달 동안 안거하여라.

여덟째는 여름안거(夏安居)를 마치거든 비구에게 허물을 사뢰어 참회하여라.[177]

윤청광에 따르면, 『영산정로』에 나오는 팔바라이법은 다음과 같이 요약된다.

첫째, 죽이거나 사람을 시켜 죽이거나 하지 말라.

둘째, 주지 않는 물건을 갖지 말라.

셋째, 사람이나 짐승과 더불어 음행하지 말라.

넷째, 사람들에게 도를 깨달았다고 거짓말하지 말라.

다섯째, 음란한 마음으로 남자를 만지거나 주무르게 하지 말라.

여섯째, 음심淫心으로 남자와 여덟 가지 행동을 하지 말라. 여덟 가지 행동은 남자의 손을 잡거나, 옷을 잡거나, 으슥한 곳으로 들어가거나, 같이 서 있거나, 이야기하거나, 몸이 서로 닿게 하거나, 같이 걷거나, 같이 걷자고 약속하는 것이다.

---

[177] 윤청광, 『회색 고무신』, 100쪽.

일곱째, 사미니나 비구니가 팔바라이법을 범한 것을 알고도 고의로 숨겨 주지 말라.

여덟째, 비구 승가로부터 쫓겨난 비구를 따르지 말라.[178]

성철은 묘엄에게 비구니 팔경계법과 팔바라이법을 한 조목씩 가르치면서 짧은 해설을 첨부했다. 묘엄에게 팔바라이법을 반드시 지켜야 한다고 가르치면서 그중 어느 한 가지 계율만 지키지 않아도 승단에서 영원히 추방된다고 강조했다.[179]

2003년 6월 필자는 성철이 비구니도 아닌 사미니인 묘엄에게 왜 팔경계법을 제일 먼저 가르쳤을까를 묘엄에게 질문했다. 1940년대 불교계에는 비구니들이 팔경계법을 의무적으로 지켜야 한다는 관념이 팽배해 있었으므로 묘엄에게 가장 중요한 팔경계법을 가르칠 필요가 있다고 생각한 것 같다고 답했다. 당시의 불교계에서는 사미니 교육을 위한 체계적인 제도가 확립되지 않았다. 다시 말해, 성철은 사미니 묘엄에게 승가의 계율 중 가장 긴요하다고 판단한 부분을 가르치려고 한 것으로 볼 수 있다.[180] 앞에서 언급한 것처럼 1940년대 한국의 사회적·문화적 풍토는 공과 사의 영역을 불문하고 남성우월 의식이 지배하고 있었다. 이 시기의 비구니들은 법랍이나 세속적 나이와 무관하게 그 지위가 비구보다 훨씬 낮았으며 비구에게 존경과 복종의 태도를 가지라고 가르쳤던 것이 그다지 놀

---

[178] 앞의 책, 101-102쪽.
[179] 위의 책, 102-103쪽.
[180] 2003년 6월 묘엄과의 인터뷰.

라운 현상은 아니라고 할 수 있다. 묘엄 역시 출가하자마자 여성으로서 남성인 비구에게 존경을 표하고 복종하는 태도를 가지라고 성철에게서 배우기 시작한 것이다. 한문 율장은 아직 한글로 번역되지 않았기 때문에 한국의 승려 대부분이 율장의 자세한 내용을 잘 몰랐다. 비구니들은 팔경계법의 진위 자체에 대해 의심조차 하지 않고 무조건 비구들에게 절을 해야 했다.[181]

『영산정로』에 담긴 팔경계법과 팔바라이법은 성철이 한문 율장 중 하나를 베껴 쓴 것으로 보인다. 그 근거로 성철이 팔경계법 중 비구니 5백 계를 언급한 부분에 주목할 필요가 있다. 성철이 팔경계법을 설하는 중에 비구니 5백 계 수계라고 언급한 부분에 대해 필자가 추적한 바로는 한문본 『사분율』이나 다른 어느 율장에도 그런 내용이 나타나지 않는다. 현존하는 여섯 학파의 율장[182]에 나타난 비구니 계율 개수 중에 최대 개수는 373계로서 미사색부彌沙塞部에 나온다.[183] 물론 대승불교의 저술 중에 비구니 5백 계를 언급한 저술은 있다. 예컨대 『비구니전比丘尼傳』[184]을 보면 중국 최초의 비구

---

[181] 요즘은 우리나라 비구니가 비구 큰스님에게 존경의 뜻으로 절을 하는 경우를 제외하고는 대부분 젊은 비구·비구니들은 서로 맞절을 한다.

[182] 여섯 학파의 현존 율장에 대해서는 Prebish, *Buddhist Monastic Discipline: The Sanskrit Prātimokṣa Sūtras of the Mahāsāṃghikas and Mūlasarvāstivādins*, p. 28; Charles S. Prebish, *A Survey of Vinaya Literature* (Taipei: Jin Luen Publishing House, 1994) 참조.

[183] Tsai, trans., *Lives of the Nuns: Biographies of Chinese Buddhist Nuns from the Fourth to Sixth Centuries*, p. 116.

[184] 『大正新修大藏經』 50권, pp. 934a-948a; Tsai, trans., *Lives of the Nuns: Biographies of Chinese Buddhist Nuns from the Fourth to Sixth Centuries*, p. 18.

니인 주징치엔竺淨檢이 법시法始에게 비구와 비구니의 계율에 대해 질문하는 장면이 나온다. 법시는 자기가 어떤 외국인 승려에게서 들었는데, 비구니계는 5백 개라 하더라고 답한다.[185] 그런데 이것은 법시가 율장에 나오는 비구니의 계에 대한 확실한 지식 없이 단순히 주징치엔의 질문에 답을 한 것으로 보인다. 캐더린 차이도 법시가 비구니계가 5백 개라고 한 것은 단순히 비구니의 계율이 비구의 계율보다 많다는 뜻을 나타내는 것으로 추정한다.[186] 필자 역시 차이의 입장에 동의한다.

묘엄이 윤필암에서 사미니 교육을 받고 있던 중인 1945년 8월 15일 해방을 맞는다.[187] 묘엄과 관련된 여러 자료들을 종합해 볼 때, 묘엄은 1946년 중반 무렵이면 주요한 불교의식은 다 배운 상태였다. 그러나 청담과 성철은 묘엄의 한글과 한문 실력이 부족해 더 높은 단계의 불교학 공부를 하기에는 무리가 있다고 생각했다. 그래서 묘엄에게 서양식 교육을 받도록 하기 위해 중학교 진학 준비를 시키고 있었다. 청담과 성철은 그 무렵 오로지 참선 수행에만 몰두하고 있었으므로 묘엄의 개인 교육에 헌신할 수가 없었다. 게다가

---

[185] 『大正新修大藏經』 50권, pp. 934c; Tsai, trans., *Lives of the Nuns: Biographies of Chinese Buddhist Nuns from the Fourth to Sixth Centuries*, p. 18.

[186] Tsai, trans., *Lives of the Nuns: Biographies of Chinese Buddhist Nuns from the Fourth to Sixth Centuries*, p. 116.

[187] 묘엄이 출가한 지 몇 달 후, 1945년 8월 15일 한국은 일제로부터 해방을 맞았다. 윤필암 윗스님들과 쌍련선원 비구 스승들의 지도하에 진행된 묘엄의 사미니 교육은 1946년 7월까지 계속되었음을 알 수 있다(김용환의 원고). 1946년 7월 중순 청담은 쌍련선원을 떠났다(청담기념사업회, 『청담대종사와 현대 한국불교의 전개』, 553쪽).

안거철마다 이 산중 저 산중으로 옮겨 다녔기 때문에 묘엄을 데리고 다닐 수도 없었다. 무엇보다도 비구와 비구니는 같은 사찰에 머무는 것이 금지되어 있었기 때문이다. 그래서 묘엄을 중학교에 보내 세속의 공부를 하도록 하는 수밖에 없었다. 성철은 묘엄의 입학시험 준비를 돕기 위해 직접 손으로 한국사 연표를 작성했다. 성철은 한국사를 세계사의 맥락 속에서 설명하는 데 탁월한 능력을 갖고 있었고 그 덕분에 묘엄은 한국사와 다른 나라 역사 사이의 관계를 쉽게 이해할 수 있었다.[188]

묘엄은 입학시험을 치를 만반의 준비를 했지만 결국 중학교 진학을 포기할 수밖에 없었다. 그런 결정을 내린 데는 경제적인 이유가 가장 컸고, 환속을 하게 되지 않을까 하는 염려 때문이기도 했다. 당시 언니 인자는 갓 결혼을 했고, 제사공장에서 일을 하던 어머니도 공장 일을 그만두고 인자와 함께 살고 있었다. 중학교 학비 및 진주에서의 생활비를 어떻게 조달할지 고민하던 묘엄은 어머니와 언니에게 부담을 주지 않기 위해 중학교 진학을 포기하겠다고 두 비구 스승에게 말했다. 묘엄이 이런 결정을 내린 데에는 윤필암에서 만난 일부 비구니들의 살아가는 방식에 실망했던 경험도 어느 정도 작용했다. 절에서 살아가려면 공동체 구성원들과 화합해서 살아야 하는 품성이 요구된다. 그러나 어떤 비구니들은 사소한 일에도 자주 다투었고, 파벌을 만들어 적대적인 경쟁관계를 형성하기도 했다. 묘엄은 세속에서 교육을 다 마치고 나서 어쩌면 다시 승가로

---

[188] 윤청광, 『회색 고무신』, 132-137쪽.

돌아오고 싶지 않을 수도 있다는 생각을 했다.[189]

　필자의 견해로는, 앞에서 언급했던 억울하게 누명을 쓴 세탁하지 않은 생리대 사건은 묘엄이 몇몇 윤필암 비구니의 그릇된 삶에 대해 환멸을 느끼게 된 단적인 예라고 믿는다. 그리고 묘엄이 환속할 가능성을 두려워하게 된 구체적인 이유는 성철의 법문 때문이었다. 성철은 출가 수행자가 된다는 것은 남자에게나 여자에게나 아주 귀한 기회이며, 세세생생世世生生이 선한 삶을 통해 쌓아 놓은 선업의 결과라고 했다. 승려가 파계하여 환속을 하면 가로 세로가 사만 리나 되는 큰 바위 밑에 사는 구렁이로 태어난다고 했다. 그녀는 스승의 이 말을 모두 믿었고 구렁이가 될까 두려워서 환속을 원치 않았다.[190]

　묘엄이 세속에서의 학문을 포기하기로 결정하자 성철은 그녀에게 바로 참선 수행법을 배우라고 했다. 그러나 묘엄은 참선 수행이 너무 어렵다고 느꼈다.[191] 청담과 성철은 묘엄에게 알맞은 수행법을 논의한 결과 능엄주 주력을 권하기로 했다. 성철은 묘엄에게 해인

---

[189] 앞의 책, 137-139쪽. 윤필암의 일부 비구니의 삶에 대한 묘엄의 환멸감은 심각해진 듯하다. 몇 번이고 묘엄은 성철에게 자신이 살 만한 다른 비구니 암자를 찾아 줄 수 있는지 간청하곤 했다. 성철은 다른 비구니들의 그릇된 행동을 보고 마음을 동요하지 말고 오로지 자신의 수행에만 전념하라고 되풀이해서 말했다(김용환의 원고). 일제강점 말기에 한국의 주요 사찰은 거의 대부분 대처승들이 소유하고 있었다. 비구승들이 참선 수행할 수 있는 도량은 극소수였다. 이와 마찬가지로 소수의 비구니 선도량 암자를 제외하고는 비구니들이 수행할 수 있는 암자도 거의 없었다(2003년 6월 묘엄과의 인터뷰).

[190] 김용환의 원고. 성철이 언급한 이야기는, 비구·비구니가 파계하여 환속을 하면 가로 세로가 사만 리나 되는 큰 바위 밑에 사는 구렁이로 태어난다는 것으로 당시 한국 승려들이 대부분 믿고 있는 얘기였다(2003년 6월 묘엄과의 인터뷰).

[191] 위의 글.

사 고려대장경[192]의 『능엄경楞嚴經』[193] 목판에서 베낀 능엄주 염불의 공덕을 설명해 주었다.

"이 주문[194]을 외우거나 간직하기만 해도 나쁜 일이 범접을 못하는 기라. 그리고 이 주문을 외우거나 남을 시켜 외우게 하면, 그 사람은 불에 타는 일도 없고, 물에 빠지는 일도 없고, 어떤 독毒도 해치지 못하며, 용이나 하늘 사람이나 귀신이나 마귀의 나쁜 주문들도 건드리지 못한다고 하셨다."

"이 주문이 그래 신통하단 말씀이십니까?"

"그래, 이 주문을 열심히 외우면 윤회를 벗어나는 도를 얻게 될기고, 마음에 마魔가 없게 될기라. 그러니 마 이 주문을 무조건 열심히 외우도록 해라."[195]

묘엄은 공양간 채공을 사는 동안 일념으로 능엄주 암기에 전력했

---

[192] 고려대장경에 대해서는 Kenneth Ch'en, *Buddhism in China: A Historical Survey* (Princeton: Princeton University Press, 1973), pp. 376-378 참조.

[193] 『능엄경』은 『수능엄경首楞嚴經』의 약칭이다. 『능엄경』에 대해서는 Buswell, Jr., *The Zen Monastic Experience: Buddhist Practice in Contemporary Korea*, pp. 97-99 참조. 이 책 제5장에서 『능엄경』에 대해 논한다.

[194] '다라니'는 다수의 음절로 구성된 '주문'으로 각 음절마다 신통력을 지닌 상징적 내용이 담겨 있다. 길이는 일반적으로 진언이나 단경보다 길다. 다라니에 대한 설명은 Akira Hirakawa and Paul Groner, trans. and ed., *A History of Indian Buddhism from Śākyamuni to Early Mahāyāna* (Honolulu: University of Hawaii Press, 1990), pp. 3-4 참조.

[195] 윤청광, 『회색 고무신』, 141-142쪽.

다. 능엄주를 다 외우는 데 7일이 걸렸다.[196] 성철은 자기 앞에서 능엄주를 외워 보라고 했다. 묘엄이 능엄주를 다 암기하자 성철은 21일 동안 능엄주를 하루에 백팔 번씩 외우는 능엄주 기도를 하라고 했다.[197]

묘엄은 짧은 기간이긴 했지만 출중한 서예가인 홍경에게서 붓글씨도 배웠다. 홍경은 먹 가는 법, 붓을 쥐는 법, 하나하나 획을 그을 때의 마음가짐 등을 가르쳤다.[198] 하지만 홍경이 청담이나 성철보다 먼저 쌍련선원을 떠났기 때문에 서예를 지속적으로 배울 수는 없었다.[199] 2005년 6월, 묘엄은 필자에게 평생 소장해 온, 홍경이 붓으로 쓴 『금강경金剛經』[200]을 보여 주었다.

묘엄이 윤필암에서 사미니 교육을 받는 동안 쌍련선원에서는 삼종괴색의 광목천으로 가사불사를 회향하게 되었고, 그 가사 회향불사에서 자운의 법문을 듣게 되었다.[201] 당시 청담과 성철은 어떤 상황에서도 절대 말을 하지 않는 묵언 용맹정진 중이었다. 홍경은 멀

---

[196] 앞의 책, 144쪽. 묘엄은 범어 다라니를 한문으로 음역한 긴 능엄주를 외우는 것이 너무도 어려웠다고 술회했다(김용환의 원고). 봉녕사 학인의 말에 의하면 봉녕사승가대학에 입학한 학인들은 능엄주를 암기하기 위해 두 달의 기간을 준다. 학인들은 매일 새벽예불을 드릴 때 능엄주를 암송한다. 능엄주 전체를 암송하는 데는 15분 정도 걸린다(2008년 4월 봉녕사 학인과 나눈 전자우편). 봉녕사 승가대학에 대해서는 이 책 제6장에서 자세히 논한다.
[197] 위의 책, 145-146쪽. 묘엄이 능엄주를 암송함으로써 체험한 기도 영험에 대해서는 곧이어 논한다. 봉녕사에서는 능엄주 암송이 의무적이다. 매일 새벽예불에 전체 학인 대중이 함께 능엄주 염불을 한다.
[198] 위의 책, 103-104쪽.
[199] 김용환의 원고.
[200] 이 책 제5장에서 『금강경』에 대해 논한다.
[201] 자운의 법문은 묘엄이 삭발 출가한 후 처음 듣게 된 공식 법문이다(김용환의 원고).

리 출타 중이었다. 그날 자운은 새 가사를 수하고 가사를 만드는 공덕에 대한 법문을 했다. 묘엄은 자운이 법문을 하는 동안 차를 끓여 올리는 시자를 맡았다. 그래서 자운이 앉은 법상 바로 밑의 첫 번째 줄에 앉게 되었다. 그녀는 큰스님들이 어떻게 법문을 하나 배울 수 있는 좋은 기회라고 생각했다. 그래서 머리를 똑바로 하고 자운을 응시하면서 한마디도 놓치지 않으려고 법문에 몰두하여 경청했다. 자운은 법문을 하는 동안 부끄러워하며 불안한 듯 손으로 승복 끝자락을 접었다 폈다 하며 안절부절 초조해했고 법문은 그런 대로 잘 마쳤다.[202]

묘엄은 윤필암으로 돌아오자 다른 비구니들 앞에서 자운의 법문을 흉내 내었다. 암자 뒷마당을 따라 흐르는 시내 가까이의 큰 바위 위에 앉아 자운의 부끄러워하는 얼굴 표정과 떨리는 목소리, 불안해하는 손놀림과 더듬는 말투까지 똑같이 흉내 냈다.[203] 이를 보고 있던 비구니들은 손뼉을 치고 웃으면서, "똑같다! 똑같다!"라고 말했다. 묘엄은 자운의 법문을 흉내 내는 데 정신이 팔려서 청안이 가까이 다가온 것을 알아차리지 못했다. 청안도 자운의 법문을 그대로 흉내 내는 묘엄의 탁월한 능력에 놀랐다. 그러나 청안은 비구 스승의 법문을 흉내 내는 행동에 대해 꾸짖었다.[204]

---

[202] 윤청광, 『회색 고무신』, 128-129쪽; 김용환의 원고.
[203] 김용환의 원고.
[204] 윤청광, 『회색 고무신』, 128-131쪽; 김용환의 원고. 묘엄은 다른 비구니들 앞에서 비구 스승들의 법문을 흉내 내는 것을 계속해서 즐겼다. 김용환은 청담의 법문도 흉내를 냈느냐고 묘엄에게 질문한 적이 있다. 묘엄은 청담이 법문을 할

묘엄이 윤필암에서 능엄주 주력 수행 중일 때 비구 스승들이 해인사에 총림(선원, 강원, 율원)을 건립하기 위해 해인사로 떠날 계획이라는 말을 들었다.[205] 청담과 성철이 곧 해인사로 떠날 거라는 말을 듣자 묘엄은 동행하게 해 달라며 울고 또 울었다. 두 스승은 묘엄을 위로하며 자신들이 해인사에 자리를 잡게 되면 묘엄을 인근의 비구니 암자로 올 수 있게 해 주겠다는 약속을 했다. 그동안 능엄주 주력 기도에만 전념하라고 타일렀다.[206] 묘엄은 두 스승과의 이별에 몹시 슬퍼했지만 일심으로 능엄주 기도에 몰두했다. 그러던 어느 날 그녀는 윤필암의 큰방에서 잠이 들었다. 비몽사몽간에 흰 수염을 길게 기른 노인이 흰 옷을 입고 그녀에게 다가오더니 칼로 그녀의 배를 가른 뒤 위장에서 시커멓게 썩은 살덩어리를 꺼내 손으로 뭉개 버렸다. 묘엄은 소리를 지르며 잠에서 깼다. 그 꿈을 꾼 이후로 위에서 생목이 오르는 증세가 완전히 사라졌다.[207]

김용환의 원고에는 묘엄이 열일곱 살 때 일 년간 국일암國一庵[208]

때에는 표정이나 몸짓에 흉내 낼 만한 특징이 없었기 때문에 흉내를 내도 재미가 없었다고 답했다(김용환의 원고).
[205] 묘엄의 증언으로 미루어 보건대, 묘엄이 받은 집중적인 사미니 교육은 비구 스승들이 1946년 7월 대승사를 떠나기 전에 모두 완료된 것 같다.
[206] 김용환의 원고. 묘엄은 생애 처음으로 여자로 태어난 것을 후회했다고 했다. 남자로 태어났더라면 아무 문제 없이 비구 스승들과 함께 해인사로 살러 갈 수 있다고 생각했기 때문이었다(김용환의 원고).
[207] 윤청광, 『회색 고무신』, 153-155쪽. 묘엄의 집중적인 능엄주 주력기도 수행은 열여덟 살 될 때까지 계속되었다(김용환의 원고).
[208] 비구니 암자인 국일암은 해인사 근처에 있다. 국일암에 대해서는 웹사이트 (http://www.haeinsa.or.kr/sansa/sansa.html?menu=hermitage_2) 참조. 2006년 5월 2일 웹사이트 방문.

에 머물렀다고 짧게 언급되어 있다. 묘엄이 몰래 윤필암에서 나와 국일암으로 도망간 때였다.[209] 청담과 성철이 총림 설립을 위해 노력하는 동안 묘엄은 1947년부터 1948년까지 국일암에서 참선 수행을 했는데 『회색 고무신』에는 이 내용이 실려 있지 않다.

 2004년 7월 필자는 묘엄에게 왜 윤필암에서 몰래 도망 나왔는지, 또 국일암에서는 무엇을 했는지 질문했다. 묘엄은 윤필암에서 함께 지냈던 몇몇 비구니들의 삶의 방식에 크게 환멸을 느꼈고, 자신의 수행과 관련해서 생긴 많은 질문에 대한 답을 찾고 있었다고 대답했다. 어느 가을날 이른 아침 묘엄은 은사의 허락도 없이 윤필암을 몰래 떠나 해인사로 가기로 결정하고 길을 떠났다. 승복을 가득 채운 바랑을 메고 험한 산길을 빠른 걸음으로 걸어 내려갔다. 한 시간쯤 지났을 때 그녀는 은사가 반드시 자신을 뒤쫓아 오고 있을 거라고 짐작하고 높은 흙더미 뒤의 숲 속에 몸을 숨겼다. 과연 묘엄의 은사는 지팡이를 짚고 부지런히 묘엄의 뒤를 쫓고 있었다. 은사는 "묘엄이 니가 큰스님 딸이라는 배경을 믿고 이렇게 하는데, 가만두지 않겠다!"라고 중얼거리며 뒤쫓아 오고 있었다. 그런 은사를 보자 묘엄의 입에서는 "스님, 저 여기 있습니다."라는 말이 곧 튀어나오려고 했다. 그러나 그녀는 비구 스승과 공부할 기회를 놓치고 싶지 않았다. 그래서 큰

---

[209] 윤필암의 일부 비구니들은 묘엄이 참선 수행 도량에서 하는 능엄주 독송에 항의하며 삿된 수행법이라고 주장했다(2004년 7월 묘엄과의 인터뷰). 한국의 승가에서는 전통적으로 참선을 위해 절에서 몰래 나오는 것을 청규를 범한 것으로 보지 않는데, 그 이유는 한국의 승려들에게는 깨달음을 얻는 것이 인생사에서 가장 막중한 일이라고 믿기 때문이다. 묘엄의 회고에 따르면 그녀가 윤필암에서 몰래 도망 나온 것은 1947년 가을이었던 것 같다.

흙더미 뒤에 엎드려 은사가 멀리 앞서서 사라질 때까지 숨어 있었다. 얼마 후, 묘엄은 숲 속에서 나와 다시 걷기 시작했다. 마침 길에서 목재를 실은 트럭을 만나 태워달라고 부탁했다. 운전사 옆자리에 배를 깔고 납작 엎드려 차창 밖을 보니 은사가 자기를 쫓아오는 것을 포기하고 윤필암으로 다시 돌아가고 있는 중이었다. 묘엄은 은사의 뜻을 거역하는 것이 몹시 죄송했으나 비구 스승들에게서 배우겠다는 열정에 사로잡혀 있었다. 결국 열일곱 살에 윤필암을 도망쳐 나와 해인사 근처의 국일암으로 갔다. 국일암에서는 공양간 소임을 맡아 밥을 짓고 반찬 만드는 일을 하면서 일 년간 참선 수행을 했다.[210]

묘엄은 국일암에서 안거를 나는 동안 해인사에서 효봉 선사의 법문을 들을 수 있었다. 효봉은 당대의 뛰어난 고승으로, 당시 해인사 조실祖室[211]로서 하안거와 동안거 입제 법문, 반살림 법문 그리고 하안거와 동안거를 마칠 때 해제 법문을 했다.[212] 효봉의 법문 방식은 독특했는데, 법문의 마지막에 이르면 고봉원묘高峰原妙(1238~1295)[213]의 『선요禪要』[214] 한 구절을 범패梵唄[215] 형식으로 읊으면서

---

[210] 2004년 7월 묘엄과의 인터뷰.
[211] '조실'에 대해서는 Buswell, Jr., *The Zen Monastic Experience: Buddhist Practice in Contemporary Korea*, pp. 203-209 참조.
[212] 윤청광, 『회색 고무신』, 261-262쪽.
[213] 고봉원묘에 대해서는 이 책 제5장에서 자세히 논한다.
[214] 『선요』에 대해서는 Buswell, Jr., *The Zen Monastic Experience: Buddhist Practice in Contemporary Korea*, p. 96 참조. 『선요』에 대해서는 이 책 제5장에서 자세히 다룬다.
[215] 한국 승려들의 염불 방식은 전통적인 범패 양식을 따른 것이다. 한국의 전통적인 범패에 대해서는 Buswell, Jr., *The Zen Monastic Experience: Buddhist Practice in Contemporary Korea*, pp. 167, 183 참조.

주장자를 절 마당에 휙 던지는 것이었다. 법문이 끝날 때마다 비구와 비구니 대중을 향해 "비구 비구니여, 일러라, 일러라!" 하고 고함을 치고는 법상에서 내려왔다.[216]

묘엄은 효봉 선사의 법문을 주의 깊게 듣고 선사가 인용하던 시의 구절을 외웠다.[217] 그리고 국일암 비구니들 앞에서 효봉의 법문을 그대로 흉내 냈다. 그녀는 깨달음의 경지에서 나온 효봉의 법문을 흉내는 냈지만 그 깊은 뜻은 거의 이해하지 못했다고 회고했다.[218] 묘엄이 비구 스승들의 법문을 흉내 낸 것은 동료 비구니들과 즐겁게 지내기 위해서였다고 하지만, 필자는 그런 흉내 내는 놀이가 묘엄이 훗날 법문을 할 수 있는 능력을 기르는 데 중요한 역할을 했음을 지적하고 싶다. 배움이란 흉내를 내는 것부터 시작하기 때문이다.

묘엄이 국일암에 머무는 동안 그녀의 비구 스승들이 해인사에 총림을 세우려던 계획은 재정난으로 인해 실패로 돌아갔다.[219] 『회

---

[216] 김용환의 원고.
[217] 효봉이 가장 즐겨 읊었던 선시는 一片白雲橫谷口 幾多歸鳥自迷巢 雲山萬里靑山露 白石高峰是本鄕(한 조각 흰 구름이 골짝을 막으니 얼마나 많은 새가 돌아갈 길 잃었는가? 구름 흩어져 만리에 청산이 드러나니 흰 돌 높은 봉우리 그게 바로 내 고향이로다)이다. 묘엄이 『선요』를 공부하게 되어서야 마침내 이 선시의 뜻을 이해할 수 있게 되었다. 묘엄은 이 시에 대해 흰 구름은 번뇌를, 돌아가는 새는 깨닫지 못한 중생을, 둥지는 모든 중생의 불성을 뜻한다고 해석했다(2005년 6월 묘엄과의 인터뷰).
[218] 김용환의 원고.
[219] 교육원 불학연구소 편찬, 『曹溪宗史: 근현대편』, 174-179쪽. 1947년 11월 청담은 해인사에 참선, 교학 및 율장 공부를 위한 총림을 설립하고자 모인 110명의 비구승들 가운데 선방의 입승으로 선출되었다. 해인사 총림 설립에 대해서는 교육원 불학연구소 편찬, 『曹溪宗史: 근현대편』, 175쪽 참조. 당시 해인사의 소

색 고무신』이나 김용환의 원고에는 묘엄이 정확하게 언제 국일암을 떠나 윤필암으로 돌아갔는지 기록이 없다. 묘엄의 진술에 따르면, 국일암에서 참선 수행을 일 년 정도 하고 있는 동안 사형인 묘전妙典(1916~2003)[220]이 자신을 데리러 왔다고 했다.[221] 윤필암으로 돌아온 지 얼마 되지 않았을 때 묘엄은 비구 스승들의 부름을 받고 봉암사鳳巖寺[222]로 가서 식차마나계를 받았다.

임을 맡고 있던 대처승들은 참선 수행하는 독신 비구승들에게 재정적인 지원을 하지 않았다(2005년 6월 묘엄과의 인터뷰).
[220] 묘전은 부잣집 무남독녀로 태어났다. 그리고 부잣집 맏아들과 결혼했다. 그러나 그녀가 나이 스물넷이었을 때 남편이 죽었다. 묘전은 서른세 살에 윤필암에서 월혜를 은사로 모시고 출가했다. 그녀는 묘엄보다 열여섯 살이 더 많았지만 묘엄보다 조금 늦게 출가했다. 그래서 묘엄은 묘전에게 승가생활의 여러 면을 친절하게 가르쳐 주었다. 둘은 서로를 친자매처럼 무척 아껴 주었다(2004년 7월 묘엄과의 인터뷰). 묘전에 대해서는 이 책 제6장에서 자세히 논한다.
[221] 묘엄은 어느 해에 국일암에서 윤필암으로 돌아왔는지 기억하지 못하고 단지 늦가을이라고만 기억한다(2004년 7월 묘엄과의 인터뷰). 필자가 추정하기에 묘엄이 윤필암으로 돌아간 것은 1948년 늦가을이 아닐까 한다.
[222] 봉암사에 대해서는 웹사이트(http://www.bongamsa.or.kr) 참조. 2006년 7월 웹사이트 방문; Charles Muller의 웹사이트(http://www.buddhism-dict.net/cgi-bin/xprddb.pl?9c.xml+id('b9cf3-5dd6-5bfa) 참조. 2006년 7월 7일 웹사이트 방문. 봉암사에 대해서는 다음 장에서 자세히 다룬다.

사진 1. 1943년 만공 선사와 비구니 제자들
앞줄 가운데가 만공 스님, 만공 스님 오른쪽은 본공 스님, 왼쪽은 인홍 스님이다. (사진 제공: 하춘생)

사진 2. 고암·제응과 비구니 주지 수인 (사진 제공: 하춘생)

제4장

비구 스승들에게서 받은 식차마나 교육

자운 스님과 성철 스님(사진 제공: 봉녕사)

제4장
비구 스승들에게서 받은 식차마나 교육

묘엄과 관련된 자료들을 살펴보면 그녀가 열여덟 살 때 봉암사 결사¹에 참여하기 전에 식차마나계를 받았다는 데 일치한다. 청담과 성철이 비구승들과 함께 참선 수행정진에 전념할 목적으로 봉암사에 모였다.² 한국 불교사에 매우 중요한 전환점이 된 봉암사 결사에 참가하여 이때 묘엄은 식차마나로서 교육을 받았다. 그녀가 봉암사에서 받은 식차마나 교육의 내용은 엄격한 계율 수지, 탁발수행에 대한 청담의 지도, 성철의 지도하에 이루어진 엄격한 참선 수행과 중국 선사들의 게송 암기, 그리고 생사의 기로에서도 출가의 서원을 지키겠다는 결연한 의지 등을 포함하고 있었다.

---

¹ 봉암사 결사에 대해서는 곧이어 자세히 고찰한다.
² 윤청광, 『회색 고무신』, 168-169쪽. 2004년 7월과 2005년 6월에 필자는 묘엄이 언제 식차마나계를 받았는지 연거푸 질문했다. 묘엄은 분명히 열여덟 살에 식차마나계를 수계한 것으로 기억하고 있으며, 청담이 해인사에서 돌아와 봉암사에 주석하고 있었을 때라고 답했다.

식차마나계 수계

묘엄은 열여덟 살[3]에 봉암사로 가서 육법계六法戒[4]의 식차마나계를 받으라는 지시를 받았다. 봉암사로 간 묘엄은 그곳에서 자운 율사로부터 식차마나계를 받았다.[5] 식차마나는 비구니계를 받기 위한 후보자로서 2년 동안 육법六法에 따라 교육을 받아야 한다. 교육 기간을 2년으로 잡는 주된 이유는 비구니계 수계 후보자들의 자질뿐만 아니라 임신의 가능성을 확인하기 위해서이다.[6] 묘엄은 근·현대 한국 불교사에서 식차마나계를 받은 최초의 비구니이다. 윤청광은 묘엄의 식차마나계 수계의 중요성에 대해 다음과 같이 설명한다.

그동안 한국에서는 식차마나계가 있는 줄도 몰랐다가 자운 스님이 계율을 연구하여서 봉암사에서 처음으로 시도한 것이다. 그래서 묘엄은 봉암사에서 자운 스님을 계사로 식차마나니계를 받게 되었다.[7] 자

---

[3] 묘엄은 자신의 식차마나 수계식이 동안거가 끝나는 시점인 음력 정월 말에 있었던 것으로 기억했다(2006년 7월 묘엄과의 전화인터뷰). 필자는 1949년 음력 정월 말로 추정한다.
[4] 『大正新修大藏經』, 22권, p. 924b-c. 식차마나 육법은 불음행, 불투도, 불살생, 불망어, 불비시식, 불음주이다. 식차마나 육법의 자세한 해석과 설명에 대해서는 石葉哲友 번역, 『式叉摩那尼戒本』(土房, 1996) 참조.
[5] 윤청광, 『회색 고무신』, 168-170쪽.
[6] 위의 책, 170쪽.
[7] 필자는 당시 묘엄이 봉암사에서 식차마나계를 받은 유일한 수계자였느냐고 질문했다. 묘엄은 그녀 혼자 자운에게서 식차마나계를 받았다고 답했다.

운 스님은 묘엄에게 육법계를 내리고 나서 한 말씀 하였다.

"묘엄아, 내가 알기로 옛날 옛적에는 몰라도, 묘엄이 니가 대한민국에서는 최초로 식차마나니계를 받는 것이다. 묘엄이 니가 첫 번째란 말이다.[8] 그러니 묘엄이 너 중노릇 제대로 잘해야 한다."[9]

위에서 자운이 묘엄을 가리켜 현대 한국 불교사 최초의 식차마나라고 주장한 부분에 대해 주의를 기울일 필요가 있다. 자운은 율장에 대한 무시나 지계정신의 혼탁 등 한국 불교 전통 승풍의 타락을 깊이 걱정하며 한국의 승단을 위해 청정 독신수행의 전통을 회복하는 데 헌신하기로 서원을 세웠다. 한국의 승려들이 율장을 공부하지 않아 계율에 대한 지식이 없음을 통탄한 그는 일생을 율장 교육에 바쳤고, 결국 현대 한국 불교 최고의 율사가 되었다. 자운은 현대 한국 불교사에 여성 출가자를 위해 식차마나계를 재도입한 비구이다. 그는 묘엄이 모범적인 승려임을 인정해 그녀를 최초의 식차마나계 수계자로 선택했다.[10] 위의 인용문 내용 속에 한국 불교사에서 자운이 묘엄을 위해 식차마나계 수계식을 한 것이 갖는 중요

---

[8] 묘엄의 사제인 묘희妙熙(1935~2007)는 현대 한국 불교사에 자운에게서 식차마나계를 수계한 두 번째 비구니이다(2005년 6월 묘엄과의 인터뷰). 2007년 3월 필자는 묘희의 식차마나계 수계에 대해 문의하기 위해 그녀의 시자에게 전화를 걸었다. 묘희는 그 수계를 기억하지 못했다. 당시 그녀는 뇌종양으로 10년 이상 병석에 누워 있었다. 그녀의 건강은 급격히 악화되어 2007년 4월에 입적했다. 묘희에 대해서는 뒤에서 자세히 논한다.
[9] 윤청광, 『회색 고무신』, 170쪽.
[10] 김용환의 원고.

성은 잘 인지하고 있었지만, 어떻게 이전에 실행됐던 식차마나계 수계식이 한국 불교 역사에서 단절되었는지에 대해서는 아무런 언급이 없다.

김영태는 고대 한국 불교에서 어떻게 비구니 이부승구족계[11]가 실시되었는지 역사적인 기록이 많지는 않으나 6세기에 한반도에서는 율장에 따라 적법한 한국 비구니계맥이 확립되었다고 주장한다.[12] 김영미는 14세기까지 한반도에서 비구니들을 위한 이부승구족계 수계제도가 지속되지 않았을까 추정한다.[13]

한국 불교는 조선시대 5세기에 걸쳐 혹독한 핍박과 탄압을 겪었다.[14] 조선에서 성리학은 국교이자 국가의 이념이었다. 필자가 지금까지 연구한 바에 의하면 조선시대에 비구니 이부승구족계 수계제

---

[11] 율장에 따르면 식차마나는 비구 승가와 비구니 승가, 즉 이부승가로부터 비구니 구족계를 받도록 규정되어 있다. 이부승에 의한 비구니구족계 수계에 대한 자세한 논의에 대해서는 Karma Lekshe Tsomo, "Prospects for an International Bhikṣuṇī Saṃgha," in Karma Lekshe Tsomo, ed., *Sakyadhītā: Daughters of the Buddha* (New York: Snow Lion Publications, 1998), pp. 236-257; Heng-ching Shih, "The Establishment of the Chinese Bhiksuni Lineage," *Sakyadhītā Newsletter: International Association of Buddhist Women*, vol. 10, no. 2 (Autumn 1999), pp. 7-12 참조. 한국 비구니 이부승구족계 수계제도의 역사와 비구니 이부승구족계 수계제도의 부활에 대해서는 이 책 제7장에서 자세히 고찰한다.

[12] 고대 한국 불교사에서 비구니 이부승구족계의 실시에 대한 논의는 金煐泰, 「百濟의 尼衆受戒와 尼僧職 關係-日本史料와 新羅 및 南朝의 史例中心」, 文山金三龍博士華甲紀念事業會 編纂, 『韓國文化와 圓佛教思想』(원광대학교 출판부, 1985), 529-547쪽 참조.

[13] 고려시대(937~1392)의 비구니 이부승구족계 수계제도에 대해서는 金英美, 「고려시대 여성의 출가」, 『이화사학연구』, vol. 25, 26(1999), 29-74쪽 참조.

[14] 조선시대 불교에 대해서는 Buswell, Jr., *The Zen Monastic Experience: Buddhist Practice in Contemporary Korea*, pp. 22-24 참조.

도가 실시되었다는 기록은 찾을 수 없다. 그러나 앞으로 이 문제에 대한 연구가 지속된다면, 식차마나계와 비구니 이부승구족계 수계제도가 언제 사라졌는지 밝힐 수 있으리라 본다. 비구니 이부승구족계 수계제도는 조선시대에 단절되었다가 1982년에 이르러 복원된다. 다시 말해, 그때까지 한국의 비구니들은 단독 비구 승단에 의해 비구니구족계를 받았던 것이다. 1982년 10월 이전에는 비구니 이부승구족계 수계의식이 실시되지 못했고, 그 결과 식차마나계 수계식 또한 적법하게 실시되지 못했다. 조계종은 1982년 10월 비구니들을 위한 비구니 이부승구족계 수계제도를 부활시켰다.[15] 이 역사적인 비구니 이부승구족계 수계제도의 부활은 이 책의 제7장에서 자세히 고찰한다.

참회 수행

한국 불교에 청정비구승 참선 수행 전통을 회복하려는 비구 스승들의 봉암사 결사에 묘엄도 참여하고 싶었다.[16] 그래서 은사에게

---

[15] 조계종의 비구니 이부승구족계 수계제도의 부활에 대한 자세한 논의는 석담, 「현대 한국 比丘尼 二部僧 具足戒 수계제도의 부활」, 봉녕사승가대학 선우회 편, 『世主妙嚴主講五十年紀念論叢』(봉녕사승가대학, 2007), 480-491쪽; 一眞, 「比丘尼 具足戒는 比丘尼傳戒師로부터」, 『雲門』(1982. 11); Karma Lekshe Tsomo, trans., *Sisters in Solitude: Two Traditions of Buddhist Monastic Ethics for Women* (Albany: State University of New York Press, 1996), pp. viii-ix 참조.

[16] 묘엄은 봉암사로 비구 스승들을 찾아갈 때마다 윤필암으로 돌아오기가 싫었다

자신도 봉암사 결사에 참여하게 해 달라고 청했다. 물론 은사는 그녀의 청을 받아들이지 않았다. 결사에 참여하고 싶은 열망에 넘쳐 묘엄은 급기야 은사에게 비구 스승들이 자신에게 봉암사로 오라고 했다는 거짓말을 하였다. 봉암사에 도착한 묘엄은 이번에는 청담에게 은사가 비구 스승들 지도하에 참선 수행하라고 자신을 봉암사로 보냈다고 또 다른 거짓말을 했다. 묘엄이 봉암사에 도착한 다음 날, 청담은 묘엄이 거짓말을 한 것을 알아차렸다. 말할 나위도 없이 청담은 크게 진노했다. 윤청광에 따르면 청담과 묘엄 사이에 오고간 대화는 다음과 같다.

"묘엄이 너, 와 거짓말을 했나?"
"아, 안 했습니다."
"너 또 거짓말을 하는구나. 내가 부르지도 않았는데 불렀다는 거짓말을 했고, 그렇게 거짓말을 해 놓고도 거짓말을 안 했다니 또 거짓말을 하는 게야, 내 말이 맞지?"
"……"
"와 거짓말을 하나 말이다!"
"잘못했습니다, 스님."
"안 되겠다. 너 지금 당장 내 보는 앞에서 대참회大懺悔[17]를 외우면

(2005년 6월 묘엄과의 인터뷰).
[17] 「대참회문大懺悔文」에는 108부처님의 명호가 실려 있다. 참회자는 부처님 명호를 한 분씩 부르면서 동시에 한 번씩 절을 한다.

서 절 천 배[18]를 올려라!"[19]

묘엄은 변명의 여지가 없었다. 진노한 청담 앞에서 천 배의 참회 의식을 해야만 했다. 묘엄을 믿지 못한 청담은 직접 자신의 염주로 묘엄이 빠짐없이 천 배를 하는지 세기로 했다. 묘엄이 불단 앞에서 천 배를 하는 동안 청담은 극락전極樂展[20] 어간에 미동도 없는 참선 자세로 정좌를 하고 앉았다. 무더운 여름날[21] 거친 삼베옷을 입고 그녀는 쉴 새 없이 절을 했다. 팔과 다리가 후들거릴 때까지 절을 했다. 묘엄이 천 배를 끝냈을 때 바닥에 닿았던 팔꿈치와 무릎은 피부가 벗겨져 있었다. 무릎을 가린 삼베는 완전히 닳고 피가 배어 있었다. 천 배 참회의식은 네 시간이 걸렸다. 그녀가 「대참회문」을 염

---

[18] 묘엄에 따르면, 그녀는 「대참회문」을 외우면서 천 배를 한 현대 최초의 비구니일 거라고 했다. 그 당시 대부분의 비구와 비구니들은 계율을 어겨도 참회해야 한다는 것을 몰랐다(2005년 6월 묘엄과의 인터뷰).
[19] 윤청광, 『회색 고무신』, 173쪽.
[20] 당시 봉암사에는 대웅전이 없어서 극락전을 큰법당으로 사용했다. 1980년대에 와서야 대웅전을 다시 지었다. 봉암사 중창불사에 대해서는 웹사이트(http://www.bongamsa.or.kr) 참조. 2006년 7월 20일 웹사이트 방문.
[21] 『회색 고무신』에서 윤청광은 묘엄이 식차마나계 수계 후에 천 배 참회기도를 했다고 하지만, 필자는 그 시기가 묘엄이 식차마나계를 받기 전인 1948년 여름, 즉 열일곱 살이었을 때가 아닌가 한다. 2005년 6월 필자와의 인터뷰에서 묘엄은 참회의식을 치르던 날이 아주 더운 여름날이었다고 회고했다. 묘엄에 대한 모든 자료가 1949년 여름 묘엄이 열여덟 살이었을 때에 봉암사 백련암에 거주하고 있었다는 데에 일치한다. 그녀도 필자에게 자신이 식차마나계를 받은 후, 곧바로 (열여덟 살이었을 때) 봉암사 백련암에 거주하기 시작했다고 회고했다. 참회의식이 식차마나계 수계 이후에 있었다면 묘엄이 봉암사의 비구 스승들 가까이 머물기 위해서 거짓말을 해야 할 필요가 없었을 것이기 때문이다.

불하지 않고 절만 했더라면 그 의식은 두 시간밖에 걸리지 않았을 것이다.[22] 묘엄의 말에 따르면, 자신이 계율을 어겼기 때문에 천 배의 참회의식을 행한 현대 한국 불교사 최초의 비구니일 것이라고 했다. 그 당시 묘엄은 계를 어겨서 천 배로 참회했다는 비구나 비구니의 얘기를 들어본 적이 없었다. 하지만 그녀가 봉암사 결사에 참여하고 싶어서 거짓말까지 했다는 것을 안 비구 스승들은 그녀가 봉암사 근처의 백련암白蓮庵에 머물 수 있도록 허락해 주었다.[23]

탁발 수행[24]

1940년대 후반에는 탁발이 한국의 승려들, 특히 참선 수행자들에게는 필수적인 수행법 가운데 하나였다.[25] 윤필암에는 사찰 소유 전

---

[22] 2005년 6월 묘엄과의 인터뷰.
[23] 김용환의 원고. 묘엄은 거짓말에 대한 참회의 천 배가 끝난 뒤 울면서, 윤필암으로 돌려보내지 말아 달라고 청담에게 간곡히 부탁했다(2005년 6월 묘엄과의 인터뷰).
[24] 묘엄이 첫 번째 탁발 수행을 행한 연도가 정확히 기록된 자료는 찾을 수 없다. 2006년 6월 필자와의 전화인터뷰에서 묘엄은 어느 추운 겨울날 탁발을 나간 것으로 기억했다. 묘엄의 증언은, 그녀가 탁발을 나간 것은 봉암사 결사에서 윤필암으로 돌아온 이후임을 암시한다.
[25] 윤청광, 『회색 고무신』, 175쪽. 한국 최초의 비구니 강원인 동학사東鶴寺의 초대 주지(1952~1956)였던 효성曉星(?~1960)은 일평생 탁발 수행을 했다. 효성은 탁발할 때 부잣집과 가난한 집을 가리지 않고 들렀다. 부자들에게 보시를 많이 받아 가난한 사람들에게 나누어 주었다(http://www.donghaksa.or.kr/01/htm/02_01.htm). 2006년 8월 10일 웹사이트 방문. 동학사 비구니 강원에 대해서는 제5장에서 자세히 다룬다.

답이나 불공의식으로 생기는 재정수입이 없었으므로 참선 수행을 하던 비구니들은 마을로 탁발을 나가야만 했다. 한국의 비구와 비구니들의 탁발 수행 방법은 똑같았다.[26] 묘엄은 청담에게 왜 비구와 비구니들은 이 집 저 집 탁발을 다니는지 질문했다. 청담은 탁발에 대해 다음과 같이 설명했다.

"스님들이 탁발하는 거를 동냥질이라고 하면 못쓴다. 지가 먹고 살라고 밥이나 양식을 얻으러 다니는 것은 비럭질이요 동냥질이지만, 스님이 탁발하는 것은 비럭질이 아니고 수행의 한 방편인기라. 출가 수행자는 모름지기 살림이 가난해도 얻어먹는 빈궁을 빈궁으로 여기지 않고, 맑은 가난을 즐길 줄 알아야 한다. 그걸 옛 스님들이 안빈낙도安貧樂道라고 말씀하셨다.[27]

그리고 탁발을 나가면 자연히 자만심을 버리고 하심을 하게 되는기라. 교만심에 가득 차 가지고는 아무것도 얻을 수가 없거든. 밥 한술을 얻자고 해도 공손하게 허리를 굽혀야 되고. 양식을 얻자고 해도 공손하게 허리를 굽혀야 되고, 그러니 탁발을 하다 보면 자연히 겸손한 사람이 되고, 하심이 되는기라. 그리고 농민들이 1년 내내 고생해서 지어 놓은 양식을 얻으려면 지도 모르게 미안한 생각이 들거든. 그러니

---

[26] 2005년 6월 묘엄과의 인터뷰. 한국의 승려들은 일반적으로 자기 고향에서 탁발하는 것은 삼간다.
[27] 『회색 고무신』에서 윤청광은 이 문장의 시작 부분에서 묘엄이 탁발을 '비럭질' 혹은 '동냥질'이라 언급했다 썼는데, 이것은 저자가 각색한 표현이다(2005년 6월 묘엄과의 인터뷰).

한 톨의 양식이라도 미안하고 고마운 줄을 알라는 거다."²⁸

　　청담은 묘엄에게 하심 익히기 탁발 수행을 해 보라고 시켰다. 어느 겨울날 묘엄과 그녀의 사제 묘희妙熙(1935~2007)²⁹는 첫 탁발을 나갔다. 묘엄은 그때가 윤필암의 동안거가 끝날 무렵인 음력 1월 말경이었던 것으로 기억한다.³⁰ 묘엄은 묘희와 함께 집집마다 걸어서 약 서른 집 정도를 돌았다. 두 사람은 함창咸昌과 그 이웃 동네인 점촌店村 지역, 그리고 윤필암 인근 마을의 모든 가구를 집집마다 방문했다. 탁발이 끝나자 묘엄은 시주받은 곡물을 묘희와 함께 등에 지고, 묘희의 부모님이 살고 있던 점촌을 향해 부리나케 걸었다. 묘엄은 점촌으로 가던 도중에 다리 밑에 사는 거지들을 보았다.³¹ 묘

---

²⁸ 윤청광,『회색 고무신』, 176쪽.
²⁹ 묘희는 무남독녀였다. 묘희의 아버지는 부유했으며, 점촌에서 시계방을 경영하고 있었다. 묘희의 부모는 독실한 불자로서 묘희를 윤필암으로 출가시켰다. 묘희가 출가한 얼마 후 부모 역시 출가했다(윤청광,『회색 고무신』, 178-182, 194-195쪽). 성철의 지도에 따라 그들은 출가 전에 모든 재산을 팔았다. 그 돈으로 많은 쌀을 사서 가난한 사람들에게 모두 나누어 주었다(2005년 6월 묘엄과의 인터뷰). 2006년 6월 필자는 묘희의 시자와 나눈 전자우편을 통해 묘희가 1949년 초등학교를 졸업하기 직전 열세 살에 윤필암으로 출가했다는 것을 알게 되었다. 1950년 이른 봄, 묘희는 승복을 입고 초등학교 졸업식에 참석했다. 묘희의 증언에 따르면 묘엄이 묘희와 함께 탁발을 나간 것은 1950년 초였던 것으로 보인다. 묘엄은 동안거가 끝나고 탁발을 나갈 때 묘희가 동행했다고 확실하게 기억한다. 필자는 묘엄이 묘희와 더불어 처음으로 탁발을 나간 시기는 1950년 음력 정월이었던 것으로 추정한다. 묘희에 대해서는 Martine Batchelor, "Myohi [Myohŭi] Sunim: A Korean Nun Teacher of Elderly Women," in Ellison Banks Findly, ed., *Women's Buddhism Buddhism's Women: Tradition, Revision, Renewal* (Boston: Wisdom Publications, 2000), pp. 278-279 참조.
³⁰ 2006년 6월 묘엄과의 전화인터뷰.

엄은 그날 탁발한 곡식을 모두 그 거지들한테 주면 어떻겠느냐고 묘희에게 물었다.[32] 묘희는 기꺼이 동의했다. 탁발한 곡식을 모두 거지에게 주고 난 뒤 묘엄은 그들을 도울 수 있었다는 사실에 무척 행복해 했다. 둘은 점촌을 향해 걷다가 점촌 근방의 하신리라는 작은 마을에 도착했다. 거기서 묘엄은 거지 여인이 아기를 안고 작은 다리 밑에서 떨고 있는 것을 보았다. 그녀는 묘희에게 자기 내복을 그 거지에게 벗어 주면 어떻겠냐고 물었다.[33] 묘희도 동의하고 둘은 다리 밑으로 내려갔다. 묘엄은 두루마기를 벗어서 묘희에게 다리 한쪽 구석을 잘 가리라고 하고는 내복을 벗었다. 내복을 벗은 묘엄은 이제 두루마기만 걸치게 되었다. 묘희도 내복을 벗었다. 둘 다 내복을 거지에게 주고는 다시 걷기 시작했다. 추운 겨울날 홑광목 두루마기만 걸친 묘엄과 묘희는 혹독한 추위 때문에 온몸을 사시나무 떨듯 하며 걸었다. 그럼에도 불구하고 묘엄은 베풂의 환희로 인해 온몸에 따스함을 느꼈다.[34]

---

[31] 한국의 거지들은 주로 다리 밑에서 살았는데, 그 이유는 거기서는 눈비와 추위를 피할 수 있었기 때문이다.
[32] 청담은 묘엄에게 탁발 수행을 하라고 가르치면서, 가난한 사람들에게 보시를 한 자신의 체험을 들려주었다. 성철, 향곡香谷(1912~1978)과 함께 남쪽의 가난한 어촌에서 탁발을 하던 중 청담은 어느 가난한 집에 이르러 집주인을 불렀다. 그러나 아무 대답이 없었다. 청담이 문틈 사이로 방안을 들여다보니 병자가 누워 있는 게 보였다. 세 비구는 그날 탁발한 것을 모두 그 병자에게 주기로 뜻을 모았다 (윤청광, 『회색 고무신』, 176-177쪽). 향곡에 대해서는 뒤에서 자세히 논한다.
[33] 묘엄은 자기 옷을 다른 비구나 비구니에게 주기를 좋아한다(2005년 6월 묘엄과의 인터뷰). 묘엄은 필자에게도 승복 한 벌을 준 적이 있다.
[34] 윤청광, 『회색 고무신』, 181쪽.

점촌에 사는 묘희의 부모님 집에서 하룻밤을 묵은 묘엄과 묘희는 청담을 만나기 위해 봉암사로 갔다. 묘엄은 탁발을 하면서 겪은 자신의 체험에 대해 청담에게 얘기했다. 그녀는 거지에게 곡식과 속옷을 준 것을 자랑스럽게 얘기했다. 그 얘기를 들은 청담은 불교에서 말하는 진정한 베풂이란 어떤 것인지 자상하게 설명해 주었다.

"탁발한 양식을 걸인들에게 부어 주고, 떨고 있는 여자 걸인에게 내 복을 벗어 준 것은 잘한 일이다. 허나 기쁜 마음이 있으면 그건 진정한 보시가 아닌기라. 기쁘지도 않고, 내가 보시했다는 생각도 없이 무심으로 하는 보시라야 진정한 보시인기라. 줘도 줬다는 생각 없이 하는 보시, 그걸 무주상보시라고 하는긴데, 앞으로는 내가 누굴 도와줬다, 내가 오늘 좋은 일을 했다, 그런 생각도 없이 해야 하는기다."[35]

진정한 보시란 어떤 것인가에 대한 청담의 가르침은 『금강경』에 근거한 것으로 보인다.[36] 『금강경』은 청담이 가장 좋아했던 경전 가

---

[35] 앞의 책, 182쪽.
[36] 피터 그레고리Peter Gregory에 의하면 『금강경』은 지혜의 완성에 대한 경전으로 대담한 역설적 표현을 담고 있다. 이 경전은 육조 혜능과의 관계로 인해 선불교에서 아주 널리 읽혔다. 선의 전통에서 『금강경』이 널리 읽히는 이유에 대해서는 Peter N. Gregory, trans., *Inquiry into the Origin of Humanity: An Annotated Translation of Tsung-mi's Yüan jen lun with a Modern Commentary* (Honolulu: University of Hawaii Press, 1995), p. 212 참조. 영역본 『금강경』에 대해서는 Red Pine, trans., *The Diamond Sūtra: The Perfection of Wisdom* (New York: Counterpoint, 2001); A. F. Price and Wong Mou-Lam, trans., *The Diamond Sutra and The Sutra of Hui Neng* (Boulder: Shambhala Publications, 1969) 참조.

운데 하나로서 1962년 조계종의 소의경전으로 채택된 경전이다.[37] 청담은 『금강경』에 대해 두 권 분량의 강의를 한 적이 있으며, 이 두 권은 『청담대종사전서』에 포함되어 있다.

묘엄은 사미니와 식차마나 시절의 삶에 대해 회고할 때, 윤필암에서 만난 몇몇 비구니들의 삶의 방식에 환멸을 느껴 비구 스승을 따라다니면서 수행을 하고 싶었다고 했다. 그래서 틈만 나면 봉암사의 스승들을 찾아가 자신의 수행에 대해 많은 질문을 했다. 윤필암에서 봉암사까지 왕복하려면 약 3백 리를 걸어야 했다. 묘엄은 오로지 비구 스승들에게서 수행에 대해 배워야겠다는 열정 하나만으로 무더운 여름이나 추운 겨울에도 개의치 않고 그 먼 거리를 자주 왕복했다. 묘엄은 쌍련선원과 봉암사에서 비구 스승들 지도 하에 배우던 시절이 자신의 인생에서 가장 행복한 시기였다고 밝혔다.[38]

봉암사 결사

묘엄이 봉암사 결사의 한 대중으로 수행했던 삶을 살펴보기 전에 간단하게 한국 불교사에서 봉암사 결사가 갖는 중요성을 살펴볼 필요가 있다. 김광식에 따르면, 청담과 성철은 1944년 중반부터

---

[37] 교육원 불학연구소 편찬, 『曹溪宗史: 근현대편』, 223쪽.
[38] 2005년 6월 묘엄과의 인터뷰.

1946년 중반까지 쌍련선원에서 참선 수행에 몰두하고 있었다. 쌍련선원에 주석하고 있던 두 스님은 일제강점기에 한국 불교가 타락하는 상황을 직시했다. 그들은 독신 선승들을 위한 독립적인 청정 승가공동체를 세울 계획을 의논하기 시작했다. 삼종괴색에 광목 가사를 수하는 것, 보살계 수계식을 할 것 등 봉암사 결사의 가장 핵심적인 부분은 결사가 공식적으로 시작되기 전에 이미 쌍련선원에서 실행되었다.[39] 청담과 성철은 쌍련선원을 떠나면서 후일 다시 만나 철저한 참선 수행의 결사를 하자는 데 동의했다.[40] 1946년 중반 성철은 경북 파계사把溪寺[41] 근처의 성전암聖殿庵으로 갔다.[42] 1946년 가을 청담은 홍경, 자운, 종수宗修, 도우道雨와 함께 봉암사로 갔다.[43] 청담과 이들 비구승 일행은 율장의 계율을 엄격히 지키며 참

---

[39] 쌍련선원에 머물고 있던 청담과 성철의 동료 비구승들은 대처승들의 금전적인 지원이 없어 매우 가난했으며, 가사를 짓기 위한 광목 살 돈을 마련하느라 무척 고생하는 것을 보았다고 묘엄은 회고했다(2006년 7월 묘엄과의 전화인터뷰).
[40] 묘엄은 청담과 성철이 해인사에 선원, 강원, 율원을 갖춘 총림을 세울 계획을 의논하는 것을 보았다. 그들은 또한 비구 승가와 비구니 승가를 바로잡기 위해 비구니들을 교육시키자는 데 뜻을 모았다(김용환의 원고).
[41] 파계사에 대해서는 웹사이트(http://www.daegustory.com/daegusachal/pagyesa.htm) 참조. 2006년 8월 25일 웹사이트 방문.
[42] 대승사 쌍련선원에 있던 비구승들은 대처승들이 1946년 중반 쌍련선원의 선방을 폐쇄하자 다른 곳으로 옮겨가지 않으면 안 되었다. 청담과 성철이 대승사 쌍련선원에서 참선 수행을 같이한 것에 대해서는 金光植, 「鳳巖寺 結社의 展開와 性格」, 청담기념사업회, 『청담대종사와 현대 한국불교의 전개』, 296-297쪽 참조. 광복 후 극심한 식량부족으로 인해 많은 수의 비구 참선 수행승들은 뿔뿔이 흩어져서 수행을 해야만 했다(2005년 6월 묘엄과의 인터뷰).
[43] 일제강점기 동안 봉암사에는 대처승들이 살고 있었다. 대처승 주지는 이웃 마을의 주민들을 괴롭혔고, 그는 광복 후 마을사람들 손에 맞아 죽었다(2006년 6월 묘

선 수행에 몰두해서 살기로 맹세를 하고 매일 능엄주 독송과 이산 혜연怡山慧然 선사[44] 발원문[45]을 외웠다. 그러던 중 1947년 중반 청담은 효봉의 해인총림 설립을 돕기 위해 봉암사를 떠나 해인사로 갔다. 성철 역시 효봉의 부름을 받았다. 해인사에 도착한 며칠 뒤 성철은 해인사를 운영하던 대처승들의 재정적 지원이 부족한 데 대해 깊이 좌절하게 되었다. 그래서 해인사에서 다시 봉암사로 돌아와 거기에 머물고 있던 비구승들과 합류했다.[46] 1947년 가을 성철은 봉암사에서 결사를 시작했다. 청담은 해인사 선방의 입승이라는 중요한 소임을 맡고 있었으므로 봉암사 결사의 시작 부분에는 참여하지 못했다.[47] 마침내 1948년[48] 청담도 결사에 합류하여 대중의 참선 수행정진을 더욱 활성화시켰다.[49]

엄과의 인터뷰). 청담과 동료 비구승들이 함께 봉암사로 들어갔을 때, 대처승들은 모두 떠난 후였다(金光植, 「鳳巖寺 結社의 展開와 性格」, 296-298쪽).

[44] 이산혜연 선사에 대해서는 禪學大辭典編纂所, 『禪學大辭典 上』(大修館書店, 1978), 23쪽 참조.

[45] 이산혜연 선사 발원문에 대해서는 종진, 「怡山然禪師의 發願文에 대한 理解」, 『修多羅』 9號, 1994, 95-105쪽 참조.

[46] 비록 청담과 성철은 1946년 중반부터 1947년 중반까지 함께 참선을 하지는 못했지만 봉암사에서의 결사를 의논하기 위해 친한 도반으로서 자주 만났다(金光植, 「鳳巖寺 結社의 展開와 性格」, 298-303쪽).

[47] 해인사에서 안거가 끝날 때마다 청담은 대부분 봉암사로 돌아와서 안거철까지 봉암사에 머물렀다(2006년 6월 묘엄과의 전화인터뷰).

[48] 몇 년도에 청담이 봉암사로 돌아왔는지는 분명치 않다. 그 이유는 청담의 자료들이 일치하지 않기 때문이다. 김광식은 청담이 1948년 가을, 아니면 1949년 이른 봄에 봉암사로 돌아왔으리라 추정한다(金光植, 「鳳巖寺 結社의 展開와 性格」, 304-305쪽). 묘엄의 회고에 따르면 청담이 봉암사로 돌아온 시점은 1948년 가을인 듯하다.

[49] 金光植, 「鳳巖寺 結社의 展開와 性格」, 287-304쪽.

중국 선사들의 가르침에 따라 청담과 성철은 결사 참가 대중들을 위해 공주규약共住規約[50]이라는 혁신적인 수행 청규를 만들었다. 공주규약은 자율적이고 금욕적인 참선 수행을 하는 수좌들을 위한 단순하면서도 청정한 수행을 반영하고 있었으므로 비구 선승들의 생활에 잘 맞았다. 이 규약은 다음과 같은 내용을 포함하고 있다. 승가의 계율을 철저히 지킬 것, 매일 두 시간 이상 육체노동을 할 것(농사짓기, 땔감 장만하기, 기타 육체적인 노동), 신도들의 보시에 의존해서 살지 말 것, 사원 재정을 늘리기 위한 재는 지내지 말 것, 능엄주와 이산혜연 선사 발원문을 매일 외울 것, 화장실에 갈 때와 수면을 취할 때를 제외하고는 오조가사五條袈裟[51]와 고승장삼高僧長衫[52]을 항상 갖춰 입을 것 등이다.[53]

청담과 성철은 봉암사 결사를 통해 일본 식민지불교를 거치면서 나타난 승풍의 타락을 극복하려는 것이었다. 그들이 추진한 봉암사 결사는 한국 불교의 청정비구 승가 전통을 부활시키는 데 중요한 돌파구였다. 봉암사 결사에는 많은 비구 선승들이 모여들었다.[54] 봉

---

[50] 공주규약에 대해서는 金光植, 「鳳巖寺 結社의 展開와 性格」, 306-307쪽. 공주규약에 대해서는 뒤에서 자세히 논한다.
[51] 오조가사란 세 쪽의 조각을 이어 만든 수직선의 천을 다섯 쪽 이어서 붙인 사각형의 천을 목에 둘러 배를 가리는 가사를 가리킨다. 오조가사는 일본 조동종의 승복이다. 오늘날 한국의 승려들은 오조가사를 수하지 않는다.
[52] 오조가사와 고승장삼에 대해서는 청담과 성철이 오조가사와 고승장삼을 수하고 찍은(교육원 불학연구소 편찬, 『曹溪宗史: 근현대편』, 178쪽) 사진 참조.
[53] 金光植, 「鳳巖寺 結社의 展開와 性格」, 306-307쪽.
[54] 1949년 초반 봉암사 결사에 참여한 비구와 비구니의 숫자는 40명이 넘었다. 봉암사 결사에 참여한 승려들의 숫자에 대해서는 金光植, 「鳳巖寺 結社의 展開와 性格」, 310-311쪽 참조.

암사 결사 정신은 1950년대 중반 청담의 한국불교정화운동의 기초가 되었다.[55] 그래서 봉암사 결사는 '현대 한국 불교의 중흥'이라고 불린다.[56]

청담과 성철이 주도한 봉암사 결사에 묘엄이 합류한 시기가 정확히 언제인지는 불확실하다.[57] 청담과 성철, 자운은 봉암사에서 비

---

[55] 金光植, 「鳳巖寺 結社의 展開와 性格」, 316-322쪽.

[56] 김광식, 『아! 청담, 36인의 생생한 증언으로 엮어낸 국내 최초 대담집』, 41쪽. 봉암사 결사에 참여했던 대부분의 비구들은 후일 한국 불교의 영향력 있는 지도자가 되었다. 청담은 한국 불교의 지도자로서 1954년부터 적극적으로 불교정화운동을 이끌기 시작했다.

[57] 2004년 7월과 2005년 6월에 필자는 묘엄에게 언제 식차마나계를 받았느냐고 질문했다. 묘엄은 청담이 해인사에서 봉암사로 돌아온 뒤 자신이 열여덟 살이었을 때 식차마나계를 받았다고 분명하게 기억했다. 2006년 6월 필자는 묘엄의 행장에서 일치되지 않는 부분을 정확하게 하기 위해 전화를 걸었다. 그리고 봉암사에서 식차마나계를 받은 시기에 대해 다시 한번 질문했다. 묘엄은 식차마나계를 받은 것이 열여덟 살 때라고 답했다. 현재 70대 중반인 묘엄이 연대를 정확하게 기억하기는 어렵다는 점을 감안할 필요가 있다. 필자는 묘엄이 백련암에 머문 기간이 얼마 동안인지와 백련암에 갔을 때와 떠날 때의 계절이 무슨 계절이었는지 기억해 낼 수 있느냐고 질문했다. 묘엄의 회고에 따르면, 그녀는 이른 봄날 봉암사에서 식차마나계를 받고, 같은 해 봄에(나무에 새싹이 나오기 전) 바로 백련암으로 옮겨 거기서 겨울을 났으며, 다음 해 가을에 백련암을 떠났다고 했다. 청담과 성철이 봉암사 결사 중이던 일 년 반 동안 묘엄은 백련암에 머물렀다(2006년 6월 묘엄과의 전화인터뷰).

김광식에 따르면 1949년 초반 봉암사에서 결사를 했던 비구 대중들은 주변 산속 깊이 숨어든 공산게릴라의 문제에 봉착했다. 1949년 가을 성철은 홀로 봉암사를 떠났다. 청담은 1950년 음력 3월 남은 승려들과 함께 봉암사를 떠났다(金光植, 「鳳巖寺 結社의 展開와 性格」, 314-315쪽). 묘엄은 1949년에 열여덟 살이 되었다. 청담 관련 자료와 묘엄의 진술을 대조해 보면, 1949년 가을 묘엄은 백련암을 떠나 윤필암으로 돌아왔다는 것을 알 수 있다. 그녀가 윤필암으로 돌아온 다음해에 한국전이 발발했다(김용환의 원고). 묘엄은 자신이 백련암에 머물렀던 기간을 정확하게 기억하지 못할 수도 있다. 어쩌면 1949년 이른 봄 묘엄이 식차마나계를 받은 직후에 백련암으로 가서 채 일 년이 안 되는 기간 동안 그곳에 거주하며

구니들의 교육문제를 논의하고, 소수의 비구니들을 미래 비구니 승가의 지도자로 키우기 위해 철저히 교육시켜야 한다는 데 동의했다. 이들은 지도자로 양성할 다섯 명의 젊은 비구니를 뽑았다.[58] 이리하여 묘엄은 비구 스승들의 전적인 지원 속에 봉암사 결사의 대중으로 합류할 수 있었고, 다른 네 명의 대중과 함께 봉암사 근처의 백련암에 머물게 되었다. 그 네 명의 비구니는 묘찬妙璨(1926~1989),[59] 묘명妙明(?~1955),[60] 지원智原(생몰연대 미상),[61] 재영在英(생몰연대 미상)[62]이다. 묘엄의 은사는 자신의 상좌가 봉암사에서 비구 스승 아래 참선 수행하는 것을 허락해 주었다. 묘엄은 음력 2월 초에 백련암으로 거처를 옮겼다.[63] 다른 비구니들과 함께 백련암에서 지내면

봉암사 결사에 참여했을 가능성도 있다.
[58] 1940년대 후반 한국 사회에서 비구니들의 지위는 매우 낮았다. 대부분의 비구니들은 대중들을 위한 공식적인 불교의식에 참여할 수 없었다. 그들은 작은 비구니 암자에서 가난하게 살았으며 보통 탁발을 나가거나 밭농사를 지었다. 재가불자들은 재나 불공을 드리고 싶을 때, 대부분 비구 사찰을 찾았다(2005년 6월 묘엄과의 인터뷰). 1930년대부터 1950년대 사이 한국 비구니들의 삶에 대해서는 Batchelor, "The Life of a Korean Zen Nun: The Autobiography of Son'gyong Sunim as Told to Martine Batchelor," pp. 26-37 참조.
[59] 묘찬은 출가하기 전에 마산馬山에서 초등학교 교사로 재직했다. 독실한 불자로서 묘찬은 마산의 어느 절에서 청담의 법문을 들었다. 그녀는 청담의 법문을 듣고 비구니가 되기로 결심했다. 후일 묘찬의 속가 여동생인 묘명 역시 출가했다(윤청광, 『회색 고무신』, 183쪽).
[60] 열여덟 살에 묘엄은 봉암사에서 묘명의 머리를 삭발해 주었다(윤청광, 『회색 고무신』, 187-188쪽). 삭발할 때 묘명은 열아홉 살이었다. 묘명은 한국전 기간 동안 천연두에 걸려 세상을 떠났다(2005년 묘엄과의 인터뷰).
[61] 지원은 묘엄의 사제였다.
[62] 윤청광, 『회색 고무신』, 183쪽. 재영은 윤필암에 주석하던 비구니들 중 한 명이었다(윤청광, 『회색 고무신』, 203쪽).
[63] 2006년 6월 묘엄과의 전화인터뷰. 묘엄은 몇 년도에 백련암으로 옮겨갔는지는

서 묘엄은 매일 봉암사를 갔는데, 성철에게서 참선 수행과 중국 선사들의 선시를 배우기 위해서였다.⁶⁴ 묘엄을 비롯한 다섯 명의 비구니 대중은 봉암사 결사의 일원으로서 공주규약을 철저하게 지켰다.⁶⁵

묘엄은 성철의 직접적인 지도 아래 철저히 참선 수행에 몰두했다. 어느 날 성철이 느닷없이 묘엄의 멱살을 쥐더니 "만법이 하나로 돌아가는데 그 하나가 돌아가는 곳은 어디냐?"라고 고함을 쳤다. 묘엄은 엉겁결에 머뭇거리며 "마음으로 돌아갔습니다."라고 답했다. 성철은 묘엄의 등을 세 번이나 세차게 내리치면서⁶⁶ 또 다른 화두⁶⁷인 '시심마是甚摩(이 뭐꼬?)' 화두를 참구하라고 했다. 성철은 그녀에게 걸을 때나 서 있을 때나 앉아 있을 때나 음식을 먹을 때나 일

기억하지 못했지만 몇 월에 갔는지는 기억했다. 묘엄의 증언으로는 그녀가 백련암으로 옮겨간 것이 1949년 음력 1월 말이나 2월 초였을 가능성이 있다.

⁶⁴ 윤청광, 『회색 고무신』, 183쪽. 해인사에서 봉암사로 돌아온 뒤 청담은 철저한 참선 수행을 하면서 1949년 가을 성철이 봉암사를 떠날 때까지 극락전에서 혼자 오랫동안 좌선에 몰입했다(김광식, 『아! 청담, 36인의 생생한 증언으로 엮어낸 국내 최초 대담집』, 163-171쪽).

⁶⁵ 2005년 6월 묘엄과의 인터뷰.

⁶⁶ 2005년 6월 필자는 묘엄에게 성철이 때릴 때 많이 아팠냐고 질문했다. 묘엄은 매우 아팠다고 회고했다.

⁶⁷ 한국어로 '화두'는 중국어의 '話頭'나 '公案' 그리고 일본어의 '고안公案'과 동일하다. 한국 화두선 수행에 대해서는 Buswell, Jr., *The Zen Monastic Experience: Buddhist Practice in Contemporary Korea*, pp. 149-228; Robert E. Buswell, Jr., "The 'Short-cut' Approach of K'an-hua Meditation: The Evolution of a Practical Subitism in Chinese Ch'an Buddhism," in Peter N. Gregory, ed., *Sudden and Gradual: Approaches to Enlightenment in Chinese Thought*, Studies in East Asian Buddhism, no. 5 (Honolulu: University of Hawaii Press, 1987), pp. 321-377 참조.

을 할 때나 누워 있을 때나 항상 끊임없이 시심마를 화두로 삼으라고 했다.[68]

성철이 어째서 그녀의 화두를 시심마로 바꿔 주었는지에 대해 묘엄은 다음과 같이 필자에게 설명했다. 성철은 "만법이 하나로 돌아가는데, 그 하나는 어디로 가는가?"라는 화두를 통해 묘엄에게 끝없는 의문을 일으키게 하려는 것이었다. 그녀가 "그 하나는 마음으로 돌아갔습니다."라고 대답했을 때, 성철은 묘엄이 일반적인 논리로서 화두를 풀어 보려고 했다는 것을 알아차렸다. 묘엄의 화두 공부는 잘 되지 않았다. 화두 참구란, 화두에 대해 끊임없이 의문을 제기하며 몰입하다 문득 모든 의문 덩어리를 타파하고 깨달음을 얻는 것이다. 화두에 몰두함으로 인해 생겨나는 수행자의 수많은 의문들은 화두에 대한 강렬한 몰입의 순간 모든 사량 분별이 사라지고 깨달음의 경지에 다다르게 된다.[69]

성철은 묘엄이 어떻게 시심마라는 화두를 참구할지에 대해 가르쳐 주었다.

"이 무엇인가? 그 전에는 이인순이었고, 지금은 묘엄으로 불리는 이 나는 과연 무엇인가? 이름이 나인가? 얼굴이 나인가? 머리가 나인가? 눈이 나인가? 코가 나인가? 귀가 나인가? 입이 나인가? 아니면 몸뚱이가 나인가? 팔다리가 나인가? 때로는 웃고 때로는 울고, 또 때로는

---

[68] 윤청광, 『회색 고무신』, 186-187쪽.
[69] 2005년 6월 묘엄과의 인터뷰.

괴로워하는 이 나는 무엇인가? 도대체 무엇이 나란 말인가?"[70]

성철의 지도 아래 묘엄은 대부분의 시간을 시심마 화두 참구에 몰입했다.[71]

어느 이른 봄날에, 묘명이 삭발 출가했다. 성철은 묘엄에게 봉암사 사찰 마당 한쪽 구석에서 삭도로 묘명의 머리를 깎아 주라고 했다. 묘엄이 묘명의 삭발을 끝내자마자, 성철이 갑자기 묘명의 멱살을 잡더니 "너는 이제 막 삭발하였다. 너는 더 이상 속인도 아니고, 계를 안 받았으니 중도 아니다. 그럼 대체 너는 누구냐? 퍼뜩 일러라! 퍼뜩 일러라!"라고 소리를 질렀다. 몹시 놀란 묘명이 입을 떼려고 애썼다. 그 순간 성철은 잽싸게 주먹으로 묘명의 입을 쥐어박으며 확 밀쳐 버렸다. 묘명은 뒤로 벌렁 자빠졌다. 묘엄은 손과 삭도를 씻기 위해 절 마당 가까이 있는 개울가로 얼른 도망쳤다.[72]

묘명은 입가에 피가 묻은 채 개울가에 있는 묘엄 곁으로 다가와 앉았다. 묘엄은 "큰스님께서 대체 너는 누구냐고 물으셨을 때 너는 뭐라고 대답하려고 했니?"라고 물었다. 묘명은 "저는 행자입니다."라고 답하려고 했다고 말했다. "그건 안 맞는 대답이야."라고 묘엄이 말하는 순간, 성철은 별안간 그녀를 물속으로 확 밀

---

[70] 윤청광, 『회색 고무신』, 187쪽.
[71] 묘엄은 참선도량인 윤필암에서 출가한 이래 화두 수행을 해왔다. 그러나 그녀가 본격적으로 화두 수행을 시작한 것은 봉암사에서 성철의 지도 아래에서였다 (2005년 6월 묘엄과의 인터뷰).
[72] 윤청광, 『회색 고무신』, 187-188쪽.

어 버렸다.[73] 묘엄은 물속에 풍덩 빠져서 허우적거리며 일어서려고 애를 썼다. 성철이 물속으로 뛰어들더니 한쪽 다리를 묘엄의 등에 얹고는 벼락 치듯 큰소리로 "그럼 니가 맞는 대답을 해 봐라!"라고 고함을 쳤다. 묘엄은 아무 대답도 할 수가 없었다.[74] 성철은 비구와 비구니 제자들에게 기이한 말과 기상천외한 행동으로 화두에 대한 의심을 일으켜 화두에 몰입하도록 유도하는 방법을 썼다. 제자들이 자신의 화두에 몰입하도록 하기 위해 제자 개개인의 특성에 맞게 가르치고자 끊임없이 노력했다. 기이한 행동과 벽력 같은 고성, 몽둥이로 치거나 하는 등과 같은 여러 가지 파격적인 행동을 자주 했다. 성철은 비구와 비구니가 참선 수행에 몰두하면 모두 깨달음을 얻을 수 있다고 믿었다.[75]

봉암사 하안거가 시작되던 어느 비오는 날,[76] 묘엄은 성철과 향곡 香谷(1912~1978)[77]이 주고받는 법거량 장면을 보았다. 향곡은 큰방

---

[73] 묘엄은 성철이 따라와 자신의 뒤에 서 있는 것을 몰랐다(2005년 6월 묘엄과의 인터뷰). 봉암사에서 성철은 청담에게도 자주 기이하고 파격적인 행동을 보였다. 청담은 비구 대중들에게 성철의 파격적인 행동은 그가 법거량을 하려는 것이니 오해하지 말라고 주의를 주었다(김광식, 『아! 청담, 36인의 생생한 증언으로 엮어낸 국내 최초 대담집』, 132쪽).
[74] 윤청광, 『회색 고무신』, 187-189쪽.
[75] 2005년 6월 묘엄과의 인터뷰.
[76] 필자는 봉암사 하안거가 시작되던 그 날이 아마도 1949년 음력 4월 15일이었을 것으로 추정한다.
[77] 향곡은 1978년 입적했다. 그는 당시 한국의 가장 잘 알려진 선사 중 한 사람이었으며, 성철의 가장 가까운 도반이기도 했다. 향곡은 1929년 열일곱 살에 출가했다. 그는 일평생 두 번 깨달음을 체험했다. 1944년 여름 내원사內院寺에서 초견성을 한 뒤, 1947년 봉암사에서 대오각성했다. 향곡의 행장에 대해서는 「(18)無位眞人 香谷」, 『韓國日報』, 2003. 6. 30(http://news.hankooki.com/lpage/life/200306/h2003063016533325380.htm).

의 법상에 앉아 결제 법문을 시작했다. "제불시아원 제중생시아친 諸佛是我寃 諸衆生是我親"이라는 구절을 염송하던 중이었다.[78] 향곡은 느닷없이 주장자를 우지끈 반쪽으로 부러뜨리더니 그것을 비가 주룩주룩 내리는 밖으로 획 집어 던졌다. 그리고는 법상에서 쏜살같이 내려오더니 법상 앞에 앉아 있던 대중들에게 갑자기 와락 달려들어 "한마디 일러라! 일러라!"라고 고함을 쳤다. 묘엄은 후다닥 자리에서 일어나 신발을 손에 움켜쥐고 온 힘을 다해 맨발로 절 마당을 가로질러 혼비백산 달아났다.[79]

잠시 후, 묘엄은 살금살금 절 마당으로 다가와 성철과 향곡을 보았다. 그들은 얼굴에 형언할 수 없는 환희로운 표정을 지은 채 어깨동무를 하고, 비를 흠뻑 맞으며 절 마당을 맨발로 비척거리며 왔다 갔다 하고 있었다. 향곡이 성철에게 "당신은 문수야."라고 말했다. 그러자 성철은 향곡에게 "당신은 보현이야."라고 말했다. 처마 밑에 모여선 대중들은 이 경이로운 광경을 구경하고 있었다. 그때 갑자기 성철이 향곡의 멱살을 틀어잡고 대문간으로 끌고 갔다. 그리고는 향곡을 대문 밖에다 패대기를 쳐 버렸다. 향곡은 졸지에 대문 밖으로 곤두박질했다. 성철은 재빨리 문을 탁 닫아 빗장을 채워 버렸다. 향곡은 대문을 흔들며 성철에게 문 좀 열어 달라고 애걸했다.

참조. 2006년 8월 25일 웹사이트 방문.
[78] 윤청광, 『회색 고무신』, 191쪽.
[79] 언젠가 묘엄은 성철에게 비구 스승이 자신의 선 수행의 진전을 시험하기 위해 때리려고 하면 어찌 해야 하느냐고 질문했다. 성철은 가급적 잽싸게 도망가라고 귀띔했다(2005년 6월 묘엄과의 인터뷰).

성철은 커다란 돌을 들고 대문 앞으로 가더니 소리 안 나게 대문을 살짝 열어 놓았다.[80]

문이 열린 걸 알아차리지 못한 향곡은 힘껏 대문을 밀었다. 문이 활짝 열리는 순간 성철은 있는 힘을 다해 그 돌을 향곡에게 던졌다. 그 큰 돌이 향곡의 배를 치고 발등 위로 떨어졌다.[81] 그 광경을 지켜보던 대중들은 몹시 놀라서 고함을 지를 뻔했다. 그런데 향곡은 아무렇지도 않다는 듯이 마당을 성큼성큼 가로질러 와서 다시 성철과 어깨동무를 하는 것이었다. 둘은 절 마당 한가운데서 호쾌한 웃음을 터뜨렸다.[82] 형언하기 어려운 깨달음의 체험에서 우러나온 비구 스승들의 기이한 행동을 목격한 묘엄은 깨달음이란 수행자 개개인의 체험을 통해서만 얻어질 수 있다는 것을 확신하게 되었다. 비구 스승들의 활기차고 생동감 넘치는 기행에서 묘엄은 그들의 깨달음의 경지를 조금이나마 엿볼 수 있게 되었다.[83]

봉암사에서 묘엄은 또한 비구 스승들이 칠성탱화와 산신탱화를 절 마당에서 불태워 버리는 것도 보았다. 출가 수행자가 잡신 숭배로 벌어들인 재정에 의존해 살아서는 안 된다고 주장하면서 민속신앙의 요소를 제거하려고 했다. 그리고 봉암사 대중은 목발우 사

---

[80] 윤청광,『회색 고무신』, 192-193쪽.
[81] 향곡은 발이 부어올라 얼마간 절뚝거렸으나, 그는 발의 통증에 대해 전혀 불평하지 않았다. 향곡의 발은 곧 나았다(2005년 6월 묘엄과의 인터뷰).
[82] 윤청광,『회색 고무신』, 189-194쪽.
[83] 2005년 6월 묘엄과의 인터뷰.

용을 금지했다. 목발우는 사치스러운 물건이므로 부처님 재세 시의 출가 수행자들처럼 철제 발우를 사용하기로 했다.[84] 『사분율四分律』에 의거하면, 비구와 비구니는 철제 발우와 흙으로 빚은 와瓦발우만 소지하도록 되어 있다.[85] 청담과 성철은 『범망경梵網經』[86]에 근거해, 신도들을 위한 보살계 수계식을 거행했다. 봉암사에서의 보살계 수계식에 참가한 많은 재가불자들의 수계사는 자운이 맡았다.[87] 또한 망자를 위한 봉암사의 재는 간소하게 『금강경』을 염송하는 것으로 치렀다.[88]

자운은 봉암사에서 공식 법의인 회색 장삼을 디자인했는데, 이 법의는 길이가 길고 커다란 나비 날개 모양의 소매가 달린 것이다.[89] 이 디자인은 송광사[90]에 봉안된 지눌知訥(1158~1210)[91]의 진

---

[84] 봉암사의 승려들은 와발우를 사용하기 전에 알루미늄 발우를 사용하려고 시도했다. 와발우는 너무 무거워서 손으로 들기가 힘들었다(김용환의 원고).

[85] 승려들이 쓰는 발우의 규정에 대해서는 『大正新修大藏經』, 22권, pp. 951c-953b 참조.

[86] 『大正新修大藏經』 24권, pp. 997a-1010a. 『범망경』에 대해서는 Paul Groner, "The Fan-wang ching and Monastic Discipline in Japanese Tendai: A Study of Annen's Futsūjubosatsukai kōshaku," in Robert E. Buswell, Jr. ed., Chinese Buddhist Apocrypha (Honolulu: University of Hawaii Press, 1990), pp. 251-290 참조.

[87] 김용환의 원고.

[88] 위의 글. 청담과 성철이 무속을 철폐하려고 시도한 데 대해서는 金光植, 「鳳巖寺 結社의 展開와 性格」, 303-304쪽 참조.

[89] 한국 불교에서는 비구와 비구니의 승복이 동일하다. 한국의 승복에 대해서는 Buswell, Jr., The Zen Monastic Experience: Buddhist Practice in Contemporary Korea, pp. 105-106 참조.

[90] 송광사에 대해서는 Buswell, Jr., The Zen Monastic Experience: Buddhist Practice in Contemporary Korea 참조.

[91] 지눌의 행장과 저술에 대해서는 Buswell, Jr., The Zen Monastic Experience:

영을 기초로 해서 만든 것이다. 1940년대 말 지눌의 장삼은 고승장삼이라 불렸고, 그것은 오로지 고승들만이 수하는 것으로 인식되어 있었다. 한국 불교사에서 최초로 이 회색 장삼을 수하고 삼종괴색의 광목 가사를 어깨에 두른 승려들은 봉암사 결사에 참가한 대중들이었다.[92]

성철은 묘엄과 백련암 비구니 대중들에게 옛 조사 스님들의 소욕지족小欲知足과 안빈낙도安貧樂道의 수행정신을 가르쳤는데, 바람과 눈이 들이치는 낡고 쓰러진 띳집에 살았던 양기방회楊岐方會 (992~1049)[93]와 같은 중국 선사들의 선시를 암기하라고 했다. 묘엄을 비롯한 동료 비구니들이 외운 선시는 주로 선정삼매에서 체득한 환희와 소욕지족의 삶을 통해 얻어지는 행복과 평화로움을 표현하는 내용들이었다.[94] 성철은 비구니 제자들에게 재가불자의 보시에

Buddhist Practice in Contemporary Korea, pp. 57-64; Robert E. Buswell, Jr., *Korean Approach to Zen: The Collected Works of Chinul* (Honolulu: University of Hawaii Press, 1983); Robert E. Buswell, Jr., "Chinul's Systemization of Chinese Meditative Techniques in Korean Sŏn Buddhism," in Peter N. Gregory, ed., *Traditions of Meditation in Chinese Buddhism*, Studies in East Asian Buddhism, no. 4 (Honolulu: University of Hawaii Press, 1986), pp. 199-242 참조.

[92] 2004년 7월 묘엄과의 인터뷰. 독신 비구승들의 삼종괴색의 광목 가사와 고승장삼은 1950년대 중반 한국불교정화운동 기간 중 대처승들과 구별하기 위해 착용하기 시작했다(김용환의 원고). 불교정화운동은 이 책 제5장에서 자세히 다룬다.

[93] 양기방회 선사에 대해서는 Heinrich Dumoulin, *Zen Buddhism: A History, Volume I, India and China* (New York: Macmillan Publishing Company, 1988), pp. 244-247 참조.

[94] 봉암사 비구들이 중국 선사들의 게송을 암기했는지에 관한 기록은 찾을 수 없다. 그러므로 묘엄의 증언은 오로지 비구니들만 중국 선사들의 게송을 암기했음을 암시한다.

의존하지 말고 자급자족해서 살아가라고 엄격하게 가르쳤다. 묘엄은 또한 성철로부터 이산혜연 선사 발원문도 배웠다. 처음에는 발원문 내용도 모르고 한문 발원문을 암기한 후, 성철과 청담에게 발원문을 한글로 번역해 달라고 부탁했다.95

묘엄이 봉암사에서 참선 수행에 매진하고 있는 동안 묘엄과 백련암 대중들은 공주규약을 엄격하게 지켰다. 한국의 모든 선찰에 있는 대중들처럼 묘엄과 그녀의 동료들은 동이 트기 훨씬 전인 새벽 세 시에 기상했다. 매일 아침 그들은 능엄주와 이산혜연 선사 발원문을 염송했다. 그리고 해 뜨기 전에 아침 공양으로 멀건 쌀죽 한 그릇을 먹고 낮 시간에는 봉암사의 운력에 참여했다. 봉암사의 비구들과 똑같이 백련암 비구니들도 오후 불식을 했다. 그들은 농사짓기, 땔감 모으기 등과 같은 육체노동을 매일 두 시간 이상 했다. 성철은 묘엄과 동료 비구니들에게 자급자족적으로 살아가기 위해서는 남성들이 하는 노동도 다 할 줄 알아야 한다고 가르쳤다. 그리고 화장실에 갈 때와 잘 때를 빼고는 봉암사 비구 대중처럼 오조가사와 고승장삼을 반드시 갖추어 입도록 명했다. 성철의 지시 아래 묘엄과 동료 비구니들도 마을에 일을 보러 갈 때는 가사와 고승장삼을 수하고 대나무로 된 챙 넓은 모자를 쓰고 출타했다.96

---

95 윤청광, 『회색 고무신』, 205-206쪽. 성철과 청담의 이산혜연 선사 발원문 번역은 나중에 운허耘虛(1892~1980)에 의해 편집되었다. 이산혜연 선사 발원문은 한국 불교의식에서 주요한 염불 가운데 하나가 되었다(2004년 7월 묘엄과의 인터뷰). 운허에 대해서는 이 책 다음 장에서 자세히 논한다.
96 묘엄의 비구 스승들은 주장자를 가지고 다녔다. 백련암의 비구니들도 모두 주장

2004년 7월 필자는 묘엄에게 그녀를 포함해 백련암 비구니들이 봉암사의 비구 스승들을 위해 밥을 짓거나 빨래나 바느질 혹은 방 청소 등의 잡일을 했느냐고 질문했다. 묘엄은 비구 스승들을 위해 그런 잡일들을 한 적이 없으며, 또한 비구 스승들도 자신들을 위해 비구니들이 그런 잡일을 해줄 것이라고 기대조차 하지 않았다고 대답했다.[97] 비구 스승들은 비록 봉암사 비구 대중과 비구니 대중들이 절대로 서로 어울리지 못하게 했지만, 비구니 대중이나 비구 대중이나 똑같이 결사의 구성원으로서 평등하게 대했다.[98] 봉암사에서의 비구와 비구니들의 지위는 성철에게 동등한 제자들이었다. 봉암사 대중의 운력 중에 들판에서 일하기, 채마밭 돌보기, 땔감 모으기,[99] 가을걷이 등을 할 때에는 묘엄과 동료 비구니들은 봉암사 비

자를 갖고 있기는 했지만 그 주장자를 들고 다닐 기회는 전혀 없었다. 비구니들이 주장자를 사용할 수 없었던 이유는 그들이 먼 거리를 여행할 기회가 없었기 때문이다. 현대 한국 불교사에서 최초로 오조가사와 고승장삼을 수할 수 있었던 비구니들은 백련암의 비구니들이었다. 다른 비구니들은 백련암의 비구니들이 고승도 아니면서 비구 고승들처럼 고승장삼을 착용하고 오조가사를 수한다고 비방했다(김용환의 원고).

[97] 1947년 봉암사로 출가해 청담의 상좌가 된 혜명慧明은 봉암사의 비구들이 여성들로부터 어떤 도움도 받지 않고 절에서 모든 공양간 일을 자신들이 직접 했다고 증언했다(김광식, 『아! 청담, 36인의 생생한 증언으로 엮어낸 국내 최초 대담집』, 165쪽).

[98] 백련암 비구니들의 법명은 비구들의 법명과 나란히 봉암사 결사자의 명단에 참가자로 올라 있다. 봉암사 결사에 참가한 비구와 비구니들의 명단 원본은 해인사 말사인 백련암에 보존되어 있다. 결사 참가자 명단 중 일부에 대해서는 김광식, 『아! 청담, 36인의 생생한 증언으로 엮어낸 국내 최초 대담집』, 41쪽 참조.

[99] 비구니들이 모은 땔나무는 백련암의 땔감으로 사용되었다. 나무는 난방과 요리를 위한 연료였고, 그 당시 큰 사찰이나 암자에는 다른 연료가 없었다(2005년 6월 묘엄과의 인터뷰).

구 대중과 멀리 떨어져 서로 반대편에서 독립적으로 운력을 했다. 비구와 비구니들이 나란히 같이 운력을 하는 경우는 없었고 항상 따로 떨어져 일했다. 점심 공양 시간이 되면 묘엄과 동료 비구니들은 공양 소임을 맡은 봉암사 비구들이 준비한 음식을 먹었는데, 비구니들은 작은 방에서 발우공양을 하고 비구들은 큰방에 모여 발우공양을 했다.[100] 봉암사의 하루 수행일과가 끝나면 비구니들은 어두워지기 전에 백련암으로 돌아왔다. 저녁 시간에는 참선을 하거나 중국 선사들의 선시를 암기하기도 하다가 밤 아홉 시에 취침했다. 묘엄의 비구 스승들은 백련암의 비구니 제자들에게 쌀과 부식 등 모든 식량을 마련해 주며 그들이 오로지 참선 수행에만 전념할 수 있도록 격려했다.[101]

묘엄이 증언하는 봉암사에서의 식차마나 수련에 관한 내용들을 살펴보면, 1940년대 한국 비구니들의 선불교 수행 체험을 예리하게 통찰할 수 있을 뿐만 아니라 그녀가 대중생활을 하며 수행했던 당시의 보편적인 불교 풍토에 관한 귀중한 자료가 된다는 것을 알 수 있다. 특히 당시의 비구 스승들이 비구니들을 어떤 시각으로 대했는지 주의 깊게 살펴볼 필요가 있다. 그들의 시각은 당시의 특수한 역사적·사회적 상황에 처했던 비구니들의 삶을 연구하는 데 새로

---

[100] 묘엄과 동료 비구니들은 봉암사 공양간에서 비구 소임자들을 도와준 적이 없었다. 봉암사의 공양간 일은 모두 비구들이 했다. 이에 대해 비구가 불평하는 것을 들어본 적이 없었다(2005년 6월 묘엄과의 인터뷰).
[101] 2004년 7월 묘엄과의 인터뷰. 봉암사 결사에 참가한 대부분의 비구들은 후일 한국 불교의 지도자가 되었다. 결사에 참가한 비구니들 중에는 묘엄만이 비구니 승가의 영향력 있는 인물이 되었다.

운 면을 보여 주기 때문이다. 불교 양성평등주의 연구자들 중 대부분이 세계불교사를 통틀어 볼 때 거의 모든 불교 전통에서 비구들은 비구니들의 조력자가 아니었다고 주장한다. 그러나 묘엄의 생애에 대해 필자가 연구한 바에 따르면, 묘엄의 비구 스승들은 묘엄과 동료 비구니들을 적극적으로 지원해 주었으며 비구니 교육에 중대한 역할을 했음을 알 수 있다. 이 책의 뒷부분에서 자세히 논하겠지만 이들 비구 스승들은 현대 한국 불교의 격동기에 비구니 승단을 재건하기 위해 큰 공헌을 했다. 그들은 남녀에 대한 당시의 차별적인 관념에 상관없이 모든 중생들은 수행정진하면 모두 불타가 될 수 있다는 만민평등사상인 임제선의 교리에 충실했다. 그들은 비구와 비구니를 동등하게 깨달음의 길로 안내하기 위해 지난한 노력을 기울였다.

생사의 기로에서도 지킨 계율

묘엄이 봉암사에서 철저히 참선 수행에 몰두하고 있을 당시 한국은, 일본으로부터 해방이 되고 한국전이 발발하기 직전의 역사적 격동기를 겪고 있었다. 음력 4월 어느 봄날[102] 묘엄은 백련암 대중들과 산나물을 뜯으러 봉암사 주변의 깊은 산중으로 갔다. 나물을

---

[102] 묘엄은 사건이 일어난 때가 음력 4월 어느 봄날이라고 했다(2004년 7월 묘엄과의 인터뷰). 묘엄의 증언은 그때가 1949년 음력 4월이었음을 암시한다.

뜯는 데 정신이 팔린 묘엄은 다른 비구니 대중들로부터 멀어져 가는 것을 모르고 있었다. 땅만 보고 나물을 뜯는 동안 등 뒤의 숲속에서 어떤 남자가 갑자기 튀어나온 것도 알아차리지 못했다. 그는 얼굴에 숯검정 칠을 하고 황토로 범벅이 된 옷을 입고 있었다. 묘엄은 겁에 질려 도와달라고 고함을 지를 경황도 없었다.[103] 그 남자는 묘엄에게 자신은 이북에서 내려온 공산주의자이며 자신의 동지들을 위해 밥을 하고 빨래를 해줄 여자가 필요하니 함께 가자고 말했다. 묘엄은 거세게 저항했지만 그는 윽박지르며 따라오라고 했다. 그리고 권총을 묘엄의 목에 들이대고는 동행을 거부하면 죽이겠다고 협박했다.[104] 권총이 목을 겨누고 있었으므로 묘엄은 일순간에 죽을 수도 있다는 것을 깨달았다. 마음의 평정을 되찾은 묘엄은 출가서원을 지키며 비구니로서 계율을 지키다가 죽겠다는 결심을 했다. 그래서 비록 목숨을 잃더라도 그를 따라가지 않겠다고 버텼다.[105]

한편 묘찬은 자신이 필요한 산나물을 제대로 골라 뜯고 있는지 묘엄에게 물어 보려고[106] 묘엄을 찾고 있다가 낯선 남자가 권총으로 묘엄을 협박하고 있는 광경을 보게 되었다. 묘찬은 그를 가로막고

---

[103] 2005년 6월 묘엄과의 인터뷰.
[104] 윤청광, 『회색 고무신』, 198-199쪽.
[105] 2005년 6월 묘엄과의 인터뷰.
[106] 묘찬은 묘엄보다 나이가 여섯 살 더 많았다. 출가하기 전 묘찬은 초등학교에서 교편을 잡았다. 그녀는 산나물을 뜯어본 경험이 없어서 어떤 나물이 먹을 수 있는 나물인지를 잘 몰랐다. 그녀는 묘엄에게서 산나물 뜯는 법을 배웠다(2005년 6월 묘엄과의 인터뷰).

나서며 "차라리 나를 데려가면 갔지 이 아이는 안 됩니다!"[107]라고 소리쳤다. 그는 권총을 둘에게 겨누며 "그럼 둘 다 가자!"라고 외쳤다. 그리고 자기 동료들을 부르기 위해 휘파람을 불었다. 또 다른 남자 두 명이 우거진 수풀 속에서 튀어나왔다. 묘엄과 묘찬은 곧 이들에게 둘러싸였다. 세 명의 남자들이 묘찬과 묘엄에게 권총을 겨누며 자신들의 말을 듣지 않으면 죽이겠다고 위협했다. 묘엄과 묘찬은 함께 그들의 명령을 거부하며 "죽여라! 죽여!" 하고 발악하듯 고함을 쳤다.[108]

그 순간 묘엄을 죽이겠다고 위협하던 남자가 목소리를 부드럽게 바꾸더니 묘엄과 묘찬에게 출가의 서원을 지키다가 죽겠다는 그들의 결연한 의지를 칭찬해 주었다. 그는 예의바르게 자신을 소개했는데 봉암사 인근에 있는 경찰서의 서장이라고 밝혔다. 비구와 비구니로 변장한 공산주의 게릴라들이 봉암사에 머물고 있다는 소문[109]을 듣고 사실인지 확인하려고 그랬다는 것이었다. 그리고 두 비구니들을 괴롭혀서 미안하다고 정중히 사과했다. 묘찬은 그의 말을 듣자마자 와락 덤벼들어 "어떻게 우리에게 이럴 수가 있습니까?"라고 소리를 지르며 서장의 양쪽 뺨을 철썩철썩 연거푸 두 번 때렸다. 묘

---

[107] 묘찬은 언제나 묘엄을 보호했다. 1950년대 중반 묘찬은 한국불교정화운동을 이끄는 비구니 지도자들 가운데 한 사람이 되었다. 묘찬은 대범하고 용감한 비구니였다(2005년 6월 묘엄과의 인터뷰).
[108] 윤청광, 『회색 고무신』, 200-202쪽.
[109] 봉암사 결사 기간 중, 봉암사에 있는 비구와 비구니들은 다른 일반 승려들보다 똑똑하고 특별히 다른 점이 있다는 소문이 돌았었다. 경찰은 그런 비구와 비구니들이 수상한 무리라 여기고 감시했다(2005년 6월 묘엄과의 인터뷰).

엄과 묘찬은 부글부글 화가 난 채로 하산하여 자신들이 겪은 일을 청담과 성철에게 보고했다.[110]

실제로 1949년 봄에 봉암사의 대중들은 절 주변의 깊은 숲속에 숨어 살던 공산 게릴라들의 위협에 직면해 있었다. 공산 게릴라들은 밤이 되면 봉암사 경내로 침투했다. 1949년 가을 청담과 성철은 봉암사 결사를 지속해야 할지에 대해 의논했다. 그들은 봉암사를 떠나기로 결정했다.[111] 그래서 묘엄과 다른 비구니들에게도 원래 살던 암자로 돌아가라고 했다. 공산 게릴라들에게 끌려갈 염려가 없는 노비구가 혼자 남아서 절을 지키겠다고 자원했다. 1949년 가을, 묘엄은 전쟁 발발의 위험 때문에 피난을 하기 위해 윤필암으로 다시 돌아왔다.[112]

---

[110] 윤청광, 『회색 고무신』, 200-203쪽.
[111] 金光植, 「鳳巖寺 結社의 展開와 性格」, 313-316쪽.
[112] 2005년 6월 묘엄과의 인터뷰. 한국전쟁에 대해서는 Eckert, Lee, Lew, Robinson, and Wagner, eds., *Korea Old and New: A History*, pp. 344-346 참조.

제5장

비구 스승들에게서 받은 승가교육

학인들이 논강을 위해 중강과 발기를 뽑을 때 사용하는 산통算筒

제5장
비구 스승들에게서 받은 승가교육

1950년 6월 25일 한국전쟁이 발발했다. 이 전쟁으로 인해 많은 승려들이 전란 기간 동안 임시수도였던 부산 주변의 절과 암자로 피난을 가야만 했다.[1] 일 년 동안 묘엄은 부산 지역 몇몇 암자를 돌며 피난 생활을 했다. 묘엄이 비구 스승의 지도 아래 율장과 한문 경전을 공부한 것은 한국전쟁이 치열했던 피난민 시절이었다. 부산의 한 암자에 피난해 있으면서 묘엄은 범어사梵魚寺[2]에 있던 청담을 만났고, 청담은 묘엄에게 통도사通度寺[3]에 있는 자운에게 가서

---

[1] 월운에 따르면, 6·25전쟁 기간 동안 비구들은 피난민이 되어 범어사로 모여들었다(月雲,「耘虛老師의 片影」, 546쪽).
[2] 범어사는 조계종의 교구 본사 중 하나이다. 범어사에 대해서는 Buswell, Jr., *The Zen Monastic Experience: Buddhist Practice in Contemporary Korea*, pp. 36, 53; 웹사이트(http://www.beomeosa.co.kr) 참조. 2006년 10월 1일 범어사 웹사이트 방문.
[3] 통도사는 조계종의 불보종찰이자 전통 수계 계단戒壇이 있는 교구 본사 중 하나이다. 통도사에 대해서는 Buswell, Jr., *The Zen Monastic Experience: Buddhist Practice in Contemporary Korea*, p. 51; 웹사이트(http://www.tongdosa.or.kr) 참조.

율장을 배우라고 했다. 불전 공부에 전념한 묘엄은 한국전쟁이 끝 난 뒤 3년 후에 전강을 받았다.

피난 생활

전쟁 초기에 묘엄의 은사는 상좌가 공산 게릴라들에게 납치당할까 봐 두려워 낮에는 윤필암 큰방의 다락방에 숨어 살게 했다.[4] 묘엄은 1950년 여름 내내 윤필암 큰방 천장 아래 있는 좁은 다락방에서 지냈다. 같은 해 이른 가을 그녀는 문수암文殊庵에서 안거를 하고 있던 청담으로부터 전갈을 받았다.[5] 묘엄이 전쟁 중에 무사한지 궁금해 한다는 내용이었다. 1950년 9월 29일 유엔군이 서울을 탈환한 뒤 묘엄은 문수암으로 청담을 방문했다. 문수암으로 가는 길에 묘엄은 안정사安靜寺[6]에 있던 성철에게 문안인사를 하려고 들렀다.

2006년 10월 1일 웹사이트 방문.

[4] 묘엄의 은사는 공산 게릴라들이 승려들을 포함한 젊은 남녀를 납치한다는 소문을 들었다(윤청광, 『회색 고무신』, 208-209쪽). 한국전 기간 동안 공산 게릴라들이 윤필암을 침범한 적은 없었다. 윤필암은 전쟁 중에 비교적 안전한 장소였다(2005년 6월 묘엄과의 인터뷰).

[5] 1950년 3월 청담은 봉암사 결사를 지속하기 위해 비구 대중들과 함께 봉암사를 떠나 낡은 암자인 문수암으로 거처를 옮겼다. 전쟁이 발발하자 성철과 봉암사 결사에 참여했던 젊은 비구 여러 명은 문수암을 떠나야만 했다. 1950년 가을, 청담은 상좌들과 머물며 문수암에서 홀로 참선 수행에 몰두했다(金光植, 「鳳巖寺 結社의 展開와 性格」, 315-316쪽).

[6] 안정사에 대해서는 웹사이트(http://kr.blog.yahoo.com/park6687/890717.html) 참조. 2006년 10월 1일 웹사이트 방문.

성철은 묘엄을 보고 매우 반가워하며 서둘러 문수암의 청담에게 가 보라고 했다. 점심 공양 후 묘엄은 혼자 안정사를 출발해서 하루 종일 걸어 다음 날 새벽 한 시쯤에 문수암에 도착했다. 묘엄은 청담에게 인사를 했지만 그가 반가워하는지 아닌지 알 수가 없었다. 청담은 묘엄에 대해 어떤 애정의 표현도 없이 잘 왔냐고만 했다. 묘엄이 보기에 성철이 청담보다 훨씬 더 자신을 만난 것을 반가워하는 것 같았다. 이틀쯤 후 묘엄은 진주에 있는 어머니 집에 들렀다가 윤필암으로 돌아왔다.[7]

1951년 1월 4일 서울은 다시 북한군의 손에 넘어갔다. 그해 1월 묘엄은 윤필암을 떠나 피난민이 되어 부산으로 내려갔다. 부산에는 수많은 사람들이 고향을 떠나와 피난 생활을 하고 있었다. 절박한 삶에 처한 사람들은 집집마다 마당이나 들판 등 빈 공간이 보이면 어디든 주거를 위해 큰 구덩이를 팠다. 구덩이 밑바닥에는 쌀겨를 깔고 그 위에 짚이나 요를 펴두었으며 구덩이는 짚으로 덮었다. 온 가족이 그런 좁은 구덩이 안에서 거주를 했다. 두세 개의 방이 있는 집을 가진 부산 사람들은 방을 피난민들에게 내줘서 한 가족이 방 한 칸씩을 차지하고 살았다. 전시 동안에 대부분의 부산 사람들은 난민들이 방세를 내리라고 기대하지도 않았고, 공짜로 방을 쓰게 했으며, 집 마당의 구덩이를 파서 사는 사람들도 돈을 내지 않았다. 대부분의 경우 부산 사람들은 피난민들에게 너그러웠다.[8]

---

[7] 김용환의 원고.
[8] 위의 글.

부산에서 피난민으로 있는 동안 묘엄은 비구니 인홍仁弘(1908~1997)⁹을 만나게 되었는데 인홍도 북쪽에서 피난을 와 살고 있었다. 묘엄은 인홍과 또 다른 두 비구니와 함께 부산 근교의 다 쓰러져 가는 암자로 갔다. 그 암자는 나이 든 대처승이 살고 있었지만 그는 묘엄 일행이 오자 그 암자를 내주고 떠났다. 그들은 부족한 식량 때문에 고생을 했다. 특히, 이른 봄¹⁰에 극심한 식량난에 부딪쳤다. 어느 날 먹을 것을 구하기 위해 그들은 암자 근처에 있는 복숭아 과수원으로 나물을 뜯으러 갔다. 하지만 새 나물이 나오기에는 지나치게 이른 시기라 눈에 띄는 것은 잡초뿐이었다. 그들은 과수원에서 어린 잡초를 캐다가 삶았다. 삶은 어린 잡초로 허기진 배를 겨우 달래고 나자마자 심한 설사로 고생을 했다. 이 일이 있고 난 이틀 뒤 인홍은 부산에 사는 친언니에게 도움을 청했다. 언니의 도움으로 인홍은 장에 가서 다른 동료들을 위해 쌀과 미역을 샀다. 이렇게 어렵게 피난 생활을 하는 동안 묘엄은 그 암자에서 다른 비구니들과 참선 수행에 몰입했다. 어느 봄날 묘엄과 비구니들이 범어사에 주거하던 동산東山(1890~1965)¹¹을 친견하러 갔다. 범어사에서 묘엄

---

⁹ 인홍은 묘엄과 함께 윤필암에서 1950년 하안거를 났다(윤청광, 『회색 고무신』, 210-213쪽). 인홍에 대해서는 본각, 「원허당 인홍 선사와 비구니승가 출가정신의 확립」, 전국비구니회 엮음, 『한국 비구니의 수행과 삶』, 317-342쪽; 하춘생, 『깨달음의 꽃 2』, 41-57쪽 참조.
¹⁰ 묘엄은 부산 근교의 허물어져 가는 암자에 머물렀던 해를 기억하지 못했다(2006년 8월 묘엄과의 전화인터뷰). 필자의 추정으로는 1951년 봄인 것 같다.
¹¹ 동산은 성철의 은사였다. 동산에 대해서는 Buswell, Jr., *The Zen Monastic Experience: Buddhist Practice in Contemporary Korea*, pp. 32-33; 교육원 불학연구소 편찬, 『曹溪宗史: 근현대편』, 34, 101-133, 198-200, 220, 295쪽 참조.

은 뜻하지 않게 청담을 만났다. 청담은 묘엄에게 통도사의 자운을 찾아가서 율장을 공부하라고 했다. 그러나 묘엄은 버스 차비가 없어서 곧바로 통도사로 갈 수가 없었다.[12]

세 명의 비구니들과 함께 낡은 암자에 한동안 머물던 묘엄은 부산 근교의 묘관음사妙觀音寺로 거처를 옮겼다. 향곡이 그 절에 거주했지만 그는 대부분의 시간을 부산에서 보냈다. 거기서 비구니 혜해를 만났는데 그녀 역시 북쪽에서 피난을 온 비구니였으며, 향곡의 나이 든 상좌와 한 소년과 함께 그 절에 머물고 있었다. 묘관음사는 논을 소유하고 있었는데, 그 논은 전적으로 빗물에 의존하는 천수답이었다. 5월 모내기철이 되자 묘엄은 물꼬를 트기 위해 논 주변을 삽으로 팠고 혜해는 이웃에서 소를 빌려와 둘이서 논갈이를 하려고 했다. 논갈이는 보통 남자들의 몫이고 기술적인 요령이 있는 사람들에게 맡겼지만, 묘엄은 자신도 논을 갈 수 있다고 생각했다. 묘엄은 소의 뒤에서 소에게 쟁기를 끌라고 목청을 높였다. 그러나 소는 묘엄을 흘낏 보더니 꿈쩍도 하지 않았다.[13] 소 앞에 서 있던 혜해가 온힘을 다해 고삐를 당겼지만 소는 여전히 움직이지 않았다. 묘엄과 혜해가 논에서 소와 씨름을 하고 있는 동안, 묘관음사에 잠시 들렀던 효봉의 상좌 조명照明이 논갈이를 도와주었다.[14] 묘엄과 혜해는 마을 사람들과 함께 나란히 줄을 맞춰 논에

---

[12] 윤청광, 『회색 고무신』, 220-225쪽.
[13] 묘엄은 자신의 목소리가 여자였기 때문에 그 소가 자기를 무시한 것 같다고 했다(윤청광, 『회색 고무신』, 228-229쪽).
[14] 윤청광, 『회색 고무신』, 226-230쪽.

모를 심었다.¹⁵

계율 공부

부산에서의 피난민 시절 중에 묘엄은 통도사로 가는 버스 차비를 마련하려고 부산의 시장에서 인홍과 함께 탁발을 한 후 밥을 짓기 위해 큰 알루미늄 냄비도 샀다. 자운에게서 율장을 배우라는 청담의 권고에 따라, 어느 봄날¹⁶ 묘엄은 묘영妙英(1930~1955),¹⁷ 묘희와 함께 통도사로 떠났다.¹⁸ 묘엄은 통도사 근처의 보타암寶陀庵에 묘영, 묘희와 함께 방을 하나 구했다. 세 비구니는 보타암에서 통도사까지 걸어서 율장을 공부하러 매일 다녔다. 한국전쟁 기간 동안

---

¹⁵ 2005년 6월 묘엄과의 인터뷰.
¹⁶ 묘엄은 자운에게 계율을 배우기 위해 통도사로 간 것이 몇 년도인지 기억하지 못했다. 그러나 계절은 봄이라고 기억했다(2006년 8월 묘엄과의 전화인터뷰). 아마 1952년 봄이 아니었을까 추정하는데, 묘엄이 경전 공부를 시작하기 전에 보타암에 머물렀던 기간이 일 년 미만이라고 했기 때문이다. 묘엄의 경전 공부에 대해서는 뒤에서 면밀히 고찰한다.
¹⁷ 묘영은 혜관慧觀의 무남독녀였다. 혜관은 출가하기 전 부산에서 성공적인 과부 사업가였다. 그녀는 자운에게 귀의한 독실한 불자로서 자운이 율장을 인쇄할 수 있도록 많은 액수의 돈을 시주했다. 모녀가 같이 출가했다(윤청광, 『회색 고무신』, 235-236쪽). 혜관과 묘영은 인민군이 서울을 재점령한 후인 1951년 출가했다. 묘영이 삭발 출가했을 때의 나이는 스물한 살이었다. 그녀는 인홍의 상좌가 되었다(2006년 8월 묘엄과의 전화인터뷰).
¹⁸ 통도사에서 자운은 대웅전大雄殿의 부전 소임을 맡았다. 통도사의 대처승들은 사찰의 제반업무를 담당했다. 자운은 대웅전의 부전을 살면서 몇 명의 젊은 비구와 비구니들(묘엄, 묘영, 묘희)에게 계율을 가르쳤다(김용환의 원고).

불교서적을 구하기가 어려웠지만 자운은 그들을 위해 책을 구해 주었다.[19] 그들은 한문『사미니율의』에 나오는 계율과 규정들을 배우는 것으로 율장 공부를 시작했다. 그리고『사분율』의『사분 비구니계본』과 대승계인『범망경』공부로 이어졌다.[20] 당시 이 율전들은 한글로 번역되지 않았고, 세 비구니들은 한문을 읽을 능력이 없었다. 한국 승가의 전통 풍습대로 자운은 가부좌를 틀고 세 비구니 앞에 앉아서 계율에 관한 한문 음절 하나하나를 한글로 새겨 가며 가르쳤다. 비구니들은 책을 무릎 위에 올려 놓고 자운이 한문 계율들을 하나하나 새겨 주면 그의 말을 반복해서 따라하며 배웠다. 이런 학습 과정은 대승계율인『사분 비구니계본』의 비구니 348계와 대승계인『범망경』의 열 가지 중요 계율 그리고 소소 계율 48개 하나하나마다 되풀이되었다. 자운은 각 계율에 대해 그의 주석과 식견을 덧붙여 설명하며 비구니 제자들로 하여금 계율 수지를 철저히 내면화하여 삶의 모든 면을 다스리는 제2의 천성이 되도록 하라고 가르쳤다. 자운의 비구니 제자들에 대한 계율 교육은 매우 엄격하고 철

---

[19] 2006년 8월 묘엄과의 전화인터뷰. 6·25전쟁이 발발하기 전에 자운은 수년간 한문본 율장을 손으로 베껴 썼다. 그의 은사인 용성이 주지로 있던 서울 대각사 大覺寺에 머물면서 매일 도시락을 싸서 비구 시자와 함께 서울 남산南山의 국립도서관에 갔다. 도서관에 소장되어 있던 한문본 율장을 빌려 해질 때까지 도서관에서 베꼈다. 불행히도 자운이 손으로 필사한 율장서들은 전쟁 중에 모두 불타 버렸다. 자운은『사분율』의『사분 비구니계본』 필사본 한 권을 묘엄에게 주면서 자신의 계맥을 전승했다(2005년 6월 묘엄과의 인터뷰). 자운의 계맥 전승자로서의 묘엄에 대해서는 이 책 제7장에서 자세히 논한다.
[20] 묘엄에 따르면, 그 당시 비구니들은 구족계 수계 전에『사분 비구니계본』을 공부할 수 있었다(2007년 5월 묘엄과의 전화인터뷰).

저했다.[21]

  2006년 8월 필자는 묘엄에게 보타암에서는 어떻게 생활했는지 질문했다. 전쟁 중이라 식량난이 극심해서 어머니로부터 약간의 경제적인 도움을 받기도 했고, 종종 통도사 주변의 마을로 묘영, 묘희와 함께 부족한 생계비를 위해 탁발을 나갔다고 했다. 산에서 땔감을 모으는 것도 그녀의 일과였다. 청담은 돈이 없었으므로 묘엄을 도와줄 수가 없었다.[22] 보타암에는 묘엄의 동료 비구니 권속을 포함하여 네 권속의 비구니 열 명이 살고 있었다. 각 권속은 방 한 칸을 쓰면서 각자 서로 다른 생활방식으로 살았고 식량도 각자 해결했다. 마치 한 지붕 아래 다른 여러 세대가 살고 있는 것 같았다. 예를 들어, 묘엄은 묘영, 묘희와 방을 함께 쓰면서 율장 공부에 전념했고, 다른 한 권속은 통도사 한 비구의 빨래를 하거나 바느질을 해서 생활을 꾸리면서 자주 탁발을 다녔다.[23] 필자는 묘엄에게 왜 보타암의 비구니들이 단합된 한 대중으로 살지 않고, 각 권속이 방 한 칸을 쓰며 각방 살림을 했느냐고 질문했다. 그 암자의 비구니들은 몹시 가난했기 때문에 각자 자기의 생계를 유지할 길을 찾아야 했었다고 답했다. 하지만 묘엄과 두 동료 비구니들은 그들의 계율 교육을 책임지고 있던 자운의 시봉을 들거나 밥을 짓는다거나 하는 일을 한 적이 없다고 했다. 자운 또한 자신을 위해 비구니 제자

---

[21] 김용환의 원고.
[22] 2006년 8월 묘엄과의 전화인터뷰.
[23] 김용환의 원고.

들이 어떤 육체노동을 해줄 것이라고 전혀 기대하지 않았다.[24]

묘엄이 자운의 지도 아래 공부를 하던 그 당시에는 대부분의 큰 사찰이나 암자는 대처승들이 차지하고 있었다. 안거 때마다 소수의 비구승들은 선방에서 선방으로 옮겨 다녔고, 사찰의 모든 재정은 대처승들에 의해 철저히 통제되고 있었다. 따라서 비구 전용 선방의 수는 극히 적었다. 통도사 선방조차도 대처승의 관리 아래 있었다. 부산의 범어사 선방과 전라도 선암사仙巖寺[25] 선방 두 개만이 비구들을 위해 존재했다. 다시 말해 대부분의 사찰과 암자의 재산은 대처승들 손에 달려 있었다. 자운은 통도사 비구와 비구니들 몇 명에게 율장을 가르쳤지만 어떤 경제적인 대가도 받은 적이 없었다.[26] 당시, 계율을 무시하는 풍조가 널리 퍼져 있었고, 전쟁으로 인한 파괴와 참혹한 고통 속에서도 비구와 비구니 몇 명에게라도 계율을 가르치기 위해 헌신한 자운의 노력은 독신승 비구·비구니 수행 전통을 복원시키려는 그의 불굴의 의지를 잘 보여 준다.

경전 공부

묘엄의 한문 경전 공부에 대해 면밀히 고찰하기 전에, 필자는 먼

---

[24] 2005년 6월 묘엄과의 인터뷰.
[25] 선암사에 대해서는 웹사이트(http://www.buddhism-dict.net/cgi-bin/xprddb.pl?4e.xml+id('b4ed9-5dd6-5bfa) 참조. 2006년 11월 1일 웹사이트 방문.
[26] 김용환의 원고.

저 묘엄을 가르친 비구 스승들이 비구니의 승가교육에 대해 지니고 있던 태도를 살펴보고자 한다. 앞 장에서 언급했듯이, 청담과 성철은 참선 수행자였기에 묘엄을 참선 수행자로 교육시키는 데 초점을 두었음을 알 수 있다. 묘엄 또한 참선 수행을 통해 깨달음을 얻겠다는 열망이 있었다.[27] 하지만 묘엄은 한문 지식이 없어 한문 불교 경전을 이해할 수 없었다. 윤필암에서의 사미니 시절에도 큰스님들이 법문에 자주 사용하는 한문 문구의 법문을 도저히 이해할 수가 없었다. 봉암사에서 중국 선사들의 선시를 암기하던 시절이나 통도사에서 계율을 공부할 때에도 묘엄은 한문 실력이 부족하여 늘 애를 먹었다. 계율을 공부하던 기간 동안 묘엄은 청담과 성철을 찾아가 자신의 모자라는 한문 실력 때문에 한문 불전들을 대하면 좌절감이 온다고 이야기했다. 두 스승은 소년기에 정식 한문 교육을 받았으므로 한문으로 된 불교 경전을 이해하는 데 아무 어려움이 없었지만 자신은 그렇지 않다고 말했다. 한문 경전을 읽을 수 없으면 불교의 가르침을 완전히 이해할 수가 없으니, 한문 경전 공부를 체계적으로 하게 해 달라고 요청했고 스승들은 그렇게 하자고 했다.[28]

1952년 묘엄이 아직도 자운에게서 율장을 공부하고 있을 무렵, 뛰어난 승려 교육자인 운허耘虛(1892~1980)[29]는 비구니 교육자를

---

[27] 2004년 7월 묘엄과의 인터뷰.
[28] 김용환의 원고.
[29] 운허에 대해서는 신용철 편저, 『운허스님의 크신 발자취』(동국역경원, 2002); 윤청광 지음, 『고승열전 19, 운허큰스님 영원한 내 것이란 아무 것도 없다네』(우리출판사, 2002) 참조. 「耘虛老師의 片影」에서 월운은 운허가 비구와 비구니들에게 경전을 가르쳤던 시기의 연대기를 잘 기록해 놓았다고 했다. 필자는 운허가 입적

양성해야 한다고 생각했다. 운허의 맏상좌 월운의 증언에 따르면 운허는 1952년 8월 범어사에서 월운에게 다음과 같이 말했다.

"그동안 비구니比丘尼들이 모여서 공부하는 곳이 몇몇 있었는데 거의가 강사講師[30] 때문에 문제였다. 젊은 강사를 모시면 강講은 잘하지만 십상팔구 잡음이 일고, 늙은 분을 모시면 잡음은 없으나 기력이 부쳐서 강을 못한다. 요즘 비구니의 수는 느는데 그들도 가르쳐야 교단의 꼴이 되겠고 그러자면 비구니 강사를 기르는 것이 시급하다.

그래서 내일 떠나 파계사把溪寺 철수좌徹首座[31] 등 모모한 분들을 찾아보고 이 일을 의논하려는 것이다."[32]

운허는 효봉, 청담, 성철, 향곡 등 한국 불교계의 비구 지도자들에게 자신이 비구니들에게 정식으로 경전을 가르치면 어떻겠느냐고 의논했다. 비구니들을 가르치고 싶다는 운허의 말을 듣고 그들은 모두 기뻐하며 찬성했다. 비구니들에게 한문 불전을 가르친다는 것은 당시 비구들에게는 민감한 사안이라는 것을 운허는 알고 있었다. 그래서 비구니들을 정식으로 교육시키는 문제에 대해 그 당시

할 때까지 매일 일기를 썼다고 들었다. 이 장에서 필자는 월운이 작성한 운허의 연대기와 함께 묘엄이 회고하는 운허의 행장기를 교차 점검해서 사용했다.

[30] 한국 불교에서 비구나 비구니가 한문 경전의 전문가가 되면 '강사'로 지칭된다. 다시 말해 '강사'란, 승가 교육자라는 뜻이다.

[31] 성철은 1951년에서 1954년까지 파계사 근처의 안정사에서 혼자 안거하면서 참선 수행을 했다. 성철의 전기에 대해서는 李淸 지음, 『(우리 옆에 왔던 부처) 성철 큰스님 전기 소설』, 387-388쪽 참조.

[32] 月雲, 「耘虛老師의 片影」, 549-550쪽.

불교계의 영향력 있는 비구들의 동의를 구하고자 했다.[33] 2008년 2월 필자는, 운허가 정식으로 비구니를 교육시키겠다는 것을 큰스님들이 반대했었는지 묘엄에게 질문했다. 묘엄이 운허로부터 들은 바에 의하면, 당시 큰스님들은 운허의 의견에 모두 동의했다고 했다.[34]

비구니 교육에 대한 문제를 여기 저기 의논하러 다니던 중 운허는 충남 동학사東鶴寺 주지로 있던 대처승 송덕윤宋德潤(생몰연대 미상)[35]을 길에서 만났다. 송덕윤은 운허에게 동학사에 와서 비구들에게 경전을 가르치라고 청했다.[36] 동학사에서 운허가 경전을 가르쳤던 주목적은 비구니 교육자를 배출하려는 것이었다.[37] 1950년대 초반 한국에는 비구니들을 위한 강원이 없었기 때문에 묘엄은 비구 강원에서 경전 공부를 해야만 했다.

월운의 증언에 의하면, 1952년 8월 언젠가 운허는 비구니 교육 문제를 논의하기 위해 청담과 성철을 방문한 것으로 보인다. 묘엄은 통도사에서 자운의 지도 아래 『범망경』의 대승 계율을 공부하고 있던 중 청담으로부터 연락을 받았다.[38] 그녀는 『범망경』 공부를 끝내자마자 청담을 방문했다. 청담과 성철[39]이 묘엄에게 말하

---

[33] 앞의 글, 547-550쪽.
[34] 2008년 2월 묘엄과의 전화인터뷰.
[35] 월운에 따르면 송덕윤은 1950년대 초반 대처승 중에 재력과 권력이 가장 강했던 인물 중 하나였다(月雲, 「耘虛老師의 片影」, 551쪽).
[36] 月雲, 「耘虛老師의 片影」, 549-551쪽.
[37] 위의 글, 550쪽.
[38] 묘엄이 청담으로부터 연락을 받은 것은 1952년 이른 가을이었을 것으로 추정된다.
[39] 묘엄이 문수암으로 청담을 방문했을 때 성철도 그곳에 있었다(김용환의 원고).

길, 그녀가 원하는 대로 범어사에서 운허에게 경전을 배우게 됐다고 알렸다.[40] 성철은 운허에게 편지를 썼다. 그 편지에서 성철은 운허에게 간곡히 청했다. 편지의 내용은 묘엄이 청담의 딸이며 강사로 만들어 달라는 것이었다.[41] 묘엄은 범어사로 가서 성철의 편지를 운허에게 전했다. 운허는 묘엄에게 자신이 다음 날 동학사로 옮겨가게 되었는데 따라가겠느냐고 물었다.[42] 그녀는 즉석에서 동의했다. 운허는 동학사에서 아주 소액의 강사료밖에 받지 못하기 때문에 비구니들에게 식비를 대줄 수 없어 미안하다고 했다.[43] 묘엄은 윤필암으로 돌아와 짐을 쌌다. 은사는 3백 장의 김과 간장 한 병을 챙겨 주었다.[44] 나이 많은 사형 혜관은 묘엄, 묘희, 묘영에게 돈을 주었다.[45]

1953년 1월 묘엄, 묘희, 묘영은 동학사에서 운허로부터 경전을 배

---

[40] 묘엄의 증언에 따르면 청담과 성철은 송덕윤이 동학사에서 비구들을 가르쳐 달라며 운허를 초대한 사실을 모르고 있었던 것 같다. 운허는 송덕윤의 초대를 받기 전에 이들을 만난 것 같다.

[41] 윤청광, 『회색 고무신』, 238쪽. 청담과 운허는 1928년에서 1930년까지 서울 개운사에서 함께 경전을 공부하는 동안 절친한 도반이 되었다. 개운사에서 청담과 운허가 같이 경전 공부를 했던 것에 대해서는 교육원 불학연구소 편찬, 『曹溪宗史: 근현대편』, 105-107쪽 참조. 묘엄은, 청담이 딸의 교육을 책임지고 맡길 수 있는 최고의 강사로 운허를 신뢰했다고 말했다(2004년 7월 묘엄과의 인터뷰).

[42] 묘엄이 동학사에서 경전 공부를 하기로 결심했을 때 남북한 군대는 북한 지역에서 치열하게 전투 중이었다. 청담, 성철, 자운은 중부에 위치한 동학사에 있던 묘엄의 신변의 안전을 염려했다(2006년 8월 묘엄과의 전화인터뷰).

[43] 김용환의 원고.

[44] 묘엄의 은사는 참선 수행자였고 돈이 없었다. 당시 대부분의 선승들은 가난하게 살았다(김용환의 원고).

[45] 김용환의 원고.

우기 위해 길을 떠났다.⁴⁶ 묘엄은 동학사에서 좀 떨어진 곳에 위치한 미타암彌陀庵에 방 하나를 얻었다. 묘엄과 동료 비구니를 포함한 두 권속의 비구니들이 조그만 암자인 미타암에 살았다. 묘엄은 묘희, 묘영과 함께 방 한 칸을 썼다. 경전을 배우기 위해 그들은 미타암에서 동학사까지 매일 걸어서 통학했다.⁴⁷ 운허는 먼저『맹자孟子』와『논어論語』를 비구니들에게 가르쳤는데 그 이유는『맹자』와『논어』가 세상물정을 이해하는 데 도움을 준다고 믿었기 때문이었다. 두 가지 유교 서적을 읽음으로써 비구니들에게 기초 한문지식을 가르치려는 의도였다.⁴⁸ 매일 아침 묘엄은 동학사 큰방에서 묘희, 묘영과 함께 방바닥에 가부좌를 틀고 앉아 책을 무릎에 올려놓고 가르침을 받았다.『맹자』와『논어』는 그녀에게 정말 어려웠다. 묘엄은 한문 유교서적을 정식으로 공부한 적이 전혀 없었기 때문이다. 한자를 알지 못하면 한문 불전을 공부하기가 어렵다는 것

---

⁴⁶ 김용환,「妙嚴 스님과 韓國比丘尼講院」, 봉녕사승가대학 선우회 편,『世主妙嚴主 講五十年紀念論叢』(奉寧寺僧伽大學, 2007), 62-63쪽. 1952년 11월, 운허는 동학사에서 비구들에게 경전을 가르치기 시작했다. 당시 학인들로는 월운, 정천正天, 계정戒定, 상묵象默, 보담寶譚, 화련火蓮, 이환離幻, 보명普明, 영우靈友 등이 있었다. 초기에는 비구니 학인들로 묘엄, 묘영, 묘희뿐이었다. 얼마 지나지 않아 비구니 학인들이 서너 명 더 늘었다(윤청광,『회색 고무신』, 240-241쪽).
⁴⁷ 윤청광,『회색 고무신』, 240쪽.
⁴⁸ 위의 책, 240-241쪽.『회색 고무신』이나 김용환의 원고 어느 곳에도 운허가 왜 비구니 학인들에게『맹자』와『논어』부터 가르쳤는지 구체적인 언급이 없다. 그러나 묘엄의 스승들인 성철, 청담, 자운, 운허는 모두 출가하기 전에 동네 서당에서 한문교육을 마쳤다. 이들은 모두 전통적인 서당에서 한문 유교경전을 공부했기 때문에 출가 후 강원에서 한문 불전을 공부하는 데 한두 해 정도밖에 걸리지 않았다.

을 깨닫고 그녀는 대부분의 시간을 『맹자』와 『논어』의 한자를 익히는 데 보냈다.[49]

『맹자』와 『논어』를 공부한 다음[50] 묘엄은 사미과[51]의 『치문경훈緇門警訓』[52]의 첫 장을 배우기 시작했다. 한국전쟁 기간 동안 한문 불교경전은 매우 귀했다. 운허는 비구니 학인들을 위해 『치문』을 구해 주었다.[53] 한국 전통 승가교육에서 사미과는 독서파讀書派라고도 불렸다. 이 교육과정을 중시하는 이유는 승가의 기본 규율을 배우고 불교에 대한 기초 지식을 습득하는 과정이기 때문이었다.[54] 한국 전통 강원교육의 교육과정은 독서파와 간경파看經派 두 단계로 나

---

[49] 윤청광, 『회색 고무신』, 241쪽.
[50] 묘엄이 『맹자』와 『논어』 공부를 모두 끝내는 데는 석 달이 걸렸다(2006년 8월 묘엄과의 전화인터뷰).
[51] 1950년대 비구와 비구니를 위한 전통 강원의 교과과정은 동일했다. 김경집에 따르면 한국 불교 전통 강원의 교과과정은 17세기 조선의 학승이었던 월담운제月潭雲霽(1632~1704)에 의해 정립되었다. 한국 강원의 역사에 대해서는 金敬執, 「近代 講院의 歷史와 敎育過程」, 月雲스님古稀記念論叢刊行委員會 엮음, 『月雲스님古稀記念 佛敎學論叢』(東國譯經院, 1998), 856-857쪽 참조. 한국 전통 강원의 교과과정에 대해서는 Buswell, Jr., *The Zen Monastic Experience: Buddhist Practice in Contemporary Korea*, pp. 95-99; 효탄, 「朝鮮後期 講學의 復興과 講脈의 傳承」, 月雲스님古稀記念佛敎學論叢刊行委員會 엮음, 『月雲스님古稀記念 佛敎學論叢』, 817-849쪽 참조.
[52] 『치문』은 『치문경훈緇門警訓』의 준말이다. 이 책은 사미와 사미니들이 신심을 일으키는 데 도움이 되도록 중국 고승들의 경책과 승가의 일원이 되기 위한 규율을 모아 놓은 것이다. 『치문』에 대한 자세한 논의는 李智冠 著, 『韓國佛敎所衣經典硏究』(가산불교문화연구원출판부, 1993), 39-54쪽 참조.
[53] 묘엄과 동료 비구니들은 늘 교재를 구하는 데 어려움을 겪었다(2006년 8월 묘엄과의 전화인터뷰).
[54] 金敬執, 「近代 講院의 歷史와 敎育過程」, 860-861쪽.

뉘었다. 독서파에서는 학인들이 승가생활의 기본 규율을 가르치는 서적과 함께 선에 대한 접근법을 다루는 서적을 공부하고, 간경과에서는 부처님의 직접 가르침을 담은 경전을 공부했다.

동학사 강원의 교육은 서당식書堂式 교육[55]이었다. 매일 아침 묘엄을 비롯한 동료 비구니들은 운허 앞에 가부좌를 틀고 앉아서 수업을 받았다. 운허는 서적을 올려놓는 앉은뱅이책상을 앞에 두고 위에 책을 펼쳐 놓았다.[56] 그 당시 『치문』에 대한 어떤 참고서도 없었다. 비구니 학인들은 하루에 한 단락씩 암기해서 배우다가 다음엔 반 페이지 그 다음엔 한 페이지로 배우는 양을 점차 늘려갔다. 그날그날의 수업 내용을 한 자도 빠짐없이 암기해야 했고 다음 날 책을 덮고 전날 받은 수업 내용을 운허 앞에서 외워야만 했다.[57] 운허는 전날 배운 부분에 대한 제자들의 암기에 만족하면 다음 수업을 위해 새 단락을 소리 내어 읽었다. 학인들은 『치문』의 각 구절에 있는 모든 한자들 하나하나의 음音과 훈訓을 미리 공부해 와야만 다음 진도를 나가게 되어 있었다. 운허는 한문 구절 사이에 한국어 조사를 끼워 넣고 범례를 들거나 직유법을 써서 『치문』의 구절을 새기고 각 구절마다 자신의 식견과 주석을 붙여

---

[55] 서당에 대해서는 Hildi Kang, *Under the Black Umbrella: Voices from Colonial Korea, 1910-1945* (New York: Cornell University Press, 2001), pp. 37-39; Buswell, Jr., *The Zen Monastic Experience: Buddhist Practice in Contemporary Korea*, p. 99 참조.

[56] 묘엄과 도반들은 책을 올려놓을 앉은뱅이책상을 살 돈도 없었다. 운허의 강의를 필기할 수가 없어서 온 정신을 집중해 강의를 들었다(2006년 8월 묘엄과의 전화인터뷰).

[57] 김용환의 원고.

설명해 주었다.[58]

『치문』 수업 후에 비구니 학인들은 함께 모여 그날 공부한 부분의 새김을 썼다. 조사를 하나만 틀려도 운허는 바로 고쳐 주었다. 비구니 학인들은 서당에서 하듯 몸을 좌우로 흔들면서 그날 배운 부분을 하루 종일 반복해서 큰소리로 읽었다.[59] 사미과에서의 암기를 통한 전통 승가교육은 학자로서의 기초를 닦고 한국의 전통적인 승가교육의 첫 걸음을 떼게 하는 것이다. 암기는 수련과정의 중요한 요소로서 근면성이 요구되는 학습 방법이다. 사미과의 암기방식 교육은 초심자에게 대중생활의 중심이 되는 규율에 대한 의식을 심어 준다. 암기로 단련된 집중력은 다른 과제에 대해서도 고도로 집중할 수 있는 능력을 얻게 해 준다. 다시 말해, 암기를 통해 단련된 마음은 그 집중력을 다른 목적에도 적용할 수 있게 되는데, 그렇게 함으로써 승가교육의 핵심인 어떤 외적 상황에도 동요되지 않는 정신력을 길러 준다. 초심자 학인들은 자연스럽고 유창하게 배운 부분을 암송할 수 있을 때까지 그 내용을 완전히 암기해야 한다. 반복해서 소리 내어 배운 부분을 암기하는 것은 초심자들로 하여금 각 구절의 내용을 완전히 마음에 새길 수 있게 해 준다고 믿는다. 암기교육은 학인 개개인에게도 영향을 미치는데, 전통적인 한국 불교의 가치관에 맞게 그 학인의 성품을 다듬는 과정이다. 이러한 암기교육은 비구니만이 아니라 비구들에게도 똑같이 적용되는 학습 방법

---

[58] 윤청광, 『회색 고무신』, 241쪽.
[59] 2005년 6월 묘엄과의 인터뷰.

이다. 초급반에서는 학인이 배운 내용을 완전히 이해한 후에 암기를 한다.

묘엄과 동료 급우들은 『치문』의 한문, 한글 새김까지 한 문장 한 문장을 모두 암기해야만 했다. 매일 아침 그들은 암송시험을 치러야만 했다. 전날 배운 내용을 암기하지 못하면 새로 시작될 그날의 수업이 취소되는 벌을 받았다. 앞에서 배운 내용을 반드시 암기해서 잊어버리지 않도록 하기 위해 운허는 때때로 느닷없이 배운 내용 중 교과서의 한 부분을 암송해 보라고 시켰다. 비구니 학인들은 앞에서 배운 부분을 막힘없이 술술 암송할 수 있어야 했다. 한글 발음으로 한문 문장을 암송하는 동안 문장의 내용이 마음에 깊이 새겨져 내면화되어 정신적인 수행의 안내자 역할을 할 수 있게 해야 했다. 매일 저녁 비구니들은 다음 날 수업에서 배울 부분을 예습해야만 했다. 동학사의 비구와 비구니 학인들은 여름방학도 겨울방학도 없었다. 묘엄과 급우들은 허기를 달랠 식량과 등을 붙일 잠자리만 있으면 불전 공부에 전력을 다했다.[60]

묘엄이 운허의 지도 아래 불전 공부를 하는 동안 묘엄과 동료 비구니들은 비구들과 완전히 따로 떨어져서 살았다. 비구들은 언제나 강원이 위치해 있는 큰 절에서 운허와 함께 생활한 반면[61] 비구니 학인들은 큰 절 근처의 작은 암자에서 살며 동학사까지 걸어서 통

---

[60] 앞의 인터뷰.
[61] 운허의 학인 중 한 사람이었던 비구 정천은 청담의 맏상좌였다. 또한 동학사 대처승 주지의 상좌 한 사람도 운허 밑에서 공부했다. 운허는 남자 재가불자 몇 명도 학인 승려들과 함께 경전 공부를 하도록 허락해 주었다(김용환의 원고).

학했다. 동학사의 큰방은 비구와 비구니 학인들에게 같은 강의실이었지만 수업은 따로 받았다. 비구 학인들이 아침 일찍 수업을 받고 나면 비구니 학인들은 오후에 받기도 하고, 어떤 날은 그 반대로 비구니 학인들이 아침 일찍 수업을 받기도 했다.[62] 비구와 비구니 학인들은 상대방 수업을 마음대로 청강하는 일이 허락되었지만, 다만 큰방 뒤에 조용히 앉아 수업을 경청하게 했다. 운허는 수업시간만 다를 뿐 똑같은 내용으로 비구와 비구니들을 동등하게 가르쳤다. 강원에서 비구와 비구니 학인들은 한문 불전만을 공부했다. 과외 활동이나 불전에 필요한 참고자료 같은 건 전혀 없었다.[63]

동학사에서의 묘엄의 공부는 진척이 빨랐다. 그녀는 지적인 욕구가 강하고 정신적인 집중력이 뛰어났기 때문이었다.[64] 운허는 묘엄이 『치문』의 첫 장인 「면학편勉學編」을 끝내자마자 초심자 사미니들에게 「면학편」을 가르치라고 했다.[65] 묘엄은 자신이 사미니들에게 가르칠 능력이 안 된다고 연거푸 거절했지만 운허는 굽히지 않았다. 만약 자신의 말을 따르지 않으려면 짐을 싸서 당장 동학사를 떠나라고 호령을 했다.[66] 결국 그녀는 운허의 명을 따르기로 했다.

---

[62] 2005년 6월 묘엄과의 인터뷰.
[63] 2008년 2월 묘엄과의 전화인터뷰.
[64] 묘엄은 윤필암에서 살 때, 만성적인 편두통으로 고생하면서 약을 복용했다. 하지만 동학사에서 경전 공부를 시작하면서부터 편두통은 씻은 듯이 나았고, 약도 완전히 끊게 되었다(2006년 8월 묘엄과의 전화인터뷰).
[65] 필자가 추정하기에 운허는 묘엄에게 1953년 초반부터 사미니들에게 『치문』을 강의하라고 말한 것 같다.
[66] 2005년 6월 묘엄과의 인터뷰.

묘엄은 『치문』의 각 문장들을 유창하게 새길 수는 있었지만 자신의 식견이나 주석을 붙여 설명할 수가 없었다. 묘엄은, 자신이 초심자 사미니들에게 『치문』을 가르칠 자격은 갖추지 못했었지만, 당시의 운허는 비구니 강사를 배출해서 미래에 더 많은 비구니들의 교육을 위해 자신을 강사로 훈련시킬 결심이 확고했었다고 회고했다.[67] 운허가 비구니들을 위해 비구니 강사를 배출하기로 결심했다는 것에 대해 월운과 묘엄은 전적으로 동의한다. 운허는 과도한 수업량 때문에 늘 피곤에 지쳐 있었지만, 과로에 대해 한 번도 불평한 적이 없었다. 학인들이 아무리 많은 질문을 해도 한결같이 친절하고 자상하게 대답했다.[68]

묘엄이 사미과의 『치문』을 마치고 사집과四集科에 필요한 네 권의 교과서인 대혜종고大慧宗杲(1089~1163)[69]의 『서장書狀』,[70] 규봉

---

[67] 윤청광, 『회색 고무신』, 242쪽.
[68] 月雲, 「耘虛老師의 片影」, 551-552쪽.
[69] 대혜종고에 대해서는 Miriam Levering, "Miao-tao and Her Teacher Ta-hui," in Peter N. Gregory and Daniel Getz, eds., Buddhism in the Sung, Studies in East Asian Buddhism no. 13 (Honolulu: University of Hawai'i Press, 1999), pp. 188-219; Morten Schlüter, "Silent Illumination, Kung-an Introspection, and the Competition for Lay Patronage in Sung Dynasty Ch'an," in Peter N. Gregory and Daniel Getz, eds., Buddhism in the Sung, Studies in East Asian Buddhism, no. 13 (Honolulu: University of Hawai'i Press, 1999), pp. 109-147; Buswell, Jr., The Korean Approach to Zen: The Collected Works of Chinul, pp. 28, 67, 245-249, 334-338 참조.
[70] 『大正新修大藏經』 47권, pp. 916b-943a. 『서장』은 『大慧普覺禪師書』의 줄인 표현이다. 여러 장의 대혜의 서신이 클리어리J. C. Cleary에 의해 영역되었다. J. C. Cleary, trans., Swampland Flowers: The Letters and Lectures of Zen Master Ta Hui (Boston: Shambhala Publications, 1977). 『서장』에 대해서는 Buswell, Jr., The Zen Monastic Experience: Buddhist Practice in Contemporary Korea, p. 96 참조.

종밀圭峯宗密(780~841)⁷¹의 『도서都書』,⁷² 지눌의 『절요節要』,⁷³ 고봉원묘高峰原妙(1238~1295)⁷⁴의 『선요禪要』⁷⁵ 등을 사러 부산에 있는 서점에 갔다. 하지만 그녀는 중고서점에서 겨우 헌책 『서장』 한 권을 구할 수 있었다. 전쟁기간 중이라 불교서적은 특히 귀했다. 운허는 부산에 사는 자신의 대처승 친구에게 『도서』, 『절요』, 『선요』 세 권을 구해 묘엄에게 주라고 부탁했다.⁷⁶

『서장』에 대한 자세한 논의는 李智冠 著, 『韓國佛敎所衣經典研究』, 55-87쪽 참조.
71 규봉종밀에 대해서는 Buswell, Jr., "The "Short-cut" Approach of K'an-hua Meditation: The Evolution of a Practical Subitism in Chinese Ch'an Buddhism," pp. 352-353, 372 참조.
72 『大正新修大藏經』 48권, pp. 399a-413c. 『도서』는 『禪源諸詮集都序』를 줄인 표현이다. 『도서』의 영역본은 Jeffrey Broughton, "Kuei-feng Tsung-mi: The Convergence of Chan and the Teaching." Ph. D. Dissertation. Columbia University, 1975 참조. 『도서』에 대해서는 Buswell, Jr., *The Zen Monastic Experience: Buddhist Practice in Contemporary Korea*, p. 96 참조. 『도서』에 대한 자세한 논의는 李智冠 著, 『韓國佛敎所衣經典研究』, 88-108쪽 참조.
73 東國大學校 韓國佛敎全書編纂委員會 編, 『韓國佛敎全書』, 第四冊(東國大學校出版部, 1994), 741a-766b. 『절요』는 『法集別行錄節要幷入私記』를 줄인 표현이다. 『절요』의 영역본은 Buswell, Jr., *The Korean Approach to Zen: The Collected Works of Chinul*, pp. 262-374. 『절요』에 대한 자세한 논의는 李智冠 著, 『韓國佛敎所衣經典研究』, 123-135쪽 참조.
74 고봉원묘에 대해서는 Buswell, Jr., "The "Short-cut" Approach of K'an-hua Meditation: The Evolution of a Practical Subitism in Chinese Ch'an Buddhism," pp. 352-355, 372-374 참조.
75 白馬精舍印經會 編纂, 『大藏新纂卍續藏經』, 70卷(타이페이: 白馬精舍印經會, 1975), 702c-712c. 『선요』는 『高峰原妙禪師禪要』를 줄인 표현이다. 『선요』에 대해서는 Buswell, Jr., *The Zen Monastic Experience: Buddhist Practice in Contemporary Korea*, p. 96; Buswell, Jr., "The "Short-cut" Approach of K'an-hua Meditation: The Evolution of a Practical Subitism in Chinese Ch'an Buddhism," p. 372 참조. 『선요』에 대한 자세한 논의는 李智冠 著, 『韓國佛敎所衣經典研究』, 109-122쪽 참조.
76 2006년 8월 묘엄과의 전화인터뷰.

묘엄은 동학사에서 사미니들에게 『치문』을 가르치는 한편, 자신은 중급반 과정인 사집과 네 권의 서적을 공부해서 마쳤다.[77] 사미과와 마찬가지로 한국의 전통 승가교육에서는 사집과 역시 암기수업이 주를 이룬다. 사집과에서 쓰는 네 권의 필수 교과서 내용은 학인들에게 기본 불교이론과 선수행의 기초를 제공한다.[78] 사집과 과정을 공부하는 동안 묘엄은 운허에게서 짧게 한문 문장을 짓는 법도 배웠다.[79] 묘엄이 사집과 과정을 마쳤을 때인 1953년 8월 운허는 동학사를 떠났다.[80]

1953년 9월 25일 운허는 부산에 있는 금수사金水寺로 거주를 옮겼다.[81] 묘엄도 공부를 계속하기 위해 운허를 따라갔다. 장군암將軍庵에서 묘희,[82] 묘영과 방 한 칸에 함께 기거하면서 묘엄은 운허의 수업을 받기 위해 한 달간 금수사로 매일 걸어서 통학했

---

[77] 윤청광, 『회색 고무신』, 241-245쪽. 묘엄이 『치문』과 사집의 네 가지 교과서를 수료하기까지는 일 년이 채 안 걸렸다. 이것은 대단히 짧은 기간이다. 학인들이 『치문』과 사집을 배워 마치기까지는 보통 2년이 걸렸다. 묘엄이 『치문』 반의 학인들을 가르치고 있었음을 감안하면, 그녀는 수업을 따라가기 위해 대단히 열심히 공부했음에 틀림없다.
[78] 金敬執, 「近代 講院의 歷史와 教育過程」, 858-861쪽.
[79] 윤청광, 『회색 고무신』, 243-244쪽.
[80] 월운에 따르면 운허는 동학사 주지인 송덕윤과 사이가 나빠지자 동학사를 떠났다. 송덕윤은 일제강점기에 대처승들 중에 가장 권력이 있었던 인물 중 하나였다. 그는 동학사를 자기 것으로 사유화하려고 계획하면서 운허에게 도장을 찍으라고 강요했다. 운허는 송덕윤이 동학사를 사유재산화하는 것을 극구 반대하고 절을 떠났다(月雲, 「耘虛老師의 片影」, 551쪽).
[81] 윤청광, 『회색 고무신』, 246쪽.
[82] 묘희는 혼자 『치문』을 배웠다(2006년 10월 묘엄과의 전화인터뷰). 월운도 묘희 혼자 동학사에서 『치문』을 공부했다고 했다(月雲, 「耘虛老師의 片影」, 550쪽).

다.[83] 한 달 뒤인 1953년 겨울 운허는 통도사로 거처를 옮겼다.[84] 묘엄은 다시 운허를 따라가 보타암에 바랑을 풀었다. 여기서도 묘희, 묘영과 한 방에 기거하면서 자운에게서 『사분 비구니율장』을 배우고 운허에게서는 사교과四敎科[85]의 『능엄경』[86]을 동시에 배웠다.[87] 사교과는 간경파라 불리며, 간경파의 전통 한국 승가교육 방법을 버스웰은 다음과 같이 설명한다.

독서파 승려들과는 달리 간경파에 속하는 승려는 불교 서적들을 큰 소리로 외우기보다는 조용히 읽는다.
(중략)
간경파 승려들은 철저한 공부를 하며 매 강의 때마다 두 명의 승려를 제비뽑기로 선택하는데, 그중 한 명은 강사講師 스님의 조교인 중강仲講이 되고, 다른 한 명은 논평자 역할을 맡는 발기發起가 된다. 중강 스님은 다 같이 공부한 부분 중 중요한 부분을 외워서 다른 학승들에게 요약해 준다. 책을 펴서 한 자 한 자 설명하게 되는데, 이때 다른

---

[83] 윤청광, 『회색 고무신』, 246쪽.
[84] 월운에 따르면 자운과 홍경은 통도사의 대처승 주지에게 제안해서 통도사에서 운허가 학인들에게 경전을 가르치도록 강사로 초빙하자고 했다(月雲,「耘虛老師의 片影」, 548쪽).
[85] 윤청광, 『회색 고무신』, 246-247쪽.
[86] 『大正新修大藏經』, 19권, 105b-155b. 『능엄경』은 『大佛頂如來密因修證了義諸菩薩蔓行首楞嚴經』을 줄인 표현이다. 『능엄경』에 대해서는 Buswell, Jr., *The Zen Monastic Experience: Buddhist Practice in Contemporary Korea*, pp. 97-99 참조. 『능엄경』에 대한 자세한 논의는 李智冠 著, 『韓國佛敎所依經典硏究』, 136-197쪽 참조.
[87] 묘엄은 운허에게서 『능엄경』을 공부하는 동시에 통도사의 자운에게서 『사분 비구니율장』을 일 년 반 동안 공부했다(2006년 8월 묘엄과의 전화인터뷰).

학승들은 각자 자기 책을 펴 놓고 그 부분을 조용히 공부한다. 발기 스님의 논평은 학승들이 공부하던 책에 대한 주석서를 바탕으로 한다. 발기 스님의 논평에 대해 다른 의견을 가진 학승은 자기 의견을 말할 수 있는데, 다양한 의견이 제시되면 이 의견들에 대한 토론을 벌이며, 전체적인 동의가 도출될 때까지 토론을 진행한다. 그러나 전체적인 동의가 성립되지 않을 경우엔 강사 스님의 조언을 구한다. 그리고 다음 날 공부할 부분을 결정한 후 헤어져 개인 공부를 한다. 이 같은 수업 방식은 학승들에게 지식을 습득하게 할 뿐 아니라, 미래에 강사가 될 수 있도록 훈련을 시키려는 의도도 포함되어 있다.[88]

묘엄이 『능엄경』 공부를 시작할 때에는 급우가 묘영 한 명이었기에 둘이 중강이나 발기를 번갈아 해야만 했다. 묘엄과 묘영은 『능엄경』에 나오는 한문 한 자 한 자를 예습해서 수업준비를 했다. 매일 아침 수업 때마다 묘엄과 묘영은 『능엄경』의 한문 문장과 새김을 모두 암송해서 시험을 치러야 했다.[89] 전통적으로 간경파 학인들은 경전을 암기하지 않아도 된다. 필자도 『능엄경』은 외우지 않고 공부했다. 『능엄경』도 매일 전날 배운 부분을 암송해서 시험에 통과해야 했다는 묘엄의 증언은 운허가 매우 엄격한 스승이었음을 시사한다.

묘엄이 통도사에서 『능엄경』을 공부하고 있을 때 한국전쟁은

---

[88] 로버트 버스웰 지음, 김종명 옮김, 『파란눈 스님의 한국 선 수행기』(예문서원, 1999), 130-131쪽.
[89] 2005년 6월 묘엄과의 인터뷰.

이미 끝나 있었다. 3년간의 피비린내 나는 전쟁 동안 한반도에 존재했던 거의 모든 산업기반은 미군의 공중폭격을 받아 잿더미로 변했다. 한국전쟁은 생산의 중지, 기아의 확산, 장기적인 인간 고통을 증폭시켰다. 보타암에 거주하던 묘엄도 예외는 아니었다. 정기적으로 산으로 땔감을 모으러 가야 했고 탁발을 다녀야 했다. 변변치 못한 음식으로 허기진 배를 채워야 했다. 전쟁은 끝났어도 불교경전을 구하기는 여전히 어려웠다. 사교과를 시작하기 전에 묘엄은 묘희, 묘영과 함께 해인사 팔만대장경판에서 사교과의 경전[90]을 인쇄하려고 해인사로 갔다. 묘엄은 목판의 한문 한 자 한 자에 골고루 먹물을 바른 다음 경판 위에 흰 창호지를 덮었다. 그리고는 부드러운 천을 손에 쥐고 한 글자씩 조심스럽게 누르면서 경을 인쇄했다. 경판의 각 페이지에 대한 인쇄가 끝난 후, 낱장을 완전히 말린 다음에 글자가 인쇄된 종이를 똑같은 크기로 가장자리를 가위질하고 그 낱장들을 모아 단단히 묶어서 한 권의 경전을 만들었다.[91]

보타암에서 밤에 공부를 할 때는 불을 밝힐 초조차 없었다. 큰 절에서 쓰다 버린 초 조각들을 모아서[92] 미군부대에서 버린 깡통에 넣

---

[90] 사교과의 네 가지 불전은 『능엄경』, 『대승기신론』, 『금강경』, 『원각경』이다. 이 네 불전에 대해서는 Buswell, Jr., *The Zen Monastic Experience: Buddhist Practice in Contemporary Korea*, pp. 96-99 참조. 사교과의 네 불전에 대한 자세한 논의는 李智冠 著, 『韓國佛教所依經典研究』, 136-284쪽 참조.

[91] 2005년 6월 묘엄과의 인터뷰.

[92] 보경寶瓊(1916~1985)은 자운의 만상좌로 1953년 겨울부터 1955년 초봄까지 부산의 감로사甘露寺라는 작은 절의 주지를 맡았다. 그는 봉암사 결사의 일원으로서 원주를 살았다. 그는 감로사 주지로 있으면서 절에서 사용한 초 조각들을 모아서 그 초 조각과 음식을 보타암에 있는 묘엄과 동료 비구니들에게 가져다 주었다. 묘

은 후 솜으로 만든 심지를 그 중심에 꽂아서 불을 밝히고 공부를 했다.[93] 촛농불로 불을 밝히고 밤늦게까지 공부를 하다 보면 초에서 나온 시커먼 그을음으로 묘엄의 얼굴과 콧구멍은 시커멓게 얼룩이 지곤 했다. 그러한 고생에도 불구하고 묘엄은 부처님의 가르침에 대한 이해가 깊어지는 것에 대해 항상 행복해했다.[94] 월운[95]이 증언하듯이, 비구니 학인들은 자신들의 식량과 생활비를 스스로 마련해야 했기 때문에 비구 학인들보다 훨씬 고생이 많았다.[96] 비구 학인들은 탁발은 하지 않아도 되었는데, 그 이유는 큰 절들은 사찰전답을 소유하고 있어서 비구 학인들에게는 사찰의 행정을 맡아 보던 대처승들이 식량을 대주었기 때문이다.[97]

2007년 월운의 글에 의하면, 1953년에 운허의 비구 학인들 역시 통도사에 기거할 방을 얻지 못해서 경전 공부를 하는데 고생을 많이 했다. 그 무렵 자운[98]은 통도사의 대처승 주지에게 운허를 초빙

엄은 보경이 언제나 친삼촌처럼 자신을 도와주었다고 회고했다(2005년 6월 묘엄과의 인터뷰). 보경의 속가 가족들 중에 41명이 출가했다. 그는 일타日陀(1929~1999)의 외삼촌 중 한 사람이었다. 보경에 대해서는 정찬주, 『인연』 1, 2(작가정신, 2008); 김현준 지음, 『아! 일타 큰스님』(효림, 2001), 41-44쪽 참조.
[93] 어떤 등산객들은 미군부대에서 나오는 깡통음식을 먹고는 빈 깡통을 절 주변에 버리고 갔다. 묘엄은 그런 미제 빈 깡통을 주워서 사용했다(2005년 6월 묘엄과의 인터뷰).
[94] 윤청광, 『회색 고무신』, 246-247쪽.
[95] 월운이 운허에게서 경전을 공부하고 있는 동안, 운허는 종종 월운이 공부를 잘한다고 칭찬을 했다(김용환의 원고).
[96] 月雲, 「耘虛老師의 片影」, 551-552쪽.
[97] 김용환의 원고.
[98] 묘엄과 월운의 증언은 자운이 1951년부터 1954년까지 통도사 법당의 부전 소임을 살았다는 것에 일치한다.

해서 강원을 열자고 제의했다. 1953년 11월 운허는 통도사로 거처를 옮겼다. 월운은 그의 은사인 운허가 통도사에 주석한다는 소식을 듣자마자 스승 밑에서 경전 공부를 계속하기 위해 그곳으로 갔다. 자운과 운허는 비좁은 노전爐殿채에 머물 수 있도록 허락되었지만 월운은 방이 없어서 통도사를 떠나야만 했다. 운허는 늘 자신을 따라다니며 공부하던 상좌 월운이 기거할 방이 없어, 경전 공부를 계속하지 못하고 통도사를 떠날 때 동구 밖까지 따라 나와 배웅을 하며 어떤 어려운 환경에서도 절대로 포기하지 말고 경전 공부에 전념하라고 위로했다. 이듬해, 1954년 봄 월운은 통도사로 다시 가서 운허에게서 『능엄경』을 배울 수 있게 되었다.[99]

묘엄이 『능엄경』 공부에 열중하고 있을 때, 명성明星(1931~)[100]

---

[99] 月雲, 「講師等呼稱由來小考-특히 比丘尼講師의 出現動機報告와 그 講脈 및 僧譜承繼를 爲한 提議」, 봉녕사승가대학 선우회 편, 『世主妙嚴主講五十年紀念論叢』, 116-117쪽.

[100] 김용환의 원고에는 명성이 통도사의 묘엄 반에 합류하기 전에 그녀의 부친이자 한국 불교계의 고승인 관응觀應(1910~2004)에게서 불전 공부를 했다고 했다. 관응에 대해서는 교육원 불학연구소 편찬, 『曹溪宗史: 근현대편』, 211, 240, 251, 281쪽 참조. 묘엄은 명성과 함께 『능엄경』을 배웠으며 한 방에서 살았다. 묘엄이 명성과 함께 1954년에서 1955년 사이에 운허에게서 『능엄경』과 『대승기신론大乘起信論』을 배웠다는 묘엄의 증언에 월운도 동의한다. 운허의 지도 아래 묘엄과 명성이 함께 수학한 데 대해서는 月雲, 「耘虛老師의 片影」, 551-552쪽 참조.

명성은 현재 운문사승가대학의 학장으로서 2백 명의 학인들과 함께 살면서 간혹 비구니들과 재가불자들에게 특강을 하기도 한다. 필자는 1970년부터 1974년까지 운문사에서 명성으로부터 불전을 배웠다. 명성은 2003년 10월 전국비구니회 회장이 되었다. 명성의 연보와 저술에 대해서는 明星스님古稀紀念佛敎學論文集刊行委員會 편찬, 『明星스님古稀紀念 佛敎學論文集』(雲門僧伽大學出版部, 2000); 全明星, 『法界明星華甲紀念 佛敎學論文集』(雲門僧伽大學出版部, 1994) 참조. 묘엄과 명성은 후일 현대 한국의 비구니들을 위한 훌륭한 교육자가 되었다. 한

이 묘엄의 반에 합류했다. 묘엄은 보타암에서 제일 큰 방으로 거처를 옮겨 명성, 묘희, 묘영과 함께 그 방을 썼다.[101] 1955년 봄 운허는 『능엄경』 강의를 끝낸 후 진주의 연화사[102]로 거처를 옮겼다.[103] 묘엄은 묘영, 명성과 함께 도솔암兜率庵으로 갔다. 도솔암은 연화사에서 아주 먼 거리에 위치해 있어서 비구니 학인들은 연화사까지 걸어서 통학하며 마명馬鳴(Skt. Aśvaghoṣa)[104]이 저술한 것으로 알려진 『대승기신론大乘起信論』[105]을 공부했다. 『대승기신론』은 불교 교리

국의 불자들은 대부분 묘엄과 명성이 현대 한국 비구니들에게 가장 영향력 있는 원로 교육자임을 인정한다.
[101] 월운은 운허가 묘엄, 명성, 묘영을 비구니 교육자로 키우겠다는 결심을 세웠다고 증언했다(月雲, 「耘虛老師의 片影」, 551-552쪽).
[102] 월운에 따르면 한국불교정화운동은 1955년 초반 전국으로 퍼져 나갔다. 통도사의 주지와 삼직들은 대처승들이었다. 운허의 비구 학인들은 적극적으로 정화운동을 지지했다. 운허는 그의 비구 학인들과 통도사의 대처승 소임자들 사이에서 난감한 위치에 있었다. 그는 평화롭게 학인들을 가르칠 수가 없어서 통도사를 떠났다. 그리고 비구와 대처승 간의 갈등이 없는 연화사로 옮겼다. 열 명의 비구 학인들이 운허를 따라 연화사로 옮겨갔다(月雲, 「耘虛老師의 片影」, 548쪽). 일제강점기 동안 이판승과 사판승으로서 비구와 대처승의 가장 다른 점은 결혼을 했느냐 안 했느냐의 차이였다. 광복 후 사판승이라는 표현은 대처승帶妻僧으로 바뀌었고, 이판승이라는 용어는 비구승比丘僧으로 바뀌었다. 일제강점 기간 승려들 사이에 결혼이 만연해 있었음에도 불구하고 비구니들은 한국 승가의 청정독신의 전통을 지켰다. 비구니 이판승과 사판승 간에 가장 두드러진 차이점은 그들의 삶의 방식이었다. 참선 수행에 몰두해 있는 선방의 비구니들은 이판승이라 불렸다. 그리고 다른 비구니들은 모두 사판승이라 불렸다(2005년 6월 묘엄과의 인터뷰).
[103] 김용환의 원고.
[104] Aśvaghoṣa는 한문으로 마명馬鳴으로 번역한다. Aśvaghoṣa에 대한 자세한 설명은 Paul Williams, *Mahāyāna Buddhism: The Doctrinal Foundations* (London and New York: Routledge, 1991), pp. 103-109 참조.
[105] 『大正新修大藏經』 32권, pp. 575a-583b. 『대승기신론』의 영역본에 대해서는 Yoshito S. Hakeda, trans., *The Awakening of Faith* (New York: Columbia

를 총체적으로 요약한 책으로서 대승불교의 기본적인 수행법을 설명한 것이다. 『대승기신론』의 해석은 매우 간결하고 함축적이기 때문에 한문 구절이 참으로 어려워서 묘엄은 이해하기가 몹시 힘들었다. 한문 문장의 내용을 해석하는 것은 더욱 더 어려웠다. 『대승기신론』은 묘엄이 소화하기에 가장 난해한 교과서였고, 그래서 이 책을 모두 배우기까지는 아홉 달이 걸렸다.[106]

묘엄은 도솔암에 있었던 시절을 자신이 공부하던 전체 기간 중에 가장 행복했던 시절로 기억한다. 도솔암에서 살 때에는 탁발을 하러 가지 않아도 되었기 때문이다. 도솔암의 비구니 원주가 묘엄과 다른 급우들의 하루 세 끼를 해결해 주었다. 또 그들은 종종 진주에 사는 묘엄의 어머니로부터 공양청을 받았다.[107] 2005년 6월 필자는 세 비구니들이 스승인 운허를 위해 음식을 장만하거나 빨래와 같은 잡다한 일들을 한 적이 있느냐고 질문했다. 묘엄은 그런 일을 한 적이 없다고 답했다.[108] 월운의 증언에 따르면 운허는 연화사에서 묘엄, 명성, 묘영에게 불전을 가르치기 위해 헌신적인 노력을 했다. 아침 공양이 끝나면 운허는 비구 학인들을 가르쳤고, 점심 공양 후에는 비구니 학인들을 위해 강의했다. 운허는 60대 중반의 나이

University Press, 1967) 참조. 『대승기신론』에 대한 자세한 논의는 李智冠 著, 『韓國佛教所衣經典研究』, 198-221쪽 참조.
[106] 2005년 6월 묘엄과의 인터뷰. 묘영은 『대승기신론』을 공부한 뒤에 경전 공부를 포기했다. 그녀는 자신이 학구열이 부족해서 경전 공부를 계속하고 싶지 않다고 묘엄에게 말했다. 묘영은 참선 수행에 몰두하기로 결정했지만 스물다섯 살에 고통사고로 세상을 떠났다(윤청광, 『회색 고무신』, 256-257쪽).
[107] 김용환의 원고.
[108] 2005년 6월 묘엄과의 인터뷰.

였지만 강의로 인해 매일 바쁜 일상을 보냈다. 비구니 학인들이 먼 길을 통학하는 것이 안쓰러워서 바쁜 자신의 일과에도 불구하고 비구니 암자인 도솔암으로 자주 학인들을 방문했다. 운허는 비구니 학인들에게 늘 열심히 공부하라고 격려를 해 주곤 했다. 1952년 5월부터 1959년 10월까지 운허는 오로지 비구와 비구니 학인들 교육에만 전념했다. 7년 동안 총 2,309일을 강의했다.[109] 늘 과로로 피곤했지만 학인들 앞에서는 조금도 피곤한 기색을 보인 적이 없었다.[110]

운허는 연화사에서 묘엄, 명성, 묘영에게 『대승기신론』을 다 가르친 다음, 1955년 11월 해인사로 떠났다.[111] 묘엄도 법조카인 도성道成과 함께 해인사 가까이에 위치한 약수암藥水庵으로 옮겨갔다. 묘엄은 약수암에서 도성에게 『치문』을 가르쳤다. 약수암에는 30여 명의 비구니들이 모여 참선 수행을 하고 있었다. 약수암은 사찰 전답이 없었기 때문에 그곳에서 수행하던 비구니들은 양식을 사중에

---

[109] 月雲, 「耘虛老師의 片影」, 552-557쪽. 운허는 7년간 강의를 하는 동안 거의 휴가가 없었던 것 같다.

[110] 위의 글, 551-553쪽.

[111] 1955년 9월 자운은 광복 후 비구로서는 처음으로 해인사의 주지가 되었다. 이것은 정화운동이 한창 성공적이었을 때였다(慈雲門徒會, 『慈雲大律師』, 9쪽). 자운은 해인사 주지가 되자마자 그곳의 비구들을 가르치기 위해 운허를 초빙했다(2005년 6월 묘엄과의 인터뷰). 월운에 따르면 명성은 경봉鏡峰(1885~1969) 문하에서 경전 공부를 계속하기 위해 동학사로 갔다. 오로지 묘엄만 운허를 따라 해인사로 갔다(月雲, 「耘虛老師의 片影」, 552쪽). 1955년 경봉과 동학사의 주지는 비구니 강원을 개원하려고 준비를 하던 중이었을 것이다. 1956년 2월 동학사는 현대 한국 불교사에서 최초로 정식 비구니 강원을 열었다. 동학사 비구니 강원의 역사에 대해서는 웹사이트(http://www.donghaksa.or.kr/02/menu.htm) 참조. 2006년 11월 10일 웹사이트 방문. 경봉에 대해서는 뒤에서 자세히 다룬다.

내놓아야 했다. 비구니 각자가 내놓은 쌀을 모아 커다란 무쇠 솥에 밥을 지어 암자의 큰방에서 대중이 함께 공양을 했다.[112]

묘엄은 약수암에서 해인사로 통학하면서 운허에게서『금강경』[113]을 배웠다.[114] 그녀는 불교적 지혜의 완성에 대한 가르침의 정수를 담고 있는『금강경』공부를 즐겼다.『금강경』을 마친 후 묘엄은『원각경圓覺經』[115]을 공부했는데, 이 경전은 지혜로운 보살행 수행에 대한 질의응답을 담고 있는 경전이다.[116]『원각경』의 전반부에는 원각에 대한 관심 수행이 담겨 있고, 후반부는 부처님과 10만 보살들이 원각을 성취하기 위한 수행 절차에 대해 묻고 대답하는 내용이다.

운허는『원각경』을 다 가르친 후 자신이 휴식을 취하기 위해 좀 쉬어야겠다고 말했다.[117] 묘엄이『원각경』공부를 마친 후 언제 해인

---

[112] 윤청광,『회색 고무신』, 261-262쪽.
[113]『大正新修大藏經』8권, pp. 748c-752c.『금강경』은『금강반야바라밀경』을 줄인 표현이다.『금강경』에 대한 자세한 논의는 李智冠 著,『韓國佛敎所衣經典硏究』, 222-263쪽 참조.
[114] 묘엄이 해인사 운허의 방에서 수업을 받을 때마다 그녀의 법조카인 도성이 그 방 한구석에 조용히 앉아서 수업이 끝날 때까지 기다렸다(2005년 6월 묘엄과의 인터뷰).
[115]『大正新修大藏經』17권, pp. 913a-922a.『원각경』은『大方廣圓覺修多羅了義經』을 줄인 표현이다.『원각경』에 대해서는 Buswell, Jr., *The Zen Monastic Experience: Buddhist Practice in Contemporary Korea*, p. 97; Robert M. Gimello, "Māga and Culture: Learning, Letters and Liberation in Northern Sung Ch'an," in Robert E. Buswell, Jr., and Robert M. Gimello, eds., *Paths to Liberation: The Māga and Its Transformations in Buddhist Thought*, Studies in East Asian Buddhism, no. 7 (Honolulu: University of Hawaii Press, 1992), pp. 404, 433 참조.『원각경』에 대한 자세한 논의는 李智冠 著,『韓國佛敎所衣經典硏究』, 264-284쪽 참조.
[116] 김용환의 원고.
[117] 윤청광,『회색 고무신』, 263쪽.

사를 떠났는지 정확하게 기억하지는 못하지만 여름이었다는 것은 확실하다고 했다. 묘엄의 기억으로는 도성의 어머니가 도성과 묘엄을 위해 모시 옷감을 보내 주어서 그 옷감으로 도성과 함께 여름 승복을 지어 입고 약수암을 떠났다고 했다.[118] 운허가 해인사를 떠나자 묘엄도 그해 여름에 도성과 함께 약수암을 떠났다. 묘엄의 진술을 종합해 보면, 그녀가 해인사에서 사교과의 교과과정을 모두 끝낸 것은 1956년 여름인 듯하다. 그해 가을[119] 묘엄은 동학사에 가서 『화엄경華嚴經』[120]을 배우기로 결심했다. 당시 동학사에는 50여 명의 비구니 학

---

[118] 2006년 10월 묘엄과의 전화인터뷰.
[119] 묘엄의 은사는 1956년 음력 8월 28일에 입적했다(하춘생, 『깨달음의 꽃 1』, 106쪽). 은사의 사십구재가 끝난 뒤, 늦은 가을 묘엄은 『화엄경』 공부를 하기 위해 동학사로 갔다(2006년 10월 묘엄과의 전화인터뷰). 필자는 묘엄이 1956년 늦은 가을 동학사에서 경봉의 지도 아래 『화엄경』 공부를 시작했을 것으로 생각한다.
[120] 『大正新修大藏經』 10권, pp. 1a-444c. 『화엄경』은 『大方廣佛華嚴經』을 줄인 표현이다. 한국의 승려들은 실차난타實叉難陀(652~710)가 번역한 80권의 『화엄경』을 공부한다. 루이스 고메즈Luis O. Gómez는 인도학파의 문헌이나 훈고학 문헌에 『화엄경』이 체계를 갖춘 경전으로 언급된 경우가 없다고 주장한다. 이 경전은 4세기 중반에는 이미 중앙아시아에 알려져 있었다. 따라서 고메즈는 이 경전의 최후 편찬이 중앙아시아에서 이루어졌으리라 추정한다. 경전의 전체 결집은 세 가지 형태로 완성되었다. 60권으로 된 『화엄경』의 첫 번째 한문 번역은 418년에서 420년 사이에 부다바드라Buddhabhadra와 그의 제자들에 의해 이루어졌다. 이보다 더 포괄적인 80권으로 된 한문 번역은 695년에서 699년 사이에 실차난타와 그의 제자들이 했다. 45장으로 된 서장 번역본은 80권으로 된 한문 번역본과 유사하다. 『화엄경』에 대해서는 Luis O. Gómez, "The Avataṃsaka-Sūtra," in Takeuchi Yoshinori, ed., *Buddhist Spirituality: Indian, Southeast Asian, Tibetan, and Early Chinese* (New York: The Crossroad Publishing Company, 1993), pp. 160-170 참조. 『화엄경』의 전반 부분의 영역에 대해서는 Thomas Cleary, trans., *The Flower Ornament Scripture: A Translation of the Avatamsaka Sutra* (Boston & London: Shambhala Publications, 1993) 참조. 『화엄경』에 대한 자세한 논의는 李智冠 著, 『韓國佛敎所衣經典硏究』, 285-330쪽 참조.

인들이 경봉鏡峰(1885~1969)¹²¹ 밑에서 경전을 배우고 있었다. 동학사는 현대 한국 불교사 최초의 공식 비구니 강원이다.¹²²

묘엄이 동학사에 도착하자마자¹²³ 경봉은 자신의 앞에 앉으라고 하더니 한문 경전을 내놓고 새겨 보라고 했다.¹²⁴ 묘엄은 막힘 없이

---

¹²¹ 2003년 6월 필자는 예순세 살의 비구니 적조寂照를 인터뷰했다. 적조는 1950년대 말에서 1960년대 초까지 동학사의 경봉 아래서 경전 공부를 했다. 적조가 동학사에서 기초반을 시작했을 때 묘엄은 이미 동학사 강원을 졸업한 뒤였다. 적조는 동학사에서 여러 해 동안 중강으로 있었다. 적조에 따르면, 경봉은 어릴 때 동네 서당에서 유교경전을 공부했다고 한다. 일제강점기에 그는 한국의 독립을 위해 투쟁했다. 일본 경찰을 피해 도망다닐 때 절에 숨어들었다가 우연히 거기에 쌓여 있던 불경을 읽게 되었다. 그리고 불교의 가르침에 매료되어 북한에 있는 강원도 건봉사乾鳳寺로 출가했다. 경봉은 수년간 건봉사에서 비구들에게 경전을 가르쳤다. 후일 그는 대처승이 되어 수년간 동학사에서 비구니들에게 경전을 가르치기도 했다. 그의 부인은 동학사에서 멀리 떨어져 살았고 그는 일 년에 오직 한 번 부인의 집을 방문해 손주들을 만나 보았다. 적조가 경봉에게서 수학할 동안 가장 기억에 남는 사건은 3·1운동에 대한 경봉의 강의였다. 매년 3월 1일 경봉은 학인 비구니들을 동학사 마당 한가운데 모이게 했다. 3·1운동을 기념하기 위해 그는 몇 시간 동안 해방의 중요성과 일본의 통치하에 한국인이 겪은 고통에 대해 강연을 하면서 중생을 고품에서 구제하기 위해 열심히 공부하라고 격려했다. 강연이 끝나면 학인들로 하여금 다 같이 "대한민국 만세" 삼창을 시켰다(2003년 6월 적조와의 인터뷰). 경봉에 대해서는 윤청광,『회색 고무신』, 244-245쪽; 李政 編,『韓國佛敎人名辭典』(불교시대사, 1993), 17-18쪽 참조.

¹²² 윤청광,『회색 고무신』, 268쪽. 묘엄은 통도사에서『능엄경』을 공부하던 중 묘엄의 출가본사인 대승사 주지로 있던 대처승 김철에게서『화엄경』80권 전질을 선물받았다. 김철은 직접『화엄경』전질을 등에 지고 와서 묘엄에게 선물했다. 따라서 그녀는 해인사의 목판 경판에서『화엄경』을 인쇄하지 않아도 되었다(2005년 6월 묘엄과의 인터뷰).

¹²³『회색 고무신』과 김용환의 원고에는 묘엄이 동학사에 도착한 연도에 대한 정확한 기록이 없다. 그러나 이 두 자료는 그녀가 은사의 사십구재가 끝난 뒤 동학사로 갔다는 데 일치한다. 묘엄은 필자에게 동학사로 간 것이 가을이라고 말했다(2006년 10월 묘엄과의 전화인터뷰). 묘엄의 증언은 동학사에서『화엄경』을 공부하기 시작한 것이 1956년 늦은 가을이었음을 암시한다.

¹²⁴ 묘엄은 경봉 앞에서 새겼던 경전이 무엇이었는지 정확히 기억하지 못했다. 아

술술 경전을 새겨 나갔다. 묘엄의 한문 경전 독해 능력을 확인한 후, 경봉은 즉석에서 묘엄에게 중강仲講을 하라고 했다. 동학사에서 묘엄은 그때까지 그녀가 학인으로서 배워 습득한 지식을 자신이 가르치는 학인들에게 그대로 가르쳤다. 묘엄은 사미과와 사집과의 학인들을 가르치는 한편 자신은 강원 교육과정의 가장 상급반인 대교과의 80권 『화엄경』을 공부했다.[125] 『화엄경』은 부처님이 깨달음을 얻은 지 2주째가 되었을 때 보리수 아래에서 해인정海印定에 들어서 성도한 깨달음의 내용을 그대로 표명한 경전이라고 전해진다.

경봉에게서 『화엄경』 공부를 하는 동안 묘엄은 대교과 과정의 유일한 학인이었으므로 불교 교리를 이해하기 위해 온전히 자신이 가진 실력만을 의지하여 경전의 난해한 구절들을 자신만의 통찰력과 해석력으로 새겨 나가야만 했다. 그녀는 자신이 감당할 수 있는 양만큼 혼자서 수업을 준비했다. 『화엄경』 공부에 보탬이 된 것이 하나 있다면 징관澄觀(737~838)[126]이 『화엄경』의 이해를 돕기 위해 달아 놓은 주석밖에 없었다.[127] 예습을 하는 동안 의문이 생기면 다음

마도 『화엄경』이었던 것 같다고 말했다.
[125] 김용환의 원고.
[126] 징관은 중국 唐나라 때 화엄학파의 승려였다. 징관에 대해서는 Peter N. Gregory, "What Happened to the "Perfect Teaching"? Another Look at Hua-yen Buddhist Hermeneutics"; Robert E. Buswell, Jr., "Ch'an Hermeneutics: A Korean View" in Donald S. Lopez, Jr., ed., *Buddhist Hermeneutics*, Studies in East Asian Buddhism, no. 6 (Honolulu: University of Hawaii Press, 1988), pp. 207-230 참조.
[127] 한국의 승려들은 불설佛說로 간주되는 경전의 원문 가르침에 집중해서 공부하는 것을 선호한다. 예를 들어, 『금강경』이나 『화엄경』 같은 대승불교의 주요 경전에 대한 주석가들의 글보다는 경전의 원문공부를 더 중요시한다.

날 수업 중에 질문했다. 매일 묘엄은 이렇게 수업 준비를 해서 아침에 경봉의 방으로 갔다. 묘엄이 한 자 한 자 『화엄경』을 새기면 경봉은 묵묵히 앉아 자신의 『화엄경』을 보며 그녀의 새김을 점검했다. 오역을 바로잡아 주거나 자신의 견해와 설명을 덧붙이고 싶을 때는 묘엄의 새김을 멈추게 했다. 현대적인 강의실에서와 같이 묘엄은 불교에 대한 이해를 깊게 하기 위해 교과서의 어떤 구절에 대해서든 경봉에게 질문하고 토론도 할 수 있었다.[128]

비구니 강사[129]

1957년 봄,[130] 묘엄은 경봉에게서 경전을 강의할 수 있는 자격을

---

[128] 2005년 6월 묘엄과의 인터뷰.
[129] 여기서 필자가 '비구니'라는 용어를 사용한 것은 단순히 여성인 묘엄을 남승들과 구별하기 위해서이다. 필자는 '비구니 강사'라는 표현을 '여성female' 혹은 '여승Buddhist nun' 강사라는 영어 표현보다 선호한다. 묘엄은 비구니구족계를 받기 전에 경봉으로부터 전강을 받았다. 2008년 4월 필자는 묘엄에게 전화를 걸어 어떻게 식차마나로서 강사가 되었느냐고 질문했다. 1960년대 이전에 한국의 비구니들에게는 비구니구족계 수계와 관련된 규정이 없었다. 사미니계를 받기만 해도 '비구니'로 불렀다. 구족계를 받았느냐 받지 않았느냐는 당시 비구니가 강사가 되는 데 문제가 되지 않았다. 묘엄은 경전을 가르칠 자격을 갖추었기 때문에 전강을 받은 것이라고 답했다(2008년 4월 묘엄과의 전화인터뷰). 한국 불교사에서 재가자가 승려들에게 경전을 가르친 일이 있는지에 대한 연구는 아직 없다. 앞으로 연구가 필요하다. 그러나 불교를 전공하는 재가불자들은 종종 강원에 초대되어 승려들에게 자신들의 전문 분야를 강의한다. 오늘날 많은 남성 재가불자들이 법사로 활약한다.
[130] 봉녕사승가대학 선우회 편, 『世主妙嚴主講五十年紀念論叢』, 691-692쪽. 몇 년도

인가받는 전강傳講을 받았다. 그녀는 해방 후 최초의 비구니 강사가 된 것이었다.[131] 2006년 10월 필자는 묘엄에게 국제전화를 걸어 어떻게 경봉에게서 전강을 받았는지 질문했다. 묘엄의 진술에 의하면, 어느 봄날 경봉은 묘엄에게 동학사 법당에서 『원각경』의 「보안보살장普眼菩薩章」에 대해 법문을 하라고 명했다. 묘엄은 큰 법당의 법상에 앉아 법문을 하는 것이 생애 처음이었으므로 약간 초조했다고 했다. 이 첫 법문에 참석한 청중 중에는 충청남도 도지사와 지방정부 관리들 몇 명, 신도들, 그리고 동학사 비구니 대중이 섞여 있었다. 묘엄의 법문이 끝나자 경봉은 청중을 향해 이제 묘엄에게 전강을 한다고 발표했다. 그 발표가 있기까지 묘엄은 자기가 강사가 될 자격이 있는지 가늠하기 위해 시험을 치르고 있었다는 것을

에 경봉이 동학사에서 묘엄에게 전강을 했는지에 대한 자료가 일치하지 않는다. 『회색 고무신』에서 윤청광은 묘엄이 경봉으로부터 전강을 받은 날짜가 1956년 4월 5일이라고 했다. 수경은 「한국 비구니강원 발달사」에서 묘엄이 1956년 동학사에서 경봉으로부터 전강을 받았다고 했다. 묘엄의 전강에 대해서는 수경, 「한국 비구니강원 발달사」, 전국비구니회 엮음, 『한국 비구니의 수행과 삶』, 26쪽 참조. 하지만 필자는 묘엄이 1957년 봄에 경봉으로부터 전강을 받은 것으로 생각한다. 1955년 11월 묘엄은 운허를 따라 해인사로 가서 『금강경』과 『원각경』 공부를 마쳤다. 묘엄의 증언에 따르면, 그녀는 1956년 중반까지 해인사에서 운허로부터 두 가지 경전 공부를 마쳤고, 1956년 중반에 운허는 휴식이 필요하다고 묘엄에게 말했다. 앞에서 언급한 바와 같이 1956년 음력 8월 말에 묘엄의 은사가 입적했다. 묘엄에 대한 모든 자료가 묘엄이 1956년 은사의 사십구재를 끝낸 뒤 동학사에 가서 경봉으로부터 『화엄경』을 배웠다는 데 일치한다. 또한 묘엄과의 인터뷰에서 그녀는 그해 늦은 가을에 은사의 사십구재를 지낸 뒤, 경봉에게 『화엄경』을 배우러 갔다고 분명히 기억했다. 경봉과 몇 개월간 공부를 한 뒤 그는 묘엄에게 전강을 해 주었다. 필자는 묘엄이 1957년 봄에 동학사에서 경봉으로부터 전강을 받았다고 생각한다.
[131] 수경, 「한국 비구니강원 발달사」, 26-30쪽.

몰랐다.[132]

경봉에게서 전강을 받은 후에 묘엄은 운허에게서 『화엄경』을 다시 배우기 위해 혜성惠性(1929~)[133]과 같이 통도사로 갔다. 1957년 12월[134] 묘엄은 혜성과 함께 통도사에서 운허로부터 다시 한번 전강을 받았다.[135] 어느 겨울날, 운허는 비구와 비구니 학인 대중 앞에서 자신의 제자들 가운데 전강을 받을 수 있는 네 명의 비구[136]와 두 명

---

[132] 2006년 10월 묘엄과의 전화인터뷰.
[133] 묘엄은 동학사에서 경봉으로부터 전강을 받은 후, 얼마 뒤에 운허에게『화엄경』을 다시 배우기 위해 혜성과 함께 통도사로 갔다고 필자에게 말했다. 혜성은 묘엄이 동학사에서『화엄경』을 배우고 있을 때 묘엄과 친구가 되었다. 혜성은 통도사에서 묘엄과 함께 운허로부터 전강을 받았다(2006년 10월 묘엄과의 전화인터뷰).
[134] 『회색 고무신』에서 윤청광은 묘엄이 1957년 12월 통도사에서 운허로부터 두 번째 전강을 받았다고 한다(윤청광,『회색 고무신』, 282쪽). 이것은 신빙성이 있는 주장이다. 묘엄은 운허가 통도사에 자리를 잡은 후 운허를 따라갔다고 필자에게 말했다. 묘엄은 운허의 지도 아래 두어 달간『화엄경』 가운데「십지품十地品」을 공부한 뒤 운허로부터 전강을 받았다. 필자는 왜 두 번이나 전강을 받았냐고 질문했다. 묘엄은 대부분의 경전 공부를 운허의 지도 아래 했기 때문에 그로부터 전강을 받고 싶었다고 답했다(2004년 6월 묘엄과의 인터뷰). 월운에 따르면 1957년 10월에서 1959년까지 운허는 통도사에서 비구와 비구니들(묘엄과 혜성)에게 경전을 가르쳤다고 한다(月雲,「耘虛老師의 片影」, 552쪽). 월운과 묘엄의 증언은 통도사에서 묘엄과 혜성이 운허에게『화엄경』을 배운 시기가 1957년 10월에서 12월까지라는 데 일치한다.
[135] 윤청광,『회색 고무신』, 282쪽.
[136] 그 네 명의 비구는 월운, 지관智冠(1932~2012), 인환印幻(1933~), 홍교弘敎(1928~?)이다(2006년 10월 묘엄과의 전화인터뷰). 묘엄은 식차마나로서 강사가 되었다. 그러나 필자가 연구한 바에 의하면, 위의 네 명의 비구들은 비구구족계를 받은 후 강사가 되었다. 월운은 1952년 3월 비구구족계를 받았다(月雲스님古稀記念論叢刊行委員會 엮음,『月雲스님古稀紀念 佛敎學論叢』, 1119쪽). 지관은 1953년 5월 비구구족계를 받았다(慈雲門徒會,『慈雲大律師』, 9쪽). 인환은 1956년 비구구족계를 받았다(봉녕사승가대학 선우회 편,『世主妙嚴主講五十年紀念論叢』, 127쪽).

의 비구니[137] 강사가 있어서 기쁘다고 말했다. 이들이 강사가 된 것을 축하하는 공식적인 의식도 없었고 또 그들의 전강식을 증명하는 공식 증명서도 발부되지 않았다. 단지 전강을 한다는 운허의 구두 발표만으로 네 명의 비구와 두 명의 비구니는 강사가 되었음을 증명했다.[138] 묘엄은 식차마나로서 강사가 된 것이다.

공식적으로 전강을 받은 비구니 강사로서 묘엄은 1959년부터 1961년까지 동학사에서 비구니 학인들을 가르쳤다.[139] 동학사 강원에서 강사로 재직하는 동안 그녀는 통도사에서 다른 몇 명의 비구니들과 함께 비구 단독 승가에 의해 비구니구족계를 받았다. 묘엄의 증언에 따르면, 동학사에서 학인들을 가르치던 이른 봄날 자운으로부터 한 통의 전보를 받았다. 전보의 내용은 급히 통도사로 와서 비구니구족계 수계식에 참석하라고 재촉하는 것이었다. 묘엄은 즉시 급행열차를 타고 가서 택시를 갈아타고 통도사로 갔다. 1961년 2월 묘엄은 그곳에서 비구니구족계를 받았다.[140] 이러한 묘엄의 증언으로 볼 때, 통도사에서 정해진 비구니구족계 수계산림 기간 동안에 받아야 하는 집중적인 비구니 후보자 교육을 받지 않고 그녀는 그냥 비구니구족계를 받은 듯하다. 1945년 출가한 이래 그녀의 삶은 한국 승가 전통교육의 엄격한 수행으로 점철되어 있다. 비구니구족계를 받았을 당시 그녀는 율장과 경전에 대해 전문가였다.

---

[137] 이 두 비구니는 묘엄과 혜성이다(2006년 10월 묘엄과의 전화인터뷰).
[138] 2006년 10월 묘엄과의 전화인터뷰.
[139] 김용환, 「妙嚴스님과 韓國比丘尼講院」, 68-69쪽.
[140] 2006년 10월 묘엄과의 전화인터뷰.

비구니 강사로서 율장과 경전에 통달했으며 비구니구족계 수계 후 보자로서도 나무랄 데 없는 비구니였다.

비구 스승들이 묘엄에게 공식적으로 전강을 한 것이 얼마나 중요한 의미를 지니는지를 살펴보기 위해서 필자는 일제강점 기간 비구 스승들 아래 경전을 공부한 다른 비구니들에 대한 자료를 잠시 살펴보고자 한다. 수경에 따르면 일제강점기에 경전을 공부한 비구니는 모두 열네 명이었다고 한다. 그중 세 명은 한국 불교계의 유명한 교육자가 되었는데 금룡金龍(1892~1965),[141] 혜옥慧玉(1901~1969),[142] 수옥守玉(1902~1966)[143]이 그들이다. 수옥은 일본에서 3년간 유학하고 1934년 귀국했다.[144] 그리고 일제 식민통치 마지막 기간에 경북 남장사南長寺[145]에서 일 년간 소수의 비구니들에게 경전을 가르쳤다. 남장사의 비구니 학인들은 종군위안부로 차출될 긴박한 위험에 처하게 되자 남장사를 떠났다.[146]

---

[141] 금룡은 재가신도들에게 법문을 했다. 금룡의 행장기에는 그녀가 비구니들에게 경전을 가르쳤다는 기록을 찾을 수 없다. 금룡에 대해서는 하춘생, 『깨달음의 꽃 1』, 183-194쪽 참조.

[142] 혜옥 또한 재가불자들의 스승이었다. 혜옥의 행장기에도 그녀가 비구니들에게 경전을 강의했다는 기록을 찾을 수 없다. 혜옥에 대해서는 하춘생, 『깨달음의 꽃 1』, 195-206쪽; 수정, 「정암당 혜옥스님의 수행과 포교」, 전국비구니회 엮음, 『한국 비구니의 수행과 삶』, 253-274쪽 참조.

[143] 수옥에 대해서는 하춘생, 『깨달음의 꽃 1』, 207-220쪽; 혜등, 「화산당 수옥스님의 생애와 사상」, 전국비구니회 엮음, 『한국 비구니의 수행과 삶』, 275-294쪽 참조.

[144] 수경, 「한국 비구니강원 발달사」, 19-21쪽.

[145] 수경에 의하면, 1943년에 남장사에 비구니 강원이 개설되었다. 그러나 그 강원은 일제강점기 말기 무렵 폐강했다고 한다. 남장사 비구니 강원에 대해서는 수경, 「한국 비구니강원 발달사」, 24-25, 33쪽 참조.

[146] 수경, 「한국 비구니강원 발달사」, 31쪽.

광우光雨(1925~)는 최근에 발간된 자신의 회고록『부처님 법대로 살아라』[147]에서 수정암水晶庵의 어떤 비구니는 상좌가 종군위안부로 끌려갈 것을 염려해 강제로 강원을 자퇴시키고 결혼을 강요했다고 한다. 남장사 비구니 학인들의 평균 연령은 열여덟 살에서 스무 살이었다. 종군위안부 차출에 대한 공포는 비구니 승가에 널리 퍼져 있었다. 남장사의 사무직을 담당하던 삼직들은 일제 식민지 당국이 젊은 비구니들을 종군위안부로 차출하는 것을 막기 위해 강원을 폐쇄하고, 비구니 학인들에게 암자로 돌아가 숨어 있으라고 지시했다.[148] 2차대전 중 일본은 비구 학승들을 학도병으로 끌고 갔다.[149]

2008년 4월 필자는 봉녕사 학인에게 전자메일을 보내 1940년대 중반의 남장사 비구니 강원에 대해 광우에게 자세히 문의해 줄 것을 부탁했다. 당시 남장사 강원에서는 수옥의 지도하에 열다섯 명의 비구니 학인들이 공부하고 있었고, 사미과, 사집과, 사교과, 대교과 등 네 개의 과정이 있었다. 남장사의 대처승 강사가 상급반인 사교과와 대교과를 가르치고 수옥이 사미과와 사집과를 가르쳤다. 각 반에는 대여섯 명의 학인들이 공부하고 있었다. 강원의 교재는 묘엄이 공부했던 교재와 동일했다. 수옥에게서 배우던 학인들이 종군

---

[147] 최정희,『부처님 법대로 살아라』(조계종출판사, 2008).
[148] 위의 책, 57-58쪽.
[149] 2차대전 시 일제에 의한 비구 학인들의 징집에 대해서는 이성수,「패망 직전 日帝, 학승까지 군인으로 징용」,『佛敎新聞』2432호, 2008. 6. 5(http://www.buddhistnews.net/archive2007/200806/200806051212624851.asp) 참조. 2008년 6월 10일 웹사이트 방문.

위안부 차출의 급박한 위험에 처하자 강원은 폐강이 되고 비구니 학인들은 뿔뿔이 흩어졌다.[150]

후일 수옥은 1947년에서 1950년 사이 서울의 보문사普門寺[151]에서 비구니 학인들에게 경전을 가르쳤다.[152] 수옥의 학생이었던 경순景順(1927~)[153]의 증언에 따르면 수옥은 보문사에서 상급반 학인들에게 경전을 가르쳤다. 경순이 수옥에게서 『화엄경』 공부를 하려고 할 때 한국전쟁이 발발했다. 1950년 6월 경순이 사교과 졸업식에 참석하고 있는데 멀리서 총 쏘는 소리가 들렸다. 1950년 6월 보문사 강원이 폐쇄되자 수옥은 참선 수행을 하고 싶어 했다.[154] 1955년 수옥은 내원사內院寺 주지가 되어 그 사찰의 복원에 헌신하며 참선

---

[150] 2008년 4월 묘엄의 시자와 나눈 전자우편. 남장사의 비구니 학인들에 대한 광우의 자세한 증언은 김광식 대담, 「평등한 사상으로 비구니를 대하셨던 어른」, 『여성불교』 통권 287호, 2003. 4, 44-45쪽 참조. 광우의 증언에 의하면 남장사 비구니 강원은 1944년 어느 시점에 폐쇄된 것 같다. 1944년 8월 일본은 한국에 종군위안부 동원령을 내렸다. 종군위안부 동원령에 대해서는 Tanaka, *Japan's Comfort Women: Sexual Slavery and Prostitution during World War II and the US Occupation*, p. 40 참조.

[151] 보문사의 비구니들은 후일 조계종에서 탈퇴하여 대한불교보문종大韓佛敎普門宗을 세웠다. 보문사에 대해서는 Hyangsoon Yi, "Pomunjong and Hanmaŭm Sŏnwŏn: New Monastic Paths in Contemporary Korea," in the Proceedings of the 8th Sakyadhita International Conference on Buddhist Women in 2004, Karma Lekshe Tsomo, ed., *Discipline and Practice of Buddhist Women: Present and Past* (Seoul: Korean National Bhiksuni Association, 2004), pp. 233-239 참조.

[152] 수경, 「한국 비구니강원 발달사」, 21-26쪽.

[153] 2008년 여름, 이향순 교수가 한국에 머무는 동안 필자는 1947년부터 1950년 사이 보문사에서 공부했던 수옥의 제자를 찾아 인터뷰해 달라고 부탁했다. 이 교수는 경순과 연락이 닿았으며, 필자에게 경순의 증언 내용을 전자메일로 보냈다.

[154] 이향순 교수와의 사신(2008년 7월 26일 전자우편).

수행을 했다.[155]

금룡과 혜옥, 수옥도 경전 공부를 모두 마쳤으나 그들이 비구 스승에게서 정식으로 전강을 받았다는 기록은 찾지 못했다. 월운은 1940년대와 1950년대 초기 한국 비구니들의 지위는 비구의 지위보다 훨씬 낮았다고 진술했다. 공공연하게 퍼져 있던 비구니들의 낮은 지위에 대한 인식을 보여 주는 다음과 같은 말들이 있었다. "비구니들은 불공을 하되 바라지만 한다." "비구니는 승적이 없다."[156] "비구니는 법상에 오르지 않는다." "비구니는 주지를 안 한다." "점잖은 비구니의 존칭은 인도引導라 한다." 등이다. 그러나 1954년 5월에서 1955년 8월까지 벌어진 한국불교정화운동의 대규모 시위 속에서 독신 비구승들을 적극적으로 지지하며 시가행진을 했던 비구니들이 바로 현대 비구니의 지위를 높이는 데 원동력이 되었다.[157]

수많은 비구니들이 정화운동을 지지해 비구들과 함께 시위에 참

---

[155] 하춘생, 『깨달음의 꽃 1』, 207-220쪽.
[156] 2007년 11월 필자는 묘엄에게 정화운동이 성공하기 이전 시기에 비구니들에게 승적이 있었느냐고 질문했다. 묘엄과 윤필암의 비구니들은 대승사의 대처승 주지가 발행한 공식 신분증을 지참하고 다녔다고 답했다(2007년 11월 묘엄과의 전화인터뷰). 월운은 "비구니는 승적이 없었다."고 주장하지만, 그 당시에도 일부의 비구니들은 신분증을 지참했을 가능성이 높다.
[157] 月雲, 「講師等呼稱由來小考-특히 比丘尼講師의 出現動機報告와 그 講脈 및 僧譜 承繼를 爲한 提議」, 116-118쪽. 비구니들의 정화운동 참여에 대해서는 이경순, 「한국불교정화 관련인사 증언 채록 (3): 수덕사 견성암의 덕수스님, 보인스님, 정화스님」, 195-214쪽; 황인규, 「근현대 비구니와 불교정화운동」, 대한불교조계종 교육원 불학연구소 편, 『불교정화운동의 재조명』(조계종출판사, 2008), 267-308쪽 참조.

여하고 행진했다. 시위에 가담했던 비구니의 숫자는 어느 때는 비구승들의 두 배였다.[158] 정화운동을 성공으로 이끄는 데 비구니들은 결정적인 역할을 했다. 예를 들어 1954년 12월 10일 수백 명의 비구와 비구니들은 눈보라가 휘몰아치는 혹독한 추위 속에 중앙청을 향해 시가행진을 하면서 이승만(1875~1965) 대통령과의 면담을 요구했다.[159] 이 시위에 참가한 비구니들의 숫자는 비구의 두 배였다. 시위대가 중앙청 청사 앞에 도착하자 비구니들은 경찰의 폭력행사의 혼란 속에서 서로 흩어지지 않으려고 장삼끈으로 서로를 묶었다. 끈질기게 이 대통령과의 면담을 요구하자 총을 찬 수백 명의 기마경찰들이 갑자기 비구·비구니 시위대 군중 속으로 뛰어들었다. 앞줄에 서 있던 많은 비구들이 크게 부상을 입었다. 비구니들은 꽁꽁

---

[158] 이경순,「한국불교정화 관련인사 증언 채록 (3): 수덕사 견성암의 덕수스님, 보인스님, 정화스님」, 195-214쪽.

[159] 일제강점기 이전에 한국의 주요 본사와 말사의 주지직은 한국 승가의 전통에 따라 산중공의山中公議를 통해 민주적으로 선출되었다. 1911년 6월 총독부는 한국불교를 식민화하기 위해 사찰령寺刹領을 내렸다. 사찰령에 따르면 본사의 주지는 총독이 임명하게 되어 있었다. 게다가 말사의 주지는 지방관리들이 임명하도록 되어 있었다. 이런 방법으로 총독부는 한국의 사찰 소유 재산을 통제했다. 광복 후에도 미점령군은 한국의 모든 사찰에 사찰령을 시행했다. 1947년 10월 한국의 국회의원들이 만장일치로 사찰령 폐지를 통과시켰다. 그러나 미군정은 그 결의를 거부했다. 1962년 사찰령은 박정희(1917~1979)의 군사정부에 의해 폐지되었다. 사찰령에 대해서는 Micah L. Auerback, "Japanese Buddhism in an Age of Empire: Mission and Reform in Colonial Korea, 1877-1931." Ph. D. Dissertation. Princeton University, 2007, pp. 359-371; 교육원 불학연구소 편찬,『曹溪宗史: 근현대편』, 59-63, 169-174쪽; 鄭珖鎬 著,『近代韓日佛敎關係史研究-日本의 植民地政策과 관련하여』(仁荷大學校出版部, 1994), 79-95쪽 참조. 이승만 대통령에 대해서는 Eckert, Lee, Lew, Robinson, and Wagner, eds., *Korea Old and New: A History*, pp. 348-352 참조.

언 빙판 바닥에 무릎을 꿇고 앉아서 경찰들의 잔인한 폭력에도 불구하고 해산을 거부했다. 광목으로 지은 비구니들의 승복은 금세 차가운 눈과 얼음으로 범벅이 되어 젖어 갔다.[160] 이들은 자신들의 요구가 관철될 때까지 시위를 하느라 심지어는 언 땅 위에 꿇어앉아 그대로 소변을 보았다. 마침내 다섯 명의 시위 주동자들이 그날 대통령을 면담했다.[161] 시위대 속의 어떤 비구니들은 그날 추위와 눈보라 속의 고통으로 폐렴에 걸려 입적했다.[162]

비구니들의 이러한 적극적 정화운동 동참의 헌신적 노력으로 인해 한국 승단의 비구 지도자들은 승단 안에서 비구니들의 요구를 들어 주기로 했다. 나아가 비구니들은 비구니 스승 아래서 정식으로 승가교육을 받도록 했다. 당시 한국 승단의 시급한 문제 중 하나는 비구니 강사를 배출하는 것이었다. 한국 불교계에서 영향력을 지녔던 모든 비구들은 비구니들도 전강을 받아서 다른 비구니들을 교육시키게 해야 한다는 운허의 의견에 동의했다.[163]

두말할 나위도 없이, 비구 스승에게서 경전 공부를 하기 위해 묘엄이 극복했던 역경과 부단한 노력은 한국 불교계에서 비구니들의 역할 변화가 가능하다는 것을 증명한다. 묘엄은 해방 후 공식적으로

---

[160] 1950년대에는 한국 승려들이 입는 두꺼운 겨울용 모직 옷이 없었다.
[161] 이경순,「한국불교정화 관련인사 증언 채록 (3): 수덕사 견성암의 덕수스님, 보인스님, 정화스님」, 200-202쪽.
[162] 묘엄의 은사는 1954년 12월 10일의 혹독한 추위 속에 시위에 참여해서 폐렴에 걸렸고, 1956년 8월 입적했다. 묘엄의 은사의 입적에 대해서는 윤청광,『회색고무신』, 263-267쪽 참조.
[163] 月雲,「講師等呼稱由來小考-특히 比丘尼講師의 出現動機報告와 그 講脈 및 僧譜 承繼를 爲한 提議」, 117-118쪽.

강사 자격을 획득한 최초의 비구니 강사였다. 그녀가 경봉과 운허에게서 받은 전강은 1950년대 말기 비구니들의 지위를 향상시켜야 한다는 시대적 요구에 부응하는 것이었다. 그 결과, 경봉과 운허는 비구니가 공식적으로 비구니들에게 경전을 가르칠 수 있도록 전강을 줌으로써 한국 불교사 발전에 획기적인 기회를 마련해 준 것이다.

묘엄은 전통 강원에서 경전 공부를 모두 마쳤지만, 속세의 학교에서 좀 더 불교 공부를 하기로 결정했다. 청담은 묘엄의 의견에 찬성하지 않았지만[164] 묘엄은 불교를 효과적으로 가르치기 위해서는 일반인들보다 더 높은 지식을 갖추지 않으면 안 된다고 믿었다. 그렇게 해야 대학에서 공부한 젊은 비구니들을 포함한 많은 사람들에게 불교를 가르칠 수 있을 것이라고 생각했다. 묘엄이 전통 강원에서 공부한 것은 한문 불교 경전일 뿐 영어, 수학, 역사, 문학 등에 대한 지식은 부족했다. 서울의 어느 학원에서 대학입시를 치르기 위한 공부를 한 뒤 동국대학교에 입학했다.[165]

동국대학교에서 묘엄은 불교학을 전공했다. 이 대학의 불교학과 교수들 대부분은 전직 대처승들로서 일제강점기에 일본에 유학해서 불교를 공부한 사람들이었다. 그녀는 불교사, 불교철학, 유식학, 한국 문학, 범어와 영어 등을 공부했다. 대학에서 묘엄은 객관적 방법을 적용하여 학문으로서 불교를 해석하는 능력을 길렀다. 불교학과 교수들은 분석적이고 학문적인 방법으로 불교 교리를 이론적으

---

[164] 청담은 묘엄이 일반 학교에서 공부하겠다는 결정에 반대했다. 묘엄이 참선 수행에 집중하지 못할까 봐 염려했기 때문이었다(김용환의 원고).
[165] 윤청광, 『회색 고무신』, 284-288쪽.

로 이해하고 해석하는 학문적 훈련은 시켰지만, 참선 수행을 통해 얻는 깨달음의 체험이라는 불교의 가장 핵심주제인 깨달음의 세계로 이끄는 경전이나 조사 스님의 어록들을 가르치지는 않았다. 묘엄은 비구니로서 자신은 차라리 참선 수행에만 전념하는 것이 더 낫다고 생각했다. 깨달음의 체험은 반드시 자기 자신이 몸소 수행을 통해 경험해야 하고 그런 깨달음의 체험을 지적으로 탐구하여 얻으려는 것은 비효율적이라고 믿었다. 이런 자각의 결과 그녀는 대학에서 불교를 더 이상 학문적으로 공부하고 싶지 않았다.[166]

1966년 2월 묘엄은 동국대학교에서 학사학위를 받았다. 그녀는 1966년 3월 15일 사형인 묘전[167]과 함께 운문사[168]로 갔다. 묘엄은 1966년부터 1970년까지 4년 동안 운문사에서 비구니 강사로 비구니 교육에 헌신하면서부터 승가 교육자로서의 인생이 시작되었다.[169]

이 장에서 필자는 주로 묘엄이 받은 승가교육과 한국 불교계의 남성우월주의 전통 안에서 비구니 강사가 된 그녀의 인생역정을 연구하는 데 초점을 맞추었다. 중요한 것은 묘엄이 사회적인 장벽을 뛰어넘어서 한국 비구니 교육사 발전에 돌파구를 열었다는 사실이다. 1950년대 초기 한국 비구니들은 경전 공부를 하도록 독려받는

---

[166] 김용환의 원고.
[167] 묘전은 묘엄의 사형이며 1966년부터 1970년까지 운문사의 주지를 지냈다.
[168] 운문사승가대학에 대해서는 승가대학 공식 홈페이지(http://www.unmunsa.or.kr) 참조. 2006년 12월 20일 웹사이트 방문. 운문사 강원에 대해서는 다음 장에서 자세히 논한다.
[169] 윤청광, 『회색 고무신』, 290-295쪽.

환경이 아니었다. 그런 환경에도 불구하고 묘엄은 비구 스승들 지도 아래 경전 공부를 성취해 낸 학인이었으며, 이것은 한국 비구니들이 어떻게 자신들의 역할을 효율적으로 변화시킬 수 있었는지를 보여 준다. 묘엄은 비구니 승가교육의 초석을 놓는 데 선구자적인 역할을 했다. 더 나아가 동시대 비구니들에게 영감을 불어넣은 역할모델이다.

우리는 또한 한국의 비구 스승들이 비구니 교육의 새로운 장을 열어 준 각별한 공헌을 인정해야 한다. 불교사에서 대부분의 비구들은 비구니들에게 도움을 주지 않았다고 주장하는 서양의 많은 불교 양성평등주의 연구자들의 견해와는 달리, 필자가 묘엄의 승가교육을 연구한 결과는 한국의 비구 스승들이 비구니 교육에 중요한 역할을 했음을 보여 준다. 비구니들이 한국 불교의 독신승 수행 전통을 회복하는 데 결정적인 역할을 하리라는 통찰력을 가지고, 자운은 비구니들에게 율장을 가르치기 위해 많은 노력을 기울였다. 운허와 경봉이 비구니들에게 불교경전을 가르치는 데 헌신한 것은 교육받은 비구니들의 미래는 밝을 것이라는 믿음이 있었기 때문이다. 비구니 교육에 대한 비구 스승들의 헌신은 한국의 비구 승가뿐 아니라 비구니 승가가 번창할 수 있는 기회의 문을 활짝 열어 주었다. 한국의 비구 스승들은 앞으로 다가올 한국 불교 전통 복원을 위해서는 비구와 비구니 모두의 역할이 필수적이고, 또한 그 둘의 역할이 분리될 수 없다는 선견지명을 지니고 있었다.

제6장
비구니 교육자로서의 묘엄

학인들에게 강의하고 있는 묘엄 스님(사진 제공: 봉녕사)

제6장
비구니 교육자로서의 묘엄

앞 장에서 필자는 묘엄이 비구니 교육자로서 헌신하기 전의 생애에 연구의 초점을 맞추었다. 이번 장부터는 승가 교육자로서의 묘엄의 생애를 살펴보겠다. 1966년 3월 묘엄은 운문사 비구니 강원에서 현대 한국 비구니들의 교육에 온 생애를 바치는 교육자로서 첫발을 내디뎠다. 지난 50여 년간 그녀는 비구니 교육에 매우 중요한 공헌을 했다. 1966년부터 1970년까지 운문사에서 불교 경전을 가르쳤고, 수원에 봉녕사[1]승가대학奉寧寺僧伽大學[2]을 설립했으며,

---

[1] 봉녕사는 서울 근교의 수원시에 있다. 봉녕사의 초기 역사에 대해서는 알려진 바가 거의 없다. 기록에 따르면 이 절은 원래 고려 중기에 원각圓覺(1119~1174)에 의해 창건되었고 처음에는 성창사聖彰寺라 불리었다. 1400년대에 사찰명이 봉덕사奉德寺로 바뀌었다. 1469년 혜각慧覺(생몰연대 미상)이 절을 중창할 때 다시 봉녕사로 이름을 바꾸었다. 1970년대 초반에는 절의 전체가 거의 폐허가 되어 쓰러져가는 전각 두 채와 낡은 요사 한 채가 있었을 뿐이다. 최근 봉녕사의 중창불사에 대해서는 상와실(편집부)(sangwa258@hanmail.net), 「봉녕사의 역사」, 『奉寧』 1호, 2003. 10, 6-7쪽; 상와실, 「봉녕사의 역사: 흙에서 찾은 부처님」, 『奉寧』 2호, 2004.

한국비구니대학의 학장을 역임했고, 봉녕사를 비구니를 위한 대규모의 교육 도량으로 재건했으며, 많은 비구니 강사比丘尼講師[3]를 배출했다.

운문사 강원에서의 강의

1966년 3월 묘엄은 사형인 묘전, 조카 도성[4]과 함께 비구니들에게 경전을 가르치기 위해 운문사[5]로 거주를 옮겼다. 운문사는 많은 땅을 소유하고 있었는데 대부분은 임야였고 그러한 사찰의 땅은 중요한 수입원이었다. 운문사는 1958년 비구니 강원을 개원했다.[6]

4, 5-6쪽; 상와실, 「2004년 여름까지」, 『奉寧』 3호, 2004. 10, 6-7쪽; 봉녕사 홈페이지(http://www.bongnyeongsa.org/html/sub6.php) 참조. 2008년 4월 1일 웹사이트 방문. 『奉寧』은 봉녕사승가대학의 학인들이 발행한다. 대교과에 재학 중인 몇몇 학인들이 이 『奉寧』지의 편집자로 일한다. 『奉寧』은 2003년 10월부터 일 년에 두 번씩 발행되기 시작했다. 이 소식지에는 묘엄의 법문과 불교에 대한 학인들의 논문, 강원에서의 개인적인 체험, 신도들의 신행체험, 학인들의 불교성지 순례기, 시詩 등이 담겨 있다.
[2] 봉녕사승가대학에 대해서는 웹사이트(http://www.bongnyeongsa.org/html/sub2.php) 참조. 2008년 4월 1일 웹사이트 방문.
[3] 필자는 한국어의 '비구니 강사'라는 표현을 영어로는 'bhikṣuṇī Buddhist teacher'로 옮긴다.
[4] 조계종은 묘전을 1966년에서 1970년까지 운문사 주지로 임명했고, 도성은 운문사 삼직 소임을 맡았다. 도성은 묘전의 맏상좌이다(김용환의 원고).
[5] 운문사는 한국 남쪽에 위치해 있다. 산야의 절 소유지는 한국전 기간 동안 그다지 손상을 입지 않았다.
[6] 수인은 1955년부터 1966년까지 운문사의 주지를 지냈다. 그녀는 아홉 살에 운문사 말사인 청신암에서 출가했다. 수인은 운문사에 여러 채의 전각을 짓고 마을

묘엄이 강사로서 운문사에 부임할 때 이미 40여 명의 비구니 학인들이 비구인 제응의 지도로 불전을 공부하고 있었다. 묘전과 도성은 학인 대중을 위해 사찰의 재정을 책임졌다. 강원에 입학한 학인들은 각자 필수적으로 이불, 요, 승복, 교과서, 발우를 가져오도록 되어 있었다. 학인들의 식생활비는 운문사의 수입으로 충당했다.[7]

재가불자인 홍영기가 사찰의 사무적인 일에 영향을 끼칠 읍이나 도의 관리들을 접촉하는 일을 맡아 주었다. 운문사 주변의 산에는 몇몇의 작은 암자에 비구니들이 살고 있었다. 그 암자 중 사리암邪離庵은 운문사에서 멀리 떨어진 깊은 산속에 위치해 있어 나반존자의 영험을 빌기 위해 몰려드는 재가불자들에게 인기 있는 기도 도량이었다. 묘엄이 운문사의 강사로 가기 전에는 사리암의 모든 수입은 사리암 원주가 재가불자들의 시주금 전부를 혼자 관리하고 있었다. 1966년 중반 묘엄과 묘전은 사리암의 원주에게 암자의 모든 수입을 강원의 학인들을 교육하는 지원금으로 내놓을 것을 설득했다. 1966년 가을부터 사리암에 신도들이 보시한 모든 보시금은 영구적으로 운문사 강원의 학인들을 위한 교육 지원금이 되었다.[8]

묘엄이 운문사 강원에서 강의를 시작했을 때에는 그녀 혼자 사

소작농들에게 빼앗겼던 절 소유지의 상당 부분을 회수했다. 1958년 그녀는 운문사에 비구니 강원을 설립하고 비구 강사 제응을 초빙했다. 하춘생,『깨달음의 꽃 2』, 75-88쪽 참조. 오늘날 운문사는 조계종 최대의 비구니 승가대학이다.
[7] 김용환의 원고.
[8] 위의 글.

미과, 사집과, 사교과 세 반을 모두 다 가르쳤다. 강원에서 학인들은 오로지 한문 경전만 공부했고, 한국 승가의 전통적인 교육과정을 이수했다. 묘엄은 큰방에서 아침 일찍 여섯 시 반에 강의를 시작해 열한 시나 열한 시 반경에 강의를 끝냈다. 그녀의 일과는 하루 종일 바빴다. 일단 학인들을 가르치기 위해 큰방에 들어가면 화장실을 갈 때 외에는 휴식시간이 없었다. 한 반의 수업이 끝나면 다음 반 학인들이 대기했다가 큰방으로 들어와 방바닥의 앉은뱅이책상 앞에 앉아 수업 받을 준비를 했다. 학기 중에 묘엄이 휴가를 갖는 것은 매월 보름과 그믐날 두 번이었다.[9]

강의에 대한 금전적인 보수는 없었다. 운문사 대중이라는 큰 승가 가족의 구성원으로서 학인들을 가르치는 것이 자신의 의무라 믿었다.[10] 묘엄과 마찬가지로 운문사의 다른 사무직을 맡은 소임자들도 재정적인 보수가 없이 학인들을 위해 봉사했다. 큰 사찰을 잘 유지하기 위해 운문사 대중들은 각각 돌아가면서 소임을 맡았다. 주지를 포함한 어느 누구도 자기에게 주어진 일에 대한 보수를 기대하지 않았다. 승가공동체의 일원으로서 비구니 각자는 자신이 행해야 할 일상적인 의무가 있었고, 각자 맡은 일에 충실함으로써 대중은 결속되었다.[11]

---

[9] 2004년 7월 묘엄과의 인터뷰. 매월 보름과 그믐날에 운문사 학인들은 서로 머리를 깎아 주고 목욕을 하고 빨래를 했다. 삭발하고 목욕을 한 뒤 학인들은 옷을 빨거나 수선하고 양말을 깁고, 산책을 하거나 휴식 시간을 가졌다. 저녁 공양 후에 그들은 다시 일상적인 일과로 돌아갔다(2004년 6월 묘엄과의 인터뷰).
[10] 김용환의 원고.
[11] 2005년 6월 묘엄과의 인터뷰.

1960년대 말 운문사의 학인 대부분은 오늘날의 학인들보다 나이가 어렸다. 당시에 학인들의 평균 연령은 10대 초반에서 20대 초반이었다.[12] 마흔이 넘는 학인은 없었다. 학인들은 운문사에 들어오기 전에 본사의 은사에게서 몇 년 동안 수련을 살 받은 다음 강원에 입학했다. 고등학교 졸업장을 가진 학인들도 몇 명 있었다. 대다수의 학인들이 세속의 학교에서 고등교육을 받지 못했으므로 한문을 몰랐다. 그러나 은사 밑에서 어려서부터 엄하게 수련하면서 길러진 강한 인내심은 불전을 암기하는 데 많은 도움이 되었다. 또한 1960년대의 학인들은 지금의 학인들보다 한문 경전을 새기고 해석하는 실력이 훨씬 우수했다. 그들 중 몇몇의 학인은 한문을 확실하게 익히기 위해 『치문』과 『서장』을 반복해서 배우기도 했다.[13] 강원의 생활법규를 엄격하게 지켰고 상급반 학인들은 하급반 학인들을 따뜻하게 이끌어 주었다. 마찬가지로 하급반의 학인들은 상급반 학인들을 존경하고 따랐다. 이처럼 단단하게 결속된 비구니 승가의 자매

---

[12] 오늘날 비구니 승가대학 학인들의 평균연령은 30대 중반에서 40대 중반이다(2004년 7월 묘엄과의 인터뷰). 2000년 조계종은 행자의 자격요건을 제도화했다. 한국에서 승려가 되려고 하면 적어도 고등학교를 졸업했거나 이에 상응하는 자격을 갖추어야 한다. 또한 나이가 열다섯 살 이상 마흔 살 이하여야 한다. 이재형에 따르면 2002년 8월 현재 253명의 행자 가운데 64.8퍼센트인 150명이 서른 살에서 마흔 살 사이이다. 2000년대 초반의 행자들 평균연령은 높아졌다. 2002년 행자들의 평균연령에 대해서는 이재형,「도반 같은 상좌… 승단질서 흔들」,『法寶新聞』670호, 2002. 9. 3(http://www.beopbo.com/article/view.php?Hid=2469&Hcate1=1&Hcate2=7&Hcmode=view) 참조. 2008년 9월 7일 웹사이트 방문. 또한 대한불교조계종 교육원,『行者敎育指針書』(대한불교조계종 교육원, 2002) 참조.
[13] 1970년 늦은 가을 필자는 묘엄이 막 떠난 뒤에 운문사 강원에 입학했다. 필자는 1970년부터 1972년까지 『치문』을 두 번 배웠다.

의식 속에서, 연장자 학인들은 자기보다 나이 어린 학인들을 친동생처럼 여기고 잘 돌보아 주었다.[14]

묘엄이 운문사에서 강의를 시작한 뒤 일 년이 채 지나지 않아 학인들의 숫자는 두 배로 증가하여 80여 명이 되었다. 묘엄은 삼직을 맡은 비구니들과 어린 학인들에 둘러싸여 살다 보니, 경전에 대해 지적인 대화를 나눌 도반이 있었으면 했다. 운문사 강원에서 강의를 시작한 지 2년이 되던 해 묘엄은 도반인 혜성[15]을 초대해 사미과와 사집과를 가르치게 했다. 이렇게 해서 묘엄은 상급반인 사교과와 대교과 두 반만 가르쳤다. 사미과와 사집과의 학인들은 교과서 내용을 암기해야만 했다. 당시에는 학인이 강원에서 전체 교육과정을 모두 마치는 데 보통 7년 내지는 8년이 걸렸다.[16]

묘엄의 지도 아래 운문사 강원의 모든 학인들은 학업에 매진했다. 상급반 학인들과 하급반 학인들 간의 화기애애한 분위기는 공부에 집중하기 좋은 환경을 제공했다. 학인들은 대중생활을 규제하는 강원의 수많은 엄격한 규율들을 잘 지키고 살았고, 그 규율에 담긴 정신을 존중했는데 그것이야말로 학인들이 성공적으로 학업을 마치도록 이끌어 간다고 믿었다. 예를 들어 어떤 학인이 공부에 지나치게 몰두한 나머지 해가 지기 전 빨랫줄에서 빨래 걷는 것을 잊

---

[14] 김용환의 원고.
[15] 혜성은 2년간 운문사에서 학인들에게 불전을 가르쳤다. 그녀는 1969년 묘엄보다 한 해 먼저 운문사 강원을 떠났다. 혜성은 1969년에 동학사 강원의 강사로 임명되었다(2005년 6월 묘엄과의 인터뷰).
[16] 김용환의 원고.

어버렸을 경우,[17] 그 학인이 규율을 처음으로 어겼으면 입승은 비밀리에 너그럽게 용서해 주었다. 그러나 어떤 학인이 게으르고 부주의해서 규율을 어기면 그 학인과 급우들은 한 단체로서 벌을 받았다. 벌이란 그 학인과 급우들이 닷새 연속 육체노동을 하는 것이었다.[18] 묘엄이 운문사에서 강사로 재직한 4년 동안 한 반에 여덟 명의 학인들을 졸업시켰다.[19]

2004년 7월 필자는, 1966년부터 1970년까지 운문사에서 묘엄의 지도 아래 경전을 공부한 도혜道慧[20]를 인터뷰했다. 1980년 초반에 도혜는 봉녕사승가대학에서 묘엄으로부터 전강을 받아 강사가 되었다.[21] 도혜가 운문사에서 묘엄의 지도 아래 경전을 공부할 때 묘

---

[17] 운문사 강원의 학인 규율은 엄했다. 예를 들면, 해가 지기 전에 빨랫줄의 옷을 걷어야 했으며, 허락받지 않고 출타해서는 안 되었다. 또 신발은 댓돌 위에 가지런하게 벗어 놓아야 했고, 학인들은 사전에 허락을 받지 않는 한 반드시 정해진 수업시간 전에 도착해야 했다. 새벽 세 시 기상시간부터 밤 아홉 시 취침시간까지 빈틈없이 짜인 대중시간표를 한 치의 어긋남이 없이 지켜야 했다. 그리고 학인들의 개인 서신들은 사무실 삼직 스님들이 먼저 뜯어 본 다음에 학인들에게 전달됐다.
[18] 2004년 7월 도혜와의 인터뷰.
[19] 위의 인터뷰.
[20] 도혜는 어린 소녀로 한국의 대표적인 비구니 선원인 경남 석남사石南寺로 출가했다. 운문사 강원에 입학하기 전 그녀는 출가본사의 사미과에서 『치문』을 공부했다. 도혜는 1966년 묘엄에게 경전 공부를 하기 위해 운문사로 갔다. 그녀는 열일곱 살에 묘엄 아래에서 사집과의 『서장』을 공부하기 시작했다(2004년 7월 도혜와의 인터뷰). 필자는 1970년부터 1971년까지 운문사에서 도혜에게서 사미과의 『치문』을 공부했다.
[21] 도혜는 강사로서 20년 이상 봉녕사승가대학에서 학인들을 가르쳤다. 2006년까지 강사로 재직했다.

엄과 묘전의 비구니 교육에 대한 열정은 헌신적이었다. 운문사 주지였던 묘전의 최대 관심사는 학인들을 배불리 먹이는 일이었다.[22] 묘전은 학인들에게 충분한 음식과 간식을 제공하려고 온갖 노력을 다했다. 어느 더운 여름날 묘전은 학인들을 위해 대구에서 포도를 여러 상자 샀다. 포도 상자들을 실은 버스를 타고 운문사로 돌아오는 길이었는데 홍수로 나무다리가 떠내려가 버려 버스가 사찰에서 20리 정도 떨어진 마을에 멈추어 서게 되었다. 당시에 50대 중반이었던 묘전은 학인들에게 포도를 먹이겠다는 일념으로 빗속에 포도 상자를 등에 지고 몇 시간을 걸어서 절로 돌아왔다. 묘전이 포도 상자를 등에 진 채 홍수로 물바다가 된 험한 빗길을 20리나 걸어왔다는 이야기를 들은 학인들은 포도를 삼키며 묘전에게 감사의 눈물을 흘렸다.[23]

1960년대 말에는 재가불자들이 운문사 학인들에게 대중공양을 하지 않았다. 그 당시에는 밀가루가 널리 보급되어 있지 않았다.[24] 하지만 묘전은 시장에서 밀가루를 사서 학인들에게 자주 만둣국을 해 먹였다.[25] 주지 소임을 맡은 지 2년째가 되던 해에 묘전은 부목을

---

[22] 1960년대 중반에도 한국에는 식량부족이 만연했으며, 특히 농촌 지역이 심했다 (2004년 7월 도혜와의 인터뷰).
[23] 2004년 7월 도혜와의 인터뷰.
[24] 필자는 도혜에게 1966년에서 1970년 사이 운문사에서 찹쌀밥, 두부, 김, 미역국 등의 대중공양을 받았냐고 질문했다. 도혜는 그 당시 신도들이 학인들에게 대중공양을 하지 않았다고 답했다(2004년 7월 도혜와의 인터뷰). 필자가 1970년 가을부터 1975년까지 운문사에서 불전을 공부할 때에는 주지스님 신도인 부산의 재가불자들로부터 가끔 찹쌀밥, 김, 미역국 등의 푸짐한 대중공양을 받았다.

고용해 사찰 주위의 밭에 과실수를 심었다. 그 뒤로부터 여름철에는 학인들이 먹을 과일이 풍족했다. 가을에는 고구마와 감을 수확해 겨울철에 학인들에게 간식으로 제공했다. 묘전은 큰 규모의 중창불사, 건축 불사, 농사 짓기, 땔감 하기 등 심한 육체노동이 필요할 경우 일꾼을 고용해서 일을 시켰다. 학인들은 요사채의 벽에 벽지를 바르거나 밭에서 채소를 가꾸는 일과 같은 울력만 했다. 묘전은 농지가 없는 사하촌의 농부들에게 사찰 소속의 땅을 임대해 주었다. 매년 가을 추수 때가 되면 비구니 대중은 상급반에서 두 명의 대표를 뽑아 소작을 준 농부에게 쌀을 받으러 보냈다. 두 학인 대표는 농부의 집에서 채식 성찬을 대접받곤 했다.[26]

학인들을 위한 묘전과 도성의 전적인 재정적 지원 아래에서 묘엄은 운문사에서 학인들 교육에만 전념했다. 묘전은 사찰의 전체 업무가 잘 운영되도록 관리했다. 사찰과 관련된 기업체나 경제계, 정부기관 등 외부 각계와의 원만한 관계도 책임지고 있었다. 묘엄과 묘전은 법형제로서의 우애가 매우 두터웠다. 묘엄은 진정으로 묘전에 대한 신의를 지켰고, 묘전이 사찰 운영과 관련된 어떤 결정을 해도 효과적으로 시행되도록 도왔으며, 묘전이 사찰에 대한 전체적인 업무를 통제하도록 전적으로 지원했다. 묘엄은 자신의 소임에 대한 금전적 보수를 전혀 받지 않았지만 기본적으로 필요한 것들은 제공받았다. 시내로 출타할 때마다 묘엄은 묘전에게 버스비나

---

[25] 묘전의 고향에는 묘전을 따르는 신도들이 여럿 있었다. 이들은 묘전에게 일평생 재정적인 지원을 해 주었다(김용환의 원고).
[26] 2004년 7월 도혜와의 인터뷰.

기차 요금을 청구했다.[27]

운문사에서 4년간의 비구니 학인 교육이 끝나갈 무렵[28] 묘엄은 몇 달 동안 승가 교육자라는 자신의 임무에 대해 곰곰이 생각해 보았다. 학인들에게 경전을 가르치는 동안 중국과 한국의 선사들이 쓴 깨달음의 경지에 대해 묘사한 글을 완전하게 이해할 수 없어서 자주 좌절감에 빠지곤 했었다. 묘엄 자신이 몸소 깨달음을 얻지 못한다면 자신의 가르침은 깨달음의 체험을 기초로 한 것이 아닌 지식만을 제공하는 것이라는 회의가 생겼다. 깨달음의 경지에서 오는 내면의 영적인 체험을 하지 않고 어떻게 제자들에게 깨달음의 경지를 가르칠 수 있는가에 대해 번민했다. 게다가 그녀는 꽉 짜인 강원 일정으로 인해 참선에 몰두할 시간이 없었다. 1970년에 30대 후반이 된 묘엄은 자신의 마음을 닦는 길에 진전이 없다는 생각에 깊은 실의에 빠졌다. 비구니들을 가르치는 것에 대해 더 이상 열정을 느낄 수 없었다. 이생에 깨달음을 얻지 못한다면 인생을 낭비하게 되는 것이라는 느낌이 들었다. 깨달음을 얻겠다는 열망에 휩싸여 묘엄과 묘전 그리고 그녀의 권속들은 운문사에서의 모든 소임을 내놓았다. 묘엄과 묘전은 참선 수행하기에 좋은 새로운 환경을 찾아 떠났다. 묘엄이 권속 비구니 30여 명과 함께 서둘러 운문사를 떠난 때는 1970년 가을이었다.[29]

---

[27] 김용환의 원고.
[28] 운문사에서 묘전의 주지 소임과 묘엄의 강사 소임은 본인들이 원하는 한 계속할 수 있었다(김용환의 원고).
[29] 김용환의 원고.

봉녕사 강원 설립

　1970년 가을 묘엄은 권속 30여 명과 함께 임시로 경주시 외곽에 있는 작고 다 쓰러져 가는 암자로 거처를 옮겼다. 그 암자는 암자 소유의 전답이나 신도가 없었기 때문에 비구니들은 경주시로 탁발을 나가지 않으면 안 되었다. 그곳으로 옮긴 지 얼마 되지 않아 묘엄과 묘전은 당시 조계종 총무원장으로 재직 중이던 청담에게 30여 명의 권속이 들어갈 만한 빈 절을 찾아봐 달라고 부탁했다. 청담은 상좌에게 묘엄이 빈 절을 찾도록 도와주라고 했다. 묘엄과 묘전은 여기저기 빈 절을 찾아다녔다.[30]

　1971년 4월 묘엄은 전각이 다 허물어져 가는 상태였던 작은 암자인 수원 봉녕사로 옮겼다. 그곳에는 나이 든 대처승이 살고 있다가 묘엄과 그녀의 권속 30여 명이 들어오자 절을 내주고 떠났다. 밤이 되면 쥐떼가 비구니들이 자는 허물어진 방의 천장에서 뛰어내려 오고 찢어진 문구멍으로 들락거렸다. 쥐떼는 창호지 구멍을 뚫고 방에 먹을 것이 있으면 무엇이든 물고 달아났다. 권속들은 지저분한 요사채와 도량을 청소하기 시작했다. 뜰에는 꽃을 심고 텃밭에 채소도 심었다. 묘엄과 그녀의 권속들이 봉녕사에 도착한 지 며칠 지나자 쌀이 동이 났다. 시장에서 쌀을 살 돈도 없었고 신도도 수원 지역에는 없었다. 수원시도 1970년대에는 인구가 그리 밀집되어 있지 않았고, 봉녕사는 수원시의 중심부로부터 멀리 떨어져 있었

---

[30] 앞의 글.

다. 비구니들을 위한 시주자들도 없고 비구니들의 생계수단이 되는 재를 지내겠다고 암자를 찾는 신도도 없었으므로 암자에서 멀리 떨어진 마을까지 탁발을 나갔다. 묘엄과 권속들이 심각한 재정난과 함께 양식이 없어 고생을 하던 어느 날 그 지역에 사는 여성 신도 한 사람이 암자에 들렀다. 그녀는 돌아가신 어머니를 위한 사십구재를 지내겠다며 꽤 많은 돈을 보시해 재정난 해결에 큰 도움이 되었다.[31]

1971년 5월 묘엄이 봉녕사에 거주한 지 한 달이 되었을 때 청담이 방문했다.[32] 묘엄은 청담을 위해 고향인 진주식으로 공양상을 준비했다.[33] 묘엄은 청담이 봉녕사를 방문하기 오래전부터 부친인 청담에게 정성어린 밥 한 상을 차려 드리고 싶어 했다. 1960년대 초쯤, 불교정화운동으로 정신없이 바쁜 청담에게 문안인사를 드리려고 묘엄은 서울에 있는 선학원禪學院[34]을 방문한 적이 있었다. 그때 마침 청담은 법원에서 돌아와[35] 오후 늦게야 밥, 시래기국, 김치, 간장

---

[31] 윤청광, 『회색 고무신』, 297-298쪽.
[32] 청담은 묘엄이 운문사에서 강사로 재직했던 4년 동안 한 번 운문사를 방문했다 (2007년 1월 묘엄과의 전화인터뷰).
[33] 김용환의 원고.
[34] 선학원은 1950년대 중반까지 독신 비구승들의 중앙종무소로 사용되었다. 1960년대 초반 조계종의 중앙종무소가 서울 조계사에 들어선 후 선학원은 1970년까지 중진 비구승들의 요사이자 모임 장소로 사용되었다. 조계사에 대해서는 조계사 홈페이지(http://www.ijogyesa.net) 참조. 2008년 4월 2일 웹사이트 방문. 선학원에 대해서는 선학원 홈페이지(http://www.seonhakwon.or.kr/main.asp?m=1&s1=2&sm=2&page=3) 참조. 2008년 4월 22일 웹사이트 방문.
[35] 불교정화운동 기간 동안 대처승과 비구승은 법정에서 큰 절의 소유권을 둘러싸고 분쟁을 벌였다. 따라서 비구승의 지도자였던 청담은 많은 소송에 연루되어

한 종지 등 네 가지만 놓인 밥상에서 점심을 먹고 있었다. 누가 보아도 초라한 청담의 점심상을 본 순간 그녀는 목이 메었다. 가슴이 아프고 청담이 안쓰러웠다. 청담에 대해 아버지라는 애틋한 감정을 가져본 적은 없었지만 태어나 처음으로, 피를 나눈 아버지와 딸이라는 천륜이 이런 것이구나 하고 이해할 수 있었다.[36]

묘엄은 청담에게 언제부터 이런 변변찮은 공양을 드셨느냐고 질문했다. 그녀는 목이 메어 말이 잘 나오지 않았다. 선학원에 사는 대중들보다 자신의 상에는 언제나 반찬이 한 가지 더 올라온다고 청담은 답했다. 묘엄은 어떻게 그렇게 초라한 공양상이 다른 대중들의 밥상보다 반찬이 하나 더 많다고 생각하는지 모르겠다고 우겼다. 청담은 선학원에서 자신을 잘 보살펴 주니 걱정 말라고 했다. 묘엄은 청담을 위해 변변한 공양상 한 번 제대로 차려 드릴 수 없는 자신의 형편이 슬펐으며, 일주일에 한 번 아니 한 달에 한 번 정도라도 청담을 보살펴 줄 수 있었으면 했다. 그러나 당시 묘엄은 학생이었고 서울에서 자신의 학비를 마련하느라 고생하고 있었다.[37]

1971년 5월 청담이 봉녕사를 방문했을 때 묘엄은 온갖 정성을 들여 청담을 위해 공양상을 차렸다. 청담이 가장 좋아하는 음식이 진주 고향식 열무김치와 된장찌개라는 것을 어머니로부터 들었다. 묘

있었다(김용환의 원고).
[36] 김용환의 원고.
[37] 위의 글. 필자가 2007년 1월 묘엄에게 전화를 걸어 선학원에서의 청담의 초라한 공양상에 대해 다시 한번 질문을 했다. 묘엄이 선학원에서 청담의 밥상을 보는 순간 가슴 아팠던 때를 회상하면서 목이 메는 것을 느낄 수 있었다. 그때가 아마도 1960년대 초반이었을 것이라고 회고했다(2007년 1월 묘엄과의 전화인터뷰).

엄은 청담이 방문했을 때 알맞게 숙성이 되도록 며칠 전에 미리 열무김치를 담갔다. 청담은 진주식으로 빡빡하게 끓인 된장찌개에 열무김치를 찍어 밥과 함께 식사를 했다. 묘엄이 상을 잘 차렸지만 청담은 식사를 잘 하지 못했다. 묘엄은 편찮은 곳은 없는지 질문했다. 청담은 자신의 건강은 이상이 없는데 그냥 입맛이 좀 없다고 했다. 1971년 8월 청담이 두 번째로 봉녕사를 방문했다. 묘엄은 또다시 그를 위해 성찬을 준비했다. 청담은 식사를 잘 했지만, 그것은 묘엄이 청담에게 올린 마지막 공양이 되었다.[38] 청담은 봉녕사를 두 번째 방문하고 석 달 뒤 입적했다. 그의 세납은 일흔하나였다.[39]

2004년 7월 필자는 묘엄에게 1970년대 초반에 봉녕사를 복원하기 위해 고생할 때 청담에게서 재정적인 도움을 받았느냐고 질문했다. 묘엄은 평생 청담에게서 경제적인 지원을 받은 적이 없다고 했다. 청담이 조계종 총무원장으로서 조계종의 중앙부서인 총무원을 운영하면서 재정부족으로 항상 고생했다는 이야기를 들었다고 했다. 신도들로부터 받은 시주 봉투[40]는 자신을 위한 사적인 보시이든 법문에 대한 사례이든 받을 때마다 사무실의 재정 담당자에게 그 봉투에 얼마가 들었는지 뜯어 보지도 않고 건넸다고 했다.[41]

---

[38] 김용환의 원고.
[39] 청담은 1971년 11월 15일 입적했다(청담기념사업회, 『청담대종사와 현대 한국불교의 전개』, 557쪽).
[40] 한국의 불자들이 승려에게 돈을 보시할 때는 봉투에 돈을 넣어 주는 것이 예의이다.
[41] 묘엄이 듣기로 청담은 언제나 봉투에 든 보시금의 액수를 확인하지 않고 바로 조계종 총무원 재무부에 주었다고 한다(2005년 6월 묘엄과의 인터뷰).

묘엄은 청담이 돈에 대해 어떤 태도를 보였는지 한 예를 들려주었다. 설날이라 어린 권속 비구니들 몇 명을 대동하고 청담에게 새해 문안인사를 드리러 간 적이 있었다. 묘엄은 청담 앞에서 세 번 큰절을 하면서 새해에는 수행에 큰 진전이 있으시고 건강하시라는 덕담을 했다. 청담도 새해 덕담을 해 주었다. 묘엄과 어린 권속 비구니들은 청담 앞에 절을 하고는 전통 관습대로 세뱃돈을 기대하며 방 안에 앉아 있었다.[42] 그러자 청담은 "나한테 할 말이 있냐?"라고 물었다.[43] 묘엄은 "특별히 할 말은 없습니다."라고 답했다. 그는 "그

---

[42] 한국에서는 설날 젊은이들이 가족의 유대를 확인하는 의미에서 어른들에게 절을 하며 새해에 어른들의 건강과 장수, 복과 번영을 기원한다. 세배는 관례적으로 매년 음력 초하루부터 정월 보름 사이에 한다. 어른들은 세배를 하러 오는 젊은이들을 반가이 맞아 음식을 내오고 세뱃돈과 같은 작은 선물을 준다. 성인에게는 일반적으로 세뱃돈을 주지 않는다.

[43] 청담은 일평생 묘엄에게 냉담하게 대했다. 묘엄이 인사를 가면 그저 "왔냐?"라고 짧게 한마디만 했다. 그녀가 어디에서 어떻게 지냈는지 묻지도 않았다. 그 설날에도 묘엄은 절집 전통에 따라 삼배를 한 후 조용히 그의 앞에 앉았다. 청담은 늘 묘엄에게 의논할 것이 없는지 먼저 물었다. 그러면 묘엄은 보통 의논할 일이 없다고 대답했다. 그러면 청담은 그녀에게 왜 가지 않느냐고 했다. 한때 청담이 홀로 참선 수행을 하는 몇 년간 만나지 못한 적도 있어서, 묘엄은 청담에게 문안 인사를 하러 갔다. 청담에게 삼배를 하고, 몇 년간 어디에서 어떻게 지냈는지 물어보리라는 기대를 하면서 그의 앞에 앉았다. 여느 때와 마찬가지로 그는 의논할 일이 아무것도 없으면 물러가 보라고 했다. 그날 청담의 방을 나오면서 묘엄은 청담의 냉담한 태도에 더 이상 참을 수가 없었다. 비록 청담이 비구로서 가족에 대한 냉담한 태도가 애착을 끊으려는 의도에서 나온 것을 이해는 했지만, 더 이상은 도저히 받아들일 수가 없다고 청담의 상좌에게 불평을 했다. 그 이후 그녀가 청담을 다시 방문했을 때 청담은 미소를 지으며 두 마디의 말을 덧붙였다. 그 두 마디는 "어떻게 지냈느냐?"와 "그동안 어디에서 지냈느냐?"였다. 묘엄도 그에게 미소를 지으며 그와 어디서, 어떻게 지냈는지 몇 마디의 대화를 더 나눌 수 있었다(2005년 6월 묘엄과의 인터뷰).

러면 왜 가지 않니?"라고 물었다. 묘엄은 대답 대신 "세뱃돈 좀 주십시오."라고 말했다. 그는 줄 돈이 없다고 했다. 비록 청담이 자기 자신을 위해 돈을 지니고 있지 않다는 것을 알고는 있었지만, 묘엄은 그래도 끈질기게 세뱃돈을 달라고 했다. 아울러 묘엄 자신에게 세뱃돈을 주지 않는 것은 괜찮지만 동행한 어린 권속들에게까지 세뱃돈을 주지 않으면 방을 나가지 않겠다고 버텼다. 청담은 벽에 걸린 자신의 오조가사 속주머니에 돈이 있나 좀 찾아보라고 했다. 묘엄이 주머니를 뒤져 천 원짜리 지폐 한 장을 찾았다. 동행한 어린 비구니들에게 청담의 세뱃돈을 주고 싶은 생각으로 그 돈을 손에 쥐고 방을 나왔다.[44] 돌이켜 생각해 보니, 묘엄은 청담의 주머니에서 천 원을 꺼내 온 것이 아직도 후회스럽다고 했다. 세뱃돈을 달라고 떼를 쓰지 말고 그냥 방을 나왔어야 했다고 말했다. 그러나 그 천 원짜리 지폐 한 장은 그녀가 평생 동안 청담에게서 받은 유일한 돈이었다.[45]

1971년 4월 묘엄이 봉녕사로 옮겨 갔을 때 봉녕사 도량 내의 모든 전각들은 완전히 폐허 상태였다. 누추한 요사채 한 채와 허물어져 가는 칠성각과 약사전 두 전각만이 있었다. 묘엄과 묘전은 일꾼들을 고용해 칠성각을 허물어 양철 지붕 아래 작은 방 네 개가 딸린 요사채를 짓게 했다. 그 방 중의 하나가 봉녕사승가대학의 최상급 반인 『화엄경』반으로 후일 필자가 전학하여 필자를 포함한 여섯 명

---

[44] 통상적으로 천 원은 어른에게 주는 세뱃돈으로는 아주 적은 액수이다.
[45] 2004년 7월 묘엄과의 인터뷰.

의 비구니들이 함께 쓰게 된 방이었다.[46]

묘엄과 묘전이 폐허의 절터에서 불사를 하는 동안 부산에 사는 묘전의 청신녀 신도가 화주하여 예전 봉녕사 소유였다가 팔렸던 논을 다시 사 주었다.[47] 이전에 봉녕사에 살았던 늙은 대처승이 그 동네 어느 농부에게 판 논이었다. 묘엄과 묘전이 불사를 하는 동안 절의 신도는 꾸준히 증가했다. 그 신도들이 낸 시주금을 저축해서 그들은 참선 수행에 전념할 수 있는 20평짜리 요사채를 짓게 되었다.[48]

1971년부터 1973년까지 묘엄은 봉녕사에서 참선 수행에만 몰두했다. 문중의 젊은 비구니들은 경전을 공부하도록 동학사로 보냈다. 1973년 말 봉녕사에는 묘엄과 묘전을 포함해 여덟 명의 비구니들만 살게 되었다. 묘엄과 묘전은 매일 일상의 잡다한 사찰 일을 해야만 하는 상황이 되었다. 묘엄은 묘전과 의논해서 봉녕사에서 다시 비구니들을 가르치는 강원을 개원하기로 결정하고 학인은 30명으로 제한했다. 1974년 초반 묘엄은 봉녕사에서 비구니들을 위한 강원을 개설한다고 발표했다. 50여 명의 지원자가 몰렸고 묘엄은 절의 수용인원을 훨씬 넘는 인원임에도 불구하고 지원자 전원을 받

---

[46] 필자는 봉녕사에서 최상급반에 들어갔던 여섯 명의 학생 중 한 명이었다. 필자는 1975년 5월부터 다섯 명의 급우와 함께 양철 지붕으로 된 요사의 아주 작은 방에 기거하면서 묘엄에게 『화엄경』을 배웠다. 그 양철 지붕의 요사채는 오래전에 헐었다. 필자의 강원 생활에 대해서는 뒤에서 자세히 다룬다.
[47] 논은 흙으로 채워졌고 지금은 봉녕사의 중앙에 있는 정원으로 바뀌었다.
[48] 윤청광, 『회색 고무신』, 303쪽.

아들이지 않을 수가 없었다.49 일 년 후에는 학인의 숫자가 70명으로 늘었고 묘엄은 참선 수행을 할 시간이 전혀 없었다. 많은 학인들이 비좁은 50평짜리 방 하나에서 살면서 불전 공부를 했다. 재정부족으로 인해 절의 소임자들은 학인들을 위해 더 큰 요사채를 지을 형편이 되지 못했다.50

필자가 1975년 5월 『화엄경』을 공부하기 위해 봉녕사 강원으로 갔을 때51는 같은 반에 있던 다섯 명의 동료들과 양철 지붕을 올린 요사채의 아주 작은 방 하나에서 살았다. 그 옆으로는 묘엄의 권속인 노비구니 셋이 각자 방 한 칸씩에 기거하고 있었다. 그들 중에는 묘엄의 어머니52도 비구니가 되어 살고 있었다. 화엄반이 쓰던 방은 아주 작아서 필자와 급우 다섯 명이 취침 시 이불이나 요를 완전히 펼 수 없었다.

봉녕사에는 수도시설도 없었다. 물이 부족해서 여름에는 학인들이 매일 샤워를 하지 못하도록 금하는 특별 규정까지 있었다. 학인들은 소임자들의 재정난을 덜기 위해 매년 10만 원씩 양식비를 내어 사중 재정을 도왔다.53 강원의 학인들을 위해 재가불자들이 대중

---

49 김용환의 원고. 1970년대에는 비구니 강원에 입학시험이 없었다. 비구니 강원은 지원자들을 모두 받아들여야만 했다. 오늘날에는 반드시 입학시험을 치러서 합격해야 한다.
50 1975년 필자의 관찰.
51 필자는 봉녕사로 옮기기 전에 1970년 가을부터 1975년 초까지 4년간 운문사 강원에서 불전 공부를 했다.
52 묘엄의 어머니는 1975년 3월 봉녕사로 출가했다. 묘엄의 어머니에 대해서는 윤청광, 『회색 고무신』, 314-326쪽 참조.
53 1980년 초부터 봉녕사의 재정상황이 조금씩 나아지면서 학인들은 해마다 양식

공양을 하는 일도 없었다. 봉녕사는 사찰 전답도 없었다.[54]

봉녕사의 삼직들은 도선사와 용주사龍珠寺[55]로부터 쌀을 얻어 와 학인들을 위해 식량을 조달했다. 비록 학인들은 배가 고프지는 않았지만 음식은 귀했고 공양은 청빈했다. 1975년 필자가 봉녕사 강원 학인이었을 때의 공양에 대해 기억해 보면 매일 한 끼 정도는 멀건 된장국[56]을 먹었다.[57] 사찰 재정이 넉넉하지 못하니 채소를 살 돈이 모자라 건더기가 풍성한 된장국을 학인들에게 먹일 형편이 되질 못했던 것이다. 그러나 필자는 학인들이 비좁은 잠자리나 청빈한 공양에 대해 불평하는 것을 한마디도 들어 보지 못했다. 대부분의 학인들은 묘엄의 가르침 아래 공부에만 전념했고 비구니로서 청빈한 삶을 사는 것을 미덕으로 여기며 학인생활을 맘껏 즐겼다.[58]

1979년 봉녕사 강원을 졸업한 본각[59]은 1970년대 말기 봉녕사의 비구니들은 몹시 가난했었다고 증언한다. 봉녕사는 수원시의 외곽에 위치하고 있었지만 사찰 전답 또는 신도의 보시가 거의 없었다. 절의 재정난을 최소화하기 위해서는 매년 강원 학인들의 양식비가 주요한 수입원이었다. 수입이 없는 봉녕사 비구니들로서는 청빈하

값으로 10만 원씩 내지 않아도 되게 되었다(2005년 6월 묘엄과의 인터뷰).
[54] 1975년 필자의 관찰.
[55] 용주사는 조계종의 교구본사 중 하나다. 봉녕사는 수원지역에 있는 용주사의 말사이다(2005년 6월 묘엄과의 인터뷰).
[56] 봉녕사의 재정부족으로 끼니때마다 빡빡한 채소국을 끓일 수가 없었다.
[57] 필자도 때때로 급우들과 함께 공양시간을 기다렸던 기억이 있다.
[58] 1975년 필자의 관찰.
[59] 1978년 본각은 봉녕사 강원의 원주를 살았다. 그녀는 후일 중앙승가대학교의 교수가 되어, 1999년 중앙승가대학교에 한국 비구니연구소를 설립했다.

게 살아야만 했다. 심지어 가을철 김장[60]을 위해 총무는 고추 살 돈을 푼푼이 모아야 했다.[61]

묘엄은 매일 오전 사집, 사교, 대교 등 세 반을 가르쳤다. 필자의 급우 중 한 비구니가 사미과의 초심자 학인들을 가르쳤다. 묘엄의 하루 강의 일과는 아침 공양 후 여섯 시 반부터 강원의 큰방에서 시작되었다. 학인들은 큰방의 작은 앉은뱅이책상[62] 앞에 앉아 수업을 받았다. 큰방에서 두 반을 가르치고 난 후 묘엄은 열 시 반부터 열한 시 반까지 큰방 옆에 딸린 지대방에서 우리들에게 『화엄경』을 강의했다. 보름과 그믐날에만 강의를 쉬고 휴식을 취했다.[63]

필자가 급우 다섯 명과 함께 1975년 봉녕사에서 묘엄에게 『화엄경』을 배울 때 우리가 공부한 경전은 징관의 주석이 달린 80권 『화엄경』이었다. 매일 밤 급우 모두가 방에서 모여 논강論講을 했다. 논강이란 한국의 전통 강원 학인들이 다음 날 수업할 내용을 새기고 어려운 구절에 대해 급우끼리 논쟁을 하는 것이다. 논강을 위해 산통算筒[64]을 흔들어 제비뽑기로 두 명의 급우를 뽑았는데, 한 명은

---

[60] 절에서 김장을 하는 데 대해서는 Buswell, Jr., *The Zen Monastic Experience: Buddhist Practice in Contemporary Korea*, pp. 129-130 참조.
[61] 本覺, 「나의 강원시절: 원주소임과 청강에 대한 욕심」, 『奉寧』 6호, 2006. 4, 29-31쪽. 한국의 절에서 고춧가루는 김치를 만드는 주된 양념이다. 한국의 승려들은 계율에 의해 절인 배추에 생선 젓갈, 파, 마늘을 넣지 않는다.
[62] 앉은뱅이책상의 크기는 가로가 66cm 세로가 38cm, 높이가 36cm이다. 봉녕사의 학인들은 지금도 이 앉은뱅이책상을 사용한다.
[63] 1975년 필자의 관찰.
[64] 산통은 원래 점을 치는 데 사용하는 도구로 대나무 등으로 만든다. 강원에서는 대나무 통 안에 반 학생의 법명을 적은 산가지를 넣어 놓고, 밤에 한 반의 학인

중강이 되고 또 다른 한 명은 다음 날 배울 내용을 새기는 발기 역할을 했다. 다음 날 수업을 준비하기 위해 발기는 경전을 직역한 뒤 추가 설명을 요하는 어려운 한문 문구에 자기의 해석을 제시한다. 발기가 경전을 새겨 나가는 동안 나머지 학인들은 각자의 책을 보면서 발기의 새김을 따라가며 점검한다. 급우들 중 발기의 새김과 해석에 다른 의견이 있으면 예의를 지키며 발기와 다양한 해석들을 주고받으며 논쟁을 한다. 급우들은 자주 열띤 논쟁을 벌였다. 의견이 달랐던 문구에 대해 합의점을 찾지 못할 때는 다음 날 수업시간까지 기다려야 했고, 수업 중에 묘엄이 정확한 답을 해 주곤 했다.

중강은 수업 내내 묘엄 앞에서 경전의 한 자 한 자를 새겨야 했다. 중강의 새김은 전날밤 급우들이 논강을 통해 준비한 것을 토대로 한 것이었다. 묘엄은 중강의 새김이 틀렸거나 불분명하면 언제든지 중강의 새김을 멈추게 하고 바로 고쳐 주었다. 경전의 어떤 단어나 구절에 대해 질문이 생기면 수업 중 언제든지 자유롭게 질문할 수 있었다. 2005년 6월 필자가 묘엄에게, 그녀가 가르치는 강원의 교육 방식이 비구 스승 밑에서 그녀가 교육받은 방식과 같은지를 질문했다. 묘엄은 운허에게서 받은 교육 방식과 똑같은 방식으로 학인들을 가르쳤다고 답했다.[65]

이 모두 모인 자리에서 산통을 흔들어 구멍 사이로 빠져나온 두 개의 산가지에 법명이 적힌 두 학인이 각각 중강과 발기를 한다.
[65] 2005년 6월 묘엄과의 인터뷰.

한국비구니대학 학장

1980년 묘엄은 조계종 전국비구니회의 추천으로 한국비구니대학 학장으로 선출되었다.[66] 전국비구니회 회원들은 한국비구니대학을 세우기 위해 오랫동안 일해 왔었다.[67] 1981년 3월 전국비구니회 회원들은 서울의 성라암星羅庵[68]에 한국비구니대학을 개설했다.[69] 이 대학의 지원자들은 필수로 고등학교 졸업장과 비구니 강원 수료증이 있어야 했다. 2년제 대학으로서 가르치는 과목은 영어, 일본어, 한국문학, 불교철학, 심리학, 교육학, 사찰경제, 포교, 카운슬링, 보육, 불교음악, 붓글씨 등이었다. 1981년 이 대학은 45명의 비구니들을 학생으로 받아들였다. 다음 해에는 백 명이 넘는 비구니 학인들이 이 대학에 몰렸다.[70]

---

[66] 전국비구니회는 1968년 비구니들에 의해 조직되었다. 조계종 소속의 모든 비구니들은 비구니계를 받은 후 자동적으로 이 단체의 회원이 된다. 전국비구니회는 한국 비구니들의 활력을 대표하는 초석과 같은 단체로서 승가의 연대의식을 강화하는 데 공헌했다. 전국비구니회에 대해서는 우담발화회 편, 「한국불교비구니 우담발화회 창립발원문」, 『比丘尼會報』(1997) 참조. 『比丘尼會報』는 이 단체가 발행하는 소식지이다. 전국비구니회의 홈페이지 주소는 http://www.kbiguni.org이다. 2008년 4월 2일 웹사이트 방문.
[67] 「한국비구니대학 설립」, 『佛敎新聞』 9호, 1981. 2. 22, 7면.
[68] 성라암 주지는 암자의 요사 중 한 채를 한국비구니대학의 학생들을 위한 교실로 내주었다(「한국비구니대학 설립」).
[69] 묘엄은 1981년 한국비구니대학의 학장으로 재직할 당시 봉녕사에서 성라암까지 차로 통근했다. 봉녕사에서는 아침 공양 전 새벽이나 저녁 공양 후 밤에 경반 두 반을 가르쳤다. 묘엄의 두 중강이 사집과와 사미과 두 반을 가르쳤다(2007년 1월 묘엄과의 전화인터뷰).
[70] 「比丘尼敎育의 內實위해 腐心」, 『佛敎新聞』 42호, 1981. 11. 8, 3면.

묘엄은 일 년간 한국비구니대학의 학장을 지낸 다음 1982년 3월[71] 그 자리를 사임하면서 비구니 학인들을 당시 비구 학인들이 수학하던 중앙승가대학으로 전학하게 했다.[72] 2005년 6월 필자는 묘엄에게 한국비구니대학을 세우려던 계획이 실패로 돌아간 이유가 무엇인지 질문했다. 묘엄은, 비록 전국비구니회에서 자신을 학장으로 선출하긴 했으나 비구니회 일부 회원들 간의 파벌과 갈등을 견디기 어려웠다고 했다. 그녀는 한국비구니대학에 재직하며 여러 달을 보낸 후, 전국비구니회 회원들과 함께 손잡고 한국비구니대학을 세우려던 자신의 계획이 헛된 꿈이었음을 깨달았다. 마침내 전국비구니회 내부에서 파벌을 만드는 회원들과 함께 일하는 것이 얼마나 시간과 에너지를 낭비하는 것인가를 알게 되자 사임을 했다.[73]

1981년 중반, 묘엄이 한국비구니대학을 설립하려고 노력하고 있는 동안 필자는 서울 삼선포교원三仙布教院[74]에서 열린 전국비구니

---

[71] 교육원 불학연구소 편찬, 『曹溪宗史: 근현대편』, 278쪽.
[72] 1979년 서울에 중앙승가대학이 설립되었다. 중앙승가대학에 대해서는 공식 홈페이지(http://www.sangha.ac.kr) 참조.
[73] 2005년 묘엄과 인터뷰할 때, 필자는 비구들을 위한 중앙승가대학이 있는데 왜 전국비구니회에서 한국비구니대학을 설립하려고 했는지를 질문했다. 한국비구니대학 설립 초기에 조계종 비구 원로들이 젊은 비구와 비구니가 같은 교실에서 공부하는 것을 허락하지 않았다. 그들은 비구와 비구니들은 반드시 각각 다른 학교에서 공부해야 한다고 주장했다(2005년 6월 묘엄과의 인터뷰).
[74] 삼선 강원은 비구니 절인 삼선포교원 안에 있었다. 이 강원은 당시 한국의 다섯 개 비구니 강원 중 하나였다. 이 강원에서는 소수의 학인들이 경전을 공부했다. 삼선 강원에 대해서는 웹사이트(http://kr.srd.yahoo.com/S=12966056/K=%BB%EF%BC%B1%BD%C2%B0%A1%B4%EB%C7%D0/v=2/l=SW0/R=1/TR=450;_ylt=Apkl_cdS_sNyA

회 모임에 참석한 적이 있다. 삼선포교원에는 수백 명의 비구니들이 자신들을 위한 대학 캠퍼스를 가질 수 있다는 희망을 갖고 전국에서 모였다. 필자는 전국비구니회의 영향력 있는 일부 비구니 회원들이 고의로 그 모임을 방해하는 것을 직접 목격했다. 묘엄은 모든 비구니들이 하나로 일치단결하여 새 캠퍼스를 지으려는 계획을 성공적으로 실행에 옮길 수 있게 모금운동을 적극 지지해 줄 것을 촉구했다. 전국비구니회의 고위직을 맡고 있던 한 비구니가 회의 중에 지치도록 오랜 시간 마이크를 잡고서 다른 회원들을 완전히 무시한 채 중언부언 발언하고 있었다. 그 비구니는 묘엄의 모금운동에 적극적으로 반대의사를 표하며, 묘엄은 초가집 방 한 칸에서부터 대학 캠퍼스를 시작하라고 열변을 토했다. 묘엄은 큰 대학 건물은 처음부터 제대로 탄탄히 잘 공사를 해야 나중에 문제가 있어 수리를 하게 되면 돈과 시간이 더 낭비된다고 반박했다. 묘엄의 취지에 반대하는 그 비구니는 장시간 마이크를 놓지 않고 묘엄의 계획은 실패할 것이 훤하니 대학 설립을 위한 모금운동도 필요가 없다고 주장했다. 또 묘엄이 초가삼간에서 대학 수업을 시작하지 않으면 재가신도들의 보시금을 낭비하는 것일 뿐이라고 우겼다. 필자를 포함해 그 회의에 참석한 다른 비구니들은 실망스러워서 회의 중간에 회의장을 빠져 나왔다. 나중에 듣기로, 묘엄은 그 회의 참석자들에게서 대학 설립 안건을 놓고 벌인 토론에 대한 어떤 동

K2NpoKbhzio2MUA/TID=KR0002_1/MO=def/PO=3/*-http://www.ibulgyo.com/news/read.asp?news_seq=83107) 참조. 2008년 4월 2일 웹사이트 방문.

의도 끌어내지 못한 채 회의는 해산되었다고 했다. 이 일을 비롯하여 여러 가지 좌절감에 빠지게 하는 또 다른 일들 때문에 묘엄은 학장 자리를 사임한 후 자신의 권속과 함께 일치단결하여 봉녕사에 비구니 교육도량을 건설할 결심을 했다.[75]

2007년 1월 필자는 묘엄에게 국제전화를 걸어 한국비구니대학의 학장 시절 동안 어떻게 봉녕사승가대학의 학인들 수업 일정을 유지할 수 있었는지 질문했다. 1979년부터 묘엄은 봉녕사 주지직과 강사직을 동시에 수행하고 있었다.[76] 그녀는 매일 차를 타고 수원 봉녕사에서 서울에 있는 한국비구니대학까지 왕래했다. 매일 오전 열 시부터 늦은 오후까지 한국비구니대학 학장실에 있어야 했으므로 봉녕사에서는 아침 공양 전이나 저녁 공양 후에 두 반을 가르쳤다. 그 일 년 동안 묘엄은 봉녕사와 한국비구니대학 양쪽의 과중한 업무로 눈코 뜰 새 없이 바쁜 나날을 보냈다.[77]

봉녕사승가대학으로 재건축

1982년 3월, 한국비구니대학을 설립하려던 묘엄의 계획은 결국 실패로 끝났다. 묘엄에게 이러한 실패는 가슴 아픈 일이었지만 비

---

[75] 2004년 7월 묘엄과의 인터뷰.
[76] 묘엄은 1979년, 묘전이 자신의 고향에 절을 지어 이사간 후 봉녕사의 주지가 되었다(2004년 7월 묘엄과의 인터뷰).
[77] 2007년 1월 묘엄과의 전화인터뷰.

구니들을 위한 대규모 승가교육 도량을 건립하겠다는 그녀의 결의는 결코 흔들린 적이 없었다.[78] 한국비구니대학 학장 자리를 사임한 뒤 곧 봉녕사를 대규모 비구니 교육시설로 변모시키려는 재건축 계획이 실행에 옮겨졌다. 묘엄을 따르는 재가신도들은 그녀가 지닌 높은 수행력과 지성적인 리더십을 존경하고 따랐다. 그들의 보시로 묘엄은 봉녕사에 여러 동의 요사채와 기념비적인 큰법당 공사를 추진했다.

1980년 학인들을 위한 큰 목욕탕을 갖춘 현대식 건물 한 채와 새 종각인 범종루梵鐘樓[79]가 완공되었다. 1983년 4월 묘엄은 3층으로 된 현대식 요사채인 육화당六和堂[80]을 짓기 시작했다. 육화당은 1984년 7월에 완공되었다. 1층에는 취사시설이 들어섰고, 2층에는 백여 명의 학인들이 거주하며 공부할 수 있는 요사채가 들어섰다. 3층은 강의실이었다.[81]

1986년 가을 묘엄은 봉녕사에 3층으로 된 현대식 시설을 갖춘 도

---

[78] 2004년 7월 묘엄과의 인터뷰.
[79] 사진을 포함한 범종루에 대해서는 웹사이트(http://www.bongnyeongsa.org/html/sub1_2.php) 참조. 2008년 4월 5일 웹사이트 방문.
[80] '육화六和'란 수행자로서 행위, 견해를 같게 하여 화합해서 살아야 하는 여섯 가지의 방법을 일컫는다. (1)예배 등을 같이해야 함. (2)찬영讚詠 등을 같이해야 함. (3)신심信心 등을 같이해야 함. (4)맑고 정한 훈계를 같이해야 함. (5)공空 등의 견해를 같이해야 함. (6)야식夜食 등의 이로움을 같이해야 함. 육화에 대해서는 吉祥, 『佛教大辭典』(弘法院, 2001), 1997쪽 참조.
[81] 육화당은 2007년 7월 철거되고 바로 그 자리에 3층짜리 전통적인 요사가 재건축되기 시작했다. 육화당에 대해서는 웹사이트(http://www.bongnyeongsa.org/bbs/view.php?id=sosik&page=1&sn1=&divpage=1&sn=off&ss=on&sc=on&select_arrange=headnum&desc=asc&no=131) 참조. 2008년 4월 5일 웹사이트 방문.

서관 건물인 소요삼장원逍遙三藏院[82]을 짓기로 했다. 건축에 드는 자금을 마련하기 위해 그녀는 전시회를 열기로 하고 비구·비구니 큰스님들에게 작품을 기부해 달라고 요청했다. 1988년 이른 봄 묘엄은 서울의 어느 갤러리에서 전시회를 개최해 비구·비구니 큰스님들의 선화, 붓글씨 및 도예작품들을 판매했다. 묘엄의 모금노력을 돕기 위해 재가불자들과 그녀의 비구니 제자들이 전시회 작품들을 샀다.[83] 1989년 2월 이 전시회에서 모은 기금으로 도서관 공사가 시작되었다. 1992년 5월 도서관이 완공되어 봉녕사는 당시 다섯 개의 비구니 승가대학[84] 가운데 가장 큰 도서관을 소유하게 되었다. 한국에서는 해인사의 도서관 다음으로 가장 큰 사찰 도서관이었다.[85]

1994년 봉녕사 입구의 일주문一柱門[86]이 세워졌다. 1997년 2층으로 된 전통적인 한국 사찰식의 요사채인 향하당香霞堂[87]을 지었다. 현재 묘엄은 이 전각의 2층에 있는 커다란 참선방 바로 옆방에 거주

---

[82] 사진을 포함한 소요삼장원에 대해서는 웹사이트(http://www.bongnyeongsa.org/html/sub2_4.php) 참조. 2008년 4월 5일 웹사이트 방문.

[83] 필자도 신도에게 묘엄의 전시회에 나온 물건들을 구입해 달라고 부탁했고, 그녀는 선화 한 점과 큰 도자기 한 점을 구입했다.

[84] 당시 한국의 다섯 개 비구니승가대학은 운문승가대학, 동학승가대학, 봉녕승가대학, 삼선승가대학과 청암사승가대학이다. 이 승가대학들은 모두 조계종 소속이다. 이 대학의 교과과정은 동일했다. 조계종의 사미니들은 이 다섯 승가대학 가운데 본인이 선호하는 한 곳을 자유롭게 선택할 수 있었다.

[85] 魏英蘭,「취재수첩」,『法寶新聞』, 1992. 6. 8.

[86] 사진을 포함한 일주문에 대해서는 웹사이트(http://www.bongnyeongsa.org/html/sub1_2.php) 참조. 2008년 4월 5일 웹사이트 방문.

[87] 사진을 포함한 향하당에 대해서는 웹사이트(http://www.bongnyeongsa.org/html/sub1_2.php) 참조. 2008년 4월 5일 웹사이트 방문.

하고 있다. 이 건물의 1층은 사찰의 일상적인 업무를 담당하는 삼직 스님들이 사용하고 있다. 이 건물을 지을 당시 건물의 크기는 27평의 큰법당 높이보다 훨씬 높고 컸다.[88] 비구·비구니 계율을 담고 있는 『사분율』의 백중학법百衆學法 제85조에 따르면, 비구나 비구니는 불상이나 탑보다 더 높은 곳에 살아서는 안 된다고 되어 있다.[89] 따라서 묘엄은 계율을 어기지 않기 위해 새로운 법당을 지어야 했다. 그녀는 부족한 재정에도 불구하고 1997년, 108평 규모의 대적광전大寂光殿[90] 큰법당을 짓기로 결정했다. 1997년부터 1998년까지 대규모의 공사가 진행되어 짧은 시간에 청운당靑雲堂과 약사보전藥師寶殿 및 용화각龍華閣[91]이 완성되었다.[92]

한국 전통사찰의 큰법당인 대적광전 불사는 대규모 공사로서 4년에 걸쳐 완성되었다. 마침내 2001년 6월 묘엄은 완공된 큰법당의 목조 불단 위에 삼존불[93]을 봉안하는 점안식을 행했다. 대적광전은

---

[88] 1990년대에 봉녕사승가대학의 학인들은 매일 육화당의 큰방에서 예불을 드렸다. 27평짜리 법당은 학인 대중 전체를 수용하기에는 너무 좁았다. 이 법당에 대해서는 상와실 편, 「봉녕의 역사: 2004년 여름까지」, 6쪽 참조.
[89] 『사분율』의 백중학법百衆學法 제85조에 대해서는 『大正新修大藏經』 22권, p. 712b 참조.
[90] 사진을 포함한 대적광전에 대해서는 웹사이트(http://www.bongnyeongsa.org/html/sub1_2.php) 참조. 2008년 4월 10일 웹사이트 방문.
[91] 용화각은 미륵전彌勒殿의 다른 이름이다. 대승불교에서는 미륵보살이 다음 세상에 나타나 부처님이 될 것이라 믿는다. 봉녕사 약사보전과 용화각에 대해서는 웹사이트(http://www.bongnyeongsa.org/html/sub1_2.php) 참조. 2008년 4월 10일 웹사이트 방문.
[92] 윤청광, 『회색 고무신』, 342-343쪽.
[93] 인도의 대승불교에서는 부처님에 대해 세 가지 신체를 상정했다. 법신法身, 보신報身, 응신應身이다. (1)법신은 형태를 초월한 진여의 깨달음 그 자체. (2)보

건축물로서나 이념적 측면에서나 봉녕사의 중심이었다. 80권 『화엄경』의 주된 가르침을 나타내는 장면들이 대적광전의 벽에 벽화로 그려졌다. 법당 내부 뒷면 벽에는 인도·중국[94]·한국 조사들[95]의 진영이 그려졌고, 거기에는 묘엄의 진영도 포함되었다. 묘엄의 진영은 대적광전 벽화에 그려진 유일한 비구니 조사 진영이다. 필자는 묘엄에게 조사 법맥의 이어짐을 보여 주는 벽화에 자신의 진영을 그려 넣은 것은 자신이 조사들의 법맥을 이었음을 의미하는 것이냐고 질문했다. 묘엄은 자신이 조사의 법맥을 잇는 비구니 조사임을 의미하는 것은 아니라고 답했다. 그녀의 진영이 벽화에 그려진 것은 단지 봉녕사 중창에 이바지한 그녀 자신의 어려웠던 공적을 기리기 위해서였으며, 자신의 진영도 벽화에 그려진 조사들의 뒤를 이어 그려질 자격이 있다고 생각했다고 했다.[96] 많은 이들이

신은 보살이 원과 행으로 보답받아 얻는 불신佛身. (3)응신은 중생을 제도하기 위해 상대에 맞게 출현하는 부처님의 신체. 부처님의 삼신三身에 대해서는 Williams, *Mahāyāna Buddhism: The Doctrinal Foundations*, pp. 175-179 참조.

[94] 인도와 중국 조사들의 법맥에 대해서는 Philip B. Yampolsky, *The Platform Sutra of the Sixth Patriarch* (New York: Columbia University Press, 1967), pp. 1-57 참조.

[95] 예컨대, 대적광전 벽화에 포함된 한국의 조사들 중에는 만공, 만해 한용운萬海韓龍雲(1879~1944), 청담, 자운, 성철, 그리고 묘엄이 있다. 만해 한용운에 대해서는 Buswell, Jr., *The Zen Monastic Experience: Buddhist Practice in Contemporary Korea*, pp. 25-30 참조.

[96] 묘엄은 필자에게 자신의 진영이 벽화에 포함된 이유를 자세히 들려주었다. 벽화를 그린 화공들이 법당의 벽에 작업을 하고 있을 때 화공의 대표가 묘엄에게 와서 질문을 했다. 조사들의 진영을 그리는 벽화에 빈자리가 하나 남았는데 누구를 더 그려 넣었으면 좋겠냐고 질문했다. 묘엄은 자신의 진영을 넣으라고 답했다(2005년 6월 묘엄과의 인터뷰).

봉녕사 대적광전을 현대 한국 불교건축에 있어 기념비적인 건물 중 하나로 여긴다.

학인들의 요사채로, 전통사찰 건축물인 2층으로 된 육화료六和寮[97] 공사는 2003년에 시작되었다. 학인들은 공사가 끝난 2005년 5월 육화료에 입주했다. 2007년 7월 오래되고 낡은 육화당 전각을 철거했다.[98] 같은 달 육화당이 있던 자리에 바로 3층짜리 전통사찰 요사채를 짓는 공사가 시작되었다. 1990년대에 봉녕사 사찰 건물의 대대적인 중창이 이루어지고 있는 기간 동안 묘엄은 강원에서 한 과목 내지 두 과목 정도만 강의를 맡아서 했다. 그녀의 강의는 언제나처럼 이른 아침 여섯 시 반경에 시작됐다. 공사 인부들이 도착하면 묘엄은 그들을 만나 감독관과 함께 그날의 공사계획을 의논해서 자재를 공급하고 하루하루 인부들의 건축일과를 점검했다.[99]

필자가 2004년 7월 봉녕사를 찾았을 때 경내에 발을 들여놓자마자 우뚝우뚝 선 건물들의 높고 웅장한 모습에 깊은 인상을 받았다. 필자는 묘엄에게 봉녕사 경내에 들어선 순간 마치 봉암사 경내에 발을 들인 것 같은 느낌이 들었다고 했다. 묘엄은 필자가 받은 인상이 맞다고 하면서 사찰 건축에 대해 그동안 연구해 온 것을 설명했다. 봉녕사 건물들을 새로 짓기 전에 묘엄은 봉녕사의 모델이 될 만

---

[97] 사진을 포함한 육화료에 대해서는 웹사이트(http://www.bongnyeongsa.org/html/sub1_2.php) 참조. 2008년 4월 10일 웹사이트 방문.
[98] 육화당의 철거에 대해서는 웹사이트(http://www.bongnyeongsa.org/bbs/view.php?id=sosik&page=1&sn1=&divpage=1&sn=off&ss=on&sc=on&selec_arrange=headnum&desc=asc&no=131) 참조. 2008년 4월 10일 웹사이트 방문.
[99] 2005년 6월 묘엄과의 인터뷰.

한 사찰을 찾기 위해 한국에 있는 거의 모든 큰 사찰들을 방문했다. 그리고 봉암사 전각들을 보고 봉녕사의 건축모델로 삼기로 결정했다. 그녀는 노비구승[100] 감독과 함께 그의 밑에서 봉암사 중창에 참여했던 건축기술자들 전원을 고용했다. 봉녕사의 요사채를 떠받치는 기둥은 다른 유명 전통사찰의 법당에 들어가는 크기의 목재를 썼다. 요사채 건축에 대한 묘엄의 결정은 봉녕사가 웅장한 자태를 지닌 전통사찰의 면모를 갖게 했다.[101] 순례자들은 봉녕사 경내에 도착하는 순간 맨 먼저 청담을 기리기 위해 거대한 바위에 청담의 붓글씨 필체로 새긴 '불佛'자의 환영을 받게 된다.

필자는 묘엄에게 어떻게 강원 학인들의 생활에 들어가는 그 많은 생계비를 조달하면서 봉녕사를 대규모의 전통사찰 교육시설로 재건축할 재정을 확보할 수 있었느냐고 질문했다. 묘엄은 봉녕사 승가대학 건물과 전각들은 학인들의 교육시설로서 반드시 필요한 것이었기 때문에 신도들이 건축불사를 위해 기꺼이 모금해 주었다고 했다.[102]

2004년 7월 필자는 묘엄에게 비구니 강사로서, 또한 재가불자들의 스승으로서 어떤 사회적 장애를 극복해야 했는지 질문했다. 묘엄은 비구니 강사로서 또한 사찰 행정을 맡은 비구니로서 사회적인

---

[100] 연로한 비구 감독관은 봉녕사 중창불사를 하기 전에 봉암사 복원불사를 담당했다. 봉녕사의 재건축은 아마도 그의 마지막 작업이 될지도 모른다(2004년 7월 묘엄과의 인터뷰).
[101] 2004년 7월 묘엄과의 인터뷰.
[102] 위의 인터뷰.

장애를 경험한 적이 없으며, 또한 자신이 여성이기 때문에 불이익을 당한 적도 없었다고 답했다. 1979년 봉녕사 주지로 임명된 이래 묘엄은 주지직을 계속했으며 봉녕사 재건축 불사를 추진해 왔다. 비록 묘엄이 여성으로서 차별을 당한 적이 없었다고는 했지만, 그녀는 다음 생에는 남자로 태어나 비구승이 되고 싶다고 했다. 이유는 불교사에서 여성으로 부처가 된 이가 없으며, 경전들도 여성의 몸으로 부처가 될 가능성을 부인하기 때문이다. 그녀는 남자로 태어나면 부처가 될 가능성이 더 많다고 믿는다. 하지만 젊은 세대의 비구니 학인들은 여성도 부처가 될 수 있다고 믿는다는 것을 수긍하고 또한 그런 견해도 받아들여질 수 있음을 수긍했다.[103]

재가불자들의 스승

앞에서 언급했듯, 봉녕사는 사찰 전답이나 임야가 없다. 승가대학의 학인 대중은 전적으로 재가불자의 후원에 의존하고 있다. 봉녕사 주지로서 묘엄은 사찰의 모든 업무를 전적으로 책임지며 사찰과 관련된 모든 중요한 일에 대한 최종 결정권을 갖고 있다. 1979년 이래 그녀는 봉녕사의 비구니 스승으로서, 또한 주지로서 두 가지 역할을 해 왔다.

현재 봉녕사는 인구가 밀집된 수원시에 위치해 있다. 묘엄이 봉

---

[103] 앞의 인터뷰.

녕사에 정착하기 전에는 오로지 비구니 승가교육에만 헌신했다. 그러나 1970년대 초반부터 그녀는 봉녕사에서 종종 재가불자들을 위해 법문을 해 왔다. 요즈음 봉녕사는 재가불자들이 자가용이나 버스를 이용해 쉽게 방문할 수 있다. 2007년 현재 봉녕사에 등록된 신자는 약 3천 명 정도이며 그중 70퍼센트는 여성이다.[104] 봉녕사의 모든 신도들은 여러 개의 재가불자 단체에 자유롭게 가입할 수 있다. 재가불자들을 위한 의식은 염불의식, 법문, 채식공양의 순으로 이루어진다. 정기적인 법회와 법문[105]은 다음과 같다.

신중[106]기도神衆祈禱

매월 음력 1일에서 3일까지 모든 재가신도들은 3일간 자유롭게 신중 염불기도에 참여하는데 이 기도는 가족의 안녕과 건강을 지켜주는 신장들에게 기도를 드리는 것이다.

지장[107]천일기도地藏千日祈禱

매월 음력 18일은 지장재일이다. 이날 재가불자들은 지장천일기도에 참석해서 조상들에게 그 공덕이 돌아가도록 기도한다.

---

[104] 2007년 묘엄과의 전화인터뷰.
[105] 봉녕사 신도들을 위한 정기법회와 법문에 대해서는 웹사이트(http://www.bongnyeongsa.org/html/sub1_3.php) 참조. 2008년 4월 15일 웹사이트 방문.
[106] '신중'은 '신장神將'이라 불리기도 한다. 한국의 불자들은 불교의 수호신들이 재가불자 가정의 안녕을 지켜 준다고 믿는다.
[107] 지장에 대한 자세한 논의는 Zhiru, *The Making of a Savior Bodhisattva: Dizang in Medieval China* (Honolulu: University of Hawai'i Press, 2007) 참조.

관음[108]기도법회 觀音祈禱法會

관음재일은 매월 음력 24일이다. 이날 절에서는 관음보살에게 공양의식을 한 후 법문이 이어진다. 묘엄이나 강사들이 교대로 법당에서 재가불자들을 위해 법문을 한다. 관음기도법회는 봉녕사에서 남녀 재가신도 모두가 참여하는 가장 큰 법회이다.[109]

거사림법회 居士林法會

매월 첫째와 셋째 일요일에 묘엄 혹은 강사 한 명이 거사들 모임에서 법문을 한다.

심우불교학교 尋牛佛敎學敎

승가대학의 봄 학기와 가을 학기 동안 매주 수요일에 강사 중 한 비구니 혹은 삼직 중 한 비구니가 재가불자들에게 불교의 기본 교리를 가르친다.

승만[110]회법회 勝鬘會法會

매월 7일과 21일에 묘엄 자신이 승만회 모임 소속의 여성 재가불

---

[108] 관음에 대한 자세한 논의는 Yü, *Kuan-yin: The Chinese Transformation of Avalokiteśvara* 참조.

[109] 이구주에 따르면, 2007년 10월에 관음회의 회원은 약 천 명에 달한다. 봉녕사 관음회의 재가신도에 대해서는 이구주, 「시원하게 그리고 정직하게」, 『奉寧』 9호, 2007. 10, 32-33쪽 참조.

[110] 승만에 대해서는 Alex and Hideko Wayman, trans., *The Lion's Roar of Queen Śrīmālā: A Buddhist Scripture on the Tathāgatagarbha Theory* (Delhi: Motilal Banarsidass Publishers, 1990) 참조.

자들에게 불교 경전을 가르친다.

청년회법회靑年會法會
매주 일요일 대학생 나이 또래의 청년들 모임으로 강사 중 한 비구니가 청년들을 위해 법문을 한다.

묘엄의 정기법회
매월 첫 일요일 묘엄은 봉녕사의 모든 재가신도들을 대상으로 법문을 한다.

여타 법회
매월 두 번째 목요일에 승가대학의 강사 중 한 비구니가 지역 공무원들을 대상으로 법문을 하러 간다. 일주일에 한 번씩 승가대학의 가장 상급반 학인들이 지역 소년원이나 군부대에서 불교를 가르친다.

봉녕사의 재가 신행단체는 다음과 같다.[111]

관음회觀音會
봉녕사의 재가신도 대부분이 이 단체와 관련되어 있다. 이 단체는 회원 가족들의 결혼, 생일, 상례나 입원 등 가족의 길흉사에 서로

---

[111] 봉녕사의 재가자 신행단체에 대해서는 웹사이트(http://www.bongnyeongsa.org/html/sub1_3.php) 참조. 2008년 4월 15일 웹사이트 방문.

도움으로써 밀접한 관계를 유지한다. 최근 몇 년간 봉녕사의 집중적인 요사채 증축이 있을 동안 이 단체의 여성회원들은 자발적으로 인부들의 모든 식사 경비를 조달하고 음식을 준비했다.

승만회勝鬘會

이 단체는 소수의 서울 지역 여성 불자들로 구성되어 있다. 이들은 많은 액수의 보시를 해서 비구니 학인들에게 필요한 생계비와 전각 증축에 크게 도움을 주었다.

거사림회居士林會

이 단체의 회원은 모두 남성이다. 회원들은 절에서 행하는 모든 특별행사의 준비 과정을 돕는데, 특히 사찰의 힘든 육체노동을 요구하는 일을 주로 돕는다.

우담화합창단優曇華合唱團

이 합창단의 단원 대부분은 여성이다. 이들은 불교축제, 승가대학의 입학식과 졸업식 및 건축불사의 완공 축하 등 사찰의 각종 행사를 위해 합창을 한다.

청년회靑年會

이 단체의 남녀 회원은 모두 대학생 또래의 학생들이다. 청년회 회원들은 한국 불교의 전통적인 가치관과 함께 불교의 교리를 공부한다.

재가불자들을 위한 정기법문과 기도 외에 봉녕사는 또한 다양한 계절별 특별법문을 제공한다. 각 계절마다 『금강경』과 『법화경』 같이 한국 불교계에서 널리 읽히는 경전의 전문가들이 초청되어 재가불자들에게 강의를 한다.[112] 예를 들면, 필자가 2003년 6월 봉녕사에서 묘엄을 인터뷰하는 동안 우룡雨龍이 일주일간 봉녕사 재가불자들에게 『금강경』 강의를 했다.[113]

또한 불교축제일에는 재가불자들을 위한 연중 특별기도를 한다. 예를 들어 양황참회기도梁皇懺悔祈禱[114]는 3일간 집중적으로 참회기도 정근을 하는 의식으로서 그 목적은 죽은 조상의 구원을 위한 것이다. 매년 봉녕사의 비구니들과 신도들은 동안거 결제(음력 10월 15일에서 17일 사이) 첫날에 양황참회기도를 시작함으로써 그 공덕을 죽은 조상에게 돌린다. 참회의식이 시작되기 전 조상들의 이름을 한지 위패[115]에 써서 법당 내부의 오른쪽 벽에 붙인다. 3일간의 참회기도 기간 중 각 기도정근 때마다 학인들과 신도들이 법당에 함께 모여 중국 양나라 황제의 참회의식문인 『자비도량참법慈悲道場懺法』[116] 10권을 독경한다. 참회기도 시작 이틀 동안에는 여덟 번

---

[112] 봉녕사의 특별법문에 대해서는 『奉寧』 매호 표지 뒷장 참조.
[113] 우룡이 일주일간 『금강경』을 강의하는 동안 108평 법당은 남녀신도들로 꽉 찼다(2003년 6월 필자의 관찰).
[114] 양황참회기도에 대해서는 David W. Chappell, "The Precious Scroll of the Liang Emperor: Buddhist and Daoist Repentance to Save the Dead," in William M. Bodiford, ed., *Going Forth: Visions of Buddhist Vinaya* (Honolulu: University of Hawai'i Press, 2005), pp. 40-67 참조.
[115] 한지를 접어서 나무 위패 모양으로 만든다.
[116] 『大正新修大藏經』 45권, pp. 922b-967c.

의 참회기도 정근을 한다. 마지막 날에는 두 번의 참회기도 정근을 한다. 각각의 참회기도 정근이 행해지는 동안 비구니들과 신도들은 10권을 한 권씩 독경한다. 『자비도량참법』을 독송하는 동안 경전의 지시대로 참회의 절을 한다. 기도 마지막 날에는 참회기도를 회향하며 한지 위패를 태운다.[117]

봉녕사 신도로서 누릴 수 있는 가장 중요한 이점은 법당에서 매일 학인들이 행하는 일상적인 세 번의 기도의식 중 언제든지 승가대학의 학인 대중과 함께 그 의식에 참여할 수 있다는 것이다.[118] 큰법당과 작은 전각들은 새벽 세 시부터 저녁 일곱 시까지 모든 사람들에게 공개된다. 학인 대중들의 예불 중에는 법당의 빈 공간이나 작은 전각의 어느 공간이든 재가불자들을 위한 기도 공간이 주어진다. 또한 재가불자들은 하루 중 어느 때라도 개인적인 수행을 하기 위해 큰법당이나 전각을 찾을 수 있다. 큰법당이나 전각에서는 염불 혹은 절을 하거나 좌선을 할 수 있다.[119] 봉녕사는 비구니들의 교육도량일 뿐만 아니라 재가불자들의 교육을 위한 기도와 법회의 공간을 제공하기도 한다. 따라서 경내는 학인들뿐만 아니라 재가불자들의 수행처로서 활력이 넘치고 있다.[120]

---

[117] 2007년 9월 『奉寧』 편집장인 적연과 나눈 전자우편.
[118] 재가불자 참배객은 새벽 세 시부터 저녁 일곱 시까지 언제든지 봉녕사에 와서 참배를 할 수 있다. 어떤 신도들은 직장에 가기 전에 절에 들러 참배를 한다. 절 근처에 사무실이 있는 신도들은 점심시간에 절에 참배하러 온다. 대부분의 가정주부들은 남편이 직장에 가고 아이들이 학교에 간 뒤 참배하러 온다(2003년 6월, 2004년 7월, 2005년 7월 필자의 관찰).
[119] 2003년 6월, 2004년 7월, 2005년 7월 필자의 관찰.
[120] 위와 동일.

봉녕사 주지로서 묘엄은 매일 매일의 사찰 운영을 책임지고 있으며, 사찰 운영의 모든 중요한 결정에 최종 권한을 쥐고 있다. 비록 매일 행해지는 사찰의 모든 행사에 몸소 참석할 수는 없지만 이른 아침(여섯 시~여섯 시 반)에 묘엄은 강사, 삼직들과 모여 중요한 회의를 주재한다. 또한 강사들 중 한 비구니가 재가불자 단체를 위해 법문을 할 때에도 그녀는 그 강사에게 어떤 불교적인 주제로 법문을 할 것인지 지시한다. 현재에도 그녀는 사찰 운영 전반에서 행해지는 모든 일에 깊숙이 관여한다.[121]

2003년 6월 필자는 큰법당 바로 옆에 위치한 두 개의 작은 전각 중 하나인 용화각에서 매일 백팔 배 참회기도를 하고 있던 여성 신도[122]를 인터뷰했다. 그녀는 큰법당에서 학인 대중과 함께 정기적인 아침 예불을 드린 후[123] 용화각으로 자리를 옮겨 백팔 배를 하곤 했다. 필자는 그녀가 용화각에서 매일 백팔 배를 하는 특별한 이유가 있는지 질문했다. 그녀는 단지 학인 대중들에 맞추어 절을 빨리 하기가 힘들어서 용화각으로 옮기는 것뿐이라고 답했다. 그녀는 전생에 쌓은 악업을 참회하고 가족의 안녕을 비는 참회기도를 하기 위해 백팔 배를 한다고 했다.[124]

---

[121] 앞과 동일.
[122] 이 여성 신도는 음력 4월 보름부터 7월 보름까지 하안거 기간 동안 매일 봉녕사에 와서 기도를 한다고 했다. 그녀는 수년간 묘엄의 신도였으며 봉녕사의 관음회 임원으로 일했다(2003년 6월 여성 신도와의 인터뷰).
[123] 봉녕사의 비구니들은 매일 아침 새벽 세 시에 기상해 세 시 반부터 한 시간 동안 법당에서 예불을 드린다.
[124] 2003년 6월 봉녕사 여성 신도와의 인터뷰.

필자는 그녀에게 묘엄을 자주 만날 기회가 있는지 질문했다. 일반 신도들이 묘엄을 자주 친견하는 것은 아주 드문데 그 이유는 묘엄의 하루 일과가 비구니들 교육을 중심으로 꽉 짜여져 있기 때문이라고 했다. 그러나 그녀는 가끔 묘엄을 친견하고 관음회 일들을 의논한다고 했다. 그녀는 묘엄을 불교 가르침의 원리를 체화한 스승으로 여기고 있으며, 재가불자들의 역할모델로 존경하고 있었다. 그녀는 비록 자주 묘엄을 친견하지는 못하지만 매번 절을 찾을 때마다 도량 구석구석에서 묘엄의 존재를 느끼고 있다고 했다. 묘엄을 잠깐 보거나 그녀의 방을 바라보는 것만으로도 자신의 일상생활에서 불교의 가르침에 따라 살아야겠다는 결의를 다지는 데 영감을 받는다고 했다.[125]

비구니 교육자의 배출[126]

묘엄이 이룬 큰 공헌 중 하나는, 한국의 비구니 승가에 비구니 교육자를 배출한 것이다. 그녀는 자신이 공식적으로 강사가 된 이래 아홉 명의 비구니 강사를 배출해 내었다.[127] 1992년 5월 묘엄은 도

---

[125] 앞의 인터뷰.
[126] 오늘날 한국 불교에서 비구니가 강사가 되려면 반드시 비구니구족계를 받아야 한다.
[127] 현대 한국 불교사에서 비구니가 비구니에게 전강을 한 첫 전강식이 1985년 운문사승가대학에서 명성의 주관으로 거행되었다. 운문사승가대학의 전강식에

혜, 성학聖學, 일연一衍, 대우大愚, 일운一耘 등 다섯 명의 비구니들을 위해 봉녕사승가대학에서 첫 번째 전강식을 거행했다. 전강식 때 많은 비구와 비구니 지도자들이 봉녕사에 모여 다섯 비구니 강사의 탄생을 축하해 주었다.[128] 전강을 받은 다섯 비구니들은 이미 승가대학에서 몇 년간 강사로 비구니 학인들을 가르치고 있었다.[129]

1997년 1월 거행된 전강식에서 묘엄은 탁연卓然과 적연寂然 두 비구니에게 강사 임명장을 주었다. 탁연은 2000년대 초반까지 봉녕사에서 경전을 가르쳤다. 적연은 지금도 봉녕사 강원에서 강사로 재직 중이다. 2004년 1월 묘엄은 세 번째 전강식을 치렀는데 그때 상일祥日을 강사로 임명했다. 2007년 9월 본각이 강사로 임명되었다.[130] 2007년 현재 68명의 학인들이 봉녕사승가대학에서 수학 중이며 봉녕사에는 모두 77명의 비구니들이 주석하고 있다. 2007년 현재까지 759명의 비구니들이 봉녕사승가대학을 졸업했다.[131]

자신의 제자들에게 전강을 해 주면서 묘엄은 강사 개개인에게 임명장과 함께 세 가지의 증표를 수여한다. 그 세 가지의 증표는

　　대해서는 수경,「한국 비구니강원 발달사」, 30쪽 참조.
[128] 이 전강식에는 승려와 재가불자 등 4백여 명이 참석했다. 봉녕사에서 거행된 비구니 강사 임명식에 대해서는 崔承天,「耘虛스님 강맥 비구니들이 이어간다」,『法寶新聞』191호, 1992. 6. 8, 8면 참조.
[129] 이 다섯 명의 비구니들은 전강을 받기 전에 봉녕사승가대학에서 강사로 재직하고 있었다(최승천,「운허스님 강맥 비구니들이 이어간다」).
[130] 2007년 9월 묘엄과의 전화인터뷰.
[131] 봉녕사승가대학 선우회 편,『世主妙嚴主講五十年紀念論叢』, 700-707쪽.

가사, 『능엄경』,¹³² 부설거사¹³³의 시이다.¹³⁴ 부설거사의 시는 다음과 같다.

假使說法如雲雨 感得天花石點頭 乾慧未能免生死 思量也是虛浮浮

설사 설법하기를 구름이 일듯 비가 쏟아지듯 해서,
하늘에서 꽃비가 내리고 돌이 수긍하더라도
깨치지 못한 지혜는 생사를 면치 못하나니,
생각하니 또한 이 허망하고 우습도다.¹³⁵

2004년 7월 필자는 묘엄에게 왜 비구니 강사들에게 전강의 증표로 부설거사의 시를 써 주는지를 질문했다. 묘엄은 그 시는 자신이 가장 좋아하는 불교 시 중 하나라고 대답했다. 그 시를 강사들에게 전함으로써 그녀는 강사들에게 불교적 지식에만 만족하지 말 것을 가르치고 싶다고 했다. 현대 한국 불교계의 비구와 비구니 강사들은 참선 수행을 하려는 노력이 부족하고¹³⁶ 학문적인 불교 지식에

---

¹³² 『능엄경』은 묘엄이 가장 좋아하는 경전 중 하나이다(2004년 7월 묘엄과의 인터뷰).
¹³³ 부설거사는 신라 후기의 인물이다(?~935). 어린 시절에 출가했다가 환속하여 결혼을 하고 두 자녀를 두었다. 그는 거사로서 참선에 전념하여 깨달음을 얻었다. 그리고 많은 선시를 남겼다. 부설거사에 대해서는 吉祥, 『佛敎大辭典』, 931쪽 참조.
¹³⁴ 비구니 강사들은 위의 부설거사의 시를 한 편씩 받는다(2004년 7월 묘엄과의 인터뷰).
¹³⁵ 2004년 7월 묘엄과의 인터뷰.
¹³⁶ 필자는 묘엄에게 화두참선만이 그녀가 깨달음을 얻는 유일한 길이라고 믿는지 질문했다. 묘엄은 그렇다고 답했다. 그 이유는 화두참선 수행이 자신이 받은 유일한 수행교육이기 때문이라고 했다(2004년 7월 묘엄과의 인터뷰).

만족해 하는 경향이 있다.[137] 비구니 강사들에게 부설거사의 시를 지니게 함으로써 묘엄은 그들이 스스로의 수행을 통한 깨달음의 체험을 무시한 채 불교를 지적으로 이해하는 데 만족하지 않도록 경고를 하려는 것이다. 불교에 대한 지식은 생사의 윤회로부터 해탈하는 데 아무런 도움을 주지 못한다. 깨달음은 지적으로 이해해서 얻는 것이 아니고 참선 수행을 통해서만 얻어지는 것이다. 묘엄은 비구와 비구니 강사들이 불교계에서 승가교육의 중요한 역할을 맡고 있음을 인정하지만 그들 스스로가 참선 수행할 것을 명심해야 함을 강조한다. 또한 참선 수행보다 불교를 지적으로 연구하는 것을 강조하는 오늘날 한국 불교의 경향을 우려하고 있다. 그녀 역시 사찰의 바쁜 일상생활 때문에 참선 수행에 전념할 시간이 없음을 안타까워하고 있다.[138]

묘엄은 필자에게, 1974년 봉녕사승가대학에서 비구니들 가르치는 일을 다시 시작했을 당시 비구니 교육을 쉰 살까지만 하고 은퇴하여 참선 수행에 전념하겠다는 계획을 세웠었다고 했다. 그러나 해가 갈수록 강원의 학인 수는 증가했다.[139] 묘엄은 1980년대에 비

---

[137] 2004년 7월 묘엄과의 인터뷰.
[138] 위의 인터뷰.
[139] 『奉寧』의 편집자에 의하면, 1974년에서 2000년 사이 봉녕사 학인의 숫자는 50명(1974), 53명(1975), 72명(1976), 112명(1977), 138명(1978), 159명(1979), 84명(1980), 103명(1981), 124명(1982), 79명(1983), 98명(1984), 137명(1985), 144명(1986), 142명(1987), 144명(1988), 144명(1989), 159명(1990), 165명(1991), 154명(1992), 152명(1993), 150명(1994), 149명(1995), 148명(1996), 136명(1997), 119명(1998), 111명(1999), 109명(2000)이었다. 1970년대 학인의 숫자는 기록의 부재로 추정숫자임을 밝힌다(2008년 9월 14일 전자우편).

구니들의 교육을 위한 많은 활동과 사업에 깊이 관련되어 있었다. 자신에게 배우기 위해 승가대학으로 몰려온 많은 비구니들의 열의에 가득 찬 눈망울을 보았을 때 묘엄은 참선 수행에 전념하기 위해 그들을 버릴 수가 없었다. 묘엄은 바쁜 수업 일정과 사찰 운영 업무의 압박으로 혼자서 참선 수행할 시간이 없음을 아쉬워한다. 필자가 묘엄에게 제자들로부터 사랑과 존경을 받는 비구니 교육자로서 훌륭한 삶을 살아왔다고 말하자, 그녀는 비구니 교육은 승가의 일원으로서 단지 자신의 의무를 다한 것뿐이라고 대답했다. 비구니로서 자신의 개인적인 목표는 금생에서 깨달음을 얻는 것이며, 자신의 수행의 더딘 진전에 때때로 좌절감을 느낀다고 말했다.[140]

묘엄이 비구니 제자들에게 전강을 해 준 것은 한국의 비구니 승가가 승려교육에 있어서 자율성을 확립하고 비구 승가와 동등한 교육의 기회를 누리고 있음을 보여 준다. 이는 승가교육에 있어서 묘엄이 이룩한 업적이 한국 불교사에서 비구니들의 지위를 향상시키는 데 중요한 돌파구 역할을 했음을 보여 주는 것이다. 묘엄은 비구니에게서 비구니에게로 승가의 강맥이 전해지는 전통을 시작한 것이다. 바로 이런 비구니 강맥의 시작은 한국 사회에서 비구니들의 지위를 높이는 데 중요한 요소였다. 남성지배적인 한국 승단에서 비구승들의 헤게모니에도 불구하고 승가교육에 있어서는 비구와 비구니에게 동등한 기회가 주어진 것이다. 비구니들은 승가교육에

---

[140] 2004년 7월 묘엄과의 인터뷰.

관한 조계종 승려의 어떤 모임에서도 비구와 동등한 자격으로 토론에 참여할 수 있다. 교육 면에 있어서 비구와 비구니들에게 주어진 평등성은 비구니들이 여성으로서 뛰어넘어야 할 사회적 성차별의 장애를 극복하고 현대 사회에서 자신들을 위한 새로운 역할모델을 창조할 수 있도록 해 주었다.

제7장

현대 한국 불교 최초의 비구니 율사

명사 품서식 때의 묘엄 스님(사진 제공: 봉녕사)

제7장
현대 한국 불교 최초의 비구니 율사

묘엄은 평생 비구니들의 교육에 헌신해 왔다. 그녀의 최대 관심사는 율장의 계율에 따라 비구니 학인들을 수련시키는 것이다. 그녀는 1982년 10월 한국의 비구니 이부승구족계 수계제도의 전통을 부활시키는 데 결정적인 역할을 했다. 1999년 5월 묘엄은 봉녕사에 비구니를 위한 금강율원金剛律院을 설립했다.[1] 그리고 지난 8년간 금강율원을 통해 세 명의 비구니 율사[2]를 배출했다.[3] 율사[4]로서 묘

---

[1] 봉녕사승가대학 선우회 편, 『世主妙嚴主講五十年紀念論叢』, 693쪽.
[2] 한국 불교에서는 비구나 비구니가 율장을 전문적으로 공부하고 계율을 철저히 지킬 경우 '비구 율사比丘律師', '비구니 율사比丘尼律師'라 불린다. 율사가 되려면 비구나 비구니는 비구 승가와 비구니 승가의 인정을 받아야만 한다. 1982년 비구 및 비구니 승가는 비구니 이부승구족계 수계제도의 부활을 위해 소집된 제일차 전국비구니회에서 비구니 삼사칠증사를 선출했다. 비구니 율사의 임명 과정은 뒤에서 자세히 논한다.
[3] 봉녕사승가대학 선우회 편, 『世主妙嚴主講五十年紀念論叢』, 699쪽.
[4] 2007년 7월 조계종단은 묘엄을 현대 한국 불교 최초의 비구니 율사로 임명했다. 현대 한국 불교 최초의 비구니 율사에 대해서는 권오영, 「한국 불교 율맥 누가 잇나?」,

엄은 율장의 계율을 엄격하게 지키도록 제자들을 수련시키고, 나아가 자신의 제자들이 참선 수행을 통해 고양된 정신력을 기르고 스스로의 참선 수행을 통해 얻어지는 해탈을 성취하여 세상을 밝히라고 가르친다.

비구니 이부승구족계 수계제도의 부활

1981년 4월 자운은 자신의 계맥을 묘엄에게 전승하고 비구니 이부승구족계 수계제도 부활을 준비하기 위한 비구니 위원회를 이끌라고 당부했다.[5] 묘엄은 현대 한국 불교사 최초의 비구니 율사였고 율장을 가르칠 수 있도록 자운이 공식적으로 인가한 최초의 비구니이다.[6] 1982년 초 비구와 비구니 모두에게 존경을 받던 자운은 조계

『佛教新聞』, 2007. 1. 10(http://www.beopbo.com/article/view.php?Hid=49833&Hcate1=3&Hcate2=229&Hcmode=view) 참조. 2008년 4월 24일 웹사이트 방문.

[5] 2005년 6월 묘엄과의 인터뷰. 앞의 장에서 간단히 언급했듯이 한국의 승려들은 1981년부터 매년 한 번씩만 단일계단에서 비구·비구니 수계식을 거행한다.

[6] 필자가 한국 비구니들의 율맥에 대해 연구한 바에 의하면 한국 불교사에서 비구니 율맥이 전승된 기록은 찾을 수 없다. 비구니의 역사는 역사가들에게서 배제되었다. 앞 장에서 논했듯이 자운은 그의 일생을 율장 공부에 바쳤고 승가의 계율을 엄격히 지켰다. 한국의 모든 승려들은 자운이 한국 비구 승가에 율맥을 복원한 업적을 인정해 그를 율사라고 불렀다. 이 책 제5장에서 언급했듯이 묘엄은 2년 이상 (1952년 일 년 조금 못 미치는 기간과 1954년과 1955년 사이의 일 년 조금 넘는 기간) 자운에게서 율서를 공부했다. 비구 율사로서 자운은 한국 승가에서 비구 율사나 비구니 율사를 임명할 수 있는 권위를 지녔었다. 율사로서의 자운에 대해서는 교육원 불학연구소 편찬, 『曹溪宗史: 근현대편』, 178-179, 214쪽; Buswell, Jr., *The Zen Monastic Experience: Buddhist Practice in Contemporary Korea*, p. 90 참조.

종 총무원에 비구니 이부승구족계 수계제도를 부활시켜 달라는 청원을 했다.[7] 1982년 6월 조계종 총무원은 당시의 비구니구족계 수계제도를 규제하고 비구니는 반드시 비구니 이부승구족계 수계제도를 통해 비구니구족계를 수계하도록 새로운 지침을 발표했다. 이 새로운 총무원 지침에 따르면 18세 이상의 사미니는 반드시 자격을 갖춘 비구니 계사 아래 육법에 따른 식차마나계를 받아야 한다.[8] 식

---

[7] 2005년 6월 묘엄과의 인터뷰.
[8] 『사분율』에 따르면 식차마나는 비구니계를 수계하기 전 2년간 육법 아래 수련을 받아야만 한다. 식차마나 수계의식과 육법에 대한 자세한 설명은 『大正新修大藏經』 22권, p. 924a-c 참조. 식차마나가 왜 2년간이나 육법 아래 수련을 받아야만 하는지에 대해서는 서양 불교학자들 간에 논쟁이 분분하다. 대부분의 불교학자들은 2년간의 식차마나 교육기간은 임신의 가능성이나 비구니구족계를 받을 식차마나의 자질을 검증하는 데 필요한 기간이라고 본다. 그러나 어떤 학자들은 왜 이 기간이 1년이 아니고 2년인지 의문을 제기하기도 한다. 이 외에도 폐경 이후 출가한 여성도 식차마나 기간을 2년씩이나 반드시 거쳐야만 하는지 의문을 제기한다.

이 문제에 대해 필자의 견해를 밝히면, 비록 여성이 출가해 식차마나가 된다 해도 어떤 여성들은 계율을 범할 수 있고 또 강간을 당할 수도 있다. 식차마나 훈련 기간인 18세에서 20세 사이의 여성들은 임신의 가능성이 가장 높은 연령대이다. 만약 식차마나가 임신을 하게 되면 이 기간 동안 자신의 종교적 소명과 임신한 아기의 안녕에 대해 생각해 보아야 한다. 임신한 식차마나와 주변의 비구니들은 임신부와 또한 그녀가 낳을 아기를 도우려고 할 것이다. 2년이라는 기간은 이런 문제들을 처리할 수 있는 적절한 기간인 것 같다. 식차마나의 교육, 여승의 임신이나 성폭행에 대한 논의에 대해서는 In Young Chung, "A Buddhist View of Women: A Comparative Study of the Rules for Bhikṣuṇīs and Bhikṣus Based on the Chinese Prātimokṣa," pp. 24-26 참조.

필자의 율장 연구에 의하면, 사미니에 대한 나이 제한은 없다. 젊은 여성이 절에 들어올 때 십계 아래 사미니 수계를 한다. 묘엄이 좋은 예인데, 그 이유는 그녀는 사춘기 때 사미니계를 받았다. 하지만 식차마나 교육은 18세에서 20세 사이에 육법 아래 이루어져야 한다고 율장은 정해 놓았다. 필자가 아는 한 폐경기에 있는 식차마나라 하더라도 예외로 취급된 경우는 없다.

차마나는 20세 이상이 된 자로서 반드시 비구 10사師와 비구니 10 사師의 참석하에 비구니구족계를 수계해야 하며, 아니면 최소한 비구 5사師와 비구니 5사師의 참석하에 비구니구족계를 수계해야 한다.⁹

1982년 10월 행해진 한국의 비구니 이부승구족계 수계제도의 부활에 대해 자세히 논하기 전에 간단하게 한국에서 비구니 이부승구족계 수계제도 시행의 역사를 살펴보고자 한다. 김영태는, 한반도에서 6세기에 이미 비구니 이부승구족계 수계제도가 확고히 자리 잡고 있었음을 보여 주는 확실한 증거를 제시하고 있다.¹⁰ 초기 한국불교사에서 비구니 이부승구족계를 실행했음을 증명하는 국내의 자료는 존재하지 않는다. 그러나 『일본서기日本書紀』에는 588년 젠신 善信이라는 일본 여승이 동료들과 함께 백제(?~660)로 건너와 이부승중二部僧衆에 의해 비구니구족계를 수계했다는 기록이 있다.¹¹

『원흥사연기元興寺緣起』¹²에 따르면 587년에 일본의 대신이 백제 사신에게 비구니 수계 과정에 대해 질문했다고 한다. 백제 사신은,

---

⁹ 「比丘尼 예비수계 比丘尼戒師가 說한다」, 『佛教新聞』 72호, 1982. 6. 20, 1면.
¹⁰ 조선시대 비구니에 대한 개괄은 Hyangsoon Yi, "Vicissitudes in the Order of Buddhist Nuns during Chosŏn Korea." Paper delivered at the First International Congress on Buddhist Women's Roles in the Sangha Bhikshuni Vinaya and Ordination Lineages with H. H. the Dalai Lama at the University of Hamburg, July 18-20, 2007 참조.
¹¹ 金煐泰, 「百濟의 尼衆受戒와 尼僧職 關係-日本史料와 新羅 및 南朝의 史例中心」, 530-536쪽.
¹² 『원흥사연기』에 대해서는 望月信亨, 『佛教大辭典』 第一卷(望月博士佛教大辭典發行所, 1937), pp. 788-790 참조.

비구니는 비구 10사와 비구니 10사로 구성된 이부승가 아래 비구니 구족계를 받아야 한다고 설명했다.[13] 백제에서는 비구니의 경우 먼저 비구니 사찰에서 비구니 10사로부터 수계를 받은 후, 두 번째 수계식에서는 비구니 암자 가까이에 위치한 비구 사찰로 가서, 비구니 승가로부터 비구니계를 받았음을 비구 10사로부터 인준을 받았다. 백제 사신은 일본이 아직 비구니 이부승구족계를 시행할 수 있는 비구나 비구니의 숫자가 충분치 않으므로 일본에서 비구니를 위한 비구니 이부승구족계를 거행하기 위해서는 백제의 비구와 비구니들을 초청하라고 건의했다.[14]

백제 사신은 당시의 비구승과 비구니 승가의 관계를 분명하게 잘 설명하고 있다. 백제에서는 비구 사찰과 비구니 암자의 거리가

---

[13] 율장에 따르면 비구니 이부승구족계 수계에는 비구 10사와 비구니 10사, 즉 20명의 덕이 높고 청정하게 계율을 지키는 원로 승려가 있어야 한다. 지리적으로 소외된 곳일 경우 5명의 비구와 5명의 비구니, 즉 10명의 승려도 가능하다. 10명의 비구니 중 3명은 별소계단에서 거행되는 수계식에서 주된 역할을 하는데, 계를 전하는 전계사, 수계식의 절차를 관장하고 수계가 적법하게 이루어지도록 감독하는 갈마아사리, 율장에 있는 비구니 348계를 하나하나 강의할 수 있는 율장의 전문지식을 갖춘 교수아사리이다. 나머지 7명은 단순히 수계식을 주재하고 의식의 적법성을 보장하는 증사이다. 『사분율』에 나오는 비구니 이부승구족계 수계식에 대해서는 『大正新修大藏經』 22권, pp. 764a-b, 924c-926a; Yuchen Li, "Ordination, Legitimacy, and Sisterhood," in Karma Lekshe Tsomo, ed., *Innovative Buddhist Women: Swimming Against the Stream* (Surrey: Curzon Press, 2000), pp. 168-198; Ann Heirman, "Chinese Nuns and Their Ordination in Fifth Century China," *Journal of the International Association of Buddhist Studies*, vol. 24, no. 2 (2001), pp. 275-304 참조. 20명의 계사戒師들이 비구 및 비구니 계단에서 하는 역할에 대해서는 뒤에서 자세히 논한다.

[14] 金煐泰, 「百濟의 尼衆受戒와 尼僧職 關係-日本史料와 新羅 및 南朝의 史例中心」, 529-532쪽.

대종이 울리는 소리가 들리는 거리여야 한다고 규정되어 있다. 다시 말해, 비구니 암자는 비구 사찰 가까이에 위치하고 있어서 비구니들이 걸어서 비구 사찰에 가면 당일 돌아올 수 있는 거리였다. 이는 비구니들이 한 달에 두 번씩 비구 승가로부터 가르침을 받기에 매우 편리한 거리였다. 백제 사신이 본국으로 귀환하려 하자 이케베池邊(?~587) 천황은 사신이 백제로 돌아가면 승려들을 가능한 한 빨리 일본으로 보내 줄 것을 요청했다. 그러나 다음해(588) 백제의 승려들이 일본에 도착했을 때 이케베 천황은 이미 죽었다. 이즈음 세 명의 일본 비구니들이 신젠信善과 젠묘善妙라는 두 명의 제자를 대동하고 비구니 이부승구족계 수계를 받기 위해 백제로 건너왔다. 이들은 백제에 도착하자마자 육법 아래 식차마나 수계를 받았다.[15] 다음 해인 589년 음력 3월에 이들은 백제에서 비구·비구니 이부승가에 의해 비구니구족계를 받았다. 이들은 비구니구족계를 받은 다음, 590년에 일본으로 귀국했다.[16]

『원흥사연기』에 나타난 세 명의 일본 비구니 수계에 대한 기록은 『삼국불법전통연기三國佛法傳統緣起』의 기록과 동일하다.[17] 『삼국불법전통연기』에 따르면 백제왕은 588년 불경과 승려, 불교 장인들을

---

[15] 김영태는 이 세 명의 일본 최초의 여승들이 백제에 오기 전에 일본에 있던 한국 승려인 혜편惠便(생몰연대 미상)으로부터 사미니계를 받은 것으로 본다. 혜편은 고구려(?~668) 출신이다(金煐泰, 「百濟의 尼衆受戒와 尼僧職 關係-日本史料와 新羅 및 南朝의 史例中心」, 532-536쪽).
[16] 金煐泰, 「百濟의 尼衆受戒와 尼僧職 關係-日本史料와 新羅 및 南朝의 史例中心」, 531쪽.
[17] 『삼국불법전통연기』에 대해서는 望月信亨, 『佛敎大辭典』 第二卷, 1569쪽 참조.

일본에 보냈다. 일본의 대신이 백제에서 온 비구에게 비구와 비구니의 수계절차에 대해 질문했다. 백제의 비구는 10사나 아니면 최소한 5사의 참석하에, 비구니는 이부승 수계제도에 의해 두 번의 과정을 거쳐 비구니구족계 수계식이 거행된다고 했다. 먼저 비구니들은 비구니 암자에서 수계를 받은 다음 두 번째 단계로 비구니 암자 가까이에 있는 큰 사찰에서 정족수에 맞는 비구와 비구니에 의해서 비구니구족계를 인증받는다. 일본에는 아직 이부승가가 확립되어 있지 않아 적법한 비구니구족계 수계식 절차를 실행하기가 불가능했다. 젠조니禪藏尼라는 법명을 가진 일본 여승이 두 명의 동료와 함께 백제에서 비구니 이부승구족계를 받기 위해 바다를 건너왔다. 그들은 백제에서 비구니구족계를 받아 비구니가 되었다. 백제에서 3년 동안 비구니구족계 과정에 대해 공부한 뒤 일본으로 돌아갔다.[18] 일본 최초의 비구니에 대한 사료들은 기록상 약간의 차이는 있지만 모든 자료가, 백제에서 이부승가에 의해 비구니구족계를 받은 연대와 비구니 이부승구족계 수계식에 대한 내용이 모두 일치한다. 일본의 이런 기록들이 한반도에서는 6세기에 이미 비구니 이부승구족계 수계제도가 확실하게 시행되고 있었다는 것을 증명하고 있다.[19]

김영태는 또한 백제 최초의 율사였던 겸익謙益(생몰연대 미상)이 산스크리트어로 된 율장을 공부하기 위해 중부 인도로 건너가 5년

---

[18] 金煐泰, 「百濟의 尼衆受戒와 尼僧職 關係-日本史料와 新羅 및 南朝의 史例中心」, 532쪽.
[19] 위의 글, 532-539쪽.

간 유학했다고 주장한다. 겸익은 다섯 학파의 산스크리트어로 된 율장, 『사분율』, 『십송률十誦律』, 『오분율五分律』, 『해탈률解脫律』, 『마하승기율摩訶僧祇律』을 가지고 백제로 귀국했다. 그는 28명의 비구들의 도움을 받아 산스크리트어 율장을 한문으로 번역하는 작업[20]에 들어갔다. 이리하여 72권의 한문 율장을 완성했다. 겸익의 한문 율장이 현존하지 않아서 그의 한문 번역이 6세기 당시 네 율장서[21]를 모두 번역했는지는 알 수가 없다. 또한 기록의 부족으로 인해 백제 겸익의 계율종에 대한 역사를 논하기란 불가능하다. 그러나 한국의 계율종에 대한 문헌적 증거는 겸익이 일본 최초의 비구니들이 도착하기 전에 백제에 계율종을 세웠음을 시사한다. 따라서 일본 최초의 비구니들은 겸익의 계율종에 따라 비구니 이부승구족계를 받았을 가능성이 높다.[22]

필자의 연구결과에 따르면 고려시대에 비구니들이 이부승가에 의해 비구니구족계를 받았다는 구체적인 국내 기록은 찾지 못했다.[23] 김영미에 따르면, 율장에 대한 국내의 문헌 자료가 14세기까지는 한국의 비구니들이 『사분율』의 계율에 근거해 이부승가에 의

---

[20] 15세기에 세종대왕(재위 1418~1450)이 한글을 창제하기 전 한반도에서는 한자를 사용했다. 한글은 한국 고유의 알파벳이다.
[21] 네 율장서인 『사분율』, 『십송률』, 『오분율』, 『마하승기율』의 한문 번역본에 대해서는 Akira Hirakawa, *Monastic Discipline for the Buddhist Nuns: An English Translation of the Chinese Text of the Mahāsāṃghika-Bhikṣuṇī-Vinaya*, in collaboration with Zenno Ikuno and Paul Groner (Patna: K.P. Jayaswal Research Institute, 1982), pp. 3-5 참조.
[22] 金煐泰 著, 『百濟佛敎思想硏究』(東國大學校出版部, 1985), 23-27쪽.
[23] 고려시대 불교에 대해서는 金煐泰 著, 『韓國佛敎史槪說』, 119-163쪽 참조.

해 비구니구족계를 받았을 가능성을 제시한다고 한다.[24] 필자도 김영미의 견해에 동의하는데, 비록 이 분야에 대해 앞으로 더 많은 연구가 절실하기는 하지만, 고려시대 율장학파의 등장에 대해 현재 알려진 문헌자료는 고려시대 말기까지 비구니 이부승구족계가 실시되었음을 시사한다.

고려의 멸망과 조선시대의 시작은 5세기 동안의 혹독한 불교 박해로 이어진다.[25] 조선이 유교를 국교이자 국가의 기본이념으로 채택하면서 비구와 비구니들은 5세기 동안 참혹한 시련을 겪는다. 유교의 정치이념 아래 조선의 비구니들은 법맥이 거의 끊어지는 단계에 이를 정도로 박해를 받았다. 조선시대 비구니들에 대한 문헌자료의 부족으로 인해 비구니 이부승구족계 수계제도가 언제 사라졌는지 확실하게 알 수는 없다. 그러나 한국 비구니들의 문중계보門中系譜[26]는 비구니들이 단독 비구 승가에 의해 비구니구족계를 받았다

---

[24] 金英美,『고려시대 여성의 출가』, 59-67쪽; 金英美,「고려시대 비구니의 생활과 사회적 지위」,『한국문화 연구 1』(이화여자대학교 한국문화연구원, 2002).

[25] 조선시대 불교의 핍박에 대해서는 Buswell, Jr., *The Zen Monastic Experience: Buddhist Practice in Contemporary Korea*, pp. 22-24; 金煐泰 著,『韓國佛教史槪說』, 165-231쪽; 정동주,『조선 오백년 불교 탄압사: 부처, 통곡하다』(이룸, 2003) 참조.

[26] 한국 비구니들의 문중계보 대부분은 1980년대 초반에 출판되기 시작했다. 문중계보는 문중에서 가장 연로한 비구니가 그들의 조상 가운데 가장 오래된 조상을 추적한 것이다. 필자의 견해로 이 문중계보의 자료는 신뢰할 만하다. 한국 승가에서는 비구와 비구니들이 매년 그들의 조상을 위해 제사를 지내는데 이 제사는 후손으로서 당연히 해야 할 효행으로 여긴다. 예컨대, 필자는 필자의 은사가 매년 자신의 은사를 위한 제사를 지내면서 위로 3대 조상이 되는 비구니들의 법명을 모두 언급하는 것을 들었다. 필자는 조상이 되는 비구니들 가운데 위 3대의 법명을 아직도 기억하고 있다. 필자의 문중에서 제1대는 992년으로 거슬러 올라

는 증거를 제시하고 있다. 법기法起,[27] 육화六和,[28] 봉래蓬萊,[29] 수정水晶,[30] 삼현三賢,[31] 보운普雲,[32] 계민戒珉[33] 문중의 계보를 살펴보면 각 문중의 시조는 조선시대에 살았던 인물이다. 이들 문중들의 역사적 기원은 조선시대로 거슬러 올라가 찾을 수 있다. 현대 한국의 비구니들 대부분은 이들 문중에 소속되어 있다.

필자의 견해로는 한국의 비구니 이부승구족계 수계제도의 전통은 조선시대에 단절되었을 가능성이 높다. 그러나 비구니 승가에서 비구니 개인 간의 가장 기본적인 인간관계인 은사와 상좌의 관계는 단절된 적이 없으며 비구니 암자마다 이러한 전통은 이어지고 있다. 비구니 율장의 계율에 따르면 비구니는 반드시 비구니 스승 아래 사미니와 식차마나 수련을 받도록 되어 있는데, 비구니 스승의

간다(하춘생, 『깨달음의 꽃 2』, 116쪽). 필자의 문중계보는 이 책의 결론에서 자세히 다룬다. 전통적으로 한국의 비구니들은 비구니구족계를 받은 후에 문중계보에 등록된다. 2008년 2월 필자는 묘엄에게 한국 비구니들의 문중계보에 등록되는 절차에 대해 질문했다. 묘엄도 문중계보에 이름이 오르려면 비구니구족계를 받아야만 한다고 했다(2008년 2월 묘엄과의 전화인터뷰).

[27] 법기문중에 대해서는 하춘생, 『깨달음의 꽃 1』, 167-180, 224-234쪽; 하춘생, 『깨달음의 꽃 2』, 42-57, 106-119, 160-172, 174-185쪽 참조.
[28] 육화문중에 대해서는 하춘생, 『깨달음의 꽃 1』, 120-140쪽; 하춘생, 『깨달음의 꽃 2』, 91-103, 188-198쪽 참조.
[29] 봉래문중에 대해서는 하춘생, 『깨달음의 꽃 1』, 88-101쪽; 진광, 「본공당 계명 선사의 삶과 수행」, 295-316쪽 참조.
[30] 수정문중에 대해서는 하춘생, 『깨달음의 꽃 1』, 105-118쪽; 하춘생, 『깨달음의 꽃 2』, 122-138쪽 참조.
[31] 삼현문중에 대해서는 하춘생, 『깨달음의 꽃 2』, 23-39쪽 참조.
[32] 보운문중에 대해서는 하춘생, 『깨달음의 꽃 2』, 75-88, 215-227쪽 참조.
[33] Hyangsoon Yi, "Vicissitudes in the Order of Buddhist Nuns during Chosŏn Korea."

역할은 상좌가 비구니구족계를 받기 위한 후보자로서 승가의 초보적인 교육을 담당하게 되어 있다. 다시 말해, 비구니 율장의 많은 계율에서 사미니와 식차마나의 교육은 반드시 비구니가 해야 한다고 규정짓는다. 예컨대, 『사분율』의 비구니 바일제법(Skt. pāyantika) 128[34]조, 129[35]조, 138[36]조에는 사미니와 식차마나는 반드시 비구니로부터 승가교육을 받아야 한다고 엄격하게 명시되어 있다.[37]

한국의 비구니 승가에서 은사와 상좌는 승단의 기본이다. 그 관계는 비구니 승가 안에서 비구니 개인이 승가라는 대가족의 일원임을 보장하는 것이다. 예를 들어 선경禪敬(1904~1996)[38]은 육화문중의 11대에 속하며 그가 18세였던 1921년에 출가했을 때 그의 은사인 명덕明德(생몰연대 미상)과 노스님이었던 인우仁友(생몰연대 미상)의 생애에 대해 구전을 통해 잘 알고 있다.[39] 육화문중의 시조는 조선시대에 살았던 국인國仁(생몰연대 미상)으로 알려져 있다.[40] 선경의 3대 위 은사의 법명은 유활有活(생몰연대 미상)인데 유활은 육화문중의 7대손이다. 선경의 상노스님의 은사의 법명은 창문昌文

---

[34] 『大正新修大藏經』 22권, p. 760a-b.
[35] 위의 책, p. 760b-c.
[36] 위의 책, p. 764b-c.
[37] 『사분율』에 나타난 사미니와 식차마나의 교육에 대한 자세한 논의는 In Young Chung, "A Buddhist View of Women: A Comparative Study of the Rules for Bhikṣuṇīs and Bhikṣus Based on the Chinese Prātimokṣa," pp. 21-22, 25-27 참조.
[38] 하춘생, 『깨달음의 꽃 1』, 119-140쪽.
[39] 선경의 생애에 대해서는 Batchelor and Son'gyong Sunim, Women in Korean Zen: Lives and Practices, pp. 75-113; 하춘생, 『깨달음의 꽃 1』, 119-140쪽 참조.
[40] 하춘생, 『깨달음의 꽃 2』, 95-96쪽.

(생몰연대 미상)이다. 창문은 육화문중의 8대손이다.[41] 필자가 연구한 바에 의하면, 선경의 조상들에 대한 삶의 기록은 찾을 수 없다. 한국 불교사에서 은둔의 집단이었던 비구니들의 역사는 불교사가들에게 중요시되지 않았다. 비구니 역사 기록의 부재에도 불구하고 각 문중계보의 맥은 한국 승단에서 어머니와 딸의 관계에 비유될 수 있는 은사와 상좌라는 핵심적인 관계의 지속을 증빙하는 신빙성 있는 자료이다. 전통적으로 한국의 비구니 승가에서 은사는 상좌를 딸과 같이 돌보아야 하며 상좌는 자신의 은사를 어머니와 같이 존경하고 보살펴야 한다.

이향순이 지적하듯, 조선의 유교적 문화는 비구니 승단의 가장 근본적인 인간관계인 은사와 상좌 제도를 지속시키는 데 도움을 주었으며, 또한 비구니 승가의 자율성을 유지하는 데도 도움을 주었다.[42] 조선 사회를 지배한 유교의 중요한 가르침 중 하나는 남녀유별이었다. 한국의 불교문헌에는 남녀를 엄격하게 차별하여 규제하던 유교의 관행을 비구와 비구니에게도 적용했다는 증거가 있다. 이런 유교사회에서 비구니들은 은사와 상좌 제도를 지속시킴으로써 승가의 내적 결속을 다졌고, 바로 이 은사상좌제도가 비구니 승

---

[41] 하춘생, 『깨달음의 꽃 1』, 123쪽.
[42] Hyangsoon Yi, "Vicissitudes in the Order of Buddhist Nuns during Chosŏn Korea"; 이향순, 「조선시대 비구니의 삶과 수행」, 전국비구니회 엮음, 『한국 비구니의 수행과 삶』, 103-127쪽; Yoo Won-dong, "Buddhism and Women of the Yi Dynasty," in Park Young-hai, ed., *Women of the Yi Dynasty*, Studies on Korean Women Series, no. 1 (Seoul: Research Center for Asian Women, Sookmyung Women's University, 1986), pp. 172-207 참조.

가에서 인간관계의 근본이었다. 단절되지 않고 이어져 내려온 이 은사와 상좌 제도가 한국 비구니들의 맥을 형성했으며 그 맥이 오늘날까지 이어지고 있다. 조선시대에 비구를 은사로 여승이 비구니 구족계를 받았다는 기록을 필자는 본 적이 없다. 국내의 문헌자료들은 모두 조선시대의 여성 출가자는 오로지 비구니 은사 아래 비구니가 되었음을 시사한다.

조선말 한국은 일본에 강제 병합되었다. 36년간의 잔혹한 일제강점기 동안 일본의 대처승제도는 한국 불교 사원에도 허용되었고, 청정 독신수행승 전통을 타락시켰다. 일제강점기 동안에 한국 불교 사원의 독신수행승 숫자는 급격히 줄어들었다.[43] 그러나 한국의 비구니들은 일제강점기 동안에도 독신수행승의 전통을 고스란히 지켰으며, 단독 비구 승가에 의해 비구니구족계를 받았다. 독신을 지키던 비구와 비구니들은 불교의 타락을 유발하고 계율을 무시하는 풍조를 초래한 일제의 대처승제도에 깊이 통탄하며 청정승가의 전통을 회복시키려는 결의를 다졌다.[44]

일제강점기를 벗어나자 한국의 비구와 비구니는 독신 출가 수행승제도의 복원을 염원했으나 참혹한 한국전쟁으로 무산되었다. 전쟁이 끝난 후 전쟁 기간 동안에 소실된 불교문헌, 건축물, 인적 자원을 복구하는 데에는 수년이 걸렸다.

---

[43] 일제강점기 한국 불교에 대해서는 Buswell, Jr., *The Zen Monastic Experience: Buddhist Practice in Contemporary Korea*, pp. 25-36; 교육원 불학연구소 편찬, 『曹溪宗史: 근현대편』, 55-154쪽 참조.

[44] 교육원 불학연구소 편찬, 『曹溪宗史: 근현대편』, 191-211쪽.

마침내 1982년 초여름 자운의 전적인 후원 아래 비구니들은 비구니 위원회를 조직하고 서울의 진관사津寬寺에서 제1회 본법니계단계사 연수교육本法尼戒壇戒師研修敎育을 열흘 동안 열었다.⁴⁵ 대회의 초점은 『사분율』에 나와 있는 비구니 348계에 대한 세미나였다. 참석한 50명의 비구니들은 매일 오전과 오후에 두 번씩 『사분율』의 비구니 348계에 대한 지관의 강의를 들었다. 진관사 주지는 이 기간 동안 참석한 50명의 비구니들을 위한 공양과 숙박 비용 일체를 전담했다.⁴⁶

1982년 10월 15일부터 20일까지 한국 현대 불교사에서 처음으로 제1회 본법니계단계사 연수교육을 통해 선출된 비구니 3사師와 7증사證師를 모시고 부산 범어사 대성암大成庵⁴⁷에서 역사적인 비구니 이부승구족계 수계제도를 부활시켰다.⁴⁸ 비구들이 범어사에서 비구 구족계 수계의식을 거행하는 동안 비구니들은 대성암 별소계단別所

---

⁴⁵ 필자도 1982년 8월 비구니 이부승구족계 수계제도 부활을 준비하기 위해 진관사에서 열린 제1회 본법니계단계사 연수교육의 참석자 50명 중 하나였다.
⁴⁶ 1982년 8월 진관사에서 열린 제1회 본법니계단계사 연수교육에 대한 필자의 관찰.
⁴⁷ 대성암의 비구니 수계계단은 별소계단別所戒壇이라 불리었다. 첫 번째 비구니 구족계 수계과정에서 비구니계단은 비구계단과 따로 구분해서 수계산림을 한다는 뜻이다. 다시 말해, 비구니들이 비구니 암자인 대성암에서 수계식을 거행하는 동안 비구들은 범어사 큰절에서 수계산림을 한다.
⁴⁸ 비구니 이부승구족계 수계제도의 부활에 대해서는 Inyoung Chung, "The Revival of a Dual Ordination for Korean Buddhist Nuns in the Modern Period." Paper delivered at the First International Congress on Buddhist Women's Roles in the Sangha Bhikshuni Vinaya and Ordination Lineages with H. H. the Dalai Lama at the University of Hamburg, July 18-20, 2007; 석담, 「현대 한국 比丘尼 二部僧 具足戒 수계제도의 부활」, 480-491쪽 참조.

戒壇에서 비구니구족계 수계산림을 했다. 이 수계식을 주재한 비구니 계사는 세 명으로, 정행淨行(1902~2000)[49]은 전계아사리, 묘엄은 교수아사리, 명성은 갈마아사리였다.[50] 자운은 자신의 신도들이 보시한 돈으로 비구니 이부승구족계 수계제도 부활에 필요한 경비 전부를 혼자 감당했다. 자운은 대성암의 별소계단에서 이루어진 수계식의 모든 과정이 여법하게 진행되는가를 감독하기 위해 비구니 수계식의 전 과정을 지켜보았다.[51]

비구니들이 대성암 별소계단에서 비구니구족계 수계식을 잘 거행하는 것을 지켜보던 자운은 할아버지와 같은 자비로운 미소를 지으며 자부심이 얼굴에 가득했다. 그의 상좌인 일타日陀(1929~1999)[52] 역시 대성암 별소계단에서 거의 모든 시간을 보내며, 비구니들이 비구니구족계 수계식 의식절차를 거행함에 어긋남이 없도록 과정 하나하나를 지시하며 도왔다.[53] 범어사의 일부 비구 율사들은 일타가 비구 수계식을 돕기보다는 비구니 수계식을 돕는 데 더 열정적이라고 불평했다. 이에 대해 일타는 비구들은 수세기 동안 자신들의 수계식을 행해 왔으므로 수계 과정을 잘 알고 있지만, 비구

---

[49] 정행에 대해서는 하춘생, 『깨달음의 꽃 2』, 23-39쪽; 일진, 「전계사 비구니장로 정행 스님의 삶」, 전국비구니회 엮음, 『한국 비구니의 수행과 삶』, 367-392쪽 참조.
[50] 「梵魚寺 受戒山林서 614명 수계」, 『佛敎新聞』 89호, 1982. 10, 1면.
[51] 2005년 6월 묘엄과의 인터뷰.
[52] 일타에 대해서는 정찬주, 『인연』 1, 2; 김현준, 『아! 일타 큰스님』 참조.
[53] 2005년 6월 묘엄과의 인터뷰. 1982년부터 조계종은 큰 절에 비구계단을 설치하고 동시에 큰 절 근처의 비구니 암자에 비구니계단을 설치한다. 비구니들을 위한 이부승구족계 수계식을 치르기 위해서 비구니 암자는 반드시 큰 절 가까이에 있어야 한다.

니들은 비구니 암자의 별소계단에서 비구니구족계 수계식을 거행한 적이 없었으므로 비구니들이 자신의 도움을 더 필요로 한다고 주장했다.[54]

대성암 별소계단에서 수계식 산림 초에 비구니구족계를 받을 전체 수계자들은 먼저 갈마아사리로부터 신체검사[55]와 자질을 검사받은 후, 다시 비구니 10사에 의해 확인을 마쳤다. 만약 수계후보자의 은사가 비구니로서 법랍이 15년이 안 되었을 경우, 그 수계후보자는 비구니구족계를 받을 수 없었다.[56] 묘엄은 교수아사리로서『사분율』비구니 율장의 348계율을 오전과 오후, 하루에 두 차례씩 6일 동안 비구니구족계 후보자들에게 집중적으로 강의했다.[57]

1982년 10월 비구니 이부승구족계 수계제도를 부활시켰을 때, 비구니구족계 수계자들은 일주일 만에 식차마나와 비구니구족계 수계를 했다. 필자는 묘엄에게 왜 비구니 율장의 계율을 따르지 않고 식차마나계 수계와 비구니구족계 수계식을 일주일 안에 한꺼번에 다 했는지 질문했다. 비구니 율장에 의하면, 식차마나는 반드시 육법에 따라 2년 동안 수련을 거친 다음에 비구니구족계를 수계해야

---

[54] 2003년 6월 적조와의 인터뷰. 적조는 1982년 대성암 별소계단에서 갈마아사리의 시자 소임을 맡았다.
[55] 율장에 따르면 비구니구족계 수계후보자는 먼저 갈마아사리로부터 신체적인 점검을 받아야 한다. 예를 들어 후보자는 "성적 특징이 없는가? 양성인가? 나병을 앓는가? 간질을 앓는가?"와 같은 질문을 받는다.
[56] 비구니구족계 수계후보자와 은사의 자격에 대해서는 1982년 10월의 수계산림 관계자들이 철저하게 검증했다(2005년 6월 묘엄과의 인터뷰).
[57] 「比丘尼 예비수계 比丘尼戒師가 說한다」,『佛教新聞』72호, 1982. 6. 20, 1면.

한다.⁵⁸ 묘엄에 의하면, 수계산림을 준비하는 관계자에게 비구니 이부승구족계 수계제도의 부활을 준비하는 일은 가늠하기 힘들 만큼 어려운 과정이었다. 가장 어려웠던 점은 재정적인 문제와 비구니 율사 인력의 부족이었다.⁵⁹

수계산림 관계자들은 수계후보자의 숙식과 10사의 여행경비를 포함한 모든 비용을 마련해야 했다. 그밖에 애로사항은 수계산림을 주최하는 큰 절 가까이에 위치한 비구니 암자를 정하는 일,⁶⁰ 비구니 10사를 선출하는 일, 수계산림 기간을 정하는 일, 비구 10사와 비구니 10사를 정해진 수계산림 기간에 한 장소에 모이게 하는 일 등등이었다. 비구니 이부승구족계 수계식을 위해 율장에 명시된 조항들을 그 당시 한꺼번에 모두 준수하는 것은 실제로 불가능한 일이었다. 이러한 난제에도 불구하고 자운과 수계산림 관계자들은 비구니 이부승구족계 수계제도를 기필코 거행해야 한다고 주장했다. 수계산림 관계자들은 사미니계를 받은 지 5년 내지 6년 이상이 된 비구니 수계후보자를 선정했다. 그들은 모두 사미니로서 여러 해 동안 스님 노릇을 해 왔기 때문에 식차마나계를 준 다음 바로 뒤이어 일주일 안에 비구니구족계를 수계하게 했다.⁶¹

---

[58] 『大正新修大藏經』 22권, pp. 924a-927c.
[59] 2007년 4월 묘엄과의 전화인터뷰.
[60] 현대 한국 불교사에서 비구니 이부승구족계 수계식 장소로서 가장 인기가 있는 곳은 부산 범어사 인근의 대성암이다. 대성암은 큰 절인 범어사에서 걸어서 왕래할 수 있는 가까운 거리로 비구니 이부승구족계를 거행하기에 이상적인 위치이다.
[61] 1982년 10월 사미니들은 비구니 율사의 부족으로 인해 비구 율사들 아래 식차마나계를 받았다(2007년 4월 묘엄과의 전화인터뷰).

대성암 별소계단에서 비구니들에 의해 비구니구족계 수계산림을 다 마친 마지막 날, 비구니 10사와 비구니구족계 수계자들은 범어사로 걸어가서 비구 10사와 비구니 10사의 주관 아래 비구니 이부승구족계 수계의식에 참석했다. 범어사에서 비구니 이부승구족계 수계의식이 거행될 때, 비구 교수아사리가 『사분율』 비구니 율장의 348계율 목차만 빠른 속도로 낭독한 다음 비구니 이부승구족계 수계의식을 마무리했다.[62] 엄격히 표현하자면, 1982년 10월 한국 비구니 이부승구족계 수계제도의 부활은 아기의 첫 걸음마와 비슷했다고 말할 수 있다. 그러나 훗날 여러 해를 거듭하는 과정을 통해 율장에 명시된 비구니 이부승구족계 수계의식 절차에 대한 모든 조항들을 준수할 것이라는 기대에 부푼 희망찬 출발이기도 하였다. 비록 범어사에서의 비구니 이부승구족계 수계제도의 부활이 아기의 첫 걸음마와 같았다고 할지라도 수계산림 관계자들이 비구니 이부승구족계 수계제도의 부활을 추진한 것은 한국 비구니 수계역사에 매우 중대하고 기념비적인 일이었다.

위에서 간단히 언급했듯이, 한국의 비구니들은 조선시대로부터 1981년까지 단독 비구 승가에 의해 비구니구족계를 받았다. 예를 들어, 필자의 경우 단독 비구 승가에 의해 약 이틀간의 짧은 기간 안에 식차마나계와 비구니구족계를 모두 받았다.[63] 필자가 비구니구족계

---

[62] 2005년 6월 묘엄과의 인터뷰. 율장에 따르면 비구니 승가에 의한 수계는 반드시 비구 승가의 인준을 받아야 한다. 만약 비구니들이 비구니구족계 수계식을 하고 다음 날 보고하려고 기다리면 바일제법 139조를 어기는 것이다. 바일제법 139조에 대해서는 『大正新修大藏經』 22권, p. 764b-c 참조.

를 수계할 당시 나이는 열아홉이었으며, 1975년 3월 필자와 함께 수계한 동료 비구니들은 모두 13명이었다. 당시 필자는 운문사에서 『화엄경』을 배우고 있었다. 범어사에서 수계산림을 주관하는 비구가 비구니구족계 수계후보자인 필자의 나이와 승가교육에 대해 몇 가지 질문을 했다. 구족계의 필수사항인 스무 살이 차지 않은 필자가 왜 그렇게 서둘러 비구니구족계를 받으려 하는지 질문했다. 그리고 그 비구는 왜 필자가 스무 살이 될 때까지 기다려서 비구니구족계를 수계하면 안 되는지 설명하라고 했다. 필자는 같은 반 도반들과 함께 비구니구족계를 받고 싶으며, 또 필자 자신이 비구니구족계를 받을 준비가 되었다고 생각하기 때문이라고 대답했다.

당시 필자는 아직 율장을 공부하지 않았으므로 비구니구족계 수계후보자의 연령이 그렇게 심각한 문제가 되는지 알지 못했다. 나중에서야 안 일이지만, 수계산림 관계자 비구는 필자가 정말 비구니구족계 수계를 받을 자격이 있는지 결정하기 위해 필자의 급우들에게 필자의 자질에 대해 질문했었다고 한다. 필자의 급우들은 모두 필자가 비구니구족계를 받을 자질을 충분히 갖추었다는 데 동의했고, 마침내 필자는 열아홉 살에 범어사에서 비구니구족계를 받았다. 구족계 수계식 동안 비구 교수아사리인 지관은 빠른 속도로 『사분율』에 나오는 비구니계 348계 목차를 읽어 가면서 아주 간단히 내용의 요점만 설명했다.

---

63 필자의 비구니계 수계식에는 비구 3사師 7증사證師만이 참석했다.

혹자는 조선시대로부터 1981년까지 단독 비구 승가에 의해 비구니구족계 수계가 실시되어 온 한국 비구니의 맥이 적법한지에 대해 문제를 제기할 수도 있다. 이 짧은 장에서 각 나라 불교 전통 속에 행해진 여성 불자 수계에 대한 논쟁들을 모두 고찰하는 것은 불가능하다. 비구니구족계 수계의 이슈는 세계적으로 여성 불자 인권운동의 가장 논쟁적인 이슈일 뿐만 아니라 승가와 관련된 이슈 중 그 해결방안을 모색하는 데 가장 큰 골칫거리가 되고 있다.[64] 이 책에서 필자는 한국 불교의 비구니구족계 수계에 대한 필자의 견해를 밝히고자 할 뿐이다. 한국 불교사에서는 이부승구족계와 비구승 단독 수계에 의한 비구니구족계 수계를 모두 적법한 것으로 받아들인다고 믿는다.[65] 필자의 비구니구족계 수계의 예와 같이, 필자의 비

---

[64] 비구니 수계에 대해 세계적으로 가장 큰 골칫거리의 논쟁이 된 것에 대한 자세한 논의는 Karma Lekshe Tsomo, "Almost Equal: Obstacles on the Way to an International Bhiksuni Sangha," in Karma Lekshe Tsomo, ed., *Bridging Worlds: Buddhist Women's Voices Across Generations* (Taipei: Yuan Chuan Press, 2004), pp. 177-183; 달라이라마의 참석하에 2007년 7월 18일부터 20일까지 독일의 함부르크대학에서 열린 '제1차 승가에서 불자여성의 역할과 비구니 율장 및 계맥에 대한 국제 학술대회' 홈페이지(http://www.congress-on-buddhist-women.org) 참조. 2008년 4월 24일 웹사이트 방문.

[65] 2007년 7월 18일부터 20일까지 함부르크대학에서 열린 '제1차 승가에서 불자여성의 역할과 비구니 율장 및 계맥에 대한 국제 학술대회'의 발표자였던 베트남 비구 틱꽝바Thich Quang Ba에 의하면, 베트남의 비구니들은 단독 비구 승가에 의해 수계를 하거나 이부승가에 의해 수계를 해 왔다. 베트남 불교사에서는 두 가지 방식 모두 적법한 비구니의 맥으로 인정받고 있다. 필자가 연구한 바로는 한국과 베트남의 비구니들과 마찬가지로 중국의 비구니들도 두 가지 방식으로 수계를 했으며 두 방식 모두 적법한 것으로 인정받는다. 중국 비구니의 수계사에 대해서는 Heng-ching Shih, "The Establishment of the Chinese Bhiksuni Lineage," *Sakyadhita Newsletter: International Association of Buddhist Women*,

구니구족계 수계는 단독 비구 승가에 의해 행해졌다. 비구니구족계 수계후보자로서 필자는 스스로가 비구니구족계를 받을 자격을 충분히 갖추었다고 생각했다. 당시 필자의 은사는 비구니계를 받은 지 20년 이상이 지났고, 필자 역시 사미니계를 받은 지 5년이 넘었으며, 운문사승가대학의 전교과 과정인 경전 공부를 거의 마칠 시점이었다.

　1982년 10월 비구니 이부승구족계 수계제도가 부활되기 전까지 한국의 비구니들은 수년간 사미니로 살면서 비구니계 받는 것을 미루는 관행이 있었다. 대부분의 비구니들이 사미니계를 받은 뒤 10년 내지는 15년 후에 비구니구족계를 수계했다.[66] 구체적인 예로, 전국 비구니회 현 회장인 명성은 1952년 사미니계를 수계한 뒤 15년 후에 비구니구족계를 받았다.[67] 묘엄은 1945년에 사미니계를 받은 뒤 16년 후에 비구니구족계를 수계했다.[68] 1970년대 이전의 한국 비구니들에게는 율장을 공부할 기회가 거의 주어지지 않았으므로 대부분 율장에 대한 지식이 없었다고 해도 과언이 아니다. 비구니 승가에서의 위계질서는 보통 사미니계를 받은 순서에 의해 결정되었다. 다시 말해, 비구니들의 위계질서를 정하는 주된 요소는 사미니계를 받고 나서 얼마나 오랫동안 절에서 살았는가 하는 것이었다.[69]

---

vol. 10, no. 2 (Autumn 1999), pp. 7-12 참조.
[66] 한국 비구니들이 비구니구족계 수계를 미룬 데 대해서는 하춘생의 『깨달음의 꽃』 두 권에 나오는 비구니 고승들의 행장기 참조.
[67] 全明星, 『法界明星華甲紀念 佛敎學論文集』, 21쪽.
[68] 봉녕사승가대학 선우회 편, 『世主妙嚴主講五十年紀念論叢』, 690-692쪽.
[69] 2008년 4월 묘엄과의 전화인터뷰.

어느 한국 비구니가 단독 비구 승가에 의해 수계했든, 비구니 이부승구족계 수계의식에 따라 비구니구족계를 수계했든, 적법한 비구니인지 아닌지를 가리자고 논쟁이 일어난 적은 한국 불교사에서 단 한 번도 없었다. 시대적·사회적·경제적 형편에 따라 한국의 비구나 비구니들은 두 가지 방식으로 비구니구족계 수계산림을 했다. 나아가 어느 한국 재가불자, 혹은 비구나 비구니 중에 단독 비구 승가에 의해 비구니구족계를 수계한 비구니들의 맥이 적법했는가에 대해 의문을 제기한 이는 한 사람도 보지 못했다. 구체적인 예로, 필자가 단독 비구 승가에 의해 비구니구족계를 수계했다고 해서 어느 한국 재가불자, 혹은 비구나 비구니가 필자를 향해 "당신은 적법한 비구니가 아니다."라고 말하는 이를 만난 적이 없다.

1982년 10월 비구니 이부승구족계 수계제도가 부활된 이후 1984년까지 묘엄은 매년 비구니계단의 교수아사리 소임을 맡았다. 1985년 묘엄은 비구니 이부승구족계 수계의식 절차를 관장하고 수계식 전에 별소계단에서 전체 수계자들의 신체검사와 정신적 자질을 점검하는 갈마아사리 소임을 맡았다. 1994년 그녀는 비구니 이부승구족계 수계식의 전계사가 되었다.[70] 묘엄은 매년 비구니 이부승구족계 수계산림에서 가장 중요한 3사의 핵심 요직[71]을 16년간 맡아 수행한 뒤 1999년 비구니 계사직에서 물러났다.[72]

---

[70] 봉녕사승가대학 선우회 편, 『世主妙嚴主講五十年紀念論叢』, 692-694쪽.
[71] 비구·비구니 구족계 계단의 3사와 7증사에 대한 역할은 곧이어 자세히 논한다.
[72] 봉녕사승가대학 선우회 편, 『世主妙嚴主講五十年紀念論叢』, 692-694쪽.

2005년 6월 필자는 묘엄에게 비구니 계사직을 사임한 이유에 대해 질문했다. 그녀는 정확히 언제인지 기억나지는 않지만,[73] 어느 날 새 세대의 현직 비구 율사들로부터 해인사로 오라는 전갈을 받았다. 그때 자운과 일타[74]는 더 이상 비구·비구니 구족계 수계식 산림에 직접적으로 관여하지 않았다. 새 세대의 비구 율사가 수계산림을 주도하기 시작했다. 묘엄은 새로운 세대 비구 율사의 전갈을 받고 비구니 계사들과 함께 해인사에 당도했다. 비구 율사들은 대애도 비구니의 비구니구족계 수계에 대한 설화를 근거로, 별소계단의 비구니 구족계 수계산림에서 비구 율사가 교수아사리로서 비구니 348계율을 비구니구족계 수계자들에게 강의하겠다고 공표했다.[75]

---

[73] 묘엄은 1992년 자운이 입적하고 일타는 건강이 악화되어 비구 및 비구니 계단의 수계산림 관계자직을 사임한 것으로 기억하고 있다. 필자는 그녀가 해인사로 호출된 것이 1998년 후반에서 1999년 초반 사이인 것으로 추정한다.

[74] 일타는 1999년 여름부터 병석에 누웠다가 그해 양력 11월에 입적했다(김현준, 『아! 일타 큰스님』, 230-233쪽).

[75] 2005년 6월 묘엄과의 인터뷰. 필자는 현재 조계종의 비구 율사들이 별소계단에서의 비구니구족계 수계식 때 자신들이 교수아사리직을 맡아야 한다고 주장했던 것은 모한 위자야라트나Mohan Wijayaratna의, 서양의 불교학자들은 거들떠보지도 않는 오류투성이의 저술인 *Buddhist Nuns: The Birth and Development of a Women's Monastic Order* (Colombo: Wisdom Books, 2001)에 근거한 것이 아닌가 생각한다. 이 책의 한국어 번역은 이 책이 쓰였던 원어인 프랑스어를 저본으로 한 것이다(*Les moniales bouddhistes: naissance et développement du monachisme feminin* (Les Éditions du Cerf, 1991)). 이 책에서 모한 위자야라트나는 동·서양 학자들 사이에 대애도 비구니의 비구니구족계와 팔경계에 대해 의견이 다양한 논쟁을 완전히 무시해 버린다. 팔리어 율장과 경전에서 비구니와 관련된 모든 부분을 액면 그대로 받아들이고 다른 학자들이 비구니 승가의 탄생과 팔경계에 대해 제시한 여러 가지 다른 견해와 논쟁들을 전혀 거들떠보지도 않고, 마치 모한 위자야라트나 저자 자신만이 비구니 승가 탄생의 독보적인 전문가라도 되는 것

이 결정에 대해 묘엄은 율장에 명시된 비구니 이부승구족계 수계의식 절차를 위한 조항들을 일일이 지적하면서, 별소계단의 비구니구족계 수계산림에서 비구 교수아사리가 비구니 348계율을 비구니구족계 수계자에게 강의해서는 안 되며, 반드시 비구니 교수아사리가 비구니 수계자들에게 강의해야 한다고 강력히 반발하고 나섰다.[76] 1982년 10월 자운과 일타가 이미 비구니 이부승구족계 수계산림의식을 거행했을 때, 별소계단의 교수아사리는 반드시 비구니 교수아사리가 맡아야 한다고 정했거늘, 왜 별소계단에서 갑자기 비구가 교수아사리직을 맡으려 드느냐고 강력히 반발하고 나섰다. 1999년의 현직 비구 율사들은, 1982년 비구 율사들이 별소계단에서 비구니 율사가 교수아사리직을 맡도록 규정한 것은 그들이 율장을 잘못 이해했기 때문이라고 주장했다. 그녀는 현직 비구 율사들

처럼 자신의 주장만을 펼친다. 놀라운 것은, 이 엉터리 책이 1998년 6월에 한국에서 현직 율사들의 열렬한 지지하에 번역되어 출판되었다는 사실이다. 이 번역판의 한국어 서문에 따르면 현재 비구 율사들 가운데 중진 두어 명은 이 번역본이 출간되는 데 전적으로 지원해 주었다고 한다. 현직 비구 율사들이 1999년 별소계단에서 교수아사리 역할을 맡았을 때 모한 위자야라트나의 저술을 근거했을 가능성을 배제할 수 없다. 모한 위자야라트나 책의 한국어 번역판에 대해서는 모한 위자야라트나 지음, 온영철 옮김·釋智觀 교열, 『비구니승가: 비구니승가의 탄생과 변화』(민족사, 1998) 참조.

[76] 비구니 율장은 여러 곳에서 비구니 계사가 되기 위한 자격을 분명히 정해 놓고 있다. 예를 들면, 비구니 바일제법 130-133조, 136조, 137조는 비구니 계사의 자격을 엄격히 규정하고 있다. 비구니 바일제법에 대해서는 『大正新修大藏經』 22권, pp. 760c-762b, 763a-764a 참조. 비구니 계사의 자격조건에 대한 자세한 논의는 In Young Chung, "A Buddhist View of Women: A Comparative Study of the Rules for *Bhikṣuṇīs* and *Bhikṣus* Based on the Chinese *Prātimokṣa*," pp. 21-22, 25-28 참조.

에게 그들 자신이 율장을 잘못 해석하고 있으며, 비구니 율사가 별소계단에서 반드시 교수아사리직을 맡아야 한다고 계속해서 맞서고 나섰다. 동행했던 다른 비구니 계사들은 묘엄과 비구 율사들 간의 언성이 높아 가는 율장 논쟁에 어느 누구도 끼어들지 못했다. 묘엄과 동행한 비구니들은 율장에 대한 전문적인 지식이 없었기 때문이었다.[77]

현직 비구 율사들은 묘엄에게, 자운이 비구니들에게 율장을 가르쳐서 비구니들이 건방지고 반항적이며 오만함으로 가득 차서 감히 비구를 능멸하며 대든다고 분개했다. 묘엄도 팽팽히 맞서고 나서면서 현직 비구 율사들과 달리 자운은 한결같이 비구니들을 후원해 주고 비구니들에게 할아버지처럼 자비로웠다고 항의했다. 덧붙여서 부처님의 가르침에 따르면, 비구는 비구니들을 억누르고 지배하려 하지 말고 자비로운 법형제의 역할을 수행해야 한다고 주장했다. 그러자 현직 비구 율사들은 묘엄과 동행한 비구니들을 윽박지르면서 막무가내로 비구 율사들이 별소계단에서 교수아사리직을 맡겠다고 선언했다.[78]

묘엄은 현직 비구 율사들과 맞서 왜 갑자기 이렇게 막무가내로 윽박지르는지 모르겠다고 언성을 높였다. 동행한 비구니 중 한 비구니가 묘엄의 편을 들면서 현직 비구 율사들이 자신들을 마치 하녀처럼 취급한다고 따지면서 그들에게 도전했다. 열띤 논쟁 중에

---

[77] 2005년 6월 묘엄과의 인터뷰.
[78] 위의 인터뷰.

묘엄과 다른 비구니들의 언성도 함께 높아졌다. 현직 비구 율사들은 묘엄에게 노발대발했고, 그때 한 비구가 묘엄에게 "감히 비구니가 언성을 높여 비구를 가르치려 드느냐."[79]고 고함을 쳤다. 묘엄의 강력한 항의에도 불구하고 현직 비구 율사들은 자신들의 결정은 이미 내려졌으며, 이에 대해 더 이상 비구니들과 왈가왈부할 가치가 없다고 선언했다.[80] 결국 1999년 별소계단에서 거행된 비구니구족계 수계식에서 비구 교수아사리가 비구니구족계 수계후보자들에게 비구니 348계를 강의하기 시작했다.[81]

비구니구족계 수계식에서 비구니 교수아사리 직책에 대한 묘엄과 비구 율사들의 논쟁에 대해 혹자는 왜 비구 율사들이 별소계단의 비구니구족계 수계식에서 하필 비구니 교수아사리의 역할을 맡겠다고 했는지 의아해 할 것이다. 비구니 이부승구족계 수계과정에서 비구니 교수아사리의 역할은 어떤 중요성을 갖는가? 왜 비구 율사들은 3사와 7증사직 모두의 역할을 맡겠다고 하지 않았는가?

---

[79] 현직 비구 율사들은 팔경계 중에 한 가지를 언급함을 알 수 있다. 팔경계를 근거로 들어 묘엄의 도전을 막으려는 의도였을 것이다. 해인사에서의 사건이 있은 몇 달 뒤, 묘엄은 한 원로 비구 율사를 만났다. 그는 해인사에서의 사건 당시 현장에 없었다. 그녀는 원로 율사에게 이후로 조계종에서 탈퇴해서 '묘엄종'을 창설할까 심각하게 고려 중이라고 했다. 원로 율사는 한마디도 않고 빙그레 미소만 짓고 떠났다(2005년 6월 묘엄과의 인터뷰).

[80] 2005년 6월 묘엄과의 인터뷰.

[81] 묘엄의 연대기에 따르면(봉녕사승가대학 선우회 편, 『世主妙嚴主講五十年紀念論叢』, 693쪽), 묘엄은 1999년 비구니 계사직에서 물러났다. 자신이 비구니 계사직을 사임했을 때가 별소계단에서의 비구니구족계 수계산림에서 비구 교수아사리가 비구니구족계 수계후보자들에게 비구니 348계를 설하기 시작한 때였다고 묘엄은 필자에게 말했다.

로버트 버스웰은 한국의 비구구족계 계단에서 열 명의 비구 율사들 역할을 다음과 같이 설명하고 있다.

> 비구계 수계식에서는 세 명의 원로 승려가 공식적으로 책임을 맡게 된다. 한 명은 계를 전해 주는 전계아사리傳戒阿闍梨로서 보통은 계를 받는 이들의 정신적 스승인 그 절의 선사가 맡게 된다. 다른 한 명은 수계식 전문가인 갈마아사리羯磨阿闍梨인데, 그는 수계식 전반을 감독하고 적법하게 진행되는지를 살핀다. 또 다른 한 명은 교수아사리敎授阿闍梨로서 비구가 지켜야 할 250가지 계율과 비구니가 지켜야 할 348가지 계율에 대해 상세히 설명하는 역할을 맡는다. 비구·비구니 수계식의 공정성을 기하기 위해 그 절의 최고 원로 승려들도 증사證師로서 참여하는데, 이 증사의 수는 여섯 명에서 아홉 명까지지만, 내가 본 경우로는 일곱 명이 가장 많았다. 그러나 이들 증사들은 수계식에서 특별한 역할을 맡는 것은 아니며, 단지 수계식 전반에 걸쳐 참석만 하면 되었다. 수계에 직접 참여하는 세 명의 승려들과 이들 증사들은 대웅전 앞에 있는, 수계 장소보다 약 1미터 이상 높게 설치된 긴 계단 위에 계를 받을 사미들을 마주 보며 앉는다. 한국의 구족계 수계식은 동남아시아의 테라바다 전통의 그것만큼은 엄격하지 않지만, 그래도 상당히 엄격하게 실시된다.[82]

버스웰이 지적하듯 비구 3사는 비구구족계 수계산림에서 중요한

---

[82] 로버트 버스웰 지음, 김종명 옮김, 『파란눈 스님의 한국 선 수행기』, 116-117쪽.

역할을 한다. 별소계단에서 거행되는 비구니구족계 수계산림에서 비구니 3사의 역할도 비구 3사의 역할과 똑같다. 별소계단의 비구니구족계 수계식에서 10사의 역할은 비구구족계 수계식에서 10사의 역할을 모델로 한다. 비구·비구니 구족계 수계식에서 교수아사리는 중요한 역할을 한다. 교수아사리는 율장에 대한 전문가이며 율장을 수년간 공부한 비구니여야 한다. 비구니 교수아사리는 율장에 대해 막힘이 없이 잘 알아서 계율 조목 하나하나를 수계후보자들에게 일목요연하게 강의할 수 있는 실력을 갖추어야 한다. 사실 별소계단에서 거행되는 비구니구족계 수계식에 참여한 수계후보자들은 집중적인 수계 수련 기간 중 대부분의 시간을 비구니 교수아사리의 비구니 348계율 강의를 듣는 데 할애한다. 비구니 교수아사리는 계율을 설명할 수 있는 권한을 가지며 자신의 견해와 해석을 붙여 자유롭게 강의할 수 있다. 따라서 비구니 교수아사리의 계율에 대한 강의 내용은 수계후보자들의 머릿속에 깊이 주입되어 그들이 비구니로서 평생을 살아가는 데 지침이 된다 해도 과언이 아니다.

앞에서 간단히 언급했듯이, 1982년 10월 비구니 이부승구족계 수계제도 부활을 준비하던 과정에서 수계산림 관계자가 봉착했던 가장 큰 어려움 중 하나는 비구니 율사의 부족이었다. 하지만 필자가 한 가지 지적하고 싶은 것이 있다. 한국 비구니가 계율을 지키는 데는 비구보다 훨씬 철저하지만 필자를 포함해서 많은 비구니들이 율장을 연구하거나 가르치는 일에는 오랜 세월 동안 소홀히 해 온 점은 간과할 수 없는 사실이다. 예를 들면 사미니, 식차마나, 비구니를 위한 조계종단의 권위 있는 한문 율서 교과서들의 역자나 주석의 저자들이 모두 비구라는 점이다.

그러나 1950년대부터 자운이 비구에게 율서를 가르치기 시작한 이래, 비구 승단에는 율사 인력의 부족이 없었다. 1970년대 중반 비구 승단은 해인사에 비구 율원을 개설하고 젊은 세대의 비구들을 율사로 교육시키기 시작했다.[83] 현재 활동하는 비구 율사의 대부분은 해인사 율원에서 율장을 전공했다. 하지만 1999년에 묘엄이 봉녕사승가대학에 최초의 비구니 율원을 개원하기 전까지는 한국에 비구니 율원이 없었다.[84] 만약 한국 비구니가 좀 더 일찍 비구니 율원을 개설해서 많은 젊은 세대의 비구니를 율사로 양성하기 시작했더라면, 1999년부터 2005년까지 6년 동안 별소계단의 비구니구족계 수계산림에서 비구 율사가 교수아사리직을 수행하는 일은 일어나지 않았을지도 모른다.

혹자는 필자의 의견에 동의하지 않을 수도 있다. 현직 비구 율사들이 별소계단의 비구니 교수아사리직을 수행하게 된 데에는 또 다른 이유가 있을 가능성이 있다. 틈만 나면 한국의 비구들이 비구니 승가를 통제하려고 하는데, 위 사건은 그러한 단면을 보여 주는 좋은 예이다. 결과적으로, 한국의 비구니들은 남성지배적인 불교 전통 안에서 자신들의 자율성을 지키기 위해 늘 고군분투하지 않으면

---

[83] 해인사 비구 율원에 대해서는 Buswell, Jr., *The Zen Monastic Experience: Buddhist Practice in Contemporary Korea*, p. 54 참조.
[84] 묘엄의 봉녕사 비구니 율원의 설립에 대해서는 뒤에서 자세히 논한다.

안 되었다. 물론, 한국 비구니 승단의 눈부신 성장으로 인해 종단의 통제권을 잡은 비구 승단이 위협을 느꼈을 수도 있다.

앞에서 논했듯이 대부분의 비구들은 일제강점 기간 동안 일제 식민지 불교정책에 굴복하여 일본 승려처럼 공식적으로 결혼하고 처자식을 거느리는 대처승으로 전락해 갔다. 1950년대 중반까지 독신수행승 비구는 소수였다. 하지만 한국의 비구니들은 불타의 근본 출가정신을 저버리지 않고 한국 불교의 독신수행승 전통을 고스란히 이어 왔다. 따라서 1950년대 중반부터 한국 승가에 일기 시작한 불교정화운동 때에도 시위에 참가한 비구니의 숫자는 비구의 숫자보다 훨씬 많았다. 정화불사가 성공적으로 끝난 후, 비구들은 공로에 따라 각 본사와 큰 사찰의 주지로 임명받은 데 비해 정화불사에 적극적으로 동참했던 비구니들은 공로의 대가를 받는 데서 배제되었으며, 어느 큰 사찰의 주지직도 받지 못했다.[85]

비구승 위주의 승단 운영으로 인해 부당하고 불평등한 대우를 받으면서도 한국의 비구니들은 자신들만의 자율성을 지키며 급격히 변화하는 현대 한국 사회에 맞게 성역할을 변화시킴으로써 스스로의 역할 공간을 창조해 왔다. 예컨대, 오늘날 한국에 있는 대부분의 작은 비구니 암자들은 도시의 시끌벅적한 지역 근처에 자리 잡고 있는데, 도시나 마을 가까이에 위치한 비구니 암자가 여성인 비구니들에게 안전하다고 여기기 때문이다. 도시나 마을 근처에 위치한 비구

---

[85] 불교정화운동 후 비구니들의 처우에 대해서는 석담·이향순, 「국제화시대 한국 비구니의 위상과 역할」, 전국비구니회 엮음, 『한국 비구니의 수행과 삶』, 182-184쪽 참조.

니 암자는 비구니들이 재가불자와 밀접한 관계를 유지하는 데 편리하고 재가불자들의 일상적 요구에 재빠르고 효율적으로 대응하고 소통할 수 있게 해 준다. 아울러 오늘날 한국 비구니는 재가불자들로부터 비구 못지않은 존경과 경제적 후원을 받는다. 한국의 근대화, 민주화와 그리고 경제적인 발전에 힘입어 비구니 승단은 1980년대부터 눈에 띄게 성장하기 시작했다. 많은 젊은 비구니들은 좀 더 철저하고 전문적인 승가교육과 수행을 통해 스스로를 계발하는 데 전념하고 있다.[86]

비구니들은 재가불자들이 원할 때와 가정문제가 발생했을 때, 비구니의 조언이나 도움을 받기에 좋은 가깝고 평화로우며 청결하게 잘 가꿔진 도량을 제공한다. 비구니들은 노인,[87] 장애자,[88] 고아

---

[86] 한국 비구니들의 승가교육과 수련에 대해서는 Iljin, "Basic Training for Korean Buddhist Nuns," in the Proceedings of the 8th Sakyadhita International Conference on Buddhist Women in 2004, Karma Lekshe Tsomo, ed., *Discipline and Practice of Buddhist Women: Present and Past*, pp. 43-47; Bongak, "Overcoming Tradition: Reconstructing and Transforming the Role of Korean Buddhist Nuns through Education," in Karma Lekshe Tsomo, ed., *Bridging Worlds: Buddhist Women's Voices Across Generations*, pp. 265-267 참조.

[87] 예를 들어 필자의 가장 가까운 도반인 경덕京德은 화성의 자제정사에서 묘희와 함께 1988년부터 2007년까지 수백 명의 갈 곳 없는 할머니들을 돌보았다. Neungin, "Elder Care Programs Unifying Generations: The Case of Ilsan Elder Welfare Center in Korea," in Karma Lekshe Tsomo, ed., *Bridging Worlds: Buddhist Women's Voices Across Generations*, pp. 243-246.

[88] 한국 비구니들의 사회복지 활동에 대해서는 Sangduck, "Buddhism and Social Welfare in Korea," in the Proceedings of the 8th Sakyadhita International Conference on Buddhist Women in 2004, Karma Lekshe Tsomo, ed., *Discipline and Practice of Buddhist Women: Present and Past*, pp. 56-63 참조.

들[89]을 잘 보살피고, 입원한 환자들을 위해 자원봉사도 한다.[90] 1980
년대와 2000년대 사이에 수계한 비구니들은 사회활동에 보다 적극
적이며 노인과 젊은이들에게 강의를 하기도 한다. 비구니들은 자신
들의 암자 주변의 환경을 보호하고[91] 어른과 아이를 교육시키며[92]
여러 가지 사회 복지활동[93]과 비정부단체 사업에 참여하고[94] 전통사
찰을 보수하며, 전통예술이나 음악, 기타 기술 등을 전문적으로 익
혀 불교문화를 보존하고 있다. 비구니들은 시민사회 건설에 적극적
으로 참여하며 중요한 역할을 하고 있다. 환경보존, 대중매체 참
여,[95] 기도정진, 자선행사, 재난구호, 평생교실 강의 등의 활동을 한

---

[89] 전통적으로 한국 비구니들은 절에서 고아들을 키웠다. 고아와 비구니들에 대해서는 김민경, 「보리수나무 아래, 절에서 크는 아이들」, 『法寶新聞』 700호, 2003. 4. 2(http://www.beopbo.com/article/view2.php?Hid=789&Hcate1=0&Hcate2=0&Hcmode=view) 참조. 2003년 4월 3일 웹사이트 방문.

[90] 비구니들의 병원 자원봉사에 대해서는 Gihong, "Volunteer Activities of Korean Buddhist Nuns," in the Proceedings of the 8th Sakyadhita International Conference on Buddhist Women in 2004, Karma Lekshe Tsomo, ed., *Discipline and Practice of Buddhist Women: Present and Past*, pp. 76-80 참조.

[91] 비구니들의 환경보호 활동에 대해서는 주영미, 「천성산 살리기 무기한 삼천배 정진」, 『法寶新聞』 718호, 2003. 8. 20(http://www.beopbo.com/article/view.php?Hid=33102&Hcate1=1&Hcate2=7&Hcmode=view) 참조. 2008년 9월 10일 웹사이트 방문.

[92] 젊은이와 노인들을 위한 교육자로서의 비구니들 역할에 대해서는 Sangduck, "Buddhism and Social Welfare in Korea" 참조.

[93] 비구니들의 사회복지에 대해서는 오유진·김은경, 「비구니 스님들의 땀방울 불교 복지 견인차」, 『現代佛敎』, 2004. 1. 2(http://news.buddhapia.com/HTML2/2004/buddha_23928.html) 참조. 2004년 1월 3일 웹사이트 방문.

[94] 비구니들의 비정부단체 관련 활동에 대해서는 남수연, 「천성산 공사 중단 논의결렬」, 『法寶新聞』 767호, 2004. 8. 18(http://www.beopbo.com/article/view.php?Hid=37853&Hcate1=1&Hcate2=7&Hcmode=view) 참조. 2008년 9월 10일 웹사이트 방문.

[95] 비구니와 대중매체의 관련에 대해서는 Jinmyung, "Propagating Buddhism through

다.⁹⁶ 또한 하계 캠프를 열어 연극, 그림책, 노래, 무용, 게임, 이야기하기, 그림그리기 등을 통해 어린이들에게 불교를 가르친다.⁹⁷ 많은 비구니들이 존엄사, 호스피스, 장례, 사후의 인생들과 관련된 복지 활동에 참여해 왔다.⁹⁸ 비구니들은 모두 한국 사회 구석구석에서 적극적으로 재가불자들을 도우며 활동하고 있다. 한국 사회에서 그들의 위상은 높아졌고, 비구니 승단에서나 남녀 재가불자 공동체에서도 눈부신 리더십을 발휘한다. 한국의 비구니 인구는 비구보다 약간 더 많으며⁹⁹ 비구니들은 자신들의 삶에 맞는 나름대로의 활동 영

---

the Mass Media in Korea," in the Proceedings of the 8th Sakyadhita International Conference on Buddhist Women in 2004, Karma Lekshe Tsomo, ed., *Discipline and Practice of Buddhist Women: Present and Past*, pp. 70-75 참조.

96 예를 들어, 비구니들은 전통 사찰음식의 전문가로서 텔레비전의 요리 프로그램에 정기적으로 출연한다. 전통 사찰음식과 이 분야의 비구니 전문가에 대해서는 남배현, 「사찰요리 대중 곁으로」, 『法寶新聞』 504호, 1999. 3. 17(http://www.beopbo.com/article/view.php?Hid=21973&Hcate1=4&Hcate2=26&Hcmodeview) 참조. 2008년 9월 10일 웹사이트 방문.

97 비구니들의 어린이 불교교육에 대해서는 Daewon, "Buddhist Education for Children," in the Proceedings of the 8th Sakyadhita International Conference on Buddhist Women in 2004, Karma Lekshe Tsomo, ed., *Discipline and Practice of Buddhist Women: Present and Past*, pp. 64-69; Sangduck, "Buddhism and Social Welfare in Korea" 참조.

98 봉녕사 학인들은 2008년 7월 6일부터 12일까지 6일간 집중적인 호스피스 교육에 참여했다. 봉녕사 학인들의 호스피스 교육에 대해서는 웹사이트(http://www.bongnyeongsa.org/bbs/view.php?id=sosik&page=1&sn1=&divpage=1&sn=off&ss=on&sc=on&select_arrange=headnum&desc=asc&no=185) 참조. 2008년 9월 10일 웹사이트 방문.

99 남배현, 「재적승 65세 이상 8.3% '승가고령화': 조계종 승려 12,500명… 비구니 4,683명」. 2007년까지 비구에 비해 비구니의 비율은 지속적으로 올라갔으나, 2006년 이후부터 사미니의 숫자는 급격히 줄어들고 있다. 사미니의 감소에 대해서는 여태동, 「여성 출가자 현저히 줄었다」, 『佛教新聞』, 2007. 9. 21(http://

역을 만들기 시작했다. 나아가 남성 위주의 불교 전통 사회에서 양성평등 실현과 지위향상을 위해 끊임없이 도전한다.

묘엄이 비구니 이부승구족계 수계식에서 비구니 아사리의 지위를 지키기 위해 노력한 것은 한국의 비구니들이 남성지배적인 불교계의 불평등한 성역할에 변화를 일으키고 끊임없이 도전해 왔음을 보여 주는 단적인 예이다. 비록 비구 승단의 지배적인 헤게모니가 도전을 받았다 하더라도 수세기간 지속되어 온 한국 승단의 남성지배적 체제는 하룻밤 사이에 변하지 않는다. 한국 비구들의 헤게모니는 아직도 큰 변동 없이 지속되고 있다. 필자는 한국 불교계의 지도자 역할을 하는 비구니들에게서 아직도 남성우월적인 시각을 지니고 있는 비구들이 현대 한국 사회에서 비구니 대중의 사회적 활동이 점점 가시화되어 가고 있는 데에 대해 불평을 하며 투덜거린다는 소리를 들었다.

조계종 원로회의 의장 스님에 의하면, 비구니들은 팔경계를 반드시 지켜야 하는데 그 이유는 팔경계법이 율장에 나와 있기 때문이라고 주장한다. 팔경계에 따르면, 출가해서 백 세가 된 비구니라도 출가한 지 하루밖에 되지 않는 새 비구에게 공손하게 절을 해야만 한다. 부처님이 여성의 출가를 허락했을 때 비구니 승단을 세움으로 해서 정법이 쇠퇴하고 정법이 천 년이 아니라 5백 년밖에 지속되

---

www.buddhistnews.net/archive2007/200709/200709211190369460.a) 참조. 2008년 4월 24일 웹사이트 방문; 남동우,「비구 · 비구니, 사미 · 사미니」,『現代佛敎』, 2007. 7. 13(http://news.buddhapia.com/news/BNC001/ BNC0014581.html) 참조. 2008년 4월 24일 웹사이트 방문.

지 않으리라고 예언했다. 그렇기 때문에 비구니들은 정법을 쇠퇴케 한 불교의 죄인들로서 부처님이 제정한 팔경계의 계율에 따라 비구에게 복종해야 한다.[100]

보편적으로 연로한 비구들이 팔경계를 근거해 비구니들은 비구에게 복종해야 한다는 견해를 지니고 있다. 그들이 승단 내 성의 불평등 제도를 적극적으로 지지하는 이유는 이런 팔경계를 그대로 믿기 때문이다. 하지만 비구가 비구니에게 팔경계를 반드시 지켜야 한다고 목소리를 아무리 높여도 한국의 많은 비구니들은 그냥 무시한다.[101] 또한 개방적이고 높은 교육을 받은 많은 젊은 비구들은 팔경계를 아예 무시한다. 비구들의 헤게모니로 인한 장애에도 불구하고 한국의 비구니들은 끊임없이 자신의 정체성을 확립하고 자신들의 역사를 복원하기 위해 고군분투해 왔다.

한 예로 한국의 비구니들은 율장에 명시된 대로 비구니 이부승 구족계의 의식절차 여러 조항들을 여법하게 지키기 위해 노력해 왔다. 해를 거듭하면서 사미니·식차마나·비구니 구족계 수계산림에서 비구니 율사로서 활동할 자격을 갖추기 위해 부단히 정진해 왔다. 1996년 조계종은 식차마나만을 위한 독립적인 수계계단을 따

---

[100] 권오영, 「어찌 비구니와 같은 가사 입겠는가?」, 『法寶新聞』, 2007. 11. 29(http://www.beopbo.com/article/view.php?Hid=54141&Hcate1=1&Hcate2=7&Hcmode=view). 2008년 4월 24일 웹사이트 방문.
[101] 2002년 7월 타이완의 화판대학교에서 개최된 '제7차 세계여성불자대회'에 참석한 각국의 비구니들은 팔경계를 어떻게 다루어야 할 것인가에 대해 열띤 토론을 벌였다. 대회에 참석한 한국 비구니들 대부분이 한국에서 팔경계를 무시하는 것에 동의했다.

로 설치하기 시작했다. 이후 비구니구족계를 수계하기 위해, 식차마나는 반드시 육법에 의해 2년의 수련기간을 거쳐야만 한다.[102] 마침내 2007년부터 율사 자격을 갖춘 새로운 세대의 비구니가 사미니 수계식의 율사로 임명되기 시작했다.[103] 더불어 비구니 원로들의 꾸준한 문제제기와 강력한 항의로 2006년 현직 총무원장[104]은 별소계단의 비구니 아사리직을 비구니 율사에게 환원했다.[105]

25년 동안의 줄기찬 노력 끝에 한국 비구·비구니 승단은 율장에 명시된 비구니 이부승구족계 수계의식 절차에 대한 조항들을 거의 준수하기에 이르렀다. 하지만 여전히 한국 비구니의 수계와 관련하여 해결해야 할 많은 과제와 논쟁 사안들이 존재하는 만큼 앞으로도 계속적인 재정비가 필요하다. 남성 위주의 한국 사원 전통 속에서 멀지 않은 장래에 비구와 비구니 사이의 평등이 이루어질 것이라는 희망을 갖고 한국 비구니는 끊임없이 양성평등 실현을 위해 도전하고 있다.

---

[102] 「식차마나 수계산림 회향」, 『佛教新聞』 1547호, 1995. 10. 3, 2면.
[103] 2007년 6월 적연과 나눈 전화인터뷰. 2007년 5월 묘엄은 금강율원에서 적연과 신해에게 전계식을 했다.
[104] 필자가 이 책의 연구를 진행할 당시 조계종 총무원장이었던 지관은 자운의 상좌이며 비구와 비구니 계율의 전문가이다.
[105] 2007년 1월 묘엄과의 전화 인터뷰.

금강율원 설립[106]

묘엄은 비구니 이부승구족계 수계식의 비구니 계사직을 사임한 뒤, 1999년에 봉녕사승가대학의 비구니들에게 율장을 가르치기 위해 금강율원[107]을 개원했다.[108] 금강율원은 현대 한국 불교사에서 최초의 비구니 율원이다. 금강율원의 율원생 비구니는 『사분율』의 비구니 율장 348계에 의해 수련을 하면서 율장과 율장에 관련된 서적들을 전공 연구하여 율장의 전문가가 된다. 금강율원은 봉녕사 청운당 2층에 자리 잡고 있다. 조계종의 율원 지침에 따라 소수의 율원생을 받아들이며 현재는 열 명의 율원생이 있다. 비구니는 누구라도 조계종의 승가대학을 졸업하면 금강율원에 원서를 낼 수 있다.[109]

금강율원 율원생은 전 교과과정을 마치기 위해 2년 동안 공부한

---

[106] 금강율원 설립에 대해서는 Myoŏm, "The Structure and Curriculum of the Bhikṣuṇī Vinaya Institute of the Pongnyŏngsa Nunnery in Korea," translated from Korean by Inyoung Chung. Paper delivered at the First International Congress on Buddhist Women's Roles in the Sangha Bhikshuni Vinaya and Ordination Lineages with H. H. the Dalai Lama at the University of Hamburg, July 18-20, 2007 참조; 묘엄, 「한국 봉녕사 비구니 율원의 구조와 교육과정」, 봉녕사승가대학 선우회 편, 『世主妙嚴主講五十年紀念論叢』, 35-45쪽 참조.

[107] 금강율원에 대해서는 봉녕사 금강율원 홈페이지(http://www.bongnyeongsa.org/html/sub3.php) 참조. 2008년 4월 25일 웹사이트 방문;「특별기획/율원탐방 5. 봉녕사 금강율원 - (끝)」『佛敎新聞』, 2007. 4. 18(http://www.ibulgyo.com/archive/80072/200704141176547935.asp) 참조. 2008년 4월 25일 웹사이트 방문.

[108] 봉녕사승가대학 선우회 편, 『世主妙嚴主講五十年紀念論叢』, 693쪽.

[109] Myoŏm, "The Structure and Curriculum of the Bhikṣuṇī Vinaya Institute of the Pongnyŏngsa Nunnery in Korea"; 묘엄, 「한국 봉녕사 비구니 율원의 구조와 교육과정」, 35-45쪽.

다. 1학년 때에는 『사분율』, 『수계의범』과 다른 한문 율서들을 공부한다. 2학년 때에는 『사분 비구니율장』의 건도부와 『범망경』, 종색 宗賾의 『선원청규禪苑淸規』[110]와 인도, 중국 그리고 한국 비구니 승가의 역사를 공부한다.[111] 주로 묘엄이 율원생을 위해 매일 직접 강의한다.

금강율원에서 율서를 공부하는 동안 율원생들은 여성 예비승 교육에 중요한 역할을 한다. 율원생들은 조계종 관계자 요청으로 일년에 두 번씩 사미니 수계를 위해 수련하는 여성 행자들에게 습의 習儀를 가르친다. 율원생들은 여성 행자들에게 승려의 일생에 가장 근본이 되는 견고한 신심과 일상생활 속에 항상 계율을 철저히 지키며 살 것을 가르친다.[112]

비구니 율사의 배출

1999년 묘엄이 금강율원을 설립한 이래 2007년까지 21명의 율원생이 졸업했다.[113] 그중 몇 명은 봉녕사승가대학의 강사가 되어 학

---

[110] Yifa, *The Origins of Buddhist Monastic Codes in China: An Annotated Translation of the Chanyuan qinggui* (Honolulu: University of Hawai'i Press, 2002).

[111] Myoŏm, "The Structure and Curriculum of the Bhikṣuṇī Vinaya Institute of the Pongnyŏngsa Nunnery in Korea"; 묘엄, 「한국 봉녕사 비구니 율원의 구조와 교육과정」, 35-45쪽. 금강율원의 자세한 교과과정에 대해서는 금강율원 웹사이트 참조.

[112] 위의 글.

[113] 봉녕사승가대학 선우회 편, 『世主妙嚴主講五十年紀念論叢』, 706쪽.

인들에게 불전을 가르치고 있다. 2007년 3월 묘엄은 금강율원의 첫 졸업생인 적연을 금강율원 원장으로 임명했다. 2006년 4월 묘엄은 비구니 이부승구족계 수계식의 비구니 계사직에 복귀했다.[114] 2007년 4월 비구니 이부승구족계 수계식에서 적연은 교수아사리직을 맡았다.[115] 2007년 5월 묘엄은 봉녕사에서 현대 한국 불교사 최초로 적연과 신해信海에게 전계식傳戒式[116]을 했다.[117] 같은 해 9월 그녀는 대우에게 전계식을 했다.[118]

묘엄의 공식적인 비구니 율사 전계식은 한국 불교의 기념비적인 일이다. 현대 한국 불교사에서 최초로 비구니 계맥이 비구니로부터 비구니에게로 전승되게 된 것이다. 묘엄이 비구니 계맥 전승의 기반을 다짐으로써 비구니 승가는 한국의 승단 안에서 비구니 이부승구족계 수계제도의 자율성과 정통성을 확보하게 된 것이다.

묘엄의 금강율원 개원은 다른 비구니 승가대학에도 율원을 설립하는 데 촉진제가 되었다. 2007년 4월에는 두 번째 비구니 율원이

---

[114] 2007년 4월 묘엄과의 전화인터뷰.
[115] 묘엄은 비구니 팔바라이법만 강의했다. 그녀는 적연이 나머지 비구니 340계를 강의하도록 인가했다(2007년 5월 묘엄과의 전화 인터뷰).
[116] 1981년에서 1982년 사이 비구니 이부승구족계 수계식의 부활을 준비하는 과정에서 자운은 친필로 쓴 비구니 이부승구족계 수계의식 절차에 대한 책을 묘엄에게 주며 전계식을 했다. 묘엄은 공식적으로 비구니 율사가 되었고, 제자들을 율사로 임명할 권위를 갖게 되었다. 2007년 1월 묘엄은 조계종으로부터 비구니 율사로 임명받았다. 조계종에 의한 묘엄의 비구니 율사 임명에 대해서는 권오영, 「한국 불교 율맥 누가 잇나?」 참조.
[117] 2007년 5월 묘엄과의 전화인터뷰.
[118] 봉녕사승가대학 선우회 편, 『世主妙嚴主講五十年紀念論叢』, 694쪽.

청암사승가대학清巖寺僧伽大學에 개설되었다. 한국 승단에 율장 연구에 대한 중요성의 인식으로 2007년 7월에 현존하는 비구·비구니 율원의 대표들이 모여 조계종의 율원 설립과 운영 제반에 대한 새로운 규정을 발표했다.[119]

학인을 위한 가르침

묘엄이 비구니 교육에 헌신하면서 학인들에게 늘 강조하는 것은 일상생활에서 계율을 철저히 지키라는 것이다. 그녀는 율장의 계율을 외부에서 억압적으로 강요하는 규제로 여길 것이 아니라 자신의 내면 수행을 위한 지침으로 받아들여야 한다고 가르친다. 율장에 담긴 계율에 대한 묘엄의 견해는 다음과 같이 요약될 수 있다.

계율을 지키고 자신의 수행에 전념하는 것은 비구와 비구니의 필수적인 의무이며, 계율을 지키는 근본 목적은 깨달음을 얻기 위한 것이다.

묘엄은 자신의 글에서, 비구나 비구니가 계율을 철저히 지켜야 하는 목적 중의 하나는 번뇌와 산란한 마음을 제거하려는 것이라고 한다. 엄격한 계율수지 정신으로 단련되어 참선 수행에 몰두하면 마음이 번뇌로부터 벗어날 수 있다. 남성이나 여성이 출가할 때에

---

[119] 조계종의 율원에 대한 새로운 규정의 실시에 대해서는 남동우,「율원, 종령으로 제도화했다」,『現代佛敎』, 2007. 7. 30(http://news.buddhapia.com/news/BNC001/BNC0014665.html) 참조. 2008년 4월 24일 웹사이트 방문.

그들은 승가에 소속되기 위해 계율 준수를 맹세한다. 다시 말해, 비구·비구니들은 궁극적으로 자기 스스로에게 서약을 하는 셈이다. 계율을 지키는 것은 비구·비구니의 가장 기본적인 의무이다. 계율은 그들의 일거수일투족을 통제하려는 것이 아니라 성불의 길로 가는 자기 자신의 자등명自燈明, 법등명法燈明이다.[120] 그렇기 때문에 묘엄은 학인들에게 스스로의 수행을 위해 계율을 엄하게 지키라고 독려한다.

전통적인 불교철학자들과 마찬가지로 묘엄은 부처님의 가르침을 삼학三學(持戒·禪定·智慧)의 세 가지로 분류한다. 지계, 선정, 지혜의 불교 수행은 점차적인 수행 과정을 의미하지만 이 세 가지는 각각 따로 수행하는 것이 아니다. 수행의 첫 단계로 엄한 계율 수지를 통해 모든 감각기관의 욕구를 다스려서 번뇌 망상에 빠지기 쉬운 마음을 제어한다. 계율을 엄수하는 것은 비구·비구니들의 수행의 가장 첫걸음이다. 계율을 엄수하면 마음이 산만한 세속적인 번뇌와 욕망으로부터 자유로워진다. 청정하게 계율을 엄수하면 결과적으로 정신적인 고요와 평화 속에 선정을 닦을 수 있다. 선정력으로 단련된 마음은 일상적인 모든 산만함으로부터 벗어나고, 계율 준수 속에 선정을 닦음으로 해서 우리의 내면세계는 계율의 미덕 속에 인류애와 대자비 광명을 발하게 된다. 깨끗한 거울이 선명하게 물체를 비추듯이, 지계·선정·지혜의 삼학을 닦으면 진정한 수

---

[120] 묘엄, 「계행은 곧 자기단속」, 『奉寧』 3호, 2004. 10, 2-5쪽; 묘엄, 「계율에 대한 바른 인식」, 『奉寧』 10호, 2008. 4, 4-5쪽.

행자로서 내면의 빛을 발하며 사물을 있는 그대로 꿰뚫어 볼 수 있는 참다운 지혜를 얻어 성불의 길에 다다른다.[121]

묘엄은 또한 학인들에게 계율을 지킨다는 집착에서도 자유로워져야 한다고 가르친다. 계율을 지키는 것은 그들의 일상생활에서 제2의 천성으로 뿌리내려야 하며, 계율을 지키는 궁극적인 목표는 깨달음을 얻기 위함이다. 계율로 자기수양이 잘된 비구니는 불건전한 욕망과 행동에 빠져들지 않는다. 그러한 비구니는 내면이 행복과 자비심으로 가득 차서 내적인 고요를 얻는다. 또한 고요한 정신적 상태를 통해 선정에 들어가고, 나아가 반야 지혜를 얻어 마침내 열반에 이르게 된다.[122]

학인을 위한 묘엄의 주된 가르침은 경전과 율장에 근거하고 있지만 그 가운데 특히 참선 수행을 강조한다. 한 예로 1985년 봉녕사 승가대학을 졸업한 비구니 홍수興洙[123]는 묘엄이 늘 참선 수행을 강조한 것이 자신을 선 수행에 전념하게 이끌었다고 했다. 묘엄은 종종 현대 한국 비구와 비구니들이 참선 수행에 관심이 없는 것을 염려한다. 그녀는 홍수와 급우들에게 재가불자들의 지도자가 되거나 어린이들의 선생이 되더라도 참선 수행의 근본적인 의무를 잊지 말라고 가르쳤다.[124] 적연은, 묘엄에게 최대 관심사는 부처님의 가르

---

[121] 묘엄, 「계율이란?」, 『奉寧』 2호, 2004. 4, 2-4쪽; 묘엄, 「계율에 대한 바른 인식」, 4-5쪽.
[122] 묘엄, 「계행은 곧 자기단속」, 3-5쪽; 묘엄,「계율에 대한 바른 인식」, 4-5쪽.
[123] 홍수는 부산 범어사 비구니 암자인 대성암 선방의 입승이다.
[124] 홍수, 「우리는 수행자입니다」, 『奉寧』 8호, 2007. 4, 20-22쪽.

침대로 학인들을 교육시키고 어디에 살더라도 계율을 엄하게 지키도록 가르치는 것이라고 한다. 묘엄은 부처님의 가르침에 따라 말과 행동이 일치된 삶을 살아가는 역할모델로서 제자들에게 영감을 주고 있다.[125]

2007년 10월 묘엄은 조계종 소속의 한국 비구니들 중 가장 존경받는 일곱 명의 명사 중 한 사람으로 선정되었다.[126] 현재 70대 중반인 그녀는 여전히 두 반을 맡아 강의를 하고 있으며, 하나는 금강율원에 다른 하나는 봉녕사승가대학에 있는 반이다. 매달 한 번씩 묘엄은 봉녕사 비구니 대중 전체를 위해 법문도 하고 있다.[127]

---

[125] 적연의 인터뷰에 대한 자세한 내용은 「염화실의 향기]대중엔 자상, 학문엔 엄격: 제자 적연스님이 본 묘엄스님」, 『京鄉新聞』, 2007. 11. 23(http://kr.img.search.yahoo.com/search/images?p=%C0%FC%B1%B9%BA%F1%B1%B8%B4%CF%C8%B8%C0%E5&b=5&oid=28996871&subtype=com&target=detail&top=frame) 참조. 2008년 4월 25일 웹사이트 방문.

[126] 주영미, 「조계종 비구니에 첫 '명사' 품서」, 『法寶新聞』, 2007. 10. 31(http://www.beopbo.com/article/view.php?Hid=53618&Hcate1=3&Hcate2). 2008년 4월 25일 웹사이트 방문.

[127] 2008년 1월 『奉寧』 편집자와 나눈 전자우편.

결론

　이 책에서 필자는 묘엄의 종교적 인생 여정과 한국 비구니 승단에 이바지한 공헌에 대해 면밀히 연구했다. 끝으로, 이 책의 핵심 주제인 한국 불교승단에서 양성평등 실현을 위해 노력한 묘엄의 뛰어난 선구자적 역할에 다시 한번 초점을 맞춤으로써 이 책의 결론을 대신하고자 한다. 더불어 지금까지 거의 연구된 것이 없는 한국 비구니에 대한 새로운 연구 과제를 제안하고자 한다.

　어느 누구도 지난 50여 년간 묘엄이 한국 비구니 승단을 위해 이룩한 업적과 공헌을 부인하지는 못할 것이다. 요약해 보면, 승려교육에 있어 비구와 비구니 사이에 존재하던 불평등의 해소, 남성지배적인 한국 불교 전통에서 양성평등 실현을 위한 지도자적 역할, 비구니들도 불교 경전과 율전을 공부할 수 있는 평등한 기회 제공, 한국 비구니 승단에 영감을 불어넣는 새로운 역사를 창조한 것 등이다.

　무엇보다도, 비구니 승단에 대한 묘엄의 가장 큰 공헌 중 하나는 승려교육에 존재하던 양성차별을 해소하고자 한 점이다. 조선시대 5세기에 걸친 불교 탄압 기간 동안 비구니 승단은 가까스로 그 명맥을 유지했다. 36년간의 혹독한 일제강점기 동안은 일본 불교의 영향을 받아 비구의 결혼이 공식적으로 허용되어 승풍이 타락하는 중대한 위기에 직면하게 되었다. 광복 이후, 한국전쟁은 한반도의 모든 것을 폐허로 만들었다. 한반도에서 일어난 이러한 끊임없는 정치적 소용돌이에도 불구하고 비구니들은 그들의 맥을 이으며 생존했다. 묘엄은 바로 그 생존자들 중의 한 사람이다.

비구니가 승가의 경전교육에서 배제되던 사회적 풍토에서 묘엄은 비구 스승의 지도 아래 많은 고난을 무릅쓰고 경전을 공부했다. 그녀는 1950년대와 1960년대에 한국 불교를 부활시키려고 노력했던 소수의 깨어 있는 비구 스승들로부터 지도를 받은 매우 학구적인 학인이었다. 광복 이후, 묘엄은 한국 최초의 비구니 강사가 되었다. 경전에 대한 공부를 마치자마자 비구니들을 가르쳤고, 비구니들을 위한 체계적인 승가교육의 초석을 놓았다. 1992년에는 새로운 세대의 비구니들에게 전강을 해서 비구니 강사를 배출시켰다. 비구니 강사 배출이 갖는 의미는, 남성 중심의 한국 불교 제도 안에서 양성평등을 실현할 수 있는 길을 열었다는 것이다. 마침내, 한국 불교 역사 이래 비구와 비구니의 승가 교육제도 속에 존재하던 불평등을 해소하게 된 것이다.

또한, 묘엄은 남성지배적인 한국 승가에서 양성평등을 실현하기 위해 선구자적인 역할을 수행했다. 1982년 비구니 이부승구족계 수계제도를 부활시키는 데 있어서 그녀가 맡은 핵심적인 역할이야말로 비구니 승단에 기여한 커다란 공헌 중의 하나이다. 1980년대에 묘엄은 한국의 원로 비구니들 가운데 유일한 율장 전문가였다. 비구니 교수아사리로서 묘엄은 『사분율』의 비구니 율장 348비구니 계율을 강의하는 데 결정적인 역할을 했다. 1982년 이전에는 한국 비구니들은 계율에 대한 교육을 받지 못한 채 단독 비구 승가에 의해 비구니구족계를 받았다. 당시 비구니들은 자신들의 수계과정에 대해 어떤 의견도 제시할 수 없었으며, 어떤 결정권도 갖지 못했다.

1982년 비구니 이부승구족계 수계제도가 부활했을 때, 현대 한국 불교사 최초로 비구니들은 비구들과 똑같은 숫자의 계사와 증사로 참석하여 자신들의 수계의식을 실행했다. 비구니 승단에 누구를 포함시킬 수 있는지를 비구니 스스로가 책임지고 선정하는 결정권을 가질 수 있게 된 것이다. 비록 1982년 비구니 이부승구족계 수계제도의 부활이 율장의 규정에 완벽하게 맞추어 거행되지는 못했을지라도, 비구니 이부승구족계 수계제도의 부활은 한국 여성 불자들의 수계사에 새로운 지평을 열었던 것이다. 이로써 비구니들은 스스로의 비구니구족계 수계의식에 대한 자율성을 확보했다. 비구니 승단의 새로운 후보자를 받아들이기 위해 수계자를 선정하는 과정은 비구니들에 의해 진지하게 거행되었다. 비구니들 스스로가 승가의 권위를 갖출 수 있는 힘을 얻게 된 것이다. 비구니구족계 의식을 비구와 평등하게 주재할 수 있는 권리를 확보함으로써 비구니 승단의 자율성을 증대시키는 데 큰 기여를 했다. 이처럼, 비구니 이부승구족계 수계산림에서 묘엄이 맡은 핵심적 역할은 한국의 승단에 양성평등을 실현하기 위한 선구자적인 역할이었던 것이다.

게다가, 1999년에 금강율원을 설립함으로써 묘엄은 비구니들이 경전과 율전을 공부할 수 있는 폭넓은 기회를 제공했다. 금강율원은 현대 한국 불교사 최초로 비구니들을 위해 설립한 율원이다. 묘엄이 율서에 대한 전문적 지식을 갖추게 되기까지는 비구 스승들에 의한 개인적인 지도가 있었고, 율전에 대한 지식을 갖추자마자 비구니들을 가르치기 시작해 여러 명의 율사를 배출했다. 율원의 엄격한 수련과정을 통해 율서에 대해 충분한 자격을 갖춘 율원생들은 매년 집중적인 예비승 교육기간 동안 비구니 승가의 후보자들을 교육시키는 일을 책임지고 있다. 그녀의 제자 중 한 비구니는 이미 비구니 수계계단에서 미래 세대를 위해 교수아사리직을 수행하기 시작했다. 또한 묘엄이 새 세대의 비구니 제자들에게 공식적으로 비구니 율맥을 전수함으로써 비구니 계맥의 정통성을 확립했으며, 비구니 승가의 자율성을 높이는 데 기여했다. 비구니들이 경전과 계율 교육을 비구와 똑같이 평등하게 받도록 하기 위해 묘엄은 모든 사회적 장벽을 제거한 것이다.

전통적으로 비구들이 승단 내에서 성직자로서의 지위 및 경제적 우위를 차지하고 있음에도 불구하고, 묘엄과 그녀의 제자들은 자율성을 확보하기 위한 해결방안을 모색해 왔으며, 또한 불자들의 요구에 효율적으로 소통하는 방법도 찾아냈다. 봉녕사승가대학에서 불교지도자가 되기까지 묘엄이 이룩한 위대한 업적은, 현재 한국 사회 곳곳에서 일고 있는 비구니들의 풀뿌리운동에 있어서 여성으로서의 종교적 이미지와 역할을 새롭게 변모시킨 좋은 사례이다. 비구니들에게 계율과 경전 교육을 시키는 데 있어서 양성평등을 실현하기 위해 노력했던 묘엄의 지도자적인 역할은 한국 비구니 승단 전체의 역사를 통틀어 영감을 불어넣는 촉진제가 되었다. 교육을 잘 받고 청정한 지계행을 행하는 비구니는 사회 속에서 자부심을 갖게 되고, 일반인들 역시 그녀를 진지하게 대하며 존경하고 지원을 하게 된다.

묘엄에게서 승가의 교육과 계율수련을 받은 비구니들은 남녀 재가불자 공동체뿐만 아니라 비구니 승단의 지도자로 꾸준히 부상하고 있다. 스승인 묘엄으로부터 철저하게 정신적인 수련을 받은 제자들은, 수세기 동안 지속되어 온 양성차별의 장애와 제도적 선입견들을 극복할 수 있는 준비가 되어 있다. 한국에서 비구와 재가불자들이 상호 협력적인 관계를 추구하듯이, 비구니와 재가불자들의 관계도 마찬가지다. 오늘날 한국의 재가불자들은 비구니와 비구를 동등하게 대한다. 비구니들이 수행자로서의 신성한 의무와 종교인으로서의 세속에 대한 의무 모두에 대해 호혜적으로 책무를 완수할 때 그들의 사회적인 위상도 높아질 것이다. 비구니들은 수세기 동안 한국 불교 제도 속에서 여성들에게 지속되어 온 불평등한 요소들에 대해 의문을 제기하며 그 어떤 제약도 타파하기 위해 도전한다. 한국 불교에서 양성평등 실현을 위해 묘엄이 창조한 동력은 미래 세대의 비구니들이 직면할 수 있는 양성차별의 장애물을 타파할 힘을 재생산하고 도전하게 할 것이다. 경제적·교육적으로 평등한 환경 속에서 철저하고 종합적이며, 전문적이고 수준 높은 비구니 승가교육에 힘입어 한국 비구니 승단은 계속해서 번영할 것이다.

비구니 승가에 대한 묘엄의 가장 큰 공로는 현대 한국 불교사에서 비구니 승가의 성공적인 역사를 창조한 것이다. 한 개인의 일생은 그 개인과 함께 살아온 가족이나 공동체의 역사를 반영한다. 특히 묘엄과 같이 영향력 있는 사회 지도자들의 경우는 더욱 그러하다. 묘엄은 한국 현대사에서 가장 격동적인 시대를 살았다. 그녀의 삶의 기록이야말로 한국 불교사에서 격변의 시대를 살았던 한국 비구니들의 삶이 고스란히 담긴 역사이다. 그녀의 전기는 지난 수십 년 동안 한국의 근대화·민주화·산업화의 과정 속에서 비구니 승단의 재건에 전력해 온 현대 한국 비구니 승가의 성공적인 역사를 잘 반영하고 있다.

한국 비구니 연구를 위한 제안

끝으로, 새로운 학문적 연구 분야가 될 한국 비구니 연구에 대한 몇 가지 제안을 하고자 한다. 한국과 서양의 불교학자들이 한국 비구니에 대한 연구를 등한시해 온 반면 상좌부 전통의 여승[1]과 중국

---

[1] Junya Pookayaporn, "Wisdom and Compassion in Action: Theravada Buddhist Nuns as Facilitators of Healing." Ph. D. Dissertation. California Institute of Integral Studies, 2002; Monica Lindbergh Falk, "Making Fields of Merit: Buddhist Nuns Challenge Gendered Orders in Thailand." Ph. D. Dissertation. Göteborg University, 2002; Sid Brown, *The Journey of One Buddhist Nun: Even Against the Wind* (Albany: State University of New York Press, 2001); Tessa J. Bartholomeusz, *Women under the BōTree: Buddhist Nuns in Sri Lanka* (Cambridge: Cambridge University Press, 1994).

비구니,[2] 일본 여승,[3] 티베트 전통의 여승[4]들에 대한 연구 저술들은 다수가 출판되었다. 비록 우리가 한국 비구니 승가의 초기 역사에 대해 자세히 알 수는 없다 할지라도, 현재 비구니들의 삶과 수행 속에 구현되어 있는 활력적인 요소들을 거슬러 추적하면 학자들이 그들의 연구영역을 넓힐 수 있다고 생각한다. 즉, 각 문중 비구니 맥의 역사에 대한 연구, 일제강점기 동안 비구와 비구니 승단의 이판승과

---

[2] Hillary Kathleen Crane, "Men in Spirit: The Masculinization of Taiwanese Buddhist Nuns." Ph. D. Dissertation. Brown University, 2001; Julia Chien-yu Huang, "Recapturing Charisma: Emotion and Rationalization in a Globalizing Buddhist Movement from Taiwan." Ph. D. Dissertation. Boston University, 2001; Meei-Hwa Chern, "Encountering Modernity: Buddhist Nuns in Postwar Taiwan." Ph. D. Dissertation. Temple University, 2000; Valentina Georgieva, "Buddhist Nuns in China: From the Six Dynasties to the Tang." Ph. D. Dissertation. Universiteit Leiden, 2000; Yu-chen Li, "Crafting Women's Religious Experience in a Patrilineal Society: Taiwanese Buddhist Nuns in Action (1945-1999)." Ph. D. Dissertation. Cornell University, 2000; Wen-jie Qin, "The Buddhist Revival in Post-Mao China: Women Reconstruct Buddhism on Mt. Emei." Ph. D. Dissertation. Harvard University, 2000; Jen-chie Ting, "Helping Behavior in Social Context: A Case Study of Tzu-chi (Ciji) Association in Taiwan." Ph. D. Dissertation. University of Wisconsin, 1997.

[3] Barbara Ruch, ed., *Engendering Faith: Women and Buddhism in Premodern Japan* (Ann Arbor: Center for Japanese Studies at the University of Michigan, 2002); Paula Kane Robinson Arai, *Women Living Zen* (New York and Oxford: Oxford University Press, 1999).

[4] Kim Gutschow, *Being a Buddhist Nun: The Struggle for Enlightenment in the Himalayas* (Cambridge: Harvard University Press, 2004); Ani Pachen & Adelaide Donnelley, *Sorrow Mountain: The Journey of a Tibetan Warrior Nun* (New York: Kodansha International, 2000); Anna Grimshaw, *Servants of the Buddha: Winter in a Himalayan Convent* (London: Open Letters, 1992); Hana Havnevik, *Tibetan Buddhist Nuns: History, Cultural Norms, and Social Reality* (Oslo: Norwegian University Press, 1990).

사판승이 보여 준 서로 다른 삶의 방식에 대한 연구, 한국 불교사의 역사적 사건 속에서 비구니들이 행한 중요한 역할, 그리고 비구니 고승 개개인의 삶에 대한 집중 연구와 같은 것들을 꼽을 수 있다.

한국 비구니에 대한 여러 문중 계보 출판물이 있었음에도 불구하고 이러한 비구니 문중에 대한 본격적인 학문적 연구는 없었다. 하지만 이러한 비구니 문중들은 오랜 전통을 지켜 왔으며 현재의 수행 모습, 특히 최근 한국 비구니들의 생동감 넘치는 삶과 수행 속에서 풍부한 사례를 찾아볼 수 있다. 예를 들어 법기문중은 한국에서 가장 큰 비구니 문중이다. 그 문중 계보는 1980년대에 출판되었지만 이에 대해 아직 학문적 연구는 시도되지 않았다. 필자 또한 법기문중의 한 사람으로 이 문중사의 풍부한 역사를 구전으로 들었다. 필자의 은사는 필자의 노스님인 도찰道察(생몰연대 미상)과 상노스님인 금하錦河(생몰연대 미상)에 대해 많은 이야기를 들려주곤 했다. 필자는 금하가 출가하기 위해 용감하게 시댁에서 도망쳐 나왔다는 이야기를 은사로부터 들었다.

금하는 조선시대에 양반 가문에 태어났으며 안채에서 여성 친척들에 의해 수준 높은 교육을 받았다. 그녀는 양반 가문의 남자와 결혼했으며 남편은 과거에 장원급제를 했다. 추운 겨울에 시댁의 대가족이 모여 남편의 장원급제를 축하하는 잔치를 열흘 동안이나 벌였다. 잔치를 하는 동안에 남편이 감기에 걸렸는데, 약을 잘못 쓰는 바람에 병세가 악화되고 결국 그는 죽고 말았다. 청상과부가 된 금하는 시부모에게 출가를 허가해 달라고 요청했으나 거절당했다. 칠흑같이 깜깜한 밤을 택해, 그녀는 화려한 색깔의 치마를 여러 겹 걸쳐 입고⁵ 시댁에서 도망쳐 나왔다. 겹겹의 무거운 치마 때문에 밤새 천천히 산길을 걸어 다음날 아침 청룡사靑龍寺⁶에 도착했다. 그녀는 도망 나올 때 가져왔던 겹겹의 치마를 회색으로 물들여서 승복을 만들어 입었다. 교육을 많이 받았으므로 금하는 항상 경전을 독송하고 필사하고 염불하고 기도에 전념하며 비구니의 일생을 살았다. 필자의 상노스님에 얽힌 이야기와 같이 수많은 현대 한국 비구니들은 그들이 속한 문중의 2대나 3대 위 비구니들의 일대기를 구전으

---

⁵ 조선시대에는 모든 옷감을 손으로 짰기 때문에 비싸고 귀했다. 금하는 승복을 짓기 위해 자신의 폭넓은 치마들을 겹겹이 몸에 두르고 집에서 도망 나오기로 결심했다고 한다.

⁶ 청룡사는 922년에 창건되었다고 전해진다. 조선시대에 과부가 된 왕비나 귀부인들이 이곳에서 출가했다. 청룡사라는 절 이름은 조선시대 한때 정업원淨業院으로 바뀐 적이 있다. 영조英祖(1694~1776) 재위 시 이 절의 원래 이름이 복원되었다. 청룡사는 조선의 수도였던 서울에 있다. 청룡사에 대해서는 이기운, 「조선시대 淨業院의 설치와 불교신행」, 『종교연구』 25호, 2001 겨울, 155-174쪽; 김응철, 「정업원과 사승방의 역사로 본 한국의 비구니승가」, 『전통과 현대』 7호, 1999 봄호, 70-85쪽; 하춘생, 『깨달음의 꽃 1』, 224-234쪽; 하춘생, 『깨달음의 꽃 2』, 106-119쪽 참조.

법기문중 계보에는 청룡사 비구니 후손들 법명이 한 계파로 들어 있다. 청룡사 비구니들의 계보가 법기문중인가 아닌가 하는 문제에 대해서는 논란의 여지가 있다. 필자의 사숙인 혜은慧隱(1935~)은 필자의 조상이 되는 청룡사 비구니들이 법기문중 계보에 올라서는 안 되고 청룡사문중靑龍寺門中이라는 독립된 단독 계보로 취급되어야 한다고 주장한다. 필자의 상노스님의 조카상좌인 상근祥根(1872~1951)은 법기문중 비구니의 법상좌法上佐가 되었다고 한다. 그래서 상근의 모든 조상과 후손들이 모두 법기문중 계보에 등록되었다(2008년 5월 혜은과의 전화인터뷰). 필자는 전적으로 혜은의 견해에 동의한다. 한국의 비구니 승가에서 법상좌란 단순히 건당한 제자를 가리킨다. 전통적으로 한국 비구니의 맥은 건당한 은사에서 건당한 제자로 전해지는 것이 아니라 은사에서 상좌에게로 전해진다. 앞으로 이 분야에 대해 더 연구를 거듭하면 밝혀지겠지만, 청룡사 비구니들의 계보는 독립된 단일 계보로 간주되어야 한다.

로 들어 잘 알고 있다. 이렇게 구전되는 비구니 문중들의 이야기가 사라지기 전에 그것을 기록하고 연구하는 작업이 시급하다.

덧붙여, 이판승과 사판승의 규칙에 따라 다른 형태의 삶을 살아온 비구니들에 대한 연구도 절실하다. 오늘날에는 사찰 운영에 관여하는 비구니들과 참선 수행하는 비구니들의 삶이 뚜렷하게 구분되어 있지 않아서 그들의 삶을 구분하여 명확히 선을 긋기는 어렵다. 하지만 묘엄에 따르면 일제강점기 동안에 비구니 이판승과 사판승의 구별은 아주 분명했다. 대부분의 사판승 비구니들은 암자의 운영을 책임지고 재가불자들을 위한 의식을 집전하고 들판에서 농사를 지었으며 암자 중창에 힘썼다. 반면 소수의 이판승 참선 수행자 비구니들은 안거기간 동안 선방에서 참선에 몰두해서 깨달음을 얻겠다는 투철한 정신적 각오로 참선 수행에만 몰두했다. 참선 수행자들의 수행생활은 탁발에 의지했고 매우 청빈하게 살았다. 그들은 암자 운영에는 전혀 관여하지 않았다. 비구니 이판승인 참선 수행자와 비구니 사판승들은 서로 어울리지도 않았다. 일제강점기에 유지되었던 비구 이판승, 즉 독신의 전통을 지키는 비구승과 사찰 재정을 담당하고 결혼을 했던 사판승의 서로 다른 삶의 방식과 달리 비구니들의 삶은 단순히 그들의 수행 방식에 따라 두 그룹으로 나뉘었다.[7] 비구니 이판승과 사판승의 삶의 방식에 대한 연구는 일제강점기를 살아온 원로 비구니들이 세상을 떠나기 전에 구두 인터뷰를 통해 기록물로 남기는 작업이 시급하게 이루어져야 한다.

---

[7] 2003년 6월, 2004년 7월, 2005년 6월 묘엄과의 인터뷰.

또 다른 중요한 연구 분야는 한국 비구니들이 한국 불교사에 있었던 위기의 순간들에 어떻게 능동적으로 참여하여 한국 불교 전통 유지에 공헌했는가를 연구하는 것이다. 한국의 불교 전통이 위기에 처할 때마다 한국 비구니들은 비구승들과 함께 그들이 한국 불교의 가치를 온몸으로 구현하고 있음을 보여 주었다. 예를 들어, 1950년대 중반에서 1960년대 중반에 일어났던 불교정화운동 기간 동안 당시 비구니들은 매우 중요한 역할을 했다. 하지만 한국 불교학자들은 정화운동에 있어 비구들의 공헌에만 초점을 맞추어 연구하고, 비구니들이 공헌한 바에 대해서는 거의 연구된 바가 없다. 또한 봉암사 결사와 관련해서도 비구니들이 배제된 것 역시 더 연구할 필요가 있다. 묘엄을 비롯한 여러 명의 비구니들 법명이 봉암사 결사 명단에 들어가 있음에도 불구하고, 최근 불교학 연구에서도 봉암사 결사에 참가했던 비구니에 대한 언급은 없다.[8] 한국 불교 연구에서 비구니가 빠져 있는 것은 학자로서의 무지와 태만에서 기인한다. 불교정화운동에서 비구니의 역할을 논한 유일한 소논문[9]은 있지만 단행본 분량의 연구서적은 아직 시도되지 않았다.

한국 불교사의 정화운동에서 비구니들의 공로를 인정하는 것은 학문적인 연구만을 위해서가 아니라 한국 불교를 이해하는 데 있어서도 지극히 중요하다. 지금부터라도 한국 학자들은 비구니들의 삶과 수행을 학문적 분석 대상으로 진지하게 생각하고, 한국 불교의

---

[8] 조계종교육원 불학연구소, 『봉암사 결사와 한국 불교』(조계종출판사, 2008).
[9] 황인규, 「근현대 비구니와 불교정화운동」, 대한불교조계종 교육원 불학연구소 편, 『불교정화운동의 재조명』(조계종출판사, 2008), 267-308쪽.

역사적 기록을 재분석해야 한다. 현대 한국 승가의 역사와 승려들의 수행에 대한 연구는, 그동안 무시되어 왔던 비구니들의 공로에 관심을 돌리며 다시 쓰여야 한다. 정화운동에 참여했던 많은 원로 비구니들은 젊은 세대에게 그들의 역사적 체험을 들려주고 싶어 한다. 그들이 세상을 떠나기 전에 그 체험들이 기록되고 정화운동에 대한 그들의 중요한 공로가 연구되어야 한다.

나아가, 한국 비구니에 관심을 갖는 학자들은 과거와 현재의 비구니 고승 개개인의 삶에 초점을 맞추어 연구할 필요가 있다. 필자가 묘엄의 일대기를 연구한 것과 같이 학자들은 구술 인터뷰를 통해 다른 비구니 고승들의 삶을 조명할 수 있을 것이다. 일반적으로, 비구니 고승들은 남성 위주의 한국 불교 전통 속에서 비구 고승들의 뛰어난 제자였고 철저한 수행자였으며, 비구 고승들과 우호적인 관계를 유지했었다. 한국 불교를 연구하는 학자들은 비구 고승들의 생애를 기록하고 연구하는 일에는 부지런했다. 비구니 고승에 대한 자료가 부족하긴 하지만 비구 고승들 연구를 위한 동일한 연구 자료에서 정보들을 조금씩 모은다면 몇몇 비구니 고승들의 삶이 재구성되고 연구될 수 있을 것이다.

끝으로, 한국 비구니 승가의 역사에 대한 연구가 무엇보다도 시급하게 이루어져야 한다. 1,500여 년의 한국 비구니 역사에도 불구하고 한국 비구니의 역사를 총체적으로 다룬 권위 있는 학문적인 서적이 아직 단 한 권도 없다는 사실을 인정할 수밖에 없음이 필자는 부끄럽다.

BIBLIOGRAPY
참고문헌

일차자료

高楠順次郎·渡辺海旭 編纂,『大正新修大藏經』, 大正一切經刊行會, 1924~1935.
東國大學校韓國佛敎全書編纂委員會 編,『韓國佛敎全書』, 東國大學校出版部, 1979~1996.
白馬精舍印經會 編纂,『大藏新纂卍續藏經』, 白馬精舍印經會, 1975.

한글 참고문헌

「감로사와 자운 대율사」,『佛敎新聞』, 2003. 4. 23.
교육원 불학연구소 편찬,『曹溪宗史: 근현대편』, 대한불교조계종 교육원, 2001.
권기종,「靑潭의 마음론 硏究」, 청담기념사업회 편저,『청담대종사와 현대 한국불교의 전개』, 청담문화재단, 2002.
권오영,「어찌 비구니와 같은 가사 입겠나?」,『法寶新聞』, 2007. 11. 29.
_____,「한국불교 율맥 누가 잇나?」,『法寶新聞』, 2007. 1. 10.
吉祥,『佛敎大辭典』, 弘法院, 2001.

김광식 지음,『아! 청담, 36인의 생생한 증언으로 엮어낸 국내 최초 대담집』, 화남, 2004.
김광식 대담,「평등한 사상으로 비구니를 대하셨던 어른」,『여성불교』4, 통권 287호, 2003. 4.
金光植,「鳳巖寺 結社의 展開와 性格」, 청담기념사업회 편저,『청담대종사와 현대 한국불교의 전개』, 청담문화재단, 2002.
金敬執,「近代 講院의 歷史와 敎育過程」, 月雲스님古稀記念論叢刊行委員會 엮음,『月雲스님古稀記念 佛敎學論叢』, 東國譯經院, 1998.
김민경,「보리수 나무아래 절에서 크는 아이들」,『法寶新聞』700, 2003. 4. 2.
金英美,「고려시대 여성의 출가」,『이화사학연구』, vol. 25 · 26, 1999.
_____,「고려시대 비구니의 생활과 사회적 지위」,『한국문화 연구 1』, 이화여자대학교 한국문화연구원, 2002.
김영숙,「조선조 여인의 삶과 생각」(http://apwin.sookmyung.ac.kr/culture/arts/literature/literature1.html).
金煐泰 著,『韓國佛敎史槪說』, 經書院, 1990.
金煐泰,「百濟의 尼衆受戒와 尼僧職 關係 - 日本史料와 新羅 및 南朝의 史例中心」, 文山金三龍博士華甲紀念事業會 編纂,『韓國文化와 圓佛敎思想』, 원광대학교 출판부, 1985.
김용환 엮음,『香聲: 妙嚴스님 出家遊行錄』, 奉寧寺僧伽大學, 2008.
김용환,「妙嚴스님과 韓國比丘尼講院」, 봉녕사승가대학 선우회 편,『世主妙嚴主講五十年紀念論叢』, 奉寧寺僧伽大學, 2007.
金龍煥 편,『靑潭筆影』, 봉녕사승가대학, 청담문화재단, 2004.
김응철,「정업원과 사승방의 역사로 본 한국의 비구니승가」,『전통과 현대』, 1999 봄호.
김현준 지음,『아! 일타 큰스님』, 효림, 2001.
남동우,「율원, 종령으로 제도화했다」,『現代佛敎』, 2007. 7. 30.
_____,「비구 · 비구니, 사미 · 사미니」,『現代佛敎』, 2007. 7. 13.
남배현,「재적승 65세 이상 8.3% "승가 고령화": 조계종, 승려 12,500명 … 비구니 4,683명」,『法寶新聞』, 2005. 3. 30.

_____,「사찰 요리 대중 곁으로」,『法寶新聞』504, 1999. 3. 17.
남수연,「천성산 공사 중단 논의 '결렬'」,『法寶新聞』767, 2004. 8. 18.
대한불교조계종 계단위원회,『單一戒壇二十年』, 土房, 2001.
대한불교조계종 교육원,『行者敎育指針書』, 대한불교조계종 교육원, 2002.
대한불교조계종 교육원 불학연구소,『봉암사 결사와 현대한국불교』, 조계종출판사, 2008.
대한불교조계종 교육원 불학연구소 편,『한국근현대 불교사 연표』, 대한불교조계종 교육원, 2000.
로버트 버스웰 지음 · 김종명 옮김,『파란눈 스님의 한국 선 수행기』, 예문서원, 1999.
望月信亨,『佛敎大辭典』, 第一卷, 第二卷, 望月博士佛敎大辭典發行所, 1937.
明星스님古稀紀念佛敎學論文集刊行委員會 편찬,『明星스님古稀紀念 佛敎學論文集』, 雲門僧伽大學出版部, 2000.
모한 위자야라트나 지음 · 온영철 옮김 · 釋智觀 교열,『비구니승가: 비구니 승가의 탄생과 변화』, 민족사, 1998.
妙嚴,「계율에 대한 바른 인식」,『奉寧』10호, 2008. 4.
_____,「한국 봉녕사 비구니 율원의 구조와 교육과정」, 봉녕사승가대학 선우회 편,『世主妙嚴主講五十年紀念論叢』, 奉寧寺僧伽大學, 2007.
_____,「계율은 곧 자기단속」,『奉寧』3호, 2004. 10.
_____,「계율(戒律)이란?」,『奉寧』2호, 2004. 4.
「(18)無位眞人, 香谷」,『韓國日報』, 2003. 6. 30.
「梵魚寺 受戒山林서 614명 수계」,『佛敎新聞』89, 1982. 10. 24.
本覺,「원허당 인홍 선사와 비구니승가 출가정신의 확립」, 전국비구니회 엮음,『한국 비구니의 수행과 삶』, 예문서원, 2007.
_____,「나의 강원시절: 원주 소임과 청강에 대한 욕심」,『奉寧』6호, 2006. 4.
봉녕사승가대학 선우회 편,『世主妙嚴主講五十年紀念論叢』, 奉寧寺僧伽大學, 2007
「比丘尼敎育의 內實위해 腐心」,『佛敎新聞』42, 1981. 11. 8.
「比丘尼 예비수계 比丘尼戒師가 說한다」,『佛敎新聞』72, 1982. 6. 20.
상와실(편집부),「봉녕사의 역사」,『奉寧』1호, 2003. 10.

_____,「봉녕사의 역사: 흙에서 찾은 부처님」,『奉寧』2호, 2004. 4.
_____,「2004년 여름까지」,『奉寧』3호, 2004. 10.
석담,「현대 한국 比丘尼 二部僧 具足戒 수계제도의 부활」, 봉녕승가대학 선우회 편,『世主妙嚴主講五十年紀念論叢』, 奉寧寺僧伽大學, 2007.
석담・이향순,「국제화시대 한국 비구니의 위상과 역할」, 전국비구니회 엮음,『한국 비구니의 수행과 삶』, 예문서원, 2007.
石葉哲友 번역,『式叉摩那尼戒本』, 土房, 1996.
釋一陀 編, 釋哲牛 註・解說,『沙彌尼律儀』, 대한불교조계종 교육원, 1992.
禪學大辭典編纂所,『禪學大辭典 上』, 大修館書店, 1978.
성철,『무엇이 너의 본래면목이냐 2: 本地風光說話』, 장경각, 2009.
____,『무엇이 너의 본래면목이냐 1: 本地風光說話』, 장경각, 2007.
____,『해탈의 길: 수도자에게 주는 글』, 장경각, 2004.
____,『자기를 바로 봅시다』, 장경각, 2003.
____,『영원한 자유의 길』, 장경각, 1993.
____,『禪門正路評釋』, 장경각, 1993.
____,『百日法門 上』, 장경각, 1992.
____,『百日法門 下』, 장경각, 1992.
____,『영원한 자유』, 장경각, 1988.
____,『敦煌本壇經』, 장경각, 1988.
____,『禪門正路』, 장경각, 1987.
____,『韓國佛敎의 法脈』, 장경각, 1976.
수경,「한국 비구니강원 발달사」, 전국비구니회 엮음,『한국 비구니의 수행과 삶』, 예문서원, 2007.
수정,「정암당 혜옥스님의 수행과 포교」, 전국비구니회 엮음,『한국 비구니의 수행과 삶』, 예문서원, 2007.
수해,「천경림에 선문을 열고: 경주 흥륜사 慧海 노스님을 찾아서」,『雲門』57, 1996. 7.
「식차마나니 수계산림회향」,『佛敎新聞』1547, 1995. 10. 3.
신용철 편저,『운허스님의 크신 발자취』, 동국역경원, 2002.
심정섭,「조계종, 사찰 2,444개 – 승려 13,576명」,『法寶新聞』, 2008. 4. 16.

여태동,「여성 출가자 현저히 줄었다」,『佛敎新聞』, 2007. 9. 21.
「[염화실의 향기]대중엔 자상, 학문엔 엄격: 제자 적연스님이 본 묘엄스님」,『京鄕新聞』, 2007. 11. 23.
吳亭根,「靑潭禪師의 唯心思想에 대한 唯識學的 硏究」, 청담기념사업회 편저,『청담대종사와 한국불교의 전개』, 청담문화재단, 2002.
오병상,「산은 산 물은 물」,『中央日報』, 2001. 9. 25-26.
오유진·김은경,「비구니 스님들의 땀방울 불교복지 견인차」,『現代佛敎』, 2004. 1. 2.
우담발화회,「한국불교비구니 우담발화회 창립발원문」,『比丘尼會報』, 1997.
圓澤 지음,『성철스님 시봉이야기』1, 김영사, 2001.
_____,『성철스님 시봉이야기』2, 김영사, 2001.
月雲,「講師等呼稱由來小考 - 특히 比丘尼講師의 出現動機報告와 그 講脈 및 僧譜承繼를 爲한 提議」, 봉녕사승가대학 선우회 편,『世主妙嚴主 講五十年紀念論叢』, 奉寧寺僧伽大學, 2007.
____,「耘虛老師의 片影」, 明星스님古稀紀念佛敎學論文集刊行委員會 편찬,『明星스님古稀紀念 佛敎學論文集』, 雲門僧伽大學出版部, 2000.
月雲스님古稀記念論叢刊行委員會 엮음,『月雲스님古稀記念 佛敎學論叢』, 東國譯經院, 1998.
魏英蘭,「취재수첩」,『法寶新聞』, 1992. 6. 8.
윤청광 엮음,『회색 고무신』, 시공사, 2002.
윤청광 지음,『고승열전 4, 자장율사 백년도 못사는데 무얼 그리 탐내는가』, 우리출판사, 2002.
_____,『고승열전 12, 용성큰스님 작은 솔씨가 푸른 소나무 되네』, 우리출판사, 2002.
_____,『고승열전 14, 만공큰스님 사랑하는 사람 못 만나 괴롭네』, 우리출판사, 2002.
_____,『고승열전 17, 효봉큰스님 그대 어디서 왔다가 어디로 가는가』, 우리출판사, 2002.
_____,『고승열전 19, 운허큰스님 영원한 내 것이란 아무것도 없다

네』, 우리출판사, 2002.
_____,『고승열전 24, 청담큰스님 마음에 타는 불 무엇으로 끄려는
　　　고』, 우리출판사, 2002.
이구주,「시원하게 그리고 정직하게」,『奉寧』9호, 2007. 10.
이균희,「한마음 思想과 禪修行체계 硏究」, 동국대학교 철학박사 학위논
　　　문, 2005.
이경순,「한국불교정화 관련인사 증언채록 (3): 수덕사 견성암의 덕수스
　　　님, 보인스님, 정화스님」,『선우도량』13, 1998. 8.
이기운,「조선시대 淨業院의 설치와 불교신행」,『종교연구』25, 2001 겨울.
이성수,「패망 직전 日帝, 학승까지 군인으로 징용」,『佛敎新聞』, 2008. 6. 5.
이재형,「PD수첩, '조계종…' 방영 충격 확산」,『法寶新聞』, 2007. 10. 17.
_____,「도반 같은 상좌… 승단질서 흔들」,『法寶新聞』670, 2002. 9. 4.
李智冠 著,『韓國佛敎所衣經典硏究』, 가산불교문화연구원출판부, 1993.
李政 編,『韓國佛敎人名辭典』, 불교시대사, 1993.
李淸 지음,『(우리 옆에 왔던 부처) 성철 큰스님 전기 소설』, 북앤피플,
　　　2002.
李靑潭,『잃어버린 나를 찾아』, 희문출판사, 1971.
이향순,「조선시대 비구니의 삶과 수행」, 전국비구니회 엮음,『한국 비구
　　　니의 수행과 삶』, 예문서원, 2007.
一眞,「比丘尼 具足戒는 比丘尼傳戒師로부터」,『雲門』, 1982. 11.
慈雲門徒會,『慈雲大律師』, 伽山佛敎文化硏究院出版部, 2000.
전국비구니회 엮음,『한국 비구니의 수행과 삶』, 예문서원, 2007.
全明星,『法界明星華甲紀念 佛敎學論文集』, 雲門僧伽大學出版部, 1994.
전수태 지음,『楞嚴呪 解義』, 운주사, 2003.
全海住,「比丘尼 敎團의 成立에 대한 考察」,『韓國佛敎學』11호, 1986.
正覺 著,『천수경연구』, 운주사, 2001.
鄭珖鎬 著,『近代韓日佛敎關係史硏究 - 日本의 植民地政策과 관련하여』,
　　　仁荷大學校出版部, 1994.
정동주 지음,『조선 오백년 불교 탄압사: 부처 통곡하다』, 이룸, 2003.
정찬주,『인연』1, 작가정신, 2008.

_____, 『인연』 2, 작가정신, 2008.
조영숙 엮음, 『법의 기쁨 사바세계에 가득: 법희선사, 그의 생애와 禪』, 민족사, 1998.
종진, 「怡山然禪師의 發願文에 대한 理解」, 『修多羅』 9호, 1994.
주영미, 「조계종에 첫 '명사' 품서」, 『法寶新聞』, 2007. 10. 31.
_____, 「천성산 살리기 무기한 3천배 정진」, 『法寶新聞』 718, 2003. 8. 20.
진광, 「본공당 계명 선사의 삶과 수행」, 전국비구니회 엮음, 『한국 비구니의 수행과 삶』, 예문서원, 2007.
청담기념사업회 편저, 『청담대종사와 현대 한국불교의 전개』, 청담문화재단, 2002.
청담문도회 편찬, 『靑潭大宗師全書』 1-11, 삼각산 도선사, 1999~2002.
_____, 『靑潭大宗師全書 1: 마음』, 삼각산 도선사, 1999.
_____, 『靑潭大宗師全書 3: 잃어버린 나를 찾아』, 삼각산 도선사, 1999.
_____, 『靑潭大宗師全書 4: 잡언록』, 삼각산 도선사, 1999.
_____, 『靑潭大宗師全書 5: 마음의 노래』, 삼각산 도선사, 1999.
崔承天, 「耘虛스님 강맥 비구니들이 이어간다」, 『法寶新聞』, 1992. 6. 8.
최정희, 『부처님 법대로 살아라』, 조계종출판사, 2008
「특별기획/율원탐방 5. 봉녕사 금강율원-(끝)」, 『佛敎新聞』, 2007. 4. 18.
편무영 지음, 『한국불교민속론』, 민속원, 1998.
하춘생 지음, 『깨달음의 꽃 2』, 여래, 2001.
_____, 『깨달음의 꽃 1』, 여래, 1998.
「한국 비구니 대학 설립」, 『佛敎新聞』 9, 1982. 2. 22.
한국비구니연구소, 『韓國比丘尼名鑑』, 한국비구니연구소, 2007.
_____, 『韓國比丘尼修行談錄』 上·中·下, 한국비구니연구소, 2007.
_____, 『한국 고중세 불교여성 자료집: 정사류편』, 한국비구니연구소, 2007.
_____, 『(신문기사로 본)한국 근현대 비구니 자료집』, 한국비

구니연구소, 2007.
_____,『(신문기사로 본)한국 근현대 비구니 자료집 1-6』, 한국비구니연구소 2003.
_____,『(학술논문 자료집) 비구니와 여성 불교 1-6』, 한국비구니연구소 2003.
「해방 후 한국불교 얼마나 달라졌나?」,『法寶新聞』306, 1995. 1. 2.
혜등,「화산당 수옥스님의 생애와 사상」, 전국비구니회 엮음,『한국 비구니의 수행과 삶』, 예문서원, 2007.
혜자 스님·이상균,『빈 연못에 바람이 울고 있다: 青潭 대종사 탄신 100주년 기념 평전』, 생각의나무, 2002.
황인규,「근현대 비구니와 불교정화운동」, 대한불교조계종 교육원 불학연구소 편,『불교정화운동의 재조명』, 조계종출판사, 2008.
曉呑,「비구니 선풍의 중흥자, 묘리법희 선사」, 전국비구니회 엮음,『한국 비구니의 수행과 삶』, 예문서원, 2007
____,「朝鮮後期 講學의 復興과 講脈의 傳承」, 月雲스님古稀記念論叢刊行委員會 엮음,『月雲스님古稀記念 佛敎學論叢』, 東國譯經院, 1998.
홍수,「우리는 수행자입니다」,『奉寧』8호, 2007. 4.

ENGLISH BIBLIOGRAPY

Arai, Paula Kane Robinson. *Women Living Zen*. New York and Oxford: Oxford University Press, 1999.

Auerback, Micah L. "Japanese Buddhism in an Age of Empire: Mission and Reform in Colonial Korea, 1877-1931." Ph. D. Dissertation. Princeton University, 2007.

Barstow, Anne Llewellyn, ed. *War's Dirty Secret: Rape, Prostitution, and Other Crimes Against Women*. Cleveland: Pilgrim Press, 2000.

Bartholomeusz, Tessa J. *Women under the Bō Tree: Buddhist Nuns in Sri Lanka*. Cambridge: Cambridge University Press, 1994.

Batchelor, Martine and Son'gyong Sunim. *Women in Korean Zen: Lives and Practices*. New York: Syracuse University Press, 2006.

_____. "Myohi [Myohŭi] Sunim: A Korean Nun Teacher of Elderly Women." In *Women's Buddhism Buddhism's Women: Tradition, Revision, Renewal*, edited by Ellison Banks Findly. Boston: Wisdom Publications, 2000.

_____. "The Life of a Korean Zen Nun: The Autobiography of Son'gyong Sunim as Told to Martine Batchelor." *Korean Culture* 13. 1 (Spring 1992): 26-37.

Bodiford, William M., ed. *Going Forth: Visions of Buddhist Vinaya*. Honolulu: University of Hawai'i Press, 2005.

Bongak. "Overcoming Tradition: Reconstructing and Transforming the Role of Korean Buddhist Nuns through Education." In *Bridging Worlds: Buddhist Women's Voices Across Generations*, edited by Karma Lekshe Tsomo. Taipei: Yuan Chuan Press, 2004.

Broughton, Jeffrey. "Kuei-feng Tsung-mi: the Convergence of Chan and the Teaching." Ph. D. Dissertation. Columbia University, 1975.

Brown, Sid. *The Journey of One Buddhist Nun: Even Against the Wind.* Albany: State University of New York Press, 2001.

Buck, Pearl S. *The Living Reed: A Novel.* New York: The John Day Company, 1963.

Buswell, Jr., Robert E. *The Zen Monastic Experience: Buddhist Practice in Contemporary Korea.* Princeton: Princeton University Press, 1992.

_____. *Tracing Back the Radiance: Chinul's Korean Way of Zen.* Honolulu: University of Hawaii Press, 1991.

_____, ed. *Chinese Buddhist Apocrypha.* Honolulu: University of Hawaii Press, 1990.

_____. "Ch'an Hermeneutics: A Korean View." In *Buddhist Hermeneutics*, edited by Donald S. Lopez, Jr. Studies in East Asian Buddhism, no. 6. Honolulu: University of Hawaii Press, 1988.

_____. "The "Short-cut" Approach of K'an-hua Meditation: The Evolution of a Practical Subitism in Chinese Ch'an Buddhism." In *Sudden and Gradual: Approaches to Enlightenment in Chinese Thought*, edited by Peter N. Gregory. Studies in East Asian Buddhism, no. 5. Honolulu: University of Hawaii Press, 1987.

_____. "Chinul's Systemization of Chinese Meditative Techniques in Korean Sŏn Buddhism." In *Traditions of Meditation in Chinese Buddhism*, edited by Peter N. Gregory. Studies in East Asian Buddhism, no. 4. Honolulu: University of Hawaii Press, 1986.

_____. *Korean Approach to Zen: The Collected Works of Chinnul.* Honolulu: University of Hawaii Press, 1983.

Cabezón, José Ignacio, ed. *Buddhism, Sexuality, and Gender.* Albany: State University of New York Press, 1992.

Chai, Alice Yun. "Asian-Pacific Feminist Coalition Politics: The Comfort Women Movement." *Korean Studies* 17 (1993): 67-91.

Chang, Iris. "The Rape of Nanking." In *War's Dirty Secret: Rape, Prostitution, and Other Crimes Against Women*, edited by Anne Llewellyn Barstow. Cleveland: Pilgrim Press, 2000.

Chappell, David W. "The Precious Scroll of the Liang Emperor: Buddhist and Daoist Repentance to Save the Dead." In *Going Forth: Visions of Buddhist Vinaya*, edited by William M. Bodiford. Honolulu: University of Hawai'i Press, 2005.

Ch'en, Kenneth. *Buddhism in China: A Historical Survey*. Princeton: Princeton University Press, 1973.

Chern, Meei-Hwa. "Encountering Modernity: Buddhist Nuns in Postwar Taiwan." Ph. D. Dissertation. Temple University, 2000.

Cho, Hae-joang. "Korean Women and Their Experiences in the Traditional World." In *Korean Women and Culture*, edited by Hea-sook Ro. Seoul: Research Institute of Asian Women at Sookmyung Women's University, 1998.

Chung, Inyoung. "The Revival of a Dual Ordination for Korean Buddhist Nuns in the Modern Period." Paper delivered at the First International Congress on Buddhist Women's Roles in the Sangha Bhikshuni Vinaya and Ordination Lineages with H. H. the Dalai Lama at the University of Hamburg, July 18-20, 2007.

_____. "A Buddhist View of Women: A Comparative Study of the Rules for *Bhikṣuṇīs* and *Bhikṣus* Based on the Chinese *Prātimokṣa*." *Journal of Buddhist Ethics* 6 (1999) (http://jbe.la.psu.edu/6/chung991.htm): 1-58.

Clarke, Shayne Neil. "Family Matters in Indian Monastic Buddhism." Ph. D. Dissertation. University of California at Los Angeles, 2006.

Cleary, J. C., trans. *Swampland Flowers: The Letters and Lectures of Zen Master Ta Hui*. Boston: Shambhala Publications, 1977.

Cleary, Thomas, trans. *The Flower Ornament Scripture: A Translation of the Avatamsaka Sutra*. Boston & London: Shambhala Publications, 1993.

Crane, Hillary Kathleen. "Men in Spirit: The Masculinization of Taiwanese Buddhist Nuns." Ph. D. Dissertation. Brown University, 2001.

de Bary, Wm. Theodore. *Neo-Confucian Orthodoxy and the Learning of the Mind-and Heart*. New York: Columbia University Press, 1981.

Daewon. "Buddhist Education for Children." In the Proceedings of the 8th Sakyadhita International Conference on Buddhist Women in 2004, *Discipline and Practice of Buddhist Women: Present and Past*, edited by Karma Lekshe Tsomo. Seoul: Korean National Bhiksuni Association, 2004.

Deuchler, Martina. *The Confucian Transformation of Korea: A Study of Society and Ideology*. Cambridge: Harvard University Press, 1992.

Dumoulin, Heinrich. *Zen Buddhism: A History, Volume I, India and China*. New York: Macmillan Publishing Company, 1988.

Eckert, Carter J., Ki-baik Lee, Young Ick Lew, Michael Robinson, and Edward W. Wagner, eds. *Korea Old and New: A History*. Cambridge: Harvard University Press, 1990.

Falk, Monica Lindbergh. "Making Fields of Merit: Buddhist Nuns Challenge Gendered Orders in Thailand." Ph. D. Dissertation. Göteborg University, 2002.

Findly, Ellison Banks, ed. *Women's Buddhism Buddhism's Women: Tradition, Revision, Renewal*. Boston: Wisdom Publications, 2000.

Georgieva, Valentina. "Buddhist Nuns in China: From the Six Dynasties to the Tang." Ph. D. Dissertation. Universiteit Leiden, 2000.

Gihong. "Volunteer Activities of Korean Buddhist Nuns." In the Proceedings of the 8th Sakyadhita International Conference on

Buddhist Women in 2004, *Discipline and Practice of Buddhist Women: Present and Past*, edited by Karma Lekshe Tsomo. Seoul: Korean National Bhiksuni Association, 2004.

Gimello, Robert M. "Mārga and Culture: Learning, Letters and Liberation in Northern Sung Ch'an." In *Paths to Liberation: The Mārga and Its Transformations in Buddhist Thought*, edited by Robert E. Buswell, Jr. and Robert M. Gimello. Studies in East Asian Buddhism, no. 7. Honolulu: University of Hawaii Press, 1992.

Gómez, Luis O. "The *Avataṃsaka-Sūtra*." In *Buddhist Spirituality: Indian, Southeast Asian, Tibetan, and Early Chinese*, edited by Takeuchi Yoshinori. New York: The Crossroad Publishing Company, 1993.

Grant, Beata. "Female Holder of the Lineage: Linji Chan Master Zhiyuan Xinggang (1597-1654)." *Late Imperial China* 17. 2 (December 1996): 51-76.

Gregory, Peter N., trans. *Inquiry into the Origin of Humanity: An Annotated Translation of Tsung-mi's Yüan jen lun with a Modern Commentary*. Honolulu: University of Hawaii Press, 1995.

──────. "What Happened to the "Perfect Teaching"? Another Look at Hua-yen Buddhist Hermeneutics." In *Buddhist Hermeneutics*, edited by Donald S. Lopez, Jr. Studies in East Asian Buddhism, no. 6. Honolulu: University of Hawaii Press, 1988.

──────, ed. *Sudden and Gradual: Approaches to Enlightenment in Chinese Thought*. Studies in East Asian Buddhism, no. 5. Honolulu: University of Hawaii Press, 1987.

──────, ed. *Traditions of Meditation in Chinese Buddhism*. Studies in East Asian Buddhism, no. 4. Honolulu: University of Hawaii Press, 1986.

Grimshaw, Anna. *Servants of the Buddha: Winter in a Himalayan*

Convent. London: Open Letters, 1992.

Groner, Paul. "The Fan-wang ching and Monastic Discipline in Japanese Tendai: A Study of Annen's Futsū jubosatsukai kōshaku." In Chinese Buddhist Apocrypha, edited by Robert E. Buswell, Jr. Honolulu: University of Hawaii Press, 1990.

_____. A History of Indian Buddhism From Śākyamuni to Early Mahāyāna. Honolulu: University of Hawaii Press, 1990.

Gutschow, Kim. Being a Buddhist Nun: The Struggle for Enlightenment in the Himalayas. Cambridge: Harvard University Press, 2004.

Haboush, JaHyun Kim. The Confucian Kingship in Korea: Yŏngjo and the Politics of Dynasty. New York: Columbia University Press, 2001.

_____ and Martina Deuchler, eds. Culture and the State in Late Chosŏn Korea. Cambridge: Harvard University Press, 1999.

_____, trans. The Memoirs of Lady Hyegyŏng: The Autobiographical Writings of a Crown Princess of Eighteenth-Century Korea. Berkeley: University of California Press, 1996.

Hakeda, Yoshito S., trans. The Awakening of Faith. New York: Columbia University Press, 1967.

Havnevik, Hana. Tibetan Buddhist Nuns: History, Cultural Norms, and Social Reality. Oslo: Norwegian University Press, 1990.

Heirman, Ann. "Chinese Nuns and Their Ordination in Fifth Century China." Journal of the International Association of Buddhist Studies 24, 2 (2001): 275-305.

Hicks, George. The Comfort Women: Japan's Brutal Regime of Enforced Prostitution in the Second World War. New York: W. W. Norton & Company, 1995.

Hirakawa, Akira and Groner, Paul, trans. and ed., A History of Indian Buddhism from Śākyamuni to Early Mahāyāna. Honolulu: University of Hawaii Press, 1990.

Hirakawa, Akira in collaboration with Zenno Ikuno and Paul Groner. *Monastic Discipline for the Buddhist Nuns: An English Translation of the Chinese Text of the Mahāsāṃghika-Bhikṣuṇī-Vinaya*. Patna: K.P. Jayaswal Research Institute, 1982.

Honer, I. B., trans. *Sacred Books of the Buddhists*, vols. X, XI, XII, XIV, XX, XXV (*The Book of the Discipline*, Parts I-VI). London: P. T. S., 1940-1966.

Hsieh, Ding-hwa E. "Images of Women in Ch'an Buddhist Literature of the Sung Period." In *Buddhism in the Sung*, edited by Peter N. Gregory and Daniel A. Getz, Jr. Studies in East Asian Buddhism, no 13. Honolulu: University of Hawai'i Press, 1999.

Huang, Julia Chien-yu. "Recapturing Charisma: Emotion and Rationalization in a Globalizing Buddhist Movement from Taiwan." Ph. D. Dissertation. Boston University, 2001.

Hüsken, Ute. "The Eight Garudhammas." Paper delivered at the First International Congress on Buddhist Women's Roles in the Sangha Bhikshuni Vinaya and Ordination Lineages with H. H. the Dalai Lama at the University of Hamburg, July 18-20, 2007.

Iljin. "Basic Training for Korean Buddhist Nuns." In the Proceedings of the 8th Sakyadhita International Conference on Buddhist Women in 2004, *Discipline and Practice of Buddhist Women: Present and Past*, edited by Karma Lekshe Tsomo. Seoul: Korean National Bhiksuni Association, 2004.

Jinmyung. "Propagating Buddhism through the Mass Media in Korea." In the Proceedings of the 8th Sakyadhita International Conference on Buddhist Women in 2004, *Discipline and Practice of Buddhist Women: Present and Past*, edited by Karma Lekshe Tsomo. Seoul:

Korean National Bhiksuni Association, 2004.

Kang, Hildi. *Under the Black Umbrella: Voices from Colonial Korea, 1910-1945*. Ithaca: Cornell University Press, 2001.

Karma Lekshe Tsomo. "Almost Equal: Obstacles on the Way to an International Bhiksuni Sangha." In *Bridging Worlds: Buddhist Women's Voices Across Generations*, edited by Karma Lekshe Tsomo. Taipei: Yuan Chuan Press, 2004.

―――――, ed. *Bridging Worlds: Buddhist Women's Voices Across Generations*. Taipei: Yuan Chuan Press, 2004.

―――――, ed. *Innovative Buddhist Women: Swimming Against the Stream*. Surrey: Curzon Press, 2000.

―――――. "Prospects for an International *Bhikṣuṇī Saṃgha*." In *Sakyadhītā: Daughters of the Buddha*, edited by Karma Lekshe Tsomo. New York: Snow Lion Publications, 1998.

―――――, ed. *Sakyadhītā: Daughters of the Buddha*. New York: Snow Lion Publications, 1998.

―――――, trans. *Sisters in Solitude: Two Traditions of Buddhist Monastic Ethics for Women*. Albany: State University of New York Press, 1996.

Kim, Dong-uk. "Women's Literary Achievements." *Korea Journal* 3, 11 (November 1, 1963): 33.

Kim, Yung-chung. *Women of Korea: A History from Ancient Times to 1945*. Seoul: Ewha Womans University Press, 1976.

Ku, Dae-yeol. *Korea under Colonialism: The March First Movement and Anglo-Japanese Relations*. Seoul: Published for the Royal Asiatic Society, 1985.

Lee, Ki-baik. *A New History of Korea*, translated by Edward W. Wagner and Edward J. Shultz. Cambridge: Harvard University Press, 1984.

Levering, Miriam L. "Miao-tao and Her Teacher Ta-hui." In *Buddhism in the Sung*, edited by Peter N. Gregory and Daniel Getz. Jr. Studies in East Asian Buddhism, no. 13. Honolulu: University of Hawai'i Press, 1999.

―――――. "Lin-chi (Rinzai) Ch'an and Gender: The Rhetoric of Equality and the Rhetoric of Heroism." In *Buddhism, Sexuality, and Gender*, edited by José Ignacio Cabezón. Albany: State University of New York Press, 1992.

Li, Yuchen. "Ordination, Legitimacy, and Sisterhood." In *Innovative Buddhist Women: Swimming Against The Stream*, edited by Karma Lekshe Tsomo. Surrey: Curzon Press, 2000.

―――――. "Crafting Women's Religious Experience in a Patrilineal Society: Taiwanese Buddhist Nuns in Action (1945-1999)." Ph. D. Dissertation. Cornell University, 2000.

Lopez, Jr. Donald S., ed. *Buddhist Hermeneutics*. Studies in East Asian Buddhism, no. 6. Honolulu: University of Hawaii Press, 1988.

Miller, Donald L. *D-days in the Pacific*. New York: Simon & Schuster Paperbacks, 2005.

Myoŏm. "The Structure and Curriculum of the Bhikṣuṇī Vinaya Institute of the Pongnyŏngsa Nunnery in Korea," translated from Korean by Inyoung Chung. Paper delivered at the First International Congress on Buddhist Women's Roles in the Sangha Bhikshuni Vinaya and Ordination Lineages with H. H. the Dalai Lama at the University of Hamburg, July 18-20, 2007.

Nahm, Andrew C. *Introduction to Korean History and Culture*. Seoul: Hollym Corp. International, 1993.

Nārada. *The Buddha and His Teachings*. Singapore: Singapore Buddhist Meditation Center, 1980.

Neungin. "Elder Care Programs Unifying Generations: The Case of Ilsan Elder Welfare Center in Korea." In *Bridging Worlds: Buddhist Women's Voices Across Generations*, edited by Karma Lekshe Tsomo. Taipei: Yuan Chuan Press, 2004.

Noh, Eunyoung. "Modern Transformation of Korean Women: The Yi Dynasty-the Colonial Period." M. A. Thesis. Southern Oregon State College, 1981.

Pachen, Ani & Adelaide Donnelley. *Sorrow Mountain: The Journey of a Tibetan Warrior Nun*. New York: Kodansha International, 2000.

Park, Young-hai, ed. and Choi Jin-young, trans. *Women of the Yi Dynasty*. Studies on Korean Women Series, no. 1. Seoul: Research Center for Asian Women, Sookmyung Women's University, 1986.

Pine, Red, trans. *The Diamond Sūtra: The Perfection of Wisdom*. New York: Counterpoint, 2001.

Pookayaporn, Junya. "Wisdom and Compassion in Action: Theravada Buddhist Nuns as Facilitators of Healing." Ph. D. Dissertation. California Institute of Integral Studies, 2002.

Prebish, Charles S., trans. *Buddhist Monastic Discipline: The Sanskrit Prātimokṣa Sūtras of the Mahāsāṃghikas and Mūlasarvāstivādins*. Delhi: Motilal Banarsidass Publishers, 1996.

_____. *A Survey of Vinaya Literature*. Taipei: Jin Luen Publishing House, 1994.

Price, A. F. and Wong Mou-Lam, trans. *The Diamond Sutra and The Sutra of Hui Neng*. Boulder: Shambhala Publications, 1969.

Qin, Wen-jie. "The Buddhist Revival in Post-Mao China: Women Reconstruct Buddhism on Mt. Emei." Ph. D. Dissertation. Harvard University, 2000.

Roberts, Moss, trans. *Three Kingdoms: A Historical Novel*, 4 vols., attributed to Luo Guanzhong. Berkeley: University of California Press, 1999.

Roehrs, Mark D. *World War II in the Pacific.* New York: M. E. Sharpe, 2004.

Roinson, Michael Edson. *Cultural Nationalism in Colonial Korea, 1920-1925.* Seattle and London: University of Washington Press, 1988.

Ruch, Barbara, ed. *Engendering Faith: Women and Buddhism in Premodern Japan.* Ann Arbor: Center for Japanese Studies at the University of Michigan, 2002.

Sangduck. "Buddhism and Social Welfare in Korea." In the Proceedings of the 8th Sakyadhita International Conference on Buddhist Women in 2004, *Discipline and Practice of Buddhist Women: Present and Past*, edited by Karma Lekshe Tsomo. Seoul: Korean National Bhiksuni Association, 2004.

Schellstede, Sangmie Choi, ed. *Comfort Women Speak: Testimony by Sex Slaves of the Japanese Military.* New York: Holmes & Meier Publishers, 2000.

Schlütter, Morten. "Silent Illumination, Kung-an Introspection, and the Competition for Lay Patronage in Sung Dynasty Ch'an." In *Buddhism in the Sung*, edited by Peter N. Gregory and Daniel Getz. Studies in East Asian Buddhism, no. 13. Honolulu: University of Hawai'i Press, 1999.

Schom, Alan. *The Eagle and the Rising Sun: The Japanese-American War, 1941-1943, Pearl Harbor through Guadalcanal.* New York: W. W. Norton & Company, 2004.

Shih, Heng-ching. "The Establishment of the Chinese Bhiksuni Lineage." *Sakyadhītā Newsletter: International Association of Buddhist Women* 10. 2 (Autumn 1999): 7-12.

Shim, Jae-ryong. *Korean Buddhism: Tradition and Transformation*. Seoul: Jimoondang, 1999.

Soh, C. Sarah. Human Rights and Humanity: The Case of the "Comfort Women." (http://www.icasinc.org/1998/1998l/1998lcss.html).

Sohn, Ho-Min. *The Korean Language*. Cambridge: Cambridge University Press, 1999.

Stetz, Margaret and Bonnie B. C. Oh, eds. *Legacies of the Comfort Women of World War II*. New York: M. E. Sharpe, 2001.

Tanaka, Yuki. *Japan's Comfort Women: Sexual Slavery and Prostitution during World War II and the US Occupation*. London and New York: Routledge, 2002.

Tikhonov, Vladimir. "The Japanese Missionaries and Their Impact on Korean Buddhist Development (1876-1910)." *International Journal of Buddhist Thought & Culture* 4 (February, 2004): 7-48.

Ting, Jen-chie. "Helping Behavior in Social Context: A Case Study of Tzu-chi (Ciji) Association in Taiwan." Ph. D. Dissertation. University of Wisconsin, 1997.

Tsai, Kathryn Ann, trans. *Lives of the Nuns: Biographies of Chinese Buddhist Nuns from the Fourth to sixth Centuries*. Honolulu: University of Hawaii Press, 1994.

Tu, Wei-Ming. "Probing the 'Three Bonds' and 'Five Relationships' in Confucian Humanism." In *Confucianism and the Family*, edited by Walter H. Slote and George A. DeVos. New York: State University of New York Press, 1998.

Ven. Ñāṇamoli Thera, trans. *The Pātimokkha: 227 Fundamental Rules of a Bhikkhu*. Bangkok: The Social Science Association Press of Thailand, 1966.

Walpola Rahula. *What the Buddha Taught*. New York: Grove Press, 1959.

Walraven, Boudewijin. "Popular Religion in a Confucianized Society." In *Culture and the State in Late Chosŏn Korea*, edited by JaHyun Kim Haboush and Martina Deuchler. Cambridge: Harvard University Press, 1999.

Wayman, Alex and Hideko, trans. *The Lion's Roar of Queen Śrīmālā: A Buddhist Scripture on the Tathāgatagarbha Theory*. Delhi: Motilal Banarsidass Publishers, 1990.

Wijayaratna, Mohan. *Buddhist Nuns: The Birth and Development of a Women's Monastic Order*. Colombo: Wisdom Books, 2001.

Williams, Paul. *Mahāyāna Buddhism: The Doctrinal Foundations*. London and New York: Routledge, 1991.

Yampolsky, Philip B. *The Platform Sutra of the Sixth Patriarch*. New York: Columbia University Press, 1967.

Yifa. *The Origins of Buddhist Monastic Codes in China: An Annotated Translation of the Chanyuan qinggui*. Honolulu: University of Hawai'i Press, 2002.

Yi, Hyangsoon. "Vicissitudes in the Order of Buddhist Nuns during Chosŏn Korea." Paper delivered at the First International Congress on Buddhist Women's Roles in the Sangha Bhikshuni Vinaya and Ordination Lineages with H. H. the Dalai Lama at the University of Hamburg, July 18-20, 2007.

_____. "Pomunjong and Hanmaŭm Sŏnwŏn: New Monastic Paths in Contemporary Korea." In the Proceedings of the 8th Sakyadhita International Conference on Buddhist Women in 2004, *Discipline and Practice of Buddhist Women: Present and Past*, edited by Karma Lekshe Tsomo. Seoul: Korean National Bhiksuni Association, 2004.

Yoo, Won-dong. "Buddhism and Women of the Yi Dynasty." In *Women of the Yi Dynasty*, edited by Park Young-hai and translated by Choi Jin-young. Studies on Korean Women Series, no. 1. Seoul: Research Center for Asian Women, Sookmyung Women's University, 1986.

Yoshiaki, Yoshimi. *Comfort Women: Sexual Slavery in the Japanese Military during World War II*, translated by Suzanne O'Brien. New York: Columbia University Press, 2000.

Yü, Chün-fang. *Kuan-yin: The Chinese Transformation of Avalokiteśvara*. New York: Colombia University Press, 2001.

Zhiru. *The Making of a Savior Bodhisattva: Dizang in Medieval China*. Honolulu: University of Hawai'i Press, 2007.

찾아보기

ㄱ

가야총림 77, 78
각단염불 136
간경파看經派 231, 232, 239, 240
갈마아사리羯磨阿闍梨 329, 330, 336, 341
강사講師 227, 239
개운사開雲寺 71, 229
겸익謙益 321, 322
경봉鏡峰 246, 248~253, 261, 263
경순景順 257
경전 공부 52, 155, 222, 225, 226, 228, 229, 234, 235, 242, 243, 245, 246, 249, 252, 253, 258, 260~263, 273, 335
계민문중戒珉門中 324
계율 공부 222
고려시대 184, 322, 323
고봉원묘高峰原妙 175, 237

고승장삼高僧長衫 196, 207, 208
고암古庵 123
공산 게릴라 213, 218
공주규약共住規約 196, 199, 207
광목 가사 194, 206
광우光雨 256, 257
교수아사리敎授阿闍梨 319, 329, 330, 332, 333, 336~343, 353, 361, 362
구시통 139
국일암國一庵 173~177
규봉종밀圭峯宗密 237
『금강경金剛經』 171, 192, 193, 205, 241, 247, 250, 303
금강율원金剛律院 315, 350~353, 362
금룡金龍 255, 258
금하錦河 336, 337
김기원 58, 69
김욱주 61, 62

깡통 241, 242

ㄴ

남장사南長寺 255~257
남장사 강원 256
논강論講 286, 287
『논어論語』 230, 231
농주農酒 128
『능엄경楞嚴經』 163, 170, 239~241, 243, 244, 249, 308
능엄주楞嚴呪 163, 169~171, 173, 174, 195, 207
능지能持 87, 127, 128
능혜能慧 72, 80

ㄷ

대성암大成庵 328~332, 356
『대승기신론大乘起信論』 241, 243~246
대승사大乘寺 113~116, 124, 125, 145, 146, 153, 154, 159, 160, 173, 194, 249, 258
대적광전大寂光殿 294~296
대중공양大衆供養 144, 152, 274
대중운력大衆運力 132, 140, 141, 154
대참회大懺悔 186

대혜종고大慧宗杲 236
덕수德秀 126, 135, 136, 149, 258~260
도감都監 133, 138
『도서都書』 237
도성道成 246~248, 268, 269, 275
도솔암兜率庵 244~246
도찰道察 366
도혜충慧 273~275
독립운동 54, 58, 59
독서파讀書派 231, 232, 239
동국대학교 261, 262
동학사東鶴寺 188, 228~230, 232, 234, 235, 238, 246, 248~250, 252~254, 272, 283

ㅁ

마명馬鳴 244
마틴 배철러 28, 29
만공滿空 71~73, 78, 122, 124, 295
만민 평등사상 122
『맹자孟子』 230, 231
「면학편勉學編」 235
명성明星 243~246, 306, 329, 335
명심銘心 155~157
목발우 144, 204, 205
묘명妙明 198, 201
묘엄의 유년기 90, 92

묘엄의 진영 295
묘영妙英 222, 224, 229, 230, 238~241, 244~246
묘전妙典 177, 262, 268, 269, 274~277, 282, 283, 291
묘찬妙璨 198, 211~213
묘희妙熙 183, 190~192, 222, 224, 229, 230, 238, 239, 241, 244, 345
무주상보시 192
미타암彌陀庵 230

ㅂ

발기發起 239, 240, 287
발우공양鉢盂供養 143, 144, 209
백련암白蓮庵 187, 188, 197, 198, 206~210
백중학법百衆學法 294
『범망경梵網經』 205, 223, 228, 352
범패梵唄 175
법거량 202
법기문중法起門中 324, 366, 367
법사승法師僧 120
법시法始 167
법희法喜 126
별소계단別所戒壇 319, 328~330, 332, 336~340, 342, 343
보문사普門寺 257
보운문중普雲門中 324

보타암寶陀庵 222, 224, 239, 241, 244
본각本覺 285, 307
본공本空 122, 124
『봉녕』 29, 31
봉녕사 30, 31, 89, 155, 171, 256, 261, 267, 268, 277~280, 282~286, 288, 291~305, 307, 309, 343, 347, 351, 353, 356, 357
봉녕사 강원 설립 277
봉녕사승가대학 268, 273, 282, 291, 294, 307, 351, 352, 357, 362
봉녕사 재가불자 303
봉래문중蓬萊門中 324
봉암사鳳巖寺 177, 181, 182, 185~188, 192~195, 197~199, 201, 202, 204~210, 212, 218, 226, 296, 297
봉암사 결사 36, 181, 185, 186, 188, 193~199, 206, 208, 209, 212, 213, 218, 241, 369
봉암사 결사자의 명단 208
부설거사의 시 308, 309
불공의식佛供儀式 132, 134, 136, 137, 189
불교정화운동 24, 47, 79, 197, 206, 212, 244, 258, 278, 344, 369
불성론佛性論 37
불성사상佛性思想 122
비구니 강사比丘尼講師 227, 236, 251, 252, 254, 255, 260~262,

찾아보기 • 395

268, 297, 306, 308, 309, 360
비구니들의 문중계보門中系譜 323, 324
비구니 바일제법 325, 338
비구니 법맥 41
비구니 율사 315, 316, 331, 338, 339, 342, 349, 350, 352, 353
비구니 율장의 348계율 330
비구니 조사 295
비구니전比丘尼傳 166

ㅅ

사교과四教科 239, 241, 248, 256, 257, 270, 272
사리암邪離庵 269
사미과 231, 233, 236, 250, 256, 272, 273, 286, 288
사미니沙彌尼 124, 126, 130, 143, 147, 165, 193, 317, 342
사미니 교육 36, 129~132, 138, 140, 147, 150, 153, 154, 167, 171, 173
『사미니율의沙彌尼律儀』 143, 223
『사분율四分律』 75, 157~159, 166, 205, 223, 294, 317, 319, 322, 325, 328, 332, 351, 361
사숙師叔 157
사제師弟 157
사집과四集科 236, 238, 250, 256, 270, 272, 273, 288
사찰령寺刹領 259
사형師兄 157
산신탱화 204
산통算筒 286, 287
『삼국불법전통연기三國佛法傳統緣起』 320
『삼국지三國志』 87, 127, 128
삼선포교원三仙布教院 289, 290
삼일운동 54
삼종괴색 157, 194, 206
삼학三學 42, 355
삼현문중三賢門中 324
상좌제도 326
서당식書堂式 232
『서장書狀』 236, 237, 271, 273
선경禪敬 325, 326
『선요禪要』 175, 176, 237
선학원禪學院 278, 279
성철性徹 114~124, 126~130, 135, 150, 152~154, 157~163, 165~169, 171, 173, 174, 181, 190, 191, 193~197, 199~208, 213, 218~220, 226~230, 295
세뱃돈 281, 282
소요삼장원逍遙三藏院 293
소욕지족小欲知足 206
송덕윤宋德潤 228, 229, 238
수옥守玉 255~258
수인守仁 123, 268

수정문중水晶門中　324
순호淳浩　47, 70, 102, 160, 161
시심마是甚摩　199~201
식차마나式叉摩那　36, 125, 131, 181~182, 184, 193, 209, 251, 253, 254, 317, 324, 325, 330, 349
식차마나계　125, 131, 177, 181~185, 187, 197, 317, 330~332
신젠信善　320
쌍련선원雙蓮禪院　113~116, 154, 157~160, 167, 171, 193, 194

ㅇ

아가　161
안빈낙도安貧樂道　189, 206
앉은뱅이책상　232, 270, 286
앨리스 윤 채Alice Yun Chai　107
약수암藥水庵　246~248
양기방회楊岐方會　206
양황참회기도梁皇懺悔祈禱　303
연화사蓮華寺　72, 73, 92~96, 98, 244~246
『영산정로靈山正路』　154, 163, 164, 166
영선永善　136, 137
오백계五百戒　164
오조가사五條袈裟　196, 208, 282
운문사雲門寺　123, 126, 243, 262, 267~276, 278, 284, 306, 333, 335
운허耘虛　207, 226~236, 238~240, 242~248, 252~254, 260, 261, 263, 287
『원각경圓覺經』　241, 247, 252
『원흥사연기元興寺緣起』　318, 320
월운月雲　121, 217, 226~228, 230, 236, 238, 239, 242~246, 253, 258
월혜月慧　124~126, 130, 132, 147~150, 177
육법계六法戒　182, 183
육화문중六和門中　324~326
윤필암潤筆庵　124~128, 130~134, 136~150, 152~154, 156, 158, 161, 167~169, 171~175, 177, 185, 188, 190, 193, 197, 198, 201, 213, 218~220, 226, 229, 235, 258
은사상좌제도　326
이부승구족계　40, 131, 184, 185, 315~321, 323, 324, 328~332, 334~336, 338, 340, 342, 348, 350, 351, 353, 360, 361
이산혜연 선사怡山慧然禪師 발원문　196, 207
이승만　259
인자仁慈　65, 85, 86, 88, 94, 95, 97~99, 102, 120, 168
인정仁貞　138
인홍仁弘　220, 222

『일본서기日本書紀』 318
일신여학교 104~106, 109, 113
일제의 식민통치 79, 101
일타日陀 242, 329, 337, 338
임제臨濟 122
임제선臨濟禪 37, 122, 123, 210
입승 78, 125, 147, 176, 195, 273
입측오주入厠五呪 133, 134

ㅈ

『자비도량참법慈悲道場懺法』 303, 304
자운慈雲 116, 160, 161, 171, 172, 182, 183, 194, 197, 205, 217, 221~226, 228~230, 239, 241~243, 246, 254, 295, 316, 328, 329, 331, 337~339, 343, 350, 353
적연寂然 304, 307, 350, 353, 356, 357
전강의 증표 308
전계식傳戒式 350, 353
전계아사리傳戒阿闍梨 329, 341
전국비구니회 288~290, 315
전국학인대회 70, 71
『절요節要』 237
정업원淨業院 367
정행淨行 329
정화운동 24, 47, 75, 78, 80, 258~260, 369, 370

제1회 본법니계단계사 연수교육本法尼戒壇戒師研修敎育 328
제응濟應 123, 269
젠묘善妙 320
젠신善信 318
젠조니禪藏尼 321
조지 힉스George Hicks 103, 106, 107
종군위안부 35, 101, 103~109, 113, 255~257
주징치엔竺淨檢 167
중강仲講 239, 240, 249, 250, 287, 288
중앙승가대학 26, 285, 289
지눌知訥 205, 206, 237
진관사津寬寺 328
진주공립농업학교 57~59, 62, 100
징관澄觀 250, 286

ㅊ

차점이車点伊 57, 102
창씨개명 102
채공茶供 137, 139, 170
『천수경千手經』 134~136
청담 대종사 12
청룡사靑龍寺 367
청안靑眼 116, 158, 159, 172
청암사승가대학 293, 354

청운당青雲堂 294
『치문경훈緇門警訓』 231
『치문』 231~236, 238, 246, 271, 273
칠성탱화 204

ㅌ

태평양전쟁 107
택미운력擇米運力 142

ㅍ

파계의 씨 48, 74
팔경계법八敬戒法 121, 162, 163, 165, 166, 348
팔바라이법八波羅夷法 163~166, 353
포명圃明 63
피난 생활 217~220

ㅎ

하심 78, 150, 151, 155, 160, 162, 189, 190
한국 비구니계맥 184
한국비구니대학 268, 288, 289, 291, 292

한국비구니연구소 26, 27, 285
해인사 64, 68, 77, 78, 173~176, 181, 194, 195, 197, 199, 241, 246~249, 252, 293, 337, 340, 343
행자行者 77, 125, 126, 130, 152, 201, 271, 352
향곡香谷 191, 202~204, 221, 227
향하당香霞堂 30, 293
혜경궁 홍씨 91, 92
혜성惠性 253, 254, 272
혜옥慧玉 255, 258
혜해慧海 60, 221
호국사 62, 63
홍경弘經 116, 153, 160, 161, 171, 194, 239
화두話頭 71, 199~202
『화엄경華嚴經』 155, 248~253, 257, 282~284, 286, 297, 333
회색 장삼 205, 206
효봉曉峰 75, 77, 175, 176, 195, 221, 227
홍수興洙 356

한계를 넘어서 - 묘엄 스님 생애와 한국 비구니 승단

2012년 5월 10일 초판 1쇄 발행
2012년 7월 25일 초판 2쇄 발행

지은이　정인영(석담)
옮긴이　석담·이향순
펴낸이　김희옥
펴낸곳　동국대학교출판부

주　소　100-715 서울시 중구 필동 3가 26
전　화　02) 2260-3483~4
팩　스　02) 2268-7851
Home page http://www.dgpress.co.kr
E-mail book@dongguk.edu
출판등록 제2-163(1973. 6. 28)
편　집　나라연
인쇄처　서진인쇄

ISBN 978-89-7801-354-3 93220

값 15,000원

이 책의 무단 전재나 복제 행위는 저작권법 제98조에 따라 처벌받게 됩니다.